D1747191

WOLFRAM SCHOMMERS

DIE FRAGE NACH DEM GANZEN

WELTENTWÜRFE
IN PHYSIK UND PHILOSOPHIE

DIE GRAUE EDITION

DIE GRAUE REIHE 59
Schriften zur Neuorientierung in dieser Zeit
Herausgegeben von Prof. Dr. Walter Sauer,
Dr. Dietmar Lauermann und Dr. Florian Lauermann
in Zusammenarbeit mit der
Prof. Dr. Alfred Schmid-Stiftung, Zug/Schweiz

© 2012 Die Graue Edition
Prof. Dr. Alfred Schmid-Stiftung, Zug/Schweiz
ISBN 978-3-906336-59-6
Alle Rechte vorbehalten. Printed in Germany
Schutzumschlag unter Verwendung eines Bildes
von Borris Goetz („Kraftfeld", 1954)
Satz und Druck: Kraft Druck GmbH, Ettlingen
Einband: Lachenmaier GmbH, Reutlingen

INHALT

PROLOG 15

KAPITEL 1
DAS CONTAINER-PRINZIP 29

1.1	Das Universum als Ganzes	31
1.2	Der Container als physikalisches Basiselement	34
1.3	Zwei grundlegende Aspekte	36
1.4	Innenwelt und Aussenwelt	37
1.5	Der Newton'sche Ansatz	41
1.6	Komplikationen	43
1.7	Alfred Schmids Gegenposition	46
1.8	Die Einordnung des Menschen	49
1.9	Kausalität	51
1.10	Sind die Newton'schen Gesetze lediglich Rezepte?	53
1.11	Wissenschaftlicher Realismus	54
1.12	Schlussfolgerungen	61
1.13	Der Übergang zur Relativitätstheorie	62
1.14	Ptolemäus und Kopernikus	63
1.15	Atommodelle	66
1.16	Konventionelle Quantentheorie	69
1.16.1	Container, aber keine Trajektorien	70
1.16.2	Schrödinger-Gleichung	71
1.16.3	Statistisches Verhalten der Teilchen	72
1.16.4	Kritische Bemerkungen zum Statistischen Verhalten	74
1.16.5	Der entsprechende klassische Fall	78
1.16.6	Zusammenfassung	79

1.17	KOPENHAGENER INTERPRETATION	79
1.18	RESÜMEE	83
1.18.1	Klassische Beschreibung	84
1.18.2	Quantentheoretische Beschreibung	85
1.19	DIE WISSENSCHAFTSTHEORETISCHE SICHT	87
1.20	ZUFALL	91
1.20.1	Allgemeine Bemerkungen	93
1.20.2	Das Werfen eines Würfels oder einer Münze	93
1.20.3	Statistische Mechanik	94
1.20.4	Wunder	95
1.21	ZUM INHALT DER SCHRÖDINGER-GLEICHUNG	97
1.21.1	Schrödinger-Gleichung und das Container-Prinzip	97
1.21.2	Wo ist die Schwachstelle zu suchen?	98
1.21.3	Zur Formulierung der Schrödinger-Gleichung	99
1.21.4	Weitere Merkmale	101
1.22	POSTULATE	102
1.22.1	Klassische Formulierung	103
1.22.2	Quantentheoretische Formulierung	104
1.23	DAS CONTAINER-PRINZIP WIRD DURCHBROCHEN	105
1.23.1	Traditionelle Quantentheorie	105
1.23.2	Projektionstheorie	106
1.23.3	Masse und Potenzial in der konventionellen Quantentheorie	108
1.24	ENERGIE UND ZEIT IN DER KONVENTIONELLEN QUANTENTHEORIE	111
1.24.1	Klassische Zeit in der konventionellen Quantentheorie	111
1.24.2	Vakuumeffekte	112
1.24.3	Energiefluktuationen	114

1.24.4	Symmetrie zwischen Raum und Zeit	115
1.24.5	Mario Bunges Kritik	118
1.25	WAS IST ENERGIE?	119
1.25.1	Satz von der Erhaltung der Energie	119
1.25.2	Verletzung der Energieerhaltung	120
1.25.3	Energie existiert nicht als reale Größe	120
1.26	DIE THEORETISCHEN GRUNDLAGEN UND IHRE RELEVANZ	123
1.26.1	Schrödinger-Gleichung und Wechselwirkung	123
1.26.2	Newtons Konzept	124
1.26.3	Eine grundlegende Frage: Container-Prinzip oder nicht?	125
1.26.4	Relativitätstheorie und Quantentheorie	127
1.26.5	Wo finden die theoretischen Gesetze zukünftig Anwendung?	128
1.27	NANOTECHNOLOGIE	129
1.27.1	Anwendungsmöglichkeit	130
1.27.2	Kontrollierbare Situationen schaffen!	131
1.27.3	Der theoretische Rahmen muss zuverlässig sein	132
1.27.4	Selbstorganisationsprozesse und ihre theoretische Behandlung	133
1.27.5	Der Nanoingenieur	134
1.27.6	Was wollen wir?	135
1.27.7	Zum Umgang mit technologischen Errungenschaften	136
1.27.8	Die Karten werden neu gemischt	137
1.27.9	Abhängigkeiten und Beeinflussungen	139
1.27.10	Veränderungen beim Menschen	144
1.28	RESÜMEE	145

KAPITEL 2
DAS PROJEKTIONSPRINZIP 159

2.1	ABSOLUTE VORSTELLUNGEN VON RAUM UND ZEIT	162
2.1.1	Die naive Vorstellung von der Welt	162
2.1.2	Weitergehende Vorstellungen	163
2.1.3	Poincaré	164
2.1.4	Schlussfolgerungen aus dem Skalierungsgesetz	167
2.1.5	Neigung zum Absoluten	168
2.1.6	Raum und Zeit sollten keine realen Effekte ausüben	172
2.1.7	Abstände	173
2.1.8	Die vierdimensionale Raum-Zeit wirkt absolut	176
2.2	WAS BEDEUTET DAS POINCARÉ'SCHE SKALENGESETZ?	177
2.2.1	Leibniz und Kant	178
2.2.2	Falk und Ruppel	179
2.2.3	Worum ging es bei der evolutionären Entwicklung des Menschen?	180
2.2.4	Ersatzwelten	181
2.2.5	Informationen von der Außenwelt	182
2.2.6	Raum und Zeit in der Außenwelt	183
2.2.7	Projektionen	184
2.2.8	Über das Materielle hinaus	185
2.2.9	Wirklichkeitsebenen	186
2.2.10	Die Welt liegt dem Beobachter als symbolische Struktur vor	187
2.3	DAS PROJEKTIONSPRINZIP	189
2.3.1	Die Elemente von Raum und Zeit	189
2.3.2	Beziehungen zwischen Materie und der Raum-Zeit	191
2.3.3	Zwei wesentliche Merkmale	192
2.3.4	Zwei Objektarten	194

2.3.5	Wahrnehmungsprozesse	196
2.3.6	Die wesentlichen Merkmale	200
2.3.7	Der Einfluss der Evolution	202
2.3.8	Die Situation des Menschen	204
2.3.9	Andere biologische Systeme	207
2.4	Resümee	210

KAPITEL 3
ERSATZWELTEN 215

3.1	Der dreidimensionale Raum	218
3.2	Das Projektionsprinzip im Zusammenhang mit Ersatzwelten	219
3.2.1	Konstruktion von Ersatzwelten	219
3.2.2	Modelle für die Ersatzwelt	221
3.3	Beziehungen	222
3.3.1	Klassische Physik	222
3.3.2	Konventionelle Quantentheorie	222
3.3.3	Projektionstheorie	223
3.3.4	Erweiterung durch t	226
3.3.5	Zeitsequenzen	227
3.4	Verteilung von Information	229
3.4.1	Keine Selektionsprozesse bei der Modellierung	229
3.4.2	Fourier-Transformation	230
3.4.3	Kosmologische Betrachtungen	231
3.4.4	Ergänzende Bemerkung	232
3.4.5	Alltagsbeobachtungen	234
3.5	Bilder im Rahmen der Projektionstheorie	235
3.6	Hilfskonstruktionen	237

3.7	DIE PHYSIKALISCHEN GESETZE	239
3.7.1	Erhaltungssätze	239
3.7.2	Elemente des Bildes, Elemente der Realität	240
3.7.3	Beispiel	240
3.8	BESTIMMUNGSGLEICHUNGEN	242
3.8.1	Der stationäre Fall	242
3.8.2	Der nichtstationäre Fall	244
3.8.3	Diskussion	246
3.9	NUR PROZESSE SIND RELEVANT!	248
3.9.1	Freie Systeme	248
3.9.2	Das Nützlichkeitsprinzip hat auch auf dem elementaren Niveau Gültigkeit	249
3.10	DIE ZEIT IN DER PROJEKTIONSTHEORIE	250
3.10.1	Eigenschaften von Wahrscheinlichkeitsverteilungen	250
3.10.2	Klassische Mechanik	251
3.10.3	Konventionelle Quantentheorie und Projektionstheorie	252
3.10.4	Würfelt Gott?	254
3.11	ZUSAMMENHANG ZWISCHEN SYSTEMSPEZIFISCHER ZEIT UND REFERENZZEIT	256
3.11.1	Stationäres Verhalten	257
3.11.2	Selektion von Zeitkonfigurationen	258
3.11.3	Einführung eines Referenzsystems	260
3.11.4	Struktur des Referenzsystems	262
3.11.5	Das Referenzsystem selektiert	264
3.11.6	Diskussion	265
3.11.7	Informationsinhalte	268
3.11.8	Drastische Konsequenzen	271
3.11.9	Konstanzmechanismen	272
3.11.10	Informationsinhalte bezüglich einzelner Raum-Zeit-Punkte	273
3.11.11	Analogiebetrachtung	274

3.12	DAS BLOCKUNIVERSUM	276
3.12.1	Blocksysteme in der Projektionstheorie	276
3.12.2	Der Mensch als Blocksystem	277
3.12.3	Blockuniversum in der Speziellen Relativitätstheorie	278
3.12.4	Unterschiede	281
3.13	RESÜMEE	282
3.13.1	Zusammenfassung der wesentlichen Merkmale der Projektionstheorie	282
3.13.2	Abschließende Bemerkung	286

KAPITEL 4
NIVEAUS DER ERKENNTNIS 289

4.1	DIE HARTEN GEGENSTÄNDE	291
4.1.1	Die Welt draußen und objektive Wirklichkeit	292
4.1.2	Die „harten Gegenstände" sind Elemente des Gehirns	293
4.2	DIE PHYSIKALISCHEN GESETZE	294
4.2.1	Die harten Gegenstände vor uns sowie die physikalischen Gesetze sind gleichermaßen Zustände des Gehirns	294
4.2.2	Spezifische Modelle	296
4.2.3	Kann ein allgemeines physikalisches Gesetz von einem seiner Spezialfälle hergeleitet werden?	296
4.2.4	Zustände der Materie, Zustände des Geistes	299
4.2.4.1	Was kann ein spezifisches System „sehen"?	300
4.2.4.2	Weitere Bemerkungen	301
4.2.4.3	Atome mit Geist?	302
4.2.4.4	Niveau der allgemeinen Argumente	303
4.2.4.5	Wirklichkeitsebenen	303
4.3	ZUSTÄNDE DES GEISTES	305
4.3.1	Gehirnfunktionen	305

4.3.2	Fazit: Die Zustände des Geistes können nicht mithilfe von materiellen Zuständen verstanden werden	307
4.4	AUSSENWELT UND FUNDAMENTALE WIRKLICHKEIT	309
4.4.1	Beschreibungen und Beobachtungen	309
4.4.2	Erfahrungen im Alltag	311
4.4.3	Heinz von Foerster	313
4.4.4	Weitere Wirklichkeitsebenen	315
4.4.4.1	Wirklichkeitsebene der makroskopischen Gegenstände	315
4.4.4.2	Wirklichkeitsebene der fundamentalen Regeln	316
4.4.4.3	Ebene der technischen Entwicklungen	319
4.4.4.4	Alles Erkennbare ist Kopfsache	320
4.5	VORGÄNGE DER OBJEKTIVIERUNG	321
4.5.1	Objektivierung durch Denken (Bewusste Objektivierung)	322
4.5.2	Konstanzmechanismen (Unbewusstes Objektivieren)	323
4.5.3	Fazit	324
4.6	BEOBACHTUNGEN	325
4.6.1	Objekte auf verschiedenen Wirklichkeitsebenen	325
4.6.2	Ebenen der Beobachtung	326
4.6.3	Andere biologische Systeme	328
4.6.4	Abschließende Bemerkungen	328
4.7	KEINE WECHSELWIRKUNG IN RAUM UND ZEIT	330
4.7.1	Klassische Mechanik und konventionelle Quantentheorie werden zu bloßen Berechnungsschemata	330
4.7.2	Ein Beispiel	331
4.7.3	Anwendung der Ergebnisse	332
4.7.4	Fazit	334

4.8	DAS ALLGEMEINE UND DAS BESONDERE	334
4.8.1	Das Konzept der Induktion	334
4.8.2	Neue Ideen sind erforderlich	335
4.8.3	Woher kommen die Ideen?	336
4.8.4	Bemerkungen zum Positivismus	337
4.8.5	Tasten in alle Richtungen	339
4.8.6	Der Standpunkt der konventionellen Physik	340
4.8.7	Der Standpunkt der Projektionstheorie	341
4.9	DAS ANTHROPISCHE PRINZIP	343
4.9.1	Alles scheint sich um den Menschen zu drehen	343
4.9.2	Messungen	345
4.9.3	Menschenspezifische Informationen und Messung	346
4.9.4	Evolutionäre Prozesse und Ebenenanalyse	349
4.9.5	Fazit	353
4.9.6	Das anthropische Prinzip: Lösungsansätze im Rahmen der konventionellen Physik	354
4.10	ZUSAMMENFASSUNG UND ERGÄNZENDE BEMERKUNGEN	356

SCHLUSSBETRACHTUNG   365

ANHANG A   381

A.	WISSENSCHAFTSTHEORETISCHE BETRACHTUNGEN	383
A.1	DIE „LETZTE SICHT" VON DER WELT	383
A.2	THEORIEN WERDEN ERSETZT	385
A.2.1	Es gibt keine Metrik für Erkenntnisabstände	386
A.2.2	Es findet ein grundsätzlicher Perspektivenwandel statt	386
A.2.3	Schätzungen von der Wahrheit	388

A.2.4	Inkommensurable Denkstrukturen	388
A.2.5	Die eigentliche Wirklichkeit bleibt verborgen	390
A.2.6	Keine „Theorie der Theorie" zur Analyse der Fakten	391

| A.3 | **EINORDNUNG DER WISSENSCHAFTS-THEORETISCHEN RESULTATE** | 391 |

| A.4 | **DIE EINGESCHRÄNKTE SICHT DES MENSCHEN** | 394 |

| A.5 | **RESÜMEE** | 396 |

ANHANG B   399

| B. | **ZUR REGISTRIERUNG VON EREIGNISSEN IM RAHMEN DER PROJEKTIONSTHEORIE** | 401 |

| B.1 | **ÄQUIVALENZEN** | 401 |

| B.2 | **KEINE MATERIELLEN OBJEKTE IM RAUM (RAUM-ZEIT)** | 404 |

LITERATURHINWEISE   407

REGISTER   409

PROLOG

Die Welt vor unseren Augen ist von elementarer Bedeutung. Diese unmittelbaren optischen Eindrücke, die spontan und ohne unser Zutun vor uns erscheinen, sind für den Umgang des Menschen mit der Welt grundlegend wichtig. Denn zu all den Gegenständen, wie Bäume, Häuser, Pflanzen, Tiere und überhaupt alles Erkennbare, hat der Mensch wichtige Beziehungen, die insbesondere seine Existenz in physischer, aber auch geistiger Hinsicht definieren. Keine noch so tiefgründige Theorie kann Bestand haben, wenn sie nicht die unmittelbare Welt vor uns, also die Gegenstände des Alltags und deren Zusammenwirken, erklären kann.

Dem nach Erkenntnis suchenden Menschen stellen sich dann wichtige Fragen: Wie ist diese Welt vor uns einzuordnen? Welche Art von Realität spiegelt sie wider? Ist es die Absolute bzw. Fundamentale Wirklichkeit, also der Urgrund selbst, oder stellt die Welt vor uns nur eine untergeordnete, also zweitrangige Form von Wirklichkeit dar?

Bevor der Mensch begann, sich wissenschaftlich mit den Verhältnissen in der Welt auseinanderzusetzen, wurde durchweg angenommen, dass der Raum nicht nur als Container für die materiellen Gegenstände dient, sondern ebenso für das Nichtmaterielle, denen der Mensch – aus welchen Gründen auch immer – eine gewisse Bedeutung zukommen ließ. Aus vorwissenschaftlicher Sicht waren also im Raum nicht nur die materiellen Gegenstände untergebracht, sondern ebenso metaphysische Objekte wie Götter, Halbgötter, Feen und vieles mehr. Diese metaphysischen Objekte hatten aus damaliger, vorwissenschaftlicher Sicht einen wesentlichen Einfluss auf das Geschehen in der Welt, so auch bei der Bewegung der

Erde um die Sonne. Launische Feen und andere metaphysische Gebilde wirkten in Feld und Wald und zwischen Himmel und Erde. Das verstand der Mensch vor Galileo Galilei und Isaac Newton unter dem Begriff der Wirklichkeit: Es war ein Raum (Container), der mit materiellen und metaphysischen Elementen gefüllt war. Diese Welt wurde als absolut im Charakter aufgefasst und stellte den Urgrund für das dar, was wir mit Fundamentaler Wirklichkeit bezeichnet haben. Aber die Situation änderte sich grundlegend mit dem Aufkommen der modernen Physik. Mit Isaac Newton (1643–1727) kam zwingend die Erkenntnis auf, dass sich die Phänomene in der Welt vor uns nach strengen Gesetzen entwickeln und nicht von launischen Feen oder anderen metaphysischen Gebilden gesteuert werden. Diese physikalischen Gesetze sind bekanntlich mathematisch formulierbar und durchweg auf das anwendbar, was vor uns in Erscheinung tritt. Besonders bewährt hatte sich die Newton'sche Theorie bei der Beschreibung der Bewegung von Himmelskörpern. Man war in der Lage, alle Einzelheiten der Bewegung von Sonne und Planeten zu bestimmen und auch vorherzusagen. So wurde die Existenz des Planeten Neptun mit den Newton'schen Gleichungen sehr genau vorhergesagt, ohne mehr zu benutzen als das Blatt Papier, auf dem diese Gleichungen skizziert waren. Es konnte sehr genau berechnet werden, wann und wo der Planet in Erscheinung treten muss, was sich denn auch tatsächlich so ereignete. Solche und ähnliche Erfolge machten die Newton'sche Physik zum Evangelium. Mit einem Schlag waren somit die metaphysischen Objekte, wie zum Beispiel Götter, Halbgötter, Feen und auch Dämone, überzeugend eliminiert. Es gab und es gibt sie nicht in der Welt vor uns, weil man diese Welt eben auch ohne sie verstehen konnte und immer noch kann. Aus dieser Sicht besteht die Welt aus dem Raum (Container), der ausschließlich mit materiellen Objekten gefüllt ist, der jedoch nicht mehr mit metaphysischen Elementen angereichert ist. Diese Welt vor uns ist durch die physikalischen Gesetze definiert, und man fasste sie als den absoluten Urgrund auf.

Wenn es also im Raum keine metaphysischen bzw. nichtmateriellen Objekte gibt, so auch nicht in dem Raumbereich, in dem das menschliche Gehirn positioniert ist. Es gilt auch hier, also wie bei den Himmelskörpern, dass das Gehirn aus Materie besteht und im Raum eingeschlossen ist, der nicht mit metaphysischen bzw. geistigen Elementen angereichert ist.

*

Aber was ist dann in den Köpfen der Menschen, wenn sie sich Gedanken machen und Vorstellungen unter Zuhilfenahme von fiktiven Objekten und religiösen Systemen entwickeln? Mit anderen Worten, was stellen dann die Elemente dar, die Weisheit und Intuition hervorbringen? Kurz, was ist mit all den Phänomenen bzw. Erscheinungen in uns, die sich einer mathematisch-physikalischen Beschreibung entziehen? Welchen Wert haben all diese Dinge, wenn sie in der Welt draußen, also der Welt unmittelbar vor uns, keine Entsprechung haben?

Wie erklärt man also die geistigen Zustände des Gehirns mit all den metaphysischen Objekten, wenn man voraussetzt, dass die Welt vor uns eine absolute physikalische Realität ohne nichtmaterielle Zusätze ist? Wenn das tatsächlich der Fall sein sollte, muss konsequenterweise angenommen werden, dass ausschließlich die physikalisch-materiellen Prozesse im komplexen Gehirn für diese geistigen Zustände mit all den metaphysischen Objekten verantwortlich sind, wobei die Komplexität der Gehirnstruktur der wesentliche Faktor ist. Mit anderen Worten, ohne diese spezifischen physikalischen Prozesse im komplexen menschlichen Gehirn würde es solche geistigen Zustände überhaupt nicht geben. Nur die materielle Struktur des Gehirns bringt diese Phänomene hervor, also auch die metaphysischen Objekte. Zerlegt man das Gehirn in seine atomaren bzw. molekularen Bestandteile, so löst man – so gesehen – die Komplexität auf, und die geistigen Effekte bzw. die metaphysischen Objekte gehen verloren. Man kann dann noch einen Schritt weitergehen und folgendes behaupten: Da es im

Frühstadium des Universums noch keine komplexen Gehirne gab, konnte es konsequenterweise auch kurz nach der Schöpfung noch keinerlei Geist und ebenso keine metaphysischen Objekte geben. So gesehen war und ist alles Materie!

*

Aus dieser Sicht kann nur die Materie das absolute Etwas darstellen, jedoch nicht die Elemente des Geistes bzw. die metaphysischen Objekte. Der Geist muss dann gegenüber der Materie als zweitrangig eingestuft werden und ist ihr untergeordnet. Daran ändert sich auch nichts, wenn die physikalische Theorie, also die Newton'sche Mechanik, verbessert wird, denn eine solche Verbesserung bezieht sich ausschließlich auf die materiellen Zustände in der Welt. Relativitätstheorie und insbesondere die Quantentheorie haben aus physikalischer Sicht die Welt revolutioniert, was aber nicht den oben skizzierten Sachverhalt bezüglich Geist und Materie tangiert, weil mit den theoretischen Erweiterungen eben nur die Beschreibung der Materiezustände betroffen sind.

Ebenso verhält es sich mit den spezifischen Messungen; unser Bild von den unmittelbaren Alltagserfahrungen wird durch sie zwar verfeinert bzw. erweitert, aber grundsätzlich nicht verändert. Die Gegenstände des Alltags bekommen durch Messungen lediglich eine verfeinerte Struktur, bleiben aber streng materiell. Mit anderen Worten, die Wirklichkeitsauffassung wird durch spezifische Messungen nicht tangiert, d. h., wir haben weiterhin einen Container (Raum), in dem Materie eingebettet ist.

*

Dass der Geist und alles um ihn herum von materiellen Prozessen erzeugt wird, ist bekanntlich eine von vielen Menschen akzeptierte Konzeption. Allerdings gibt es mindestens ebenso viele Menschen, die ein solches materialistisches Geschehen rundweg ablehnen, ohne allerdings eine überzeugende Begründung für diese Zurückweisung anbieten zu können. Den Geist würde man gerne höher als Materie einstufen und ihm eine materialistische Basis verweigern. Aber die Physik ist hier bestechend und deshalb auch gnadenlos, denn sie suggeriert deutlich, dass die Welt vor uns im Charakter absolut ist und offensichtlich ausschließlich den physikalischen Gesetzen gehorcht, also dem Wesen nach materialistisch ist. Aber hier ist Vorsicht geboten, auch wenn diese Weltsicht seit dem neunzehnten Jahrhundert zunehmend an Bedeutung gewonnen hat und sich inzwischen auf allen Ebenen des menschlichen Daseins widerspiegelt. Zum Beispiel verstand es Ernst Haeckel (1834–1919) mit seinem Monismus viele Menschen hinter sich zu bringen. Sein Buch „*Die Welträtsel*" hatte und hat noch heute ein beträchtliches Echo und wurde in vielen Auflagen in fünfundzwanzig Sprachen übersetzt. Dennoch empfinden es viele Menschen als unangemessen und zu simpel, das Wesen des Menschen allein mit materialistischen Elementen erfassen zu wollen.

*

Kernpunkt der modernen Physik ist die Auffassung, dass die Welt vor uns die Fundamentale Wirklichkeit darstellt, denn die Gesetze der Physik basieren direkt auf das, was spontan vor uns in Erscheinung tritt. Eigentlich lässt sich das materialistische Weltbild nur auf dieser Grundlage vertreten. Wir empfinden die Welt als einen Container, den wir Raum nennen, in dem die Materie eingebettet ist. Aber ist das auch tatsächlich so? Ist das, was wir unmittelbar vor uns haben, denn auch tatsächlich die absolute Realität, also der Urgrund der Welt? Sollte das nicht der Fall sein, kann der materialistischen Argumentation leicht der Boden entzogen werden.

Ist also die wirkliche Welt so beschaffen, wie sie die Physik bzw. Wissenschaft beschreibt? Ist ihre Ausstattung von der Art, wie sie die Physik im Auge hat? Der bekannte Philosoph Nicholas

Rescher verneint das sehr dezidiert, und er begründet das auch überzeugend mithilfe wissenschaftstheoretischer Tatbestände.

In dieser Monografie gehen wir ausführlich auf diese grundsätzliche Fragestellung ein, ob also die Physik tatsächlich die Fundamentale Realität beschreibt oder eben nicht diese „letzte Instanz". Die Argumentation erfolgt wesentlich mit den Mitteln der Theoretischen Physik. Tatsächlich zeigt sich bei einer realistischen Einschätzung der Gesamtsituation, dass die Welt vor uns, wie sie also im Alltag vor unseren Augen voraussetzungslos und theorieunabhängig in Erscheinung tritt, mit den Strukturen in der Fundamentalen Wirklichkeit keine Ähnlichkeit haben sollte. Das ist im Ergebnis genau das, was auch Nicholas Rescher gut begründet vertritt. Allerdings werden wir andere Argumente als Rescher verwenden, so dass seine Beweisführung die Vorstellung von einer veränderten Wirklichkeitsauffassung ergänzt.

Die Frage ist dann, wie eine Physik, die auf einer solchen modifizierten Wirklichkeitskonzeption basiert, formulierbar ist und welcher Bezug dann noch zur Fundamentalen Wirklichkeit besteht. Geist und Materie erscheinen im Rahmen dieser Analyse in einem anderen Licht, wobei der Geist mit all seinen Elementen gegenüber der Materie nicht länger eine zweitrangige Erscheinungsform ist. Insbesondere zeigt sich, dass das Phänomen Geist aus dieser Sicht nicht aus spezifischen materialistischen Prozessen resultiert. Wesentlich ist bei alledem die Einsicht, dass die unmittelbare Welt vor uns nicht die Fundamentale Wirklichkeit selbst darstellt.

Gibt man dem Geist eine ausschließlich materielle Grundlage, so unterminiert das offensichtlich das individuelle Selbstwertgefühl, jedenfalls wird das oft so empfunden. Eine Weiterentwicklung dieser Fragestellung, also dem Geist-Materie-Problem, ist daher nicht nur von wissenschaftlichem Interesse, sondern tangiert die elementaren Bedürfnisse des Menschen mehr oder weniger direkt.

Wo haben dann die geistig-seelischen Zustände ihre Basis, wenn nicht im materiellen Bereich? Wie gesagt, die von der konventionellen Physik suggerierte materialistische Vorstellung verliert ihre Relevanz, wenn die Welt vor uns nicht die absolute Realität darstellt. Andere Aspekte und Konzepte kommen ins Spiel, die wir in dieser Monografie ansprechen werden. Das Materielle tritt als eine von vielen Facetten der Realität in Erscheinung und verliert somit die Bedeutung eines alles bestimmenden Faktors.

*

Aber, so muss man sich fragen, gibt es überhaupt Anzeichen dafür, dass der gegenwärtige Apparat der Physik auf einer nicht adäquaten Wirklichkeitsauffassung beruht? Hierfür gibt es deutliche Anzeichen, und zwar nicht nur die, die das Materie-Geist-Problem tangieren, sondern auch solche, die den physikalischen Apparat selbst direkt betreffen. Dazu die folgenden Bemerkungen:

Die gegenwärtige Physik basiert auf zwei unabhängigen Säulen, der Quantentheorie und der Allgemeinen Relativitätstheorie. Beide Theorien konnten in experimenteller Hinsicht mit geradezu unvorstellbarer Genauigkeit bestätigt werden. Dennoch treten erhebliche Probleme auf, die Brian Greene in seinem Buch „Das elegante Universum" wie folgt umreißt: *„Im Laufe vieler Jahre hat man fast alle Vorhersagen dieser beiden Theorien mit fast unvorstellbarer Genauigkeit experimentell bestätigen können. Doch genau diese theoretischen Werkzeuge führen auch zu einer sehr beunruhigenden Schlussfolgerung: So, wie sie gegenwärtig formuliert sind, können Allgemeine Relativitätstheorie und Quantentheorie nicht beide richtig sein ... beide Theorien wollen partout nicht zueinander passen."*

Diese Schlussfolgerung ist schwerwiegend, wird aber durchweg unter den Teppich gekehrt. Beide Theorien, also Allgemeine Relativitätstheorie und Quantentheorie, sind unabhängig voneinander entwickelt worden. Es scheint so zu sein, dass die Strukturen dieser Basistheorien auf unterschiedlichen Wirklichkeitsvorstellungen basieren, die nicht miteinander verträglich sind. Möglicherweise lässt sich das Problem mit einer modifizierten Wirklichkeitsauffassung lösen. Auch die Überwindung des materialistischen Weltbildes, so hatten wir festgestellt, sollte mit einer veränderten Wirklichkeitskonzeption möglich sein.

*

Natürlich muss sich eine veränderte Wirklichkeitsauffassung auch wesentlich auf die mathematischen Strukturen der physikalischen Gesetze auswirken. Sind solche veränderten Strukturen denn auch tatsächlich erforderlich? Das wollen wir grundsätzlich bejahen und uns dabei auf die Nanotechnologie beziehen, die wohl ohne Übertreibung der wesentlichste Faktor bei der zukünftigen Entwicklung unserer Zivilisation sein wird. Hierzu die folgenden Bemerkungen.

Man lernte vor nicht allzu langer Zeit mit einzelnen Atomen experimentell umzugehen; Atome konnten mit spezifischen Werkzeugen aufgenommen werden und gezielt an eine andere Stelle positioniert werden. Das war die Geburt der Nanotechnologie. Das weltweite Programm der Nanotechnologie sieht nicht nur vor, Materialien ganz neuer Art zu fabrizieren, sondern es ist auch vorgesehen, auf Gehirnfunktionen atomar einzuwirken, um funktionelle Störungen im Gehirn bzw. im geistig-seelischen Bereich zu eliminieren. Um das seriös und gezielt machen zu können, muss der Ursprung von geistigen Zuständen und deren Verbindung zur Materie hinreichend gut bekannt sein. Aber wissen wir das denn auch? Wenn nicht, handeln wir wirr und verantwortungslos.

Es ist natürlich von vornherein problematisch, auf experimentellem Wege auf geistig-seelische Zustände einwirken zu wollen, ohne hinreichend genau zu wissen, was Geist und Seele überhaupt sind und wie ihr Bezug zur Materie angelegt ist.

Materielle Prozesse allein für die geistig-seelischen Zustände verantwortlich zu machen, ist umstritten. Andere Konzeptionen sind vorgeschlagen worden. Nach Alfred Schmid (1899–1968) sollte es geradezu umgekehrt sein. Denn nach ihm erzeugt das *Transzendente* genau das, was wir unter Materie verstehen. Viele weitere Ansätze zum Materie-Geist-Problem machen deutlich, dass zur streng materialistischen Deutung des Geistes sicherlich noch viel zu sagen ist.

Eines scheint jedenfalls sicher zu sein: Das, was tatsächlich unter den Begriffen Geist und Materie und deren Zusammenhang zu verstehen ist, hängt wesentlich davon ab, was wir unter dem Begriff der Wirklichkeit selbst zu verstehen haben. Die Frage nach dem Ganzen steht bei dieser Fragestellung im Mittelpunkt, wobei die Weltentwürfe in der Physik wegen ihrer bestechenden Klarheit besonders relevant sind, aber erst dann von Gewicht sein sollten, wenn sie auch bestimmten philosophischen Kriterien genügen. In dieser Monografie werden wir dieser Linie folgen.

*

Kommen wir zurück zu den Nanosystemen. Es handelt sich hierbei um sehr kleine atomare Einheiten, die gerade wegen ihrer Kleinheit bisher unbekannte Eigenschaften hervorbringen; es geht hier unter anderem um winzige Maschinen, deren Teile sich relativ zueinander kontrolliert bewegen, wobei auf nur einem Quadratzentimeter mehrere Millionen von diesen Maschinen Platz hätten.

Zusammengesetzte Nanosysteme werden in technologischer und auch medizinischer Hinsicht geradezu Wunder vollbringen können, was durch ihre Anwendung in der Elektronik, Raumfahrttechnik, Medizin, Lebensmittelproduktion usw. zu ganz neuen Perspektiven führen wird. Insbesondere werden spezifische Nanosysteme in Zukunft zur Krebsbekämpfung eingesetzt werden können, und diese Krankheit wird sich möglicherweise sogar durch die Nanotechnologie ganz überwinden lassen.

Aber die Gefahren, die durch die Nanotechnologie in die Zivilisation getragen werden können, sind sehr groß. Zum Beispiel werden die Nanoteilchen wegen ihrer Kleinheit in jeden Winkel des Körpers eindringen können und im molekularen Bereich unter Umständen tief greifende Schäden anrichten, wovon selbst das Erbgut betroffen sein kann.

Man hält es sogar für möglich, dass sich selbst replizierende winzige Nanoroboter außer Kontrolle geraten können, was dazu führen kann, dass sie sich hemmungslos auf der Erde ausbreiten und große Teile von ihr zu einer unterschiedslosen Masse umstrukturieren.

Wir Menschen müssen auch hier sehr vorsichtig sein, denn hinter dem Segen, den die Nanotechnologie hervorbringen kann, steht eine potenzielle Gefährlichkeit, hinter der selbst die Gefahren, die wir von der Kerntechnik her kennen, regelrecht verblassen.

Aus alledem müssen wir den folgenden Schluss ziehen: Wir sollten möglichst genau wissen, was mit einem Nanosystem tatsächlich passiert, *bevor* wir es produzieren. Denn die Eigenschaften solcher Systeme sind in der Regel empfindlich gegenüber kleinen Änderungen in den Randbedingungen. Im Prinzip kann es sein, dass sich gewisse positive Eigenschaften ins Negative umkehren, wenn nur eine kleine Änderung vorgenommen wird. Der Mensch selbst hat für solche Effekte kein unmittelbares Empfinden, da wir mit unserer Alltagsintuition an die Dinge herangehen, mit denen aber komplexe atomare Effekte, so wie sie im Nanobereich vorkommen, nicht beurteilt werden können.

Daher sind hier zuverlässige theoretische Beschreibungen von besonderer Relevanz. Ohne sie lässt sich kaum abschätzen, was sich *vor* der konkreten Umsetzung einer nanotechnologischen

Anwendung auch tatsächlich nach seiner Verwirklichung experimentell einstellen wird. Nur auf diesem Wege lassen sich unkontrollierbare, gefährliche Situationen vermeiden.

Es ist klar, dass insbesondere bei nanomedizinischen Eingriffen die Funktionen der betroffenen Körperteile, wie zum Beispiel das Gehirn, sehr fundiert bekannt sein müssen, und zwar auf dem Niveau, auf dem experimentell agiert wird.

Der gegenwärtig zur Verfügung stehende Rahmen zur theoretischen Beschreibung der Nanosysteme ist die konventionelle Quantentheorie, so wie sie bereits in der ersten Hälfte des neunzehnten Jahrhunderts formuliert wurde. Reicht also die konventionelle Form der Quantentheorie zum Verstehen der zukünftig relevanten Nanosysteme aus?

Im Rahmen der zukünftigen Nanotechnologie werden neben winzigen atomaren Maschinen insbesondere Selbstorganisationsprozesse eine wichtige Funktion übernehmen, wenn nicht sogar die wichtigste überhaupt. Hierbei handelt es sich um Prozesse bzw. Systeme, die sich zeitlich von einem vorgegebenen Anfangszustand von selbst zu einem Endzustand hinentwickeln. Hier spielt die „Physik der Zeit" eine tragende Rolle. Es ist nun so, dass die konventionelle Quantentheorie die Zeit nur als klassische Größe enthält, also ein Element ist, in der sich keine Quanteneigenschaften widerspiegeln. Das ist sicherlich ein wesentlicher Mangel und wird wahrscheinlich die *realistische* Beschreibung von Selbstorganisationsprozessen weitgehend verhindern. Mit anderen Worten, es wird bei solchen Vorgängen wesentlich auf den „Quantenaspekt der Zeit" ankommen, für den es aber in der konventionellen Form der Quantentheorie keine Basis gibt.

Wie gesagt, man arbeitet noch heute im Rahmen der „alten" Quantentheorie, obwohl in ihr die Zeit nur als klassischer Parameter vorkommt. Schon Erwin Schrödinger (1887–1961) zeigte, dass sich im Rahmen dieser Quantentheorie der Zeit kein quantentheoretischer Aspekt zuordnen lässt. Mit anderen Worten, die konventionelle Quantentheorie lässt sich nicht gezielt erweitern, um diesen Mangel beheben zu können.

Um auf eine quantentheoretische Zeit zu kommen, muss grundsätzlicher vorgegangen werden. Das funktioniert eigentlich nur, wenn von Grundprinzipien ausgegangen wird, in denen die Gesetze der gegenwärtig vorliegenden Quantentheorie nicht mehr die Basis sind. Im Grunde kann das nur mit einer realistischeren Wirklichkeitsauffassung bewerkstelligt werden, denn die Grundprinzipien sind wesentlich in der Wirklichkeitsform verankert. Dieser Weg wurde beschritten, und es zeigte sich, dass die Wirklichkeit nun nicht mehr mit dem Raum identifiziert werden kann, der mit den materiellen Objekten gefüllt ist, sondern die Wirklichkeit ist hier auf die Raum-Zeit projiziert. Aus einer solchen veränderten Wirklichkeitsauffassung folgen dann die Gesetze der nichtkonventionellen Quantentheorie, in denen die Zeit den gewünschten quantentheoretischen Charakter bekommt. All das werden wir ansprechen.

*

In der vorliegenden Monografie wird zunächst das so genannte Container-Prinzip angesprochen. Dieses Prinzip sieht vor, dass die realen physikalischen Prozesse im Raum eingebettet sind. Zu diesem Fragekomplex werden einige kritische Schlussfolgerungen gezogen.

Im Anschluss daran soll das so genannte Projektionsprinzip angesprochen werden. Im Rahmen dieses Prinzips werden die realen physikalischen Vorgänge mitsamt der Materie auf die Raum-Zeit projiziert, all diese realen Dinge sind also nicht länger im Raum eingebettet, so wie es das Container-Prinzip vorsieht. Was der Übergang vom Container-Prinzip zum Projektionsprinzip bedeutet, werden wir im Detail besprechen. Das Projektionsprinzip selbst entspricht den fundamentalen

Ideen von Immanuel Kant, der jedoch seine Prinzipien mathematisch nicht umgesetzt hat.

Im Rahmen des Projektionsprinzips lässt sich eine Lösung für das Geist-Materie-Problem formulieren, die die materialistische Weltsicht hinter sich lässt und eher den philosophischen Vorstellungen von Alfred Schmid entspricht.

Der Autor ist der *Grauen Edition* dankbar, die Herausgabe dieser Monografie übernommen zu haben. Herrn Prof. Dr. Walter Sauer und den Mitherausgebern Dr. Dietmar Lauermann und Dr. Florian Lauermann wird insbesondere für das Interesse an der Thematik gedankt.

Karlsruhe, Juni 2011   *Wolfram Schommers*

KAPITEL 1
DAS CONTAINER-PRINZIP

1.1 Das Universum als Ganzes

Welche Aussage würde ein hypothetisches Wesen, das unser Universum von außen betrachtet, über seine räumliche Größe machen können? Ein solches Wesen als tatsächlich existierend anzunehmen, wäre zwar sehr spekulativ und mit Komplikationen behaftet, kann aber dennoch als reine Fiktion zum Ausdruck bringen, wie wir uns als Menschen die „Welt als Ganzes" in der Regel vorstellen. Im Grunde nimmt jeder von uns die Position dieses hypothetischen Wesens ein, wenn er spontan räumliche Vorstellungen über das Universum entwickelt. Was würde also dieses hypothetische Wesen konkret sehen?

Um eine solche Frage beantworten zu können, müssen wir in der Regel ein theoretisches Weltbild bemühen. Ohne ein solches mathematisches Gerüst, das auf die Welt als Ganzes anwendbar sein muss, sind spezifische naturwissenschaftliche Aussagen über das Universum nicht möglich, jedenfalls keine, die für Physiker akzeptabel wären. Dennoch lassen sich einige allgemeine Aussagen auch ohne spezifische Theorie machen, auch eben solche, die für unsere Frage nach der räumlichen Ausdehnung des Kosmos von besonderer Wichtigkeit sind, auch wenn diese Aussagen nicht über spezifische Strukturen innerhalb der Welt Auskunft geben.

Laplace zeigte bereits im Jahre 1808, dass im Rahmen der Newton'schen Theorie ein Skalengesetz gilt: Danach ist es gleichgültig für den Beobachter im Innern, ob das gesamte Universum mitsamt Beobachter bezüglich seiner Dimensionen herunter- oder heraufskaliert wird. Dem Beobachter im Innern würden sich Skalierungseffekte entziehen. Es ist also gleichgültig für ihn und seine Beobachtungen innerhalb des Universums, ob sich der Kosmos insgesamt in einem Sandkorn befindet oder ob der „Behälter" mehrere Milliarden Lichtjahre misst.

Wie gesagt, diese Aussagen von Laplace sind zunächst theorieabhängig, denn das Skalengesetz ergab sich aus Untersuchungen im Rahmen der Newton'schen Mechanik. Aber Poincaré (1854–1912) zeigte, dass dieses Skalengesetz allgemeine Gültigkeit haben sollte. Deshalb konnte Max Jammer allgemein Folgendes feststellen: *„Das Verhalten des physikalischen Universums ist unabhängig von der absoluten Größe des Maßstabes."* [1]

Was bedeutet das nun für unseren hypothetischen Beobachter außerhalb des Kosmos? Zwei Punkte sind hier relevant:

1. Da alle Skalierungen äquivalent sind, kann keines der Universen in der Natur existieren. Die Natur lässt keine Beliebigkeiten zu. Mit anderen Worten, da alle Größen für das Universum bei konstantem Inhalt gleichberechtigt existieren können, kann die Natur sich für keine spezifische Form (Skalierung) entscheiden.

Es gibt kein physikalisches Gesetz für die Welt als Ganzes, also dem Kosmos, das erklären könnte, warum aus dieser unendlichen Vielfalt von Skalierungen nur eine Einzige real in Existenz treten kann; es gibt keine Randbedingung für die Welt als Ganzes, die einer spezifischen Skalierung absoluten Charakter geben könnte.

Dann kann das Universum, also die Wirklichkeit draußen, in letzter Instanz kein Raum-Zeit-Container sein, in dem die physikalisch-reale Welt eingebettet ist. Mit anderen Worten, Raum und Zeit können keine Elemente der absoluten Realität draußen sein. Das, was wir bei unseren Beobachtungen im Alltag unmittelbar vor Augen haben, kann dann nicht die letzte, absolute Wahrheit sein.

2. Die Form (Skalierung) der Welt fluktuiert statistisch; statistisch deshalb, weil es offensichtlich kein physikalisches Gesetz gibt, das den Skalierungsfaktor als Funktion der Zeit be-

schreibt. Wir können ohne ein solches Gesetz prinzipiell nicht wissen, zu welchem Zeitpunkt welche Skalierung vorliegt. Also muss sich der Skalierungsfaktor statistisch verhalten. Das hypothetische Wesen, das den Kosmos aus der Distanz wahrnimmt, erfährt eine Welt, die dauernd und abrupt ihre Größe ändert. Allerdings würden diese Größen-Fluktuationen für die Beobachter im Innern des Universums nicht nachweisbar bzw. beobachtbar sein.

Jedoch kann dieses statistische Modell nicht existieren. Warum? Wir kennen zwar in der Physik (Quantentheorie) statistische Vorgänge, aber bei diesen verhält es sich anders als beim statistischen Skalierungsmodell hier. Denn bei den statistischen Vorgängen, die wir aus der Quantentheorie kennen, liegen Prozesse vor, bei denen es zwar keine Ursache gibt, aber einen definitiven Effekt. Beim statistischen Skalierungsmodell würde es natürlich auch keine Ursache geben, ebenso keinen Effekt, denn für die Beobachter im Innern des Universums wäre kein Effekt feststellbar. Es ist ein Phänomen ohne Effekt, was als unphysikalisch eingestuft werden muss. Die statistische Skalierung wäre also ein Vorgang ohne Ursache und ohne Effekt, was bedeutet, dass das statistische Skalierungsmodell nicht existieren kann.

Beide Punkte machen deutlich, dass der mit Materie gefüllte Container als absolute, letzte Wahrheit für die Welt als Ganzes in dieser Form nicht infrage kommen kann. Aber was muss hier korrigiert werden? Müssen wir das ganze Prinzip verwerfen oder nur Teile von ihm? Welche Hinweise gibt es für die eine oder andere Lösung? Um diese Fragen beantworten zu können, müssen wir die Schwachstellen aufzeigen. Erst dann können wir Alternativen ernst nehmen.

1.2 DER CONTAINER ALS PHYSIKALISCHES BASISELEMENT

Es muss deutlich unterstrichen werden, dass eine Modifizierung oder sogar Aufgabe des Container-Prinzips schwerwiegend und einschneidend wäre. Newton's wissenschaftlicher Erfolg basiert wesentlich auf diesem Prinzip. Keine der nachfolgenden Theorien (Elektrodynamik, Quantentheorie und Relativitätstheorie) stellt dieses Basisprinzip infrage. Im Rahmen dieser neuen Theorien werden zwar gegenüber der Newton'schen Mechanik revolutionäre Schritte eingeleitet und diese auch mathematisch-physikalisch formuliert, jedoch wird an dem Container-Prinzip weder gerüttelt noch werden Modifikationen vorgenommen.

Es war der Philosoph Immanuel Kant, der Raum und Zeit anders bewertete. Für ihn waren Raum und Zeit nicht die Basiselemente für einen Container, in dem die materielle Welt eingebettet ist. Allerdings legte Kant für seine Neubewertung keine mathematisch-physikalische Formulierung vor. Einerseits wurde den Kant'schen Ideen nicht oder, wenn überhaupt, nur schwach widersprochen; andererseits flossen seine Raum-Zeit-Vorstellungen bisher nicht bei der mathematisch-physikalischen Formulierung der Naturgesetze ein.

Die Vernachlässigung der Kant'schen Vorstellungen über Raum und Zeit sind erklärbar. Kant lebte von 1724 bis 1804 und Newton von 1642 bis 1726. Damals gab es nur die Newton'sche Theorie, d. h., die wissenschaftliche Welt konnte noch nichts über Evolution, Quantentheorie und Relativitätstheorie wissen. Der Erfolg der Newton'schen Theorie war großartig. Denn mit dieser neuen Mechanik war es möglich, die Bewegung der Himmelskörper erfolgreich und sehr präzise zu berechnen. Es war sogar möglich, die Existenz von nicht bekannten Planeten genau vorherzusagen. Damals glaubte man denn auch mit der Newton'schen Theorie die absolute, letzte

Wahrheit in den Händen zu haben; danach war die letzte Instanz erreicht, zumindest in wissenschaftlicher Hinsicht. Newton ging bei der Formulierung seiner mathematischen Gleichungen von dem aus, was er und alle anderen Menschen bei den Beobachtungen im Alltag direkt vor Augen haben, und bei diesen Alltagsbeobachtungen erscheint uns die Welt als ein Container, bestehend aus Raum und Zeit, in dem die Objekte (Materie) eingebettet sind. Genau das war für Newton der Ausgangspunkt und auch die Basis für seine Überlegungen.

Immanuel Kant ging im Grunde weiter: Er analysierte die unmittelbaren Raum-Zeit-Eindrücke im Alltag. Er kam zu dem Schluss, dass die Elemente Raum und Zeit aus Gehirnfunktionen hervorgehen, dass also die unmittelbaren Eindrücke vor unseren Augen eine Sache des Gehirns sind, die mit der eigentlichen Welt draußen zunächst nichts zu tun haben.

Der Erfolg der Newton'schen Physik drückte solche Einsichten in den Hintergrund, zumal keine mathematische Formulierung für die Kant'schen Vorstellungen vorlagen. Letztlich war es aber so, dass der praktische Erfolg die erkenntnistheoretische Einsicht überschattete. Das muss man jedoch nicht ausschließlich negativ werten, denn bei der evolutionären Entwicklung des Menschen und anderer biologischer Systeme ging es primär nicht darum, absolute Wahrheiten erkennen zu können, sondern um Fähigkeiten zu entwickeln, die das Überleben gewährleisten. Bei einer solchen Situation ist es dann unmittelbar klar, dass im Bewusstsein des Menschen praktische Fähigkeiten einen hohen Stellenwert einnehmen.

Wie gesagt, wegen ihres großen Erfolgs glaubte man damals mit der Newton'schen Theorie die absolute, letzte Wahrheit in den Händen zu haben. Das glaubt man im Übrigen heute auch noch, allerdings jetzt im Zusammenhang mit aktuellen Theorien. Man hat also aus der Selbstüberschätzung damals nichts dazugelernt.

1.3 ZWEI GRUNDLEGENDE ASPEKTE

In Abschnitt 1.1 haben wir festgestellt, dass der mit Materie gefüllte Container als absolute, letzte Wahrheit für die Welt als Ganzes nicht infrage kommen kann, jedenfalls nicht in dieser Form. In Abschnitt 1.2 haben wir das mithilfe der Kant'schen Einsichten vertieft. Aber, so stellt sich die Frage, was muss hier korrigiert werden oder müssen wir sogar das ganze Prinzip verwerfen? Um diese Frage beantworten zu können, müssen wir uns eingehend mit den Schwachstellen des Container-Prinzips befassen. Erst dann können wir andere Prinzipien ernst nehmen.

Die angesprochene Fragestellung zur Realität eines Container-Universums erscheint etwas naiv, spricht aber zwei grundlegende Aspekte an:

1. Können wir die Welt *objektiv* erfassen, so wie es das hypothetische Wesen nach Voraussetzung kann? Oder anders formuliert: Kann der menschliche Beobachter die Welt *direkt* beobachten, so wie es das hypothetische Wesen kann, oder nur *indirekt*? Die Überlegungen von Immanuel Kant werden sicherlich bei der Beantwortung dieser Fragen einfließen.

2. Was bedeutet es für die physikalisch-theoretischen Strukturen, wenn das Universum *kein* Topf ist, in dem alles, aber auch wirklich alles reingepackt ist? Mit anderen Worten, was passiert, wenn wir für das Container-Universum eine andere Konzeption setzen? Grundlegender kann aus der Sicht des menschlichen Beobachters kein Standpunkt sein. Denn vor der Formulierung einer mathematisch-theoretischen Struktur im Zusammenhang mit der physikalischen Realität müssen vernünftige Voraussetzungen gesetzt werden, die sich aus dem Selbstverständlichsten ergeben sollten. Hier stehen die Begriffe Raum und Zeit ganz vorne. Denn Raum und Zeit sind uns deshalb so vertraut, weil ohne diese Elemente keine Beobach-

tungen zustande kommen können. Tatsächlich ist es so, dass wir Raum und Zeit als selbstverständliche Elemente hinnehmen. Damit ist zunächst überhaupt nicht gesagt, dass wir wissen, was Raum und Zeit tatsächlich sind. Aber bei unseren gesamten vordergründigen Vorstellungen sind Raum und Zeit ausnahmslos einbezogen, insbesondere im Rahmen unseres Alltagslebens, wobei gerade diese unbewusst wahrgenommenen Raum-Zeit-Strukturen für weitergehende Entwicklungen herangezogen werden.

In den folgenden Abschnitten werden wir uns mit diesen beiden Aspekten detailliert befassen. In diesem Zusammenhang können dann Aussagen zur Realität eines Container-Universums gemacht werden.

Die Grundsätzlichkeit, die diese beiden Aspekte zum Ausdruck bringen, ist offensichtlich. Deshalb werden auch alle wesentlichen Zusammenhänge, die für das menschliche Leben relevant sind, berührt sein. Einige davon werden wir ausführlicher ansprechen und die Folgen abschätzen, wenn Abweichungen von den üblichen Vorstellungen einfließen. Der erkenntnistheoretische Faktor und der technologisch-zivilisatorische Aspekt im Zusammenhang mit der Nanotechnologie werden im Vordergrund stehen.

Beginnen wir also mit der Frage, ob der menschliche Beobachter die Welt überhaupt *direkt* beobachten kann, so wie es das hypothetische Wesen kann, oder nur *indirekt*? Ein direkter Zugang zur Welt draußen würde bedeuten, dass dem Menschen die Welt in ihrer absoluten Form zugänglich wäre.

1.4 Innenwelt und Aussenwelt

Die meisten Menschen gehen davon aus, dass die Eindrücke vor ihren Augen die wahre Welt ist, und zwar direkt und unverfälscht. Der Psychologe C. G. Jung betrachtet die Welt und die damit zusammenhängenden Eindrücke schon differenzierter, wenn er sich darüber wundert, was das Bewusstsein tatsächlich ist, dass sozusagen die realen Ereignisse zweimal stattfinden, einmal in der Welt draußen und ein anderes Mal im Innern. C. G. Jung unterscheidet also zwischen Innenwelt und Außenwelt [2, 3]. Insbesondere geht er offensichtlich davon aus, dass unsere Eindrücke unmittelbar vor uns nicht direkt die Außenwelt ist, sondern nur in indirekter Form, denn diese als unmittelbar empfundene Welt ist dann nur ein Bestandteil der Innenwelt. Dennoch setzt C. G. Jung die beiden Ereignisse strukturell gleich. Aber ist es tatsächlich so? Kann das sein? Wir werden sehen, dass diese Vorstellung zu grob ist, auch wenn C. G. Jung über die naive Vorstellung der meisten Menschen, die wahre Welt direkt vor Augen zu haben, hinausgeht.

Gestützt durch die Aussagen von C. G. Jung können wir dann festhalten, dass der unmittelbare Eindruck, der wahren Welt gegenüberzustehen, eine Täuschung ist. Es ist charakteristisch für den Sehakt, dass unser Bewusstsein nicht das Bild der Gegenstände, wie Häuser, Bäume, Mitmenschen, drinnen im Auge registriert, sondern in uns das Empfinden erzeugt wird, diesen Gegenständen gegenüberzustehen, dass sie sich draußen in einem Raum befinden. Aufgrund dieses Eindrucks kommt die Vorstellung vom Container-Universum zustande.

Da der Eindruck, der wahren Welt gegenüberzustehen, offensichtlich eine Täuschung ist, ist man spontan geneigt, auch das Container-Universum als Täuschung aufzufassen. Aber das wäre zu schnell geurteilt, denn zunächst haben wir nur darüber gesprochen, was sich im Innern abspielt, die Außenwelt jedoch dabei nicht berührt. Nach C. G. Jung wäre sogar draußen tatsächlich das Container-Universum existent. So gesehen würde das hypothetische Wesen diesen Topf tatsächlich wahrnehmen. Aber C. G. Jung sagt auch, dass wir Menschen das genau nicht können, weil wir die Welt nur indirekt wahrnehmen können.

Nein, wir können nicht in die Rolle des hypothetischen Wesens schlüpfen und die Welt *direkt* in Augenschein nehmen, ganz gleichgültig, ob es sich beim Universum um einen Container handelt oder nicht. Der direkte Zugriff bleibt uns verwehrt. Der indirekte Weg ist mühsam und oft spekulativ und wird in der Regel mit philosophischen Floskeln zugedeckt bzw. verschleiert.

Die *Idealisten* behaupten, keine Aussagen über die Welt draußen machen zu können. Die *Realisten* sehen keinen oder nur wenig Unterschied zwischen dem, was strukturell im Kopf ist und dem, was tatsächlich draußen ist. Beide Standpunkte sind nicht differenziert genug, drücken aber unzweideutig aus, dass es sich hier um einen komplizierten Gegenstand handelt.

Die Physiker sind ausnahmslos Realisten, d. h., sie setzen das, was sie sich überlegen, mit dem gleich, was in der Welt draußen tatsächlich passiert. Newton stellte die Frage überhaupt nicht. Für ihn gab es nur die Außenwelt, und er setzte diese mit dem gleich, was unmittelbar vor unseren Augen spontan in Erscheinung tritt.

Aber das Poincaré'sche Skalengesetz hat uns gelehrt, dass es die Elemente Raum und Zeit in der Welt draußen nicht geben kann. Dann können konsequenterweise die Strukturen der Innenwelt, die sich im Kopf des Beobachters als geometrische Orte bzw. Darstellungen in Raum und Zeit manifestieren, nicht auf die Außenwelt mit ihren real existierenden Massen übertragen werden. Mit anderen Worten, die Struktur der Außenwelt ergibt sich nicht einfach dadurch, indem die geometrischen Orte im Bild der Innenwelt durch reale Massen ersetzt wird (siehe auch Abb. 1).

Was bleibt, ist die Raum-Zeit mit den geometrischen Orten, so wie es in Abb. 1 (a) symbolisch wiedergegeben ist. Nur auf diese Situation bezieht sich das Poincaré'sche Skalengesetz. Dieses Bild von der Wirklichkeit draußen sitzt im Kopf und ist mit dem

Raum und Zeit   Raum und Zeit

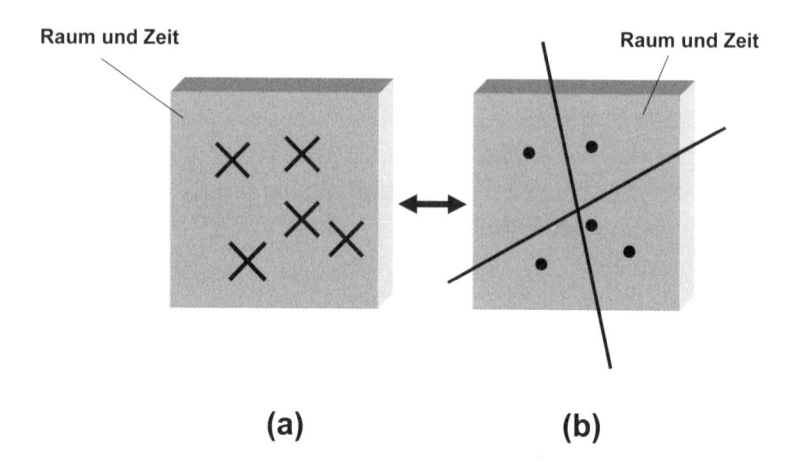

(a)   (b)

Abb. 1
In der Außenwelt (Abb. 1 (b)) darf es nach dem Poincaré'schen Skalengesetz keinen Raum und auch keine Zeit geben. Dann ergibt sich die Struktur der Außenwelt nicht einfach dadurch, indem die geometrischen Orte im Bild der Innenwelt (Abb. 1 (a)) durch reale Massen ersetzt wird. Die Konfiguration, so wie sie in Abb. 1 (b) dargestellt ist, darf es nicht geben.

Gehirn des Beobachters verknüpft; hier ist das Bild eingepasst. Nun sind aber nicht alle Skalierungen im Kopf möglich, sondern nur eine einzige Skalierung passt zu den übrigen Teilen des Gehirns und nicht alle möglichen. Das heißt, im Gegensatz zur Welt als Ganzes (Abschnitt 1.1) gibt es im Gehirn Randbedingungen, die aus der Vielfalt der möglichen Skalierungen eine einzige selektiert. Aber es gibt viele Beobachter mit unterschiedlichen Kopf- bzw. Gehirnstrukturen, so dass die Skalierung beobachterabhängig wird. Die Randbedingung zur Selektion einer passenden Skalierung ist also von Beobachter zu Beobachter verschieden, und somit muss auch die Skalierung von Beobachter zu Beobachter verschieden sein. Das Poincaré'sche Skalengesetz zeigt dann, dass alle Beobachter die Welt in gleicher Weise erleben. So muss das Poincaré'sche Skalengesetz verstanden werden.

1.5　Der Newton'sche Ansatz

In der Regel machen sich Menschen zwischen dem, was tatsächlich draußen ist, und dem, was sie unmittelbar vor Augen haben, keine großen Gedanken und setzen ihre unmittelbaren Eindrücke mit der realen Wirklichkeit gleich. So handhabt es auch die Physik seit Newton die Bühne betrat. Da die Physik seit ihren Anfängen immer sehr erfolgreich war, blieb es bei dieser Auffassung, was auch hier wieder deutlich macht, dass der vordergründige Erfolg dem erkenntnistheoretischen Aspekt den Vorzug gegeben wird. Das Container-Prinzip wurde nicht oder kaum infrage gestellt, bestenfalls auch nur bei den unverbindlichen Plaudereien in philosophischen Zirkeln, aber nie bei der konkreten mathematischen Formulierung der Naturgesetze, also in den herkömmlichen Formen der Physik, deren Stärke es bekanntlich ist, intellektuelle Konstruktionen mit möglichem Beobachtungsmaterial konkret in Verbindung bringen zu können.

Die eigentliche Physik begann mit Galileo Galilei (1564–1642) aber insbesondere mit Isaac Newton. Newton formulierte das materielle Geschehen mathematisch und stellte es auf eine berechenbare rationale Grundlage. Irgendwelche Götter, launische Feen und was damals sonst noch aus dem mystischen Bereich für das dynamische Verhalten der Himmelskörper verantwortlich gemacht wurde, eliminierte Newton.

Die Newton'sche Mechanik war und ist sehr erfolgreich. Mit ihrem prinzipiellen Aufbau setzte sie die Maßstäbe für alle weiteren Entwicklungen in den Naturwissenschaften, und die Physik wurde zur Basiswissenschaft, was sie denn auch bis zum heutigen Tage ist. Die Newton'sche Mechanik sagt zwar nicht, *warum* etwas passiert, aber sehr präzise *was* geschieht. Was passiert, ist klar, jedenfalls vordergründig, so wie es dem Auge erscheint. Die Himmelskörper bewegen sich im Laufe der Zeit τ *kontinuierlich* von einem Ort zum anderen, also kontinuierlich von einem Raum-Zeit-Punkt ($\mathbf{r}_1, \tau_1$) zu einem anderen mit ($\mathbf{r}_2, \tau_2$). Zwischen diesen Punkten bewegt sich der Körper auf einer mehr oder weniger komplizierten Bahn. Für die Bahnform sind nach Newton die anderen im Raum positionierten Himmelskörper verantwortlich, sonst nichts. Allein dieser Ansatz ist zweifelsfrei genial. Das Problem in mathematische Form zu bringen, war ein zweiter genialer Schritt, auch wenn beide Schritte eng miteinander verknüpft sind. Im Endeffekt führt uns Newton zu seinen Bewegungsgleichungen, deren Lösung die Bahn des Himmelskörpers ergibt, also die Koordinaten x, y, z ($\mathbf{r} = [x, y, z]$) als Funktion der Zeit $\tau: x = x(\tau), y = y(\tau), z = z(\tau)$.

Die notwendige Wechselwirkung zwischen dem zu untersuchenden Himmelskörper A mit den ihn umgebenen Massen B, C, ..., die ja zur Beschreibung seiner Trajektorie benötigt werden, die also in die Bewegungsgleichung direkt eingehen, formulierte Newton mit denkbar einfachen Mitteln. Die Wechselwirkungsgesetze sind einheitlich durch die Massen m_A, m_B, m_C, ... der Körper und deren Abstände r_{AB}, r_{AC}, ... gegeben. Diese Wechselwirkungsgesetze sind nach Newton durch

$$-G m_A m_B (\mathbf{r}_A - \mathbf{r}_B) / r_{AB}^3,$$
$$-G m_A m_C (\mathbf{r}_A - \mathbf{r}_C) / r_{AC}^3,$$
$$\vdots$$

festgelegt, wobei G die Gravitationskonstante ist.

Mit diesen überschaubaren Informationen erhält man durch die Lösung der entsprechenden Bewegungsgleichung die Trajektorie für den Himmelskörper A, d. h., wir bekommen die konkreten Funktionen $x_A = x_A(\tau), y_A = y_A(\tau), z_A = z_A(\tau)$, was genau dem entspricht, was wir unmittelbar vor uns haben.

Die Newton'sche Lehre erlaubte die Beschreibung sehr vieler Phänomene auf der Grundlage eines einheitlichen Ansatzes. Neben den Planetenbewegungen lernte man insbesondere die

Kepler'schen Gesetze zu verstehen, aber auch Ebbe und Flut. Darüber hinaus erlaubte die Newton'sche Theorie präzise Vorhersagen über Himmelskörper zu machen, die überhaupt noch nicht beobachtet worden waren. Die Theorie war also in der Lage vorherzusagen, wann und wo wir einen gewissen Himmelskörper erwarten können. Tatsächlich stellten sich diese Ereignisse dann auch ein. Auf diese Weise wurde der Planet Neptun entdeckt. Eine fantastische Leistung. Solche und ähnliche Aussagen machten die Newton'sche Theorie geradezu zum Evangelium. Aus dem Newton'schen Ansatz wurde das „Newton'sche Weltbild".

Newton bietet also mit einem Minimum an Informationen eine mathematisch-physikalische Lösung für ein komplexes Problem an, was vor ihm noch als geheimnisvoll erschien und mit allen möglichen mystischen Attributen belastet wurde. Das war zur damaligen Zeit grundsätzlich neu, aber auch mutig und ausgesprochen überzeugend. Aber, so stellt sich die Frage, was haben wir mit dem Newton'schen Ansatz über die „Welt als Ganzes" gelernt? Eigentlich gar nichts, wenn wir mit der Elle messen, die wir zu Beginn angelegt haben. Denn Newton ging bei der Formulierung seiner Theorie vom Vordergründigen aus, also von dem, was *direkt* vor seinen Augen erschien, was also auch jeder Mensch genauso im Rahmen seiner Alltagserfahrungen beobachtet. Das ist aber zunächst noch keineswegs die Wirklichkeit selbst, zu dem der Beobachter ja nur einen indirekten Zugang hat (Abschnitt 1.4). Das bedeutet für die Newton'sche Theorie eine gewisse Komplikation, auf die wir eingehen müssen.

1.6 Komplikationen

Die Newton'sche Theorie ist einfach, überschaubar und treffsicher in ihren Aussagen und konkreten Ergebnissen. Alles deckt sich mit dem, was wir auch tatsächlich beobachten, entweder mit dem bloßen Auge oder mit dem Teleskop. So entstand der Mythos vom „Newton'schen Weltbild", das besagt, dass der Newton'sche Ansatz für die Zusammenhänge in der Welt allgemein verbindlich Gültigkeit hat, also für alles, was in der Welt passiert. Mit anderen Worten, die Newton'sche Theorie beansprucht, die wahre Struktur des Universums aufzeigen zu können. Das ist sicherlich eine Überschätzung, auch wenn in pragmatischer Hinsicht genau dieser Eindruck entstehen muss. Dennoch bleiben viele Fragen bezüglich des erkenntnistheoretischen Fortschritts offen. Eigentlich sind es sogar die entscheidenden, wesentlichen Fragen. Insbesondere fasst die Newton'sche Theorie die Welt als einen Container auf, in dem die Materie eingebettet ist. Mit anderen Worten, Abbildung 1 trifft im Falle der Newton'schen Theorie nicht zu.

Ein weiterer kritischer Punkt im Zusammenhang mit Newton's Ansatz ist unter anderem der Begriff der Wechselwirkung. Was haben wir unter der Wechselwirkung zwischen den Himmelskörpern zu verstehen, also zum Beispiel zwischen den beiden Himmelskörpern A und B? Diese Wechselwirkung führt nach Newton zu einer Kraft, die durch die Gleichung $-Gm_Am_B(\mathbf{r}_A-\mathbf{r}_B)/r_{AB}^3$ ausgedrückt bzw. festgelegt ist. Wie kam Newton auf diese Gleichung? Woher hat er sie genommen? Welches Prinzip oder welcher Mechanismus führt zu dieser Gleichung?

Dem Physiker schwebt in der Regel vor, gewisse komplexe Mechanismen auf geläufige bzw. vertraute Einzelvorgänge reduzieren zu können, was dann am ehesten gewährleistet ist, wenn solche Einzelvorgänge dem anschaulichen Bereich des Alltags entlehnt sind. Aber ein solcher Mechanismus konnte nicht gefunden werden, um den mathematischen Aufbau des Gravitationsgesetzes $-Gm_Am_B(\mathbf{r}_A-\mathbf{r}_B)/r_{AB}^3$ erklären zu können, der in seiner Struktur doch relativ einfach ist. Man versuchte es, scheiterte aber [3]. Da das Gravitationsgesetz immer anziehend ist, lag es zum Beispiel nahe, das Gesetz mit anrennenden Massen zu modellieren, aber die Sache funktionierte nicht. So haben wir bis heute kein anderes Modell für die Newton'sche Gravitationstheorie als die mathematische Formel $-Gm_A m_B(\mathbf{r}_A - \mathbf{r}_B)/r_{AB}^3$ selbst.

Es kam noch eine weitere Schwierigkeit hinzu, die mit der Natur Fernwirkung der Gravitationskräfte zusammenhängt. Das lässt sich wie folgt zusammenfassen: Liegen N Körper vor, so sind die Kräfte, mit denen sich diese N Massen gegenseitig beeinflussen, eine Funktion der relativen Abstände. Die zum Zeitpunkt τ auf den Körper i wirkende Kraft ist deshalb durch die Lage aller N-1-Körper festgelegt, die mit i wechselwirken. Nach Newton übt also jeder der N-1-Körper auf Körper i momentan eine Kraft aus; jede Positionsänderung der N-1-Körper spürt Körper i ohne jegliche Verzögerung (Retardierung), und zwar ganz unabhängig von den Abständen, die die übrigen Körper von i haben.

Diese Annahme der Retardierungslosigkeit der Wechselwirkung geht aber, wie allgemein bekannt ist, an der Realität vorbei. Nach der Relativitätstheorie kann diese Annahme sogar niemals zutreffen. Nach der Newton'schen Mechanik scheint es also so zu sein, dass die Kräfte zwischen den Massen ohne Zeitverzögerung, also instantan den Raum überspringen, was weniger physikalisch, sondern eher als mysteriös aufgefasst werden muss.

Das alles legt die Vermutung nahe, dass dem Gravitationsgesetz nicht die ihm zugedachte Realität zukommt. Der fehlende Mechanismus für das Gravitationsgesetz sowie die instantanen Kraftübertragungen legen andere Auslegungen nahe. Im nächsten Abschnitt werden wir die Vorstellungen von Alfred Schmid (1899–1968) einführen und mit der Newton'schen Sicht vergleichend diskutieren. Das ist insbesondere deshalb von Bedeutung, da der Schmid'sche Standpunkt dem Ansatz von Newton diametral gegenübersteht.

1.7 Alfred Schmids Gegenposition

Es bleibt also vollkommen offen, welche tiefere Bedeutung dem Gravitationsgesetz $-Gm_A m_B (\mathbf{r}_A - \mathbf{r}_B)/r_{AB}^3$ zukommt. Mit anderen Worten, es bleibt schleierhaft, was hinter der Gleichung wirklich steckt, wobei die Frage offen bleibt, ob ihr überhaupt eine tiefere Bedeutung zukommt. Natürlich wurde die Newton'sche Gravitationstheorie durch die Allgemeine Relativitätstheorie ersetzt, aber auch in dieser Theorie gibt es unerklärbare Elemente; die gekrümmte Raum-Zeit wird gesetzt, ohne sagen zu können, wie das geschieht. Die Massen krümmen die Raum-Zeit, d.h., es besteht eine Beziehung zwischen diesen Größen, aber die Allgemeine Relativitätstheorie geht nicht darauf ein, wie das geschieht.

Wegen des Fehlens einer tieferen Bedeutung für das Gesetz $-Gm_A m_B (\mathbf{r}_A - \mathbf{r}_B)/r_{AB}^3$ konnte Isaak Newton die Welt auch nur oberflächlich beurteilen: Denn die Bewegungsgleichung besagt, auf welche Weise Himmelskörper *A* von den anderen Himmelskörpern auf eine spezifische Bahn gezwungen wird, es macht aber keineswegs eine Aussage darüber, *warum* dies geschieht. Daher liegt eher eine pauschale Vorstellung vor, die jedoch nicht zutreffen bzw. verwirklicht sein muss. Alfred Schmid entwickelt in seinem erst jetzt erschienenen Buch „Principium motus" eine grundsätzlich andere, geradezu entgegengesetzte Sicht [4].

Die Vorstellungen von Alfred Schmid über die Zusammenhänge in der Welt sind grundsätzlich neu. Während die Wissenschaft seit Jahrhunderten die prinzipielle Auffassung von Newton vertrat und immer noch pflegt, betritt Schmid Neuland. In vielerlei Hinsicht muss seine Auffassung gerade dem wissenschaftlich orientierten Menschen fremd erscheinen, da er gezielt metaphysische Elemente in das Weltgeschehen einbringt und diese sogar zur Grundlage macht. Denn genau das versuchte man im Rahmen der konventionellen Physik mit allen

Mitteln zu vermeiden, und zwar in den allermeisten Fällen aus guten Gründen. Allerdings schaffte es die Physik nie, eine Theorie zu konstruieren, die vollständig frei von metaphysischen Elementen ist. Offensichtlich ist das prinzipiell nicht möglich [3]. Was liegt dann näher, metaphysische Elemente von vornherein zuzulassen und dann die Welt neu zu ordnen. Genau das versuchte Alfred Schmid. In seinem Buch „Principium motus" sind die Grundgedanken dieser Sicht begründet und diskutiert.

Wenn Alfred Schmid metaphysisch operiert, dann sollte man meinen, dass er sich von den Prinzipien der Physik entfernt, aber eigentümlicherweise scheint eher das Gegenteil richtig zu sein. In gewisser Weise verallgemeinert Schmid mit seinem Ansatz ein wesentliches Basisprinzip der konventionellen Physik. Warum das so ist und um was es sich hier handelt, werden wir später noch näher besprechen.

Der Kern der Schmid'schen Thesen und Überlegungen lässt sich wie folgt zusammenfassen: Bei allem in der Welt liegt kein kausal bedingtes Handeln vor. Das gilt für Menschen, Tiere, Pflanzen, Mineralien bis hin zu den Elementarteilchen. Nach Schmid handeln alle diese Dinge gleichermaßen aus sich selbst heraus. Jeder Teil der Schöpfung hat die Fähigkeit zum eigenständigen Handeln. Alles Existierende in der Welt ist danach in den Stand der „Persona" erhoben, und es gibt kein kausal ausgelöstes passives Tun, so wie das die Zug- und Schubkräfte der Newton'schen Mechanik suggerieren. Nach Alfred Schmid ist das aus sich selbst heraus stammende Handeln ein Urphänomen, also das Elementarste, was es überhaupt geben kann.

Nach Alfred Schmid hat also ein Körper, sei es ein Himmelskörper oder auch ein einfacher Stein, eine gewisse Individualität. Diese Individualität drückt sich dadurch aus, dass der Körper aus sich selbst heraus seine Bahn sucht. Dann können wir versuchsweise wie folgt argumentieren: Mit den Newton'schen Gleichungen haben wir die Bedingung bzw. den Code gefunden, wie sich der Körper verhält. Wir wissen, wie sich der Körper entscheidet, wenn die eine oder andere Konstellation, diktiert durch die Gleichung, vorliegt. Mit anderen Worten, die Newton'sche Bewegungsgleichung mit den spezifischen Anfangsbedingungen, die zur Lösung der Gleichung benötigt werden, geben uns Menschen den Code über das individuelle Verhalten des Körpers in die Hände. Aber der Körper entscheidet einzig und allein aus sich heraus, was mit ihm geschieht, jedenfalls ist das die Sicht von Schmid. Das erscheint zunächst sehr fremd, aber möglicherweise nur deswegen, weil wir mit den überlieferten Vorstellungen zu sehr verwurzelt sind. Der Schmid'schen Position kommen wir mit der folgenden *Ad-hoc*-Konstruktion etwas näher: Wenn ein Schiedsrichter die rote Karte zeigt, dann wird der betroffene Spieler von sich aus den Platz verlassen, die rote Karte selbst drückt ihn nicht vom Platz.

Die Newton'sche Theorie lässt solche Interpretationsspielräume durchaus zu, und zwar deswegen, weil die Gleichungen selbst nicht auf einen plausiblen Mechanismus zurückgeführt werden können. Aber nicht nur das, denn es ist nur schwer vorstellbar, dass das Geschehen in der Welt in letzter Instanz tatsächlich so abläuft, wie es sich in der Struktur der Newton'schen Bewegungsgleichung widerspiegelt. Dass diese Vorstellung höchst wahrscheinlich nicht zutrifft, werden wir noch besprechen, was dann insbesondere der Sicht von Alfred Schmid wesentlich entgegenkommt.

Nach Alfred Schmid ist das aus sich selbst heraus stammende Handeln der in der Welt existierenden Einheiten (Sonne, Mond, Sterne usw.) ein Urphänomen, also das Elementarste, was es überhaupt geben kann. Ein solches Prinzip kann aus den herkömmlichen Elementen der Physik, wie zum Beispiel der Newton'schen Mechanik, nicht herausgelesen werden und erscheint unmöglich. Aber man könnte das Schmid'sche Prinzip zur Grundlage einer neuen Auffassung über die Zusammenhänge in der Welt machen. Man wird aber dann zwangsläufig auf eine ganz andere Wirklichkeitsvorstellung kommen, in der das nichtakzeptable Container-Prinzip möglicherweise gar nicht mehr vorkommt. Die menschliche Sicht der Dinge wäre dann lediglich spezifisch angelegt.

1.8 Die Einordnung des Menschen

Das Bestreben der modernen Physik war es immer, den Menschen selbst zunehmend aus dem Mittelpunkt des Gesamtsystems, also des Universums, zu rücken, ohne dabei die spezifischen Eigenarten des Menschen schmälern bzw. relativieren zu wollen. Das ist nicht nur eine philosophische Haltung, sondern geht insbesondere bei der physikalisch-theoretischen Beurteilung von kosmologischen Fragen ein.

Ausgangspunkt für die Urknalltheorie sind die Allgemeine Relativitätstheorie und auch das so genannte kosmologische Prinzip. Das kosmologische Prinzip ist grundlegend wichtig. Es besagt, dass unser Kosmos aus jedem Blickwinkel und von jedem Ort aus betrachtet gleich aussieht, jedenfalls sollte das im Mittel der Fall sein.

Das kosmologische Prinzip geht im Grunde auf das kopernikanische Prinzip zurück, das der Erde eine Sonderstellung im Zentrum des Universums abspricht. Wir wissen, dass das von Ptolemäus entwickelte geozentrische Universum von der heliozentrischen Kosmologie abgelöst wurde. Das bedeutete sehr viel, denn dieser Schritt beinhaltete auch, dass der Mensch ebenso aus dem Zentrum gerückt wurde. Doch warum sollte der Sonne diese bevorzugte Stellung zugestanden werden? Es gibt keinerlei Gründe, der Sonne oder irgendeiner Galaxie eine Sonderstellung zukommen zu lassen. Wir kommen so zum kosmologischen Prinzip, das keinem Punkt im Kosmos eine bevorzugte Stellung einräumt. Jeder ruhende Beobachter, ganz gleichgültig, wo er im Universum positioniert ist, nimmt den Kosmos als nahezu isotrop und homogen wahr. Experimentelle

Fakten, die gegen das kosmologische Prinzip sprechen, konnten nicht aufgezeigt werden. Aber letztlich kann dieses Prinzip nicht bewiesen werden und stellt somit eine Frage der Philosophie oder sogar des Glaubens dar. Nach dem kosmologischen Prinzip gibt es die Sonderstellung des Menschen nicht mehr, die er sich wünschte und die ihn als privilegierten Beobachter auszeichnete.

Viele Menschen beurteilen das falsch, denn sie glauben, dass der Schritt zum kosmologischen Prinzip ihn selbst als Besonderheit abschafft bzw. leugnet, was in Bezug auf den privilegierten Beobachter wohl stimmt. Tatsächlich drückt diese Befürchtung aber nur aus, dass manche Menschen ein Problem mit der Schöpfung haben bzw. diese falsch einstufen.

Im Rahmen der Newton'schen Theorie haben wir einerseits tote, passive Materie und andererseits lebendige, aktive Menschen, also gute und weniger gute Produkte der Schöpfung. Wenn es einen Schöpfer und die Schöpfung geben sollte, so muss eine solche Wertung, bezüglich des Geschaffenen, als unangemessen eingestuft werden. Gott macht keine guten und weniger gute Dinge. Die Instanz der Schöpfung entzieht sich jeder Wertung durch den Menschen. Wenn wir das dennoch können, so haben wir die Instanz der Schöpfung nicht tangiert, was für die Newton'sche Theorie offensichtlich zutrifft, denn hier kann dezidiert gewertet werden: Einerseits gibt es tote, passive Materie und andererseits lebendige, aktive Menschen, also gute und weniger gute Dinge, was aber nicht schöpfungsspezifisch sein kann, wenn wir mit obiger Elle messen. Wir können Gott, falls er denn wirklich existiert, kein Zeugnis ausstellen.

Bei Alfred Schmid liegen die Dinge grundsätzlich anders. Wir haben das Schmid'sche Prinzip oben angesprochen und die wesentlichen Punkte zusammengefasst. Wichtig ist hierbei, dass alle Dinge (Menschen, Tiere, Pflanzen, Mineralien usw.) gleichermaßen aus sich selbst heraus handeln. Jeder Teil der Schöpfung hat die Fähigkeit zum eigenständigen Handeln.

Alles Existierende in der Welt ist danach in den Stand der „Persona" erhoben, und es gibt kein kausal ausgelöstes passives Tun, so wie es die Zug- und Schubkräfte der Newton'schen Mechanik suggerieren.

Die Schmid'sche Weltsicht drückt somit ein Schöpfungsprinzip aus. Es ist die logische Verallgemeinerung des kosmologischen Prinzips. Das Schmid'sche Prinzip ist nicht beweisbar, sondern ist letztlich ebenso eine Glaubenssache wie das kosmologische Prinzip. Jedoch ist dieser Glaube ausgezeichnet begründet, so wie das auch für das kosmologische Prinzip der Fall ist.

Die Relevanz des kosmologischen Prinzips für die moderne Kosmologie drückte Joseph Silk wie folgt aus: *„Als Voraussetzung für eine moderne Kosmologie war das kosmologische Prinzip der entscheidende Grundstein"*. Das Schmid'sche Prinzip baut nahtlos und logisch darauf auf, auch wenn die Schlussfolgerungen sehr viel einschneidender sind, und wir sind zu sehr mit den Vorstellungen der konventionellen Physik verwurzelt, um das Gedankengut von Alfred Schmid trägheitslos übernehmen zu können.

1.9 Kausalität

Für die Newton'sche Mechanik ist der Begriff der Kausalität wesentlich, also das Zusammenspiel von Ursache und Wirkung. Alfred Schmid hingegen arbeitet ohne kausale Zusammenhänge. In Abschnitt 1.7 haben wir festgehalten, dass nach Schmid alle Dinge auf der Welt (Menschen, Pflanzen, Tiere, Steine usw.) aus sich selbst heraus handeln, d. h., all die Dinge benötigen für ihre Aktivitäten keine auf sie einwirkende Ursache. Die grundsätzliche Frage ist hier, ob Aktionen ohne das Prinzip der Kausalität überhaupt verständlich sein können. Hierzu einige Bemerkungen.

Die Art des Newton'schen Kraftgesetzes erlaubt es, die kontinuierliche Bewegung, die durch die stetige Bahnkurve zum Ausdruck kommt, mit *kausalen* Mitteln zu verstehen. Die Bewegungsgleichung beschreibt die Bahnkurve eines Körpers von Ort zu Ort. Der Körper spürt eine Anziehungskraft und gibt dieser nach. Mit anderen Worten, der Bewegungsgleichung liegt die Vorstellung der Kausalität zugrunde. Die potenzielle Energie $U(r_{AB}) = -Gm_A m_B / r_{AB}$ zwischen Körper *A* und Körper *B*, aus der direkt das Kraftgesetz $-Gm_A m_B (\mathbf{r}_A - \mathbf{r}_B) / r_{AB}^3$ bestimmt werden kann, ist also ein Ausdruck für Kausalität; durch die Einführung von $U(r_{AB}) = -Gm_A m_B / r_{AB}$ wurde die Kausalität sozusagen in das System getragen.

Neben der kontinuierlichen Bewegung der Körper stellt die Kausalität, also das Prinzip von Ursache und Wirkung, ein für Menschen scheinbar unumstößlicher Erfahrungsinhalt auf der Ebene des Alltags dar. Auch hier zeigt sich noch einmal Newton's genialer Blick für das Wesentliche, auch wenn das kausale Prinzip eigentlich nur eine vordergründige Erfahrungswelt widerspiegelt. Aber das mathematisch umsetzen zu können, kann nicht hoch genug eingestuft werden. Dennoch muss die potenzielle Energie mit ihrem Bezug zur Kausalität als ein eingeschränktes Instrumentarium angesehen werden, das seine eigentlichen Wurzeln in den Beobachtungen des Alltags hat. Mit anderen Worten, Kausalität muss es zunächst auf anderen Beschreibungsebenen gar nicht geben.

So arbeitet die moderne Quantentheorie mit dem Begriff des Zufalls. Mit Zufall ist hier gemeint, dass Ereignisse im elementaren Bereich zugelassen werden, die keine Ursache haben, bei denen also der Kausalitätsbegriff nicht zum Tragen kommt. Wenn Alfred Schmid dann ohne kausale Zusammenhänge operiert, so ist das keineswegs problematisch, auch wenn seine Überlegungen zunächst nichts mit dem Begriff „Zufall" zu tun haben.

1.10 Sind die Newton'schen Gesetze lediglich Rezepte?

Wenn wir den Vorstellungen von C. G. Jung folgen, dann haben die Newton'schen Gesetze durchaus einen Bezug zur Realität. Denn nach C. G. Jung sind die Strukturen in der Innenwelt identisch mit denen in der Außenwelt (Abschnitt 1.4). Auch wenn Isaak Newton bei der Formulierung seiner physikalischen Gesetze von dem ausging, was unmittelbar vor seinen Augen stattfand, was also zunächst nicht direkt die eigentliche Wirklichkeit darstellt, sondern lediglich ein Bild von ihr, so beschreiben diese Gesetze dennoch die Welt draußen, aber auch nur dann, wenn die Strukturen in der Außenwelt mit denen der Innenwelt übereinstimmen. Das muss man aber ausschließen, weil Raum und Zeit nur in der Innenwelt existieren, aber nicht in der Außenwelt, wenn das Poincaré'sche Skalengesetz wörtlich genommen wird.

Das können wir aber, und zwar schon deshalb, weil noch andere gewichtige Argumente die Existenz von Raum und Zeit in der Welt draußen ausschließen. Wenn das miteinbezogen wird, dann bekommt die Newton'sche Theorie ein Problem, denn sie kann sich nicht mehr auf die Welt draußen beziehen, sondern ausschließlich auf die Innenwelt, die lediglich ein Bild von der Welt draußen darstellt. Dann kann man die Newton'schen Gesetze nur noch als *Rezepte* auffassen. Denn Ausgangspunkt der Newton'schen Überlegungen war nicht die Wirklichkeit selbst, sondern das Bild von ihr. Das ist ein wesentlicher Unterschied. Je nach Art und Form des Transformationsgesetzes, das den Übergang von der Wirklichkeit zum Bild bewerkstelligt, können die Strukturen im Bild sehr von denen in der Wirklichkeit draußen verschieden sein. Das ist sogar ganz sicher der Fall, da es zwar im Bild die Elemente Raum und Zeit gibt, aber eben nicht in der Außenwelt. Dieser Punkt ist wichtig und wird unten noch näher besprochen.

Wie gesagt, Ausgangspunkt der Newton'schen Theorie ist das „Bild von der Wirklichkeit", das er aber für die Wirklichkeit selbst hielt. Dieser Newton'sche Realismus trifft nur dann zu, wenn die Strukturen in der Außenwelt mit denen im Bild übereinstimmen, wenn also Abbildung 1 nicht zutrifft. Im Bild selbst gibt es aber keine materiellen Körper A, B usw., die miteinander real über das oben schon angesprochene Kraftgesetz $-Gm_A m_B (\mathbf{r}_A - \mathbf{r}_B)/r_{AB}^3$ wechselwirken, sondern es können nur ihre geometrischen Orte im Bild vorkommen. Geometrische Orte können nicht miteinander wechselwirken, was bedeutet, dass auch die realen Kräfte zwischen den Körpern im Bild nicht existent sein können, denn sie spiegeln reale Prozesse wider, die, wie die Massen selbst, nur in der Realität draußen angesiedelt sein können. Anzunehmen, dass sich die Newton'sche Theorie auch auf die Realität draußen bezieht (die geometrischen Orte sind lediglich durch die realen Massen ersetzt), ist auszuschließen, da es Raum und Zeit draußen gar nicht gibt. Aber auch die folgende Argumentation macht das deutlich.

1.11 Wissenschaftlicher Realismus

Unabhängig von dem, was wir bisher über Raum und Zeit, der Innen- und Außenwelt sowie über die Realität und ihrem Bild gesagt haben, kommen wir über eine gesonderte Analyse der Newton'schen Mechanik zu einer Auffassung von der Welt, die mit dem bisher Gesagten vollkommen übereinstimmt.

Die Newton'sche Physik beansprucht, die Wirklichkeit absolut zu erfassen, also dem Menschen die absolute Wahrheit bezüglich Struktur und Dynamik der Welt zu offenbaren. Ist das möglich? Nein, das ist nicht möglich und auch nicht vorstellbar. Denn die Information über Struktur und Dynamik ist im Rahmen der Newton'schen Mechanik durch die Bewegungsgleichung

$$m_E d^2\mathbf{r}_E / dt^2 = -G m_E m_S (\mathbf{r}_E - \mathbf{r}_S) / r_{ES}^3 \tag{1}$$

gegeben; hier für den Fall der Erde E bei ihrer Bewegung um die Sonne S. Diese Gleichung beschreibt also die Bahn der Erde unter dem Einfluss der Gravitationswechselwirkung zwischen Erde und Sonne.

Nehmen wir nun an, die obige Gleichung würde die absolute Wirklichkeit darstellen bzw. beschreiben. Dann müssten die Massen m_E und m_S sowie die zwischen diesen Massen vorliegende Gravitationswechselwirkung als real existierend angesehen werden; all diese Größen und der zugehörige Mechanismus der Wechselwirkung müssten genauso in der absoluten Realität vorliegen bzw. gegeben sein. Sich das vorzustellen, bedeutet zunächst keine Schwierigkeit, auch wenn hier schon der kritische Geist erkennt, dass das keineswegs der Fall sein muss, aber das „Newton'sche Weltbild" erhebt nun einmal diesen Anspruch. Auch die Nachfolgetheorien sind hier nur wenig zurückhaltend; sowohl Quantentheorie als auch Relativitätstheorie werden in der Regel als die letzte Wahrheit aufgefasst. Jede dieser Theorien hat gewisse Schwächen, die aber meistens unter den Teppich gekehrt werden oder man glaubt, solche Schwachstellen mit kleinen Tricks bald behoben zu haben.

Machen wir den nächsten Schritt bezüglich der Analyse von Gleichung (1): Auch die Lösungen der obigen Bewegungsgleichung (es ist eine Differenzialgleichung), also die Bahnen, die die Masse m_E durchläuft, müssten dann als real existierend angesehen werden. Diese Annahme macht vordergründig keine Probleme, denn wir beobachten ja die Bewegung der Himmelskörper genau in der Form, wie es die Newton'sche Bewegungsgleichung vorsieht. In dieser Konstellation haben wir sie tatsächlich direkt vor Augen, und das fasst der naive Beobachter denn als Außenwelt auf. Deshalb können wir zunächst noch annehmen, dass diese Bahnen einen absoluten Tatbestand widerspiegeln.

Bis zu diesem Punkt kann man also durchaus voraussetzen bzw. behaupten, dass die Bewegungsgleichungen mit all ihren Elementen und Lösungen die Struktur der absoluten Wirklichkeit widerspiegeln, also das sind, was wir absolute Wahrheit nannten. So gesehen kann angenommen werden, dass die Wirklichkeit in letzter Instanz auch tatsächlich so beschaffen ist, wie die Newton'sche Physik es vorschreibt. Aber hier ist Vorsicht geboten, denn das wäre zu salopp und naiv, und zwar nicht nur deswegen, weil das, was wir unmittelbar vor Augen haben, mit der Außenwelt gleichgesetzt haben, sondern es gibt noch einen weiteren Punkt, den wir im nächsten und letzten Schritt unserer Analyse besprechen werden.

Wenn tatsächlich die Newton'schen Bewegungsgleichungen die absolute Wirklichkeit widerspiegeln, dann würde ein solcher wissenschaftlicher Realismus konsequenterweise nach sich ziehen, dass die Himmelskörper bei ihrer Bewegung durch den Raum ununterbrochen Differenzialgleichungen lösen müssten, denn bei den Bewegungsgleichungen handelt es sich – wie schon erwähnt – um Differenzialgleichungen.

Woher kennen die Körper die mathematischen Lösungsmethoden? Ein solches mathematisches Kalkül müsste mit den Körpern verknüpft sein, müsste fester Bestandteil der Körper selbst sein. Auch dieser Tatbestand müsste zu den Elementen der Newton'schen Theorie gehören. Das ist aber nicht der Fall, ist auch nicht vorstellbar. Die Körper sind einzig und allein durch die Masse und ihre Wechselwirkungsfähigkeit charakterisiert, nicht aber durch weitere Parameter und Module, die mathematische Kunststücke vollbringen könnten.

Man kann das Lächerliche an dieser Vorstellung noch weitertreiben. Jede Masse hätte so ein mathematisches Kalkül in sich, und das, was sie rechnen, müsste aufeinander abgestimmt sein. Mit anderen Worten, die Koordination zwischen den rechenfähigen Massen müsste von so etwas wie einem externen Computer übernommen werden. Wo ist dieser Computer versteckt, der die Newton'sche Weltmaschine am Laufen hält?

Diese kurze Analyse macht deutlich, dass wir mit den Newton'schen Vorstellungen keineswegs das tangieren, was wir mit Fundamentaler (absoluter) Wirklichkeit bzw. fundamentaler (absoluter) Wahrheit bezeichnet haben und was man gemeinhin darunter versteht: Das Geschehen in Raum und Zeit wird fälschlicherweise oft als letzte bzw. absolute Wahrheit aufgefasst, so wie es in Abbildung 2 skizziert ist. Wie gesagt, diese Vorstellung ist nicht richtig, wenn wir mit der Elle des Pioncaré'- schen Gesetzes messen. Das aber muss zwangsläufig weitgehende Konsequenzen haben.

Also, mit den Newton'schen Gesetzen haben wir keineswegs das vor uns, was mit Fundamentaler Wirklichkeit bezeichnet wird. Die Lösungen von Gleichung (1) ergeben somit nicht die Strukturen, so wie sie in der Fundamentalen Wirklichkeit auch tatsächlich vorliegen. Das entspricht aber genau dem, was in Abschnitt

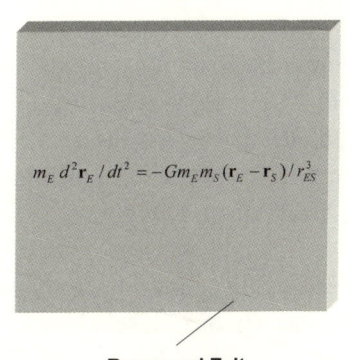

$$m_E d^2\mathbf{r}_E / dt^2 = -Gm_E m_S (\mathbf{r}_E - \mathbf{r}_S) / r_{ES}^3$$

Raum und Zeit

Abb. 2
Die Newton'sche Physik beansprucht die Wirklichkeit absolut zu erfassen, also dem Menschen die absolute Wahrheit bezüglich Struktur und Dynamik der Welt zu offenbaren. Dann müssten die Vorgänge in der Welt genau so ablaufen, wie es der Gleichung $m_E d^2\mathbf{r}_E / dt^2 = -Gm_E m_S(\mathbf{r}_E - \mathbf{r}_S) / r_{ES}^3$ entspricht. Aber das sollte nicht der Fall sein.

1.4 gesagt wurde: Die Welt draußen, also die Fundamentale Wirklichkeit, kann die Elemente Raum und Zeit nicht enthalten, was in Abbildung 1 zum Ausdruck gebracht worden ist. Im Gegensatz dazu sind aber die Newton'schen Gesetze (Gleichung (1)) eine Beschreibung der Welt in Raum und Zeit (Abb. 2), was dann bedeutet, dass Gleichung (1) nicht die fundamentale Wahrheit bzw. Fundamentale Wirklichkeit widerspiegeln kann.

Es gilt Abb. 1, auch im Falle von Erde und Sonne, deren Beziehung zueinander ja durch Gleichung (1) formuliert ist. Anstelle von Abb. 1 bekommen wir dann Abb. 3. Die Verhältnisse in Abb. 3 müssen dann mit denen in Abb. 2 in Einklang gebracht werden.

Das kann nur so bewerkstelligt werden, wenn den Newton'schen Bewegungsgleichungen die folgende Bedeutung zugeordnet wird. Diese Gleichungen analysieren die Verhältnisse ausschließlich im Bild von der Wirklichkeit, denn nur hier kommen Raum und Zeit vor (Abb. 3 (a)). Im Bild selbst können jedoch keine realen Massen vorkommen, sondern „nur" geometrische Orte. Da aber in den Newton'schen Bewegungsgleichungen, also zum Beispiel Gleichung (1), die realen Massen direkt eingehen, kann die Situation nur wie folgt gesehen werden: Gleichung (1) ist ein Rezept dafür, die Verhältnisse im Bild so zu erklären, *als ob* vor uns die reale Welt wäre, in der die geometrischen Orte durch die realen Massen ersetzt sind. Dieses „als ob" führt dann zu Abb. 4.

Mit den Newton'schen Bewegungsgleichungen haben wir zwar gute Anleitungen, wie wir das Geschehen vor uns mathematisch beschreiben können, aber dennoch sagen diese Anleitungen noch gar nichts darüber aus, wie wir uns die eigentliche Wirklichkeit vorzustellen haben, was also die Himmelskörper in letzter Instanz bewegt, selbst dann nicht, wenn die Eindrücke vor uns die letzte Wahrheit sein sollte, was natürlich nicht der Fall sein kann; in den Abschnitten 1.1 und 1.10 haben wir das bereits angesprochen. Somit können wir das Folgende festhalten: Wir wissen nicht *warum* sich die Himmelskörper so bewegen wie wir es beobachten, sondern nur *wie* sie sich bewegen. Um das herauszufinden, sind die Newton'schen Bewegungsgleichungen eine hervorragende Anleitung.

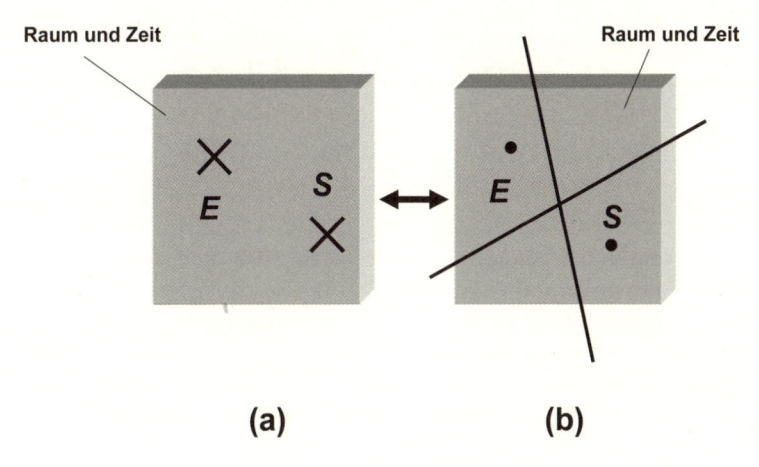

(a)   **(b)**

Abb. 3
Die Situation, so wie sie durch Abb. 1 widergespiegelt wird, ist auf das System Sonne – Erde übertragen. Die realen Massen von Sonne und Erde können nicht in der Raum-Zeit eingebettet sein. Die Konfiguration, so wie sie in Abb. 3 (b) dargestellt ist, darf es nicht geben; nur Abb. 3 (a) ist als realistisch einzustufen, d. h., nur die geometrischen Orte für Sonne und Erde können mit Raum und Zeit in Verbindung gebracht werden.

Diese Aussagen beziehen sich nicht allein auf die Newton'sche Physik. Denn alle anderen Theorien (beide Formen der Relativitätstheorie, Quantentheorie) sind ähnlich aufgebaut, sodass wir festhalten können, dass die Physik keineswegs in der Lage ist, dem Menschen die absolute Wahrheit mit auf den Weg zu geben. Denn alles ist nach der Newton'schen Vorgehensweise aufgebaut, wobei das mit Wirklichkeit identifiziert wird, was der Beobachter unmittelbar vor Augen hat.

Nicholas Rescher hat sich eingehend mit dieser Fragestellung befasst und weist deutlich auf die Grenzen der Wissenschaft hin. Sein Urteil über das, was wir mit „Wissenschaftlichem Re-

(a)   **(b)**

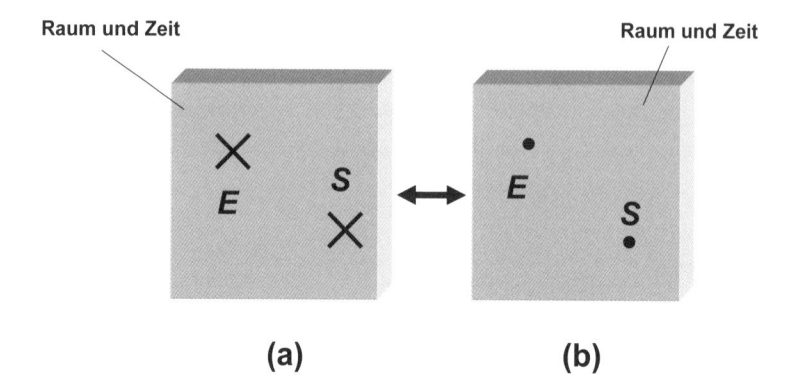

Abb. 4
In die Newton'schen Bewegungsgleichung für Sonne und Erde gehen die realen Massen direkt ein (Gleichung (1)). Bei Beachtung von Abb. 3 kann die Situation wie folgt gesehen werden: Gleichung (1) ist ein Rezept dafür, die Verhältnisse im Bild so zu erklären, *als ob* vor uns die reale Welt wäre, in der die geometrischen Orte durch die realen Massen ersetzt sind. Wir wissen, dass diese Container-Vorstellung falsch sein muss, aber als Rezept können wir mit ihr arbeiten.

alismus" bezeichnet haben, resultiert im Wesentlichen aus der Analyse allgemeiner theoretischer Strukturen. Nach Rescher ist die Wissenschaft eine begrenzte Angelegenheit. Er drückt diesen Tatbestand wie folgt aus: „*Wissenschaftlicher Realismus ist die Lehre, dass die Wissenschaft die wirkliche Welt beschreibt, dass die Welt tatsächlich das ist, als was die Wissenschaft sie ansieht, und ihre Ausstattung von der Art ist, die die Wissenschaft im* Auge *hat … Dass dem nicht so ist, ist ganz klar."* [5]

Die Tatbestände (Bahnen und Effekte und die damit verknüpften physikalischen Elemente, wie Massen und Wechselwirkungen), die durch Gleichung (1) beschrieben werden, stellen lediglich eine gewisse Form von Wahrheit dar, aber nicht die absolute. Es ist eine Art *Rezept*, das die Verhältnisse vor unseren Augen sehr gut mathematisch beschreibt, nicht mehr.

All das entspricht genau dem, was Nicholas Rescher sagt. Wir gehen zu weit, wenn wir behaupten, dass uns die absolute Welt bzw. die absolute Wahrheit zugänglich ist. Unabhängig von dem, was wir in den Abschnitten 1.10 und 1.4 über Raum und Zeit bzw. Innen- und Außenwelt gesagt haben, kommen wir über die oben durchgeführte gesonderte Analyse der Newton'schen Mechanik zu einer Auffassung von der Welt, die mit dem bisher Gesagten vollkommen übereinstimmt. Denn wenn wir das Prinzip von Innen- und Außenwelt berücksichtigen und außerdem das Poincaré'sche Skalengesetz (Abschnitt 1.1) heranziehen, kann es in der Realität draußen keinen Raum und keine Zeit geben. Schon das Poincaré'sche Skalengesetz allein suggeriert diesen Tatbestand. Da aber die Bewegungsgleichungen in Raum und Zeit formuliert sind, können sie auch kein Mittel zur Erfassung der Realität sein.

1.12 Schlussfolgerungen

Im Rahmen unserer Analyse kamen wir zu dem Schluss, dass das Universum in letzter Instanz nicht nach dem Container-Prinzip aufgebaut sein sollte, d. h., das reale Etwas, wie Massen und Felder, sollte nicht im Raum bzw. der Raum-Zeit eingebettet sein. Das Poincaré'sche Skalengesetz macht diesen Schluss wissenschaftlich notwendig. Wichtig in diesem Zusammenhang war insbesondere, dass wir zwischen der Innenwelt und der Außenwelt zu unterscheiden haben. Die Innenwelt repräsentiert die Außenwelt als Bild, und das Bild ist eine Abbildung in Raum und Zeit. In der Außenwelt selbst kommen Raum und Zeit nicht vor.

Unabhängig davon haben wir gefragt, ob die Newton'schen Bewegungsgleichungen, Kernstück des Newton'schen Weltbildes, den Urgrund der Realität darstellen. Wir haben das strikt verneint (Abschnitt 1.11), weil eine rigorose Analyse der Gleichungsstruktur die Frage nach der Realitätsbezogenheit bzw. der absoluten Wahrheit *ad absurdum* geführt wird. Eine Einordnung nach dem Innenwelt-Außenwelt-Prinzip führt zu demselben Schluss. Danach können die Bewegungsgleichungen schon deshalb keinen Bezug zur Wirklichkeit haben, da sie eine Darstellung in Raum und Zeit sind, also lediglich eine Bild- bzw. Innenweltanalyse darstellen und es nach den oben entwickelten Prinzipien in der Außenwelt Raum und Zeit nicht geben kann. So gesehen stellt die Newton'sche Theorie lediglich ein Rezept dar, die Verhältnisse direkt vor uns beschreiben zu können. Aussagen über die eigentliche Realität sind nicht möglich.

Aber es geht keineswegs darum, die Newton'sche Theorie herabzuwürdigen, denn es ging uns ausschließlich darum herauszufinden, ob die Newton'sche Theorie einen direkten Realitätsbezug hat. Die Brauchbarkeit dieser Theorie bleibt davon unberührt, auch wenn sie in erkenntnistheoretischer Hinsicht nicht mehr als ein Rezept sein kann. Die Newton'sche Theorie ist deswegen nicht falsch. Falsch ist lediglich die Behauptung, dass die Strukturen der Theorie irgendeinen direkten Bezug zur eigentlichen Realität draußen haben. Selbst die in den Gleichungen vorkommenden Massen und Potenziale können, so gesehen, keinen realen Bezug haben.

Der tiefere Grund für diese doch eher negative Einschätzung ist im Container-Prinzip zu suchen, das auch in allen Nachfolgetheorien (Spezielle- und Allgemeine Relativitätstheorie, Quantentheorie) wie selbstverständlich zur Grundvoraussetzung gemacht wurde.

1.13 Der Übergang zur Relativitätstheorie

Der Erfolg der Newton'schen Mechanik war groß, und sie findet heute noch vorwiegend Verwendung, wenn es um mechanische Vorgänge auf der Erde oder im Sonnensystem geht. Die Relativitätstheorie entwickelt die Newton'schen Ideen weiter, verlässt aber im Grunde nicht ihren Rahmen. Insbesondere wird das Container-Prinzip beibehalten, auch wenn Raum und Zeit ihre Selbstständigkeit verlieren und zu einer Raum-Zeit verschmelzen, die im Rahmen der Allgemeinen Relativitätstheorie sogar gekrümmt ist. Mit anderen Worten, der Container ist nicht mehr dreidimensional wie in der Newton'schen Theorie, sondern wird in der Relativitätstheorie zu einem vierdimensionalen Raum-Zeit-Kontinuum. Allerdings liefert die Relativitätstheorie bei den Planetenbewegungen nicht viel Neues, wenn man von kleineren Korrekturen, wie zum Beispiel die Periheldrehung des Merkurs, absieht.

Die moderne Kosmologie hingegen basiert ausschließlich auf den Ideen der Relativitätstheorie, die aber, wie gesagt, auch das Container-Prinzip an den Anfang der Analyse stellt. Auch wenn daher für die Relativitätstheorie genau das zutrifft, was wir oben für die Newton'sche Mechanik herausgearbeitet haben, so bleiben die Folgen durch das Container-Prinzip zunächst eher unauffällig. Hingegen treten die Probleme durch das Container-Prinzip beim Übergang zur konventionellen Quantentheorie offen zutage.

1.14 Ptolemäus und Kopernikus

Die Situation lässt sich kurz wie folgt charakterisieren: Die Newton'sche Mechanik funktioniert, obwohl ihr eine falsche Vorstellung zugrunde liegt. Aber hervorragende Beschreibungen müssen zwangsläufig nicht richtig sein. Das zeigt auch ein anderes herausragendes Beispiel aus dem wissenschaftlichen Bereich. Wenn wir das geozentrische Weltsystem mit dem späteren heliozentrischen vergleichen bzw. gegenüberstellen, so müssen wir auch hier zu dem Schluss kommen, dass eine hervorragende Datenbeschreibung nicht zwangsläufig eine richtige physikalische Vorstellung nach sich ziehen muss.

Wir wissen, dass das kopernikanische, heliozentrische System das Richtige ist, während das ptolemäische, geozentrische Bild keine Grundlage mehr hat. Zum Kosmos des Ptolemäus schreibt Charles Seife [6]:

„Die aristotelische Komponente der abendländischen Kosmologie hatte eine überaus tragfähige Grundlage – sie war auf der Beobachtung der Natur begründet. Im zweiten nachchristlichen Jahrhundert lag das geistige Zentrum der Welt in Alexandria. Hier entwarf der Mathematiker und Astronom Ptolemäus ein raffiniertes, unglaublich kompliziertes Modell für den Kosmos, das auf der Kosmologie des Aristoteles basierte. Die Erde befand sich im Zentrum des Kosmos, auf kreisförmigen Bahnen umlaufen von den Sternen und Planeten. Um die komplizierten Bewegungen der Planeten zu erklären (die gelegentlich rückwärtslaufen, wie beispielsweise der Planet Mars), nahm Ptolemäus an, dass sich die Planeten auf kleinen Kreisen bewegen, den so genannten Epizyklen, während sie auf großen Kreisen die Erde umrunden.

Der Uhrwerkkosmos des Ptolemäus funktionierte wunderbar. Er erklärte die Bewegungen der Planeten mit recht hoher Genauigkeit und machte daher die aristotelische Theorie des Kosmos anscheinend unanfechtbar. Indem er auf dem geozentrischen Kosmos des Aristoteles aufbaute, schuf Ptolemäus eine sehr leistungsfähige Kosmologie. Sie konnte die Bewegungen der Planeten beschreiben und erlaubte daher auch Vorhersagen über Ereignisse am Himmel. Der aristotelische ‚erste Beweger' ließ sich mehr oder weniger mit dem christlichen Gott gleichsetzen. All dies machte den aristotelisch-ptolemäischen Kosmos für lange Zeit, bis ins siebzehnte Jahrhundert hinein, unangreifbar."

Soweit Ptolemäus. Er war also in der Lage, sehr genaue Aussagen über die Bewegungen der Planeten zu machen und sogar zukünftige Positionen vorherzusagen, obwohl er ein geozentrisches Weltbild benutzte, also eine falsche Vorstellung zugrunde legte. Aber die Sache geht noch weiter. Denn das von Kopernikus entwickelte heliozentrische System war dem geozentrischen sogar in gewisser Weise unterlegen, obwohl es im Gegensatz zu diesem die richtige Vorstellung benutzte. Charles Seife bemerkt hierzu [6]:

„Kopernikus setzte stattdessen die Sonne in den Mittelpunkt und ließ die Planeten sie umrunden. Schon zeigte sich, dass dabei nicht mehr achtzig, sondern nur noch rund dreißig Epizyklen (kleine Nebenkreise auf den Hauptkreisen) nötig waren, um die zeitweise rückläufigen Planetenbewegungen zu erklären. Kopernikus' heliozentrisches System war einleuchtender und einfacher, aber beileibe nicht perfekt, im Gegenteil: Das ptolemäische, geozentrische ermöglichte noch immer eine genauere Vorhersage der Planetenbewegungen. Wenn sich die Wissenschaftler aus diesen beiden Systemen das besser funktionierende hätten aussuchen können, so wäre ihre Wahl gewiss auf das alte ptolemäische gefallen."

Aus heutiger Sicht ist es erstaunlich, dass die falsche geozentrische Vorstellung zu besseren Ergebnissen führte als die richtige heliozentrische, obwohl in beiden Fällen mit ein und derselben Methodik gearbeitet wurde, und zwar mit Kreisbahnen. Mit anderen Worten, das geozentrische Weltbild funktioniert, obwohl ihm eine falsche Vorstellung zugrunde liegt, so wie wir das im Falle der Newton'schen Mechanik auch festgestellt haben. Nur geht die Sache bezüglich des falschen geozentrischen Weltbildes noch weiter, denn es liefert bei gleicher Methodik bessere Ergebnisse als das richtige heliozentrische Weltbild.

Erst Johannes Kepler konnte die Diskrepanzen zwischen beiden Weltbildern klären, indem er anstelle der Kreisbahnen, wie sie Ptolemäus und Kopernikus hinterlassen hatten, Ellipsen verwendete. Nun konnten die Planetenbahnen noch genauer bestimmt werden als nach der ptolemäischen Methode, und das heliozentrische Weltbild setzte sich durch.

Zusammenfassend können wir sagen, dass die genaue Beschreibung von experimentellen Daten nicht allzu viel bedeuten muss. Für die Durchsetzung einer wissenschaftlichen Idee bzw. Theorie muss die innere Logik und die theoretische Stimmigkeit ganz oben stehen; natürlich darf es zu keinen Widersprüchen im Zusammenhang mit dem beobachteten Material kommen.

1.15 Atommodelle

Der Erfolg der Newton'schen Vorgehensweise war für spätere Generationen prägend. Ausgangspunkt für die Erklärung neuartiger Effekte war eigentlich immer die Newton'sche Theorie. Das war insbesondere der Fall für die zu Beginn des zwanzigsten Jahrhunderts aufkommenden Quanteneffekte, was zu spezifischen Atommodellen führte.

Atomare Modelle gab es schon vor der Entwicklung der Quantentheorie. Ernest Rutherford (1871–1937) grenzte den Aufbau bzw. die Struktur des Atoms wesentlich ein. Seine Streuexperimente suggerierten, dass ein Festkörper aus Atomen mit planetenartigen Strukturen aufgebaut ist. Mit anderen Worten, nach Rutherford sollten Atome in Analogie zum Sonnensystem aufgebaut sein, nur eben anders dimensioniert. Was vorher noch als ein Rosinenbrötchen aufgefasst wurde, bestand jetzt wesentlich aus luftleerem Raum mit einem geringfügigen Zusatz an Substanz, d. h., die experimentellen Streudaten suggerierten, dass wir uns das Atom als einen Mini-Container vorzustellen haben.

Zunächst versuchte man die aufkommenden atomaren Effekte mithilfe der klassischen Mechanik zu verstehen, aber schon bald stellte sich heraus, dass die Newton'sche Theorie dem nicht gerecht werden konnte. Wie gesagt, Rutherford versuchte Atome als verkleinerte Planetenmodelle zu verstehen, wobei elektrisch negativ geladene Elektronen einen elektrisch positiv geladenen Kern auf Bahnen umkreisen, die nach Rutherford durch die Newton'schen Bewegungsgleichungen festgelegt sein sollten, was aber nach der Elektrodynamik nicht möglich war.

Den Schritt, den Rutherford wagte, war eigentlich kühn, denn er forderte nicht mehr und nicht weniger, dass das, was für Gravitationskräfte gültig war, auf elektrische Kräfte ohne Abänderung übertragbar war. Aber das war eben so ohne Weiteres nicht möglich, denn solche Bahnen konnten elektrodynamisch nicht stabil sein, sodass das atomare Planetenmodell von Rutherford mit Recht verworfen wurde. Es wurde von Niels Bohr (1885–1962) durch ein spezifischeres Modell ersetzt, das dem Rutherford'schen Planetenmodell aber noch ähnlich war.

Das Bohr'sche Atommodell war also der nächste zaghafte Schritt, sich von der Newton'schen Mechanik zu lösen bzw. diese zu erweitern. Bohr pfropfte das Rutherford'sche Planetenmodell mithilfe einiger Postulate auf, deren Details aber für unsere Diskussion uninteressant sind. Wesentlich ist hier, dass die Elektronen auf ihren Kreisbahnen um den Atomkern sich stabil verhalten, d. h., sie strahlen keine Energie in Form von elektromagnetischer Strahlung ab, so wie das beim Rutherford'schen Planetenmodell noch der Fall war. Interessant ist auch, dass sich der Radius der Elektronenbahn nicht kontinuierlich ändert, sondern sprunghaft. Bohr gelang es bereits 1913 sein Atommodell zu erstellen. Mit diesem Ansatz konnten insbesondere die Linienspektren des Wasserstoffs erklärt werden. Das war ein großer wissenschaftlicher Schritt. Bohr erhielt 1922 den Nobelpreis für Physik „für seine Verdienste um die Erforschung der Atome und die von ihnen ausgehende Strahlung". Der Schritt zum Bohr'schen Atommodell galt als genial, obwohl dieses Modell von der eigentlichen Quantentheorie radikal verworfen wurde, und zwar von der Quantentheorie in ihrer konventionellen Form, so wie sie heute gebräuchlich ist und nach 1925 entwickelt wurde.

Die Entwicklung des Bohr'schen Atommodells war der erste große Schritt in Richtung Quantentheorie. Aber auch Bohr verließ die Newton'sche Mechanik nur andeutungsweise, aber nicht wirklich. Die Entwicklungen unmittelbar danach basierten auf anderen, radikaleren Prinzipien, die aber bis heute noch nicht richtig verstanden sind.

Nach dem heutigen Verständnis ist das Bohr'sche Atommodell grundfalsch. Dennoch beschrieb es wesentliche experimentelle Daten hervorragend. Aber hervorragende Beschreibungen müssen nicht zwangsläufig auf richtigen Vorstellungen basieren, so wie wir das schon bei der Newton'schen Theorie festgestellt hatten, aber auch im Zusammenhang mit den Weltbildern, die von Ptolemäus und Kopernikus entwickelt wurden.

Wenn wir sagen, dass das Bohr'sche Atommodell aus heutiger Sicht „grundfalsch" ist, so ist zunächst nicht damit gemeint, dass auch Bohr nach dem Container-Prinzip arbeitete. Was auch sonst, wenn sich sein Modell ganz auf die Newton'sche Mechanik stützte. Mit „grundfalsch" ist etwas anderes gemeint, was zum Container-Problem noch hinzukommt. Im Rahmen des Bohr'schen Atommodells bewegen sich Elektronen klassisch auf kontinuierlichen Bahnen, die sich nach dem Kausalitätsprinzip entwickeln: Das Elektron spürt das Potenzial und reagiert darauf, auf die Ursache folgt die Wirkung. Genau diese Vorstellung, die Bohr exakt der Newton'schen Mechanik entlehnte, geht aber dezidiert an den Quanteneigenschaften vorbei.

Dennoch beschreibt das Bohr'sche Atommodell wesentliche Quantenmerkmale ausgezeichnet. Das zeigt auch hier wieder, dass eine sehr gute Darstellung von Beobachtungsdaten nicht auf einer richtigen theoretischen Vorstellung basieren muss.

Alle Theorien, also die Newton'sche Mechanik, das Rutherford'sche Planetenmodell sowie das Bohr'sche Atommodell, haben das Container-Prinzip zur Grundlage, und zwar deswegen, weil das beurteilt und theoretisch umgesetzt worden ist, was dem Beobachter unmittelbar und direkt vor Augen erschien; an diesem Prinzip wurde eigentlich nie gezweifelt. Bei den Himmelskörpern kann der Beobachter dies mit oder ohne Teleskop direkt sehen, bei den Atomen kann er sich das nur vorstellen, was aber das Prinzip nicht einschränkt.

Allerdings arbeitet das Container-Prinzip nur deshalb problemlos, weil die beobachteten Phänomene das erlauben. Es sind in all den bisher besprochenen Fällen Körper (Planeten, Elektronen usw.), die auf kontinuierliche Bahnen durch den Raum ziehen, jedenfalls erscheint es dem Auge so. Diese kontinuierlichen Bahnen entwickeln sich nach dem Prinzip von Ursache und Wirkung, was mathematisch durch die Einführung der potenziellen Energie $U(r_{AB}) = -Gm_A m_B / r_{AB}$ zum Ausdruck kommt (Abschnitt 1.9).

Container-Prinzip und kausal bedingte, kontinuierliche Bewegung greifen ineinander, denn Bewegung ist ohne Raum und Zeit nicht definiert. Das gilt nicht nur im Rahmen der Newton'schen Mechanik, sondern auch für den Fall des Bohr'schen Atommodells. Aber was wird aus dem Container-Prinzip, wenn keine kausal bedingten, kontinuierlichen Teilchenbahnen vorliegen?

Solche spezifischen Teilchenbahnen kann es im Bereich der Quantentheorie nicht mehr geben. Dennoch arbeitet man auch im Rahmen der konventionellen Quantentheorie weiterhin auf der Grundlage des Container-Prinzips. Hier aber wird die Sache problematisch. Warum das so ist, wollen wir im Folgenden kurz ansprechen.

1.16 KONVENTIONELLE QUANTENTHEORIE

Auch die Vorgehensweise in der konventionellen Quantentheorie, deren Basiselemente zwischen 1925 und 1930 gesetzt wurden und bis heute in dieser Form auch Gültigkeit haben, schließt sich eng an die Newton'sche Grundauffassung an. Danach gibt es einen Raum und eine Zeit im Newton'schen Sinne, und es gibt Teilchen, die im Raum eingebettet sind. Mit anderen Worten, das Container-Prinzip wurde ohne Umschweife übernommen. Aber es tritt gegenüber der klassischen Mechanik ein wesentlicher Unterschied auf, denn es gibt in der Quantentheorie keine kausal bedingten, kontinuierlichen Teilchenbahnen mehr.

1.16.1 Container, aber keine Trajektorien

Also, das Container-Prinzip wurde von der Quantentheorie übernommen. Jedoch stellte sich heraus, dass es kausal bedingte, kontinuierliche Teilchenbahnen hier nicht geben kann. Geht das überhaupt so ohne Weiteres? Die Beantwortung der Frage ist grundlegend wichtig und bedarf der Analyse.

Wie gesagt, für ein Quantenteilchen gibt es keine Trajektorie mehr, die es zusammenhängend durchlaufen würde. Was bedeutet das? Betrachten wir zunächst das Verhalten im Rahmen der klassischen Theorie; hier liegt die Vorstellung zugrunde, wie wir sie von unseren Alltagsbeobachtungen her kennen. Eine Trajektorie hat hier die folgenden Eigenarten:

Aus der Position r_1 zur Zeit τ_1 kann haarscharf auf die Position r_2 geschlossen werden, die das Teilchen zur Zeit τ_2 haben wird. Die Trajektorie ist stetig, da bei sprunghaftem Verhalten unendlich große Kräfte angewendet werden müssten, die es nicht gibt. Also, $r_2 \neq r_1$ bei $\tau_2 = \tau_1$ ist ausgeschlossen. Solche Sprünge würden insbesondere bedeuten, dass die Geschwindigkeit des Teilchens unendlich würde, was aber nach der Speziellen Relativitätstheorie nicht erlaubt ist, die als oberste Grenze für mögliche Geschwindigkeiten die Lichtgeschwindigkeit c angibt. Bei einer solchen stetigen, zusammenhängenden Bewegung ist immer gewährleistet, dass bei sehr kleinen Zeitintervallen $\Delta\tau = \tau_2 - \tau_1$ auch $\Delta r = r_2 - r_1$, also die aufeinanderfolgenden räumlichen Abstände, sehr klein oder auch Null sind.

Im Rahmen der Quantentheorie bricht dieses Bild der Trajektorie zusammen. Es gibt hier weder stetige, zusammenhängende Bahnen noch sind Geschwindigkeiten definiert. Wie wir besprochen haben, folgt das klassische Verhalten aus den Newton'schen Bewegungsgleichungen, die im Falle der Erde E bei ihrer Bewegung um die Sonne S durch Gleichung (1) gegeben ist, was in Abschnitt 1.11 schon angesprochen wurde. Die Lösungen $\mathbf{r}_E = (x_E, y_E, z_E)$ mit $x_E = x_E(\tau), y_E = y_E(\tau), z_E = z_E(\tau)$ von Gleichung (1) ergeben die Trajektorie für die Erde E. Die Form der Trajektorie folgt aus der Wechselwirkung des Körpers mit seiner Umgebung.

Solche Lösungen $x = x(\tau), y = y(\tau), z = z(\tau)$, also die Koordinaten eines Quantenteilchen als Funktion der Zeit τ, gibt es in der Quantentheorie nicht, sie sind nicht definiert. Wie beurteilen wir dann das im Container eingebettete Teilchen? Das ist in der Quantentheorie klar geregelt. Die zugrunde liegenden Sachverhalte bedürfen der genaueren Analyse, um abschätzen zu können, wie realistisch die Anwendung des Container-Prinzips im Falle von Quantenteilchen ist. Beschränken wollen wir uns auf die wesentlichen Fakten.

1.16.2 Schrödinger-Gleichung

Anstelle von $\mathbf{r} = (x, y, z)$ mit $x = x(\tau), y = y(\tau), z = z(\tau)$ haben wir hier für das Teilchen die so genannte Wellenfunktion $\psi(\mathbf{r}, \tau)$, die durch Lösen der berühmten Schrödinger-Gleichung bestimmt werden kann. Diese Gleichung hat die folgende Form:

$$i\hbar \partial \psi(\mathbf{r}, \tau)/\partial \tau = -(\hbar^2 / 2m_0)\Delta \psi(\mathbf{r}, \tau) + U(x, y, z, \tau)\psi(\mathbf{r}, \tau) \qquad (2)$$

m_0 ist die Masse des Teilchens und $U(\mathbf{r}, \tau)$ das klassische Potenzial, so wie es auch in der Newton'schen Bewegungsgleichung (1) vorkommt; allerdings wurde in Gleichung (2) das Potenzial zeitabhängig eingesetzt.

Den physikalischen Inhalt dieser Gleichung werden wir noch gesondert betrachten. Betont werden muss aber schon jetzt, dass zunächst nicht viel zum Kern der Schrödinger-Gleichung gesagt werden kann, denn sie konnte physikalisch nicht hergeleitet werden, sodass die Bedeutung von $\psi(\mathbf{r}, \tau)$ zunächst offen blieb. Erwin Schrödinger (1887–1961) formulierte seine Gleichung nicht auf der Grundlage von streng formulierten physikalischen Voraussetzungen, sondern eher aufgrund von Plausibilitätsbetrachtungen.

1.16.3 Statistisches Verhalten der Teilchen

Es stellte sich damals experimentell heraus, dass nicht nur Licht, sondern auch Teilchen gewisse Welleneigenschaften haben sollten, was Louis de Broglie (1892–1987) zuvor theoretisch formulierte. Nach ihm muss man einem Teilchen eine wohldefinierte Wellenlänge zuordnen, die von seiner Masse und seiner Geschwindigkeit abhängt. Schrödinger wollte dem mit seiner Gleichung Rechnung tragen, und er stellte sich zum Beispiel das Elektron des Wasserstoffatoms als eine Welle vor, dessen Substanz also um den Atomkern verschmiert ist. Diese Vorstellung setzte sich aber nicht durch.

Die eigentliche Bedeutung der Wellenfunktion $\psi(\mathbf{r}, \tau)$, so wie sie heute noch im Rahmen der konventionellen Quantentheorie Gültigkeit hat, wurde von Max Born (1882–1970) erkannt. Dabei geht in die Interpretation nicht nur $\psi(\mathbf{r}, \tau)$ ein, sondern auch die zu $\psi(\mathbf{r}, \tau)$ konjugiert komplexe Größe $\psi^*(\mathbf{r}, \tau)$. Nach Max Born ist nun die Wahrscheinlichkeit dafür, ein Teilchen zur Zeit τ im Volumenelement dV in der Umgebung um $\mathbf{r}$ im Container anzutreffen, durch die Funktion $\psi^*(\mathbf{r}, \tau)\psi(\mathbf{r}, \tau)dV$ gegeben, wobei $\psi^*(\mathbf{r}, \tau)\psi(\mathbf{r}, \tau)$ die Bedeutung einer Wahrscheinlichkeitsdichte hat. Mit anderen Worten, das systematische Verhalten eines Körpers, das in der Newton'schen Physik durch die Existenz der Funktionen $x = x(\tau), y = y(\tau), z = z(\tau)$ zum Ausdruck kommt, geht in der Quantentheorie vollständig verloren, und wir haben stattdessen nicht vorhersehbare statistische Teilchensprünge.

Der Bruch mit der klassischen Physik ist radikal, denn wir haben nun keine kausal bedingten, kontinuierlichen Bahnen mehr. Dennoch finden im Rahmen der konventionellen Quantentheorie die statistischen Teilchensprünge innerhalb eines Containers statt. Aber, so hatten wir in Abschnitt 1.15 schon festgestellt, Container-Prinzip und der Begriff der kausal bedingten, kontinuierlichen Bahn bedingen einander. Ist aber das Container-Prinzip mit Teilchen kompatibel, die nicht vorhersehbare, statistische Sprünge vollführen? Es lässt sich mit relativ einfachen Argumenten demonstrieren, dass in diesem Fall das Container-Prinzip seine Gültigkeit verlieren sollte, ja verlieren muss.

Wie gesagt, die Quantentheorie bricht radikal mit der Newton'schen Mechanik. Wie in der klassischen Theorie haben wir auch hier die Variablen $\mathbf{r} = (x, y, z)$ und τ, aber nicht mehr die Funktionen $x = x(\tau), y = y(\tau), z = z(\tau)$. Mit anderen Worten, es liegt eine ganz andere Ordnung vor. Die Zeit τ bezieht sich auf die zeitliche Veränderung von $\psi(\mathbf{r}, \tau)$, nicht aber auf die zeitliche Veränderung der Raumkoordinaten x, y, z. In die zeitliche Abfolge der statistischen Teilchensprünge geht die Zeit τ nicht ein. Das müssen wir näher erläutern.

Der zeitlichen Abfolge der statistischen Teilchensprünge kann zwar nicht durch die Zeit τ eine Ordnung gegeben werden, dennoch haben wir eine zeitliche Abfolge von Ereignissen, aber eben nur eine statistische und keine systematische, so wie es sich klassisch aus den Newton'schen Bewegungsgleichungen ergibt und wie es durch die Existenz der Funktionen $x(\tau)$, $y(\tau), z(\tau)$ zum Ausdruck kommt.

Bei der Analyse der statistischen Teilchensprünge spielt die Zeit τ also keine Rolle. Wir können uns daher auf den stationären Fall beschränken. Der stationäre Fall liegt dann vor, wenn das Potenzial $U(\mathbf{r}, \tau)$ in der Schrödinger-Gleichung (2) nicht von der Zeit τ abhängt, wenn also $U(\mathbf{r}, \tau) = U(\mathbf{r})$ ist. Dann bleiben zwar die Größen $\psi(\mathbf{r}, \tau)$ und $\psi^*(\mathbf{r}, \tau)$ weiterhin zeitabhängig, nicht aber die für die Wahrscheinlichkeitsinterpretation relevante Funktion $F(\mathbf{r}, \tau) = \psi^*(\mathbf{r}, \tau)\psi(\mathbf{r}, \tau)$, denn dafür bekommen wir dann die zeitunabhängige Funktion $F(\mathbf{r}, \tau) = F(\mathbf{r})$.

1.16.4 Kritische Bemerkungen zum Statistischen Verhalten

Was passiert nun bei den statistischen Sprüngen, die ein Teilchen mit der trägen Masse m_0 im Rahmen der konventionellen Quantentheorie vollführt? Beschränken wir unsere Betrachtungen auf den eindimensionalen Fall, also zum Beispiel auf die x-Koordinate. Damit haben wir das statistische Problem nicht eingeschränkt. Nehmen wir weiterhin an, dass die Funktion $F(\mathbf{r}) = F(x)$ nur in einem gewissen Raumbereich Δx_B von Null verschieden ist, wobei aber Δx_B jeden beliebigen Wert außer unendlich annehmen kann. Nur innerhalb dieses Bereichs Δx_B können wir dann Zufallsereignisse haben. Bei der Analyse der Fragestellung treten im wesentlichen zwei Probleme auf.

Problem 1:

Angenommen wir registrieren zur Zeit τ_1 das Teilchen am Ort x_1. Eine Bahn darf es nach Voraussetzung nicht geben, denn diese ist ja bei zufallsorientierten Prozessen nicht definiert. Was bedeutet das für den Ort x_1? Das Teilchen darf sich nur genau zum Zeitpunkt τ_1 an diesem Ort aufhalten, und zwar ohne jegliche Verweilzeit $\Delta \tau$. Das gilt auch dann, wenn $\Delta \tau$ unendlich klein, aber von Null verschieden ist.

Also muss $\Delta \tau$ exakt Null sein, denn sonst würde für dieses noch so kleine Zeitintervall $\Delta \tau$ eine Trajektorie vorliegen, die zwar sehr kurz wäre, aber dennoch wäre sie existent, d. h., ein Gesetz der Form $x = x(\tau)$ wäre definiert, so wie es aus den deterministischen Bewegungsgleichungen folgt. Zur τ_1 mit $\Delta \tau = 0$ muss das

Teilchen also am Ort x_1 erscheinen und gleichzeitig wieder verschwinden. Das Teilchen wäre also zur Zeit τ_1 am Ort x_1 existent und *gleichzeitig* nicht existent. Das aber ist eine paradoxe Situation und deutet auf einen Widerspruch hin!

Es ist kein Problem sich vorzustellen, dass ein Ereignis zur Zeit τ_1 am Ort x_1 stattfindet. Aber mit dem Begriff des Teilchens verbinden wir etwas konkret Anschauliches, ein Minimum an Information, die in diesem Fall mit einem Kommen und Gehen am Ort x_1 verbunden ist. Wenn wir darauf verzichten wollen, müssen wir offensichtlich auch auf den Begriff des Teilchens verzichten.

Der Begriff des Teilchens ist, so wie wir ihn in der Newton'schen Theorie und in der herkömmlichen Form der Quantentheorie verwenden, den streng anschaulichen Situationen des Alltags entlehnt. Können wir Alltagssituationen ohne einschneidende Konzeptionsänderungen in den Bereich der Atome bzw. auf das Gebiet der Elementarteilchen übertragen? Es liegt nahe, das zu verneinen.

Problem 2:

Um Widersprüche zu vermeiden, führt man in der konventionellen Quantentheorie gewisse Hilfskonstruktionen ein, die wenig überzeugend sind und eher als Notmaßnahmen eingestuft werden müssen. Die von Born eingeführte Wahrscheinlichkeitsinterpretation für die Wellenfunktion $\psi(\mathbf{r}, \tau)$, im Zusammenhang mit einem klassischen Teilchen der Masse m_0 ist im Grunde eine kranke Angelegenheit. Was hier stört, ist weniger der Begriff der Wahrscheinlichkeit, so einschneidend er auch ist, sondern vielmehr der Zusammenhang mit einem Teilchen der Masse m_0, was aber im Rahmen des Container-Prinzips ganz offensichtlich kaum vermeidbar ist.

Wie wir oben schon gesehen haben, kann es hier zu Denkschwierigkeiten kommen, denn die Situation führt offensichtlich zu einer unklaren, ja paradoxen Situation. Die Wahrscheinlichkeitsinterpretation verlangt, dass ein Teilchen zu einer gewissen Zeit (τ_1) an einer bestimmten Stelle im Raum (x_1) in Erscheinung tritt, wobei aber die Aufenthaltsdauer bei x_1 Null sein muss, um eben eine Trajektorie zu vermeiden. Wie gesagt, das Teilchen wäre dann zur Zeit τ_1 am Ort x_1 existent und *gleichzeitig* nicht existent. Wie haben wir uns das vorzustellen? Gar nicht, denn es ist eine paradoxe Situation.

Aber damit nicht genug. Übersehen wir diese paradoxe Situation und fragen uns, was passiert, wenn das Teilchen, das zur Zeit τ_1 am Ort x_1 war und sich zur Zeit τ_2 am Ort x_2 aufhält mit $\tau_1 \neq \tau_2$ und $x_1 \neq x_2$, was mit einer gewissen Wahrscheinlichkeit zutrifft, falls die Wahrscheinlichkeitsdichte $F(x_2) \neq 0$ ist. Wir wollen diesen Fall am Beispiel des schon besprochenen Wasserstoffatoms (Abschnitt 1.16.3) kurz erörtern.

Beim Wasserstoffatom, so hatten wir oben schon festgestellt, umgibt ein Elektron den Atomkern, der einfach ein Proton ist. Der Atomkern interessiert hier nicht, sondern nur das Verhalten des Elektrons. Im Rahmen des alten Bohr'schen Atommodells (Abschnitt 1.15), das noch nicht zur eigentlichen Quantentheorie gehört, bei dem aber bereits Quanteneigenschaften modelliert wurden, umfliegt das Elektron das Proton auf einer streng klassischen Bahn. Das Elektron bewegt sich fließend von einem Ort zum anderen, d. h., die Bewegung des Elektrons entspricht einer kontinuierlichen Lageverteilung. Im Gegensatz dazu bewegt sich im quantentheoretischen Fall das Elektron diskontinuierlich in unverbunder Weise um das Proton, wobei man aber schon gar nicht mehr von einer Bewegung sprechen sollte.

Das nur zur Vorbereitung unserer Analyse. Betrachten wir die zu besprechenden Details wieder nur für die *x*-Koordinate. Es sollen die folgenden weiteren Eigenschaften im Zusammenhang mit dem statistischen Verhalten eines Quantenteilchens hervorgehoben werden:

Setzen wir voraus, dass sich das Elektron zur Zeit τ_1 am Ort x_1 aufhält und zur Zeit τ_2 am Ort x_2. Wir wollen annehmen, dass der zum Zeitpunkt τ_1 nächstmögliche Zeitwert gerade τ_2 ist, wobei $\tau_1 < \tau_2$ sein soll. Mit anderen Worten, es ist *kein* Zeitwert τ definiert, der die Beziehung $\tau_1 < \tau < \tau_2$ erfüllt. Messtechnisch lässt sich eine solche Situation nicht verwirklichen, als Gedankenexperiment schon. Uns interessieren hier zunächst auch nur die prinzipiellen Zusammenhänge.

Die eingeführte sehr spezifische Zeitordnung im Zusammenhang mit τ_1 und τ_2 macht im Falle von reellen Zahlen, die im Zusammenhang mit physikalischen Systemen und Prozessen relevant sind, keine Probleme, denn bekanntlich lassen sich auch für reelle Zahlen die Ordnungsbeziehungen $a = b$, $a < b$, $a > b$ definieren.

Die Voraussetzung, dass *kein* Zeitwert τ existiert für den $\tau_1 < \tau < \tau_2$ gilt, bedeutet, dass $\Delta\tau = \tau_2 - \tau_1$ zwar ungleich Null ist, aber so gut wie. Das hat aber für x_1 und x_2 keinen Einfluss, denn die Ortskoordinaten x_1 und x_2 können alle möglichen Werte annehmen für die die Wahrscheinlichkeitsdichten $F(x_1) \neq 0$ und $F(x_2) \neq 0$ ist. Also, das Quantenteilchen springt von x_1 nach x_2 ohne einen Zwischenzustand einnehmen zu können, da kein τ mit $\tau_1 < \tau < \tau_2$ definiert ist. Wie schon gesagt, die Werte für die beiden Ortskoordinaten x_1 und x_2 müssen keineswegs benachbart sein, also anders als die Situation im Zusammenhang mit den Zeiten τ_1 und τ_2.

Wo bleibt das Quantenteilchen, wenn es von x_1 nach x_2 springt? Da $\Delta\tau = \tau_2 - \tau_1$ sozusagen Null ist, muss es mit einer sehr großen, fast unendlichen effektiven Geschwindigkeit von x_1 nach x_2 gelangen. Das Quantenteilchen kann nicht durch den Raum fliegen, denn dann wäre eine Trajektorie zwischen x_1 und x_2 definiert, auch wenn man diese nicht nachweisen könnte, da zwischen τ_1 und τ_2 kein Zeitwert τ existiert. Denn dann würden Raumpunkte zwischen x_1 und x_2 durchlaufen, die nicht über $F(x) = \psi^*(x,\tau)\psi(x,\tau)$ definiert wären, was gegen die Voraussetzungen wäre. Mit andern Worten, das Quantenteilchen darf nicht den Raum durchqueren, sondern muss den Raum bei x_1 verlassen und diesen nach einer Zeitspanne von $\Delta\tau = \tau_2 - \tau_1$ bei x_2 wieder betreten.

Das Container-Prinzip bricht, so gesehen, zusammen. Denn das Quantenteilchen kann nicht mehr ausschließlich im Raum eingebettet sein. Die statistische Unabhängigkeit der einzelnen Raum-Zeit-Punkte x, τ verlangt ein solches Verhalten. Darüber hinaus ist das Quantenteilchen, wenn es an Stellen x_1 und x_2 im Raum ist, in einem paradoxen Zustand (siehe *Problem 1*).

1.16.5 Der entsprechende klassische Fall

Im Falle der Newton'schen Mechanik ist die Situation grundlegend anders, denn hier bleibt der Körper aufgrund seiner kontinuierlich durchgeführten Bewegung im Raum (Abschnitt 1.11). Setzen wir auch hier wieder voraus, dass sich der klassische Körper zur Zeit τ_1 am Ort x_1 aufhält und zur Zeit τ_2 am Ort x_2. Wir wollen wieder annehmen, dass der zum Zeitpunkt τ_1 nächstmögliche Zeitwert gerade τ_2 ist, wobei wir $\tau_1 < \tau_2$ annehmen wollen. Mit anderen Worten, es ist *keine* Zeit τ definiert, die $\tau_1 < \tau < \tau_2$ erfüllt. Im Falle des Quantenteilchens können die Ortskoordinaten x_1 und x_2 alle möglichen Werte annehmen. Das ist klassisch jedoch nicht mehr möglich. Hier existiert eine Bahnkurve, die durch die Funktion $x = x(\tau)$ beschrieben wird. Wir haben eine kausal bedingte, kontinuierliche Körperbewegung. Das bedeutet dann, dass es auch zwischen x_1 und x_2 keine Position x geben kann, die $x_1 < x < x_2$ erfüllt. Da es also kein x und kein τ zwischen x_1, τ_1 und x_2, τ_2 geben kann, verlässt der sich klassisch verhaltende Körper nicht den Raum. Mit anderen Worten, das Container-Prinzip ist erfüllt. Klassisch gesehen bleibt alles anschaulich. Im quantentheoretischen Fall verliert sich das Teilchen zwischen x_1, τ_1 und x_2, τ_2 irgendwie, und das Abstrakte löst das Anschauliche ab.

1.16.6 Zusammenfassung

Das Elektron, das zur Zeit τ_1 am Ort x_1 war und sich zur Zeit τ_2 am Ort x_2 aufhält ($\tau_1 \neq \tau_2$ und $x_1 \neq x_2$) springt offensichtlich mühelos, also ohne Trägheit, obwohl es eine träge Masse m_0 hat. Allerdings darf es den dazwischenliegenden Raum nicht durchqueren, insbesondere nicht in deterministischer Weise, da sonst die Ereignisse x_1, τ_1 und x_2, τ_2 nicht mehr statistisch unabhängig voneinander wären.

Eine Raumdurchquerung kann man sich sowieso nur vorstellen, wenn eine Trajektorie definiert ist, was – wie aber gesagt – im Widerspruch zum statistischen Verhalten wäre, und wir hätten so etwas wie eine klassische Bohr'sche Bahn (Abschnitt 1.15), auch wenn diese wegen der oben gemachten Voraussetzungen sehr extrem wäre, da diese Bahn mit fast unendlicher Geschwindigkeit durchlaufen würde. Die Ereignisse bei x_1 und x_2 wären dann konkret miteinander verbunden, was, wie schon gesagt, ein Widerspruch in sich wäre, denn die statistische Unabhängigkeit der Ereignisse wäre nicht mehr gegeben.

Mit anderen Worten, das Elektron muss zur Zeit τ_1 den Raum an der Stelle x_1 zwangsläufig verlassen und diesen zur Zeit τ_2 an der Stelle x_2 wieder betreten. Man fragt sich natürlich sofort, *wo* sich das Elektron aufhält, wenn es den Raum verlassen hat. Das geht aus der Born'schen Theorie nicht hervor und deutet möglicherweise auf ihre Grenzen. Jedenfalls ist es so, dass die genaue Analyse der Born'schen Wahrscheinlichkeitsinterpretation zumindest ein Versagen des Container-Prinzips mit sich bringt.

1.17 KOPENHAGENER INTERPRETATION

Max Born konstruierte seine Wahrscheinlichkeitsinterpretation unabhängig von dem, was in der Physik unter dem Begriff

„Kopenhagener Interpretation der Quantentheorie" bekannt ist. Dennoch wollen wir den Born'schen Ansatz mit dieser Interpretation konfrontieren. Denn es stellt sich die wichtige Frage, ob beide Begriffe überhaupt miteinander verträglich sind.

Wir wollen wieder voraussetzen, dass sich unser Elektron zur Zeit τ_1 am Ort x_1 aufhält und zur Zeit τ_2 am Ort x_2 mit $\tau_1 < \tau_2$. Aber es soll jetzt die Bedingung fallengelassen werden, dass der zum Zeitpunkt τ_1 nächstmögliche Zeitwert gerade durch τ_2 gegeben ist. Mit anderen Worten, wir wollen jetzt Zeitwerte τ zulassen, die der Beziehung $\tau_1 < \tau < \tau_2$ gehorchen.

Nach der Kopenhagener Interpretation ist ein Phänomen immer ein beobachtetes Phänomen. Von einem Elektron ohne Messapparatur zu sprechen, gibt nach der Kopenhagener Interpretation keinen Sinn. Wir beobachten das Elektron zu den Zeiten τ_1 und τ_2, denn wir können uns vorstellen, dass an den Orten x_1 und x_2 Detektoren positioniert sind. Was dann unter dem Elektron zu verstehen ist, wenn es sich in den unbeobachteten Zwischenzuständen τ mit $\tau_1 < \tau < \tau_2$ befindet, bleibt im Rahmen der Kopenhagener Interpretation undefiniert.

Solche und ähnliche Fragen dürfen im Rahmen der „Kopenhagener Interpretation der Quantentheorie" nicht gestellt werden, denn es handelt sich in diesen Fällen (für Zeiten τ mit $\tau_1 < \tau < \tau_2$) um *unbeobachtete* Phänomene. Mit anderen Worten, da wir das Elektron mit der Masse m_0 zwischenzeitlich nicht beobachten, ist es für Zeiten τ mit $\tau_1 < \tau < \tau_2$ nicht als Individuum definiert, d. h., für solche Zeiten können wir prinzipiell über das „Phänomen Elektron" keine Vorstellungen entwickeln, weil es eben unabhängig von der Messapparatur nicht definiert ist, jedenfalls ist das im Rahmen der „Kopenhagener Interpretation der Quantentheorie" so zu sehen.

Allerdings könnte man nur schwer akzeptieren, das punktförmige Elektron mit der Masse m_0 in dieser Zwischenzeit selbst infrage zu stellen, denn dann müsste es zu den Zeiten τ_1 und τ_2 erzeugt und vernichtet werden, was die Schrödinger-Gleichung (2) aber nicht hergibt, denn diese gilt ausschließlich zur Bestimmung der Wellenfunktion $\psi(x,\tau)$.

Das Elektron oder auch jedes andere Teilchen verhält sich nach der Kopenhagener Interpretation zwischenzeitlich undefinierbar; alles Mögliche kann mit ihm passieren. Allerdings muss die Möglichkeit ausgeschlossen sein, dass es sich auf einer Bahn durch den Raum bewegt, auch wenn diese Bahn noch so kurz wäre.

Die Kopenhagener Interpretation ist bizarr und auch zweifelhaft. Aber man muss dieses von Bohr entwickelte Bild keineswegs akzeptieren, denn es ist dem quantentheoretischen Apparat nachträglich eher in der Not übergestülpt worden. So stößt man denn auch zum Teil auf eher seltsame Phänomene, von denen man nicht so recht weiß, ob sie real sind oder nicht. Das liegt daran, dass die Quantentheorie für den Menschen intuitiv nicht oder nur schlecht fassbar ist, da wir uns hier weit von dem entfernt haben, was wir im Alltag erleben.

Wie gesagt, das Elektron bewegt sich mühelos und ohne Trägheit von x_1, τ_1 nach x_2, τ_2, obwohl es eine träge Masse m_0 hat. Dabei kann allerdings keineswegs gesagt werden, was tatsächlich passiert. Das kann absurde Formen annehmen, denn die *scheinbare* Geschwindigkeit kann gegen unendlich gehen und selbst die Lichtgeschwindigkeit c weit überschreiten, was die Spezielle Relativitätstheorie natürlich verbietet. Eine Geschwindigkeit ist selbstverständlich dann nicht definiert, wenn keine Trajektorie gegeben ist, so wie das hier der Fall ist. Dennoch kann man eine *scheinbare* Geschwindigkeit v_{sch} direkt mithilfe der beiden Ereignisse x_1, τ_1 und x_2, τ_2 wie folgt definieren: $v_{sch} = \Delta x / \Delta \tau$ mit $\Delta x = x_2 - x_1$ und $\Delta \tau = \tau_2 - \tau_1$. Bei fest vorgegebenem Abstand Δx kann $\Delta \tau$ im Prinzip beliebig klein gewählt werden, sodass v_{sch} sich beliebig nahe dem Wert unendlich nähern kann. Das ist im Grunde eine dramatische Aussage.

Natürlich kann man auch hier wieder die Kopenhagener Interpretation bemühen und behaupten, dass das Elektron selbst ja gar nicht im Zeitraum $\Delta\tau = \tau_2 - \tau_1$ existiert. Aber bei einer so weitreichenden Auslegung der Kopenhagener Interpretation haben wir oben gezögert bzw. diese verworfen. Nein, mit der Kopenhagener Interpretation können wir das Problem mit den fast unendlichen Geschwindigkeiten wohl kaum bewältigen, da im Übrigen der Wahrscheinlichkeitsbegriff im Zusammenhang mit einem Teilchen ein in sich abgeschlossenes Begriffssystem ist. Die Zuhilfenahme der Kopenhagener Interpretation wäre eine Einschränkung des Begriffs selbst.

Der Wahrscheinlichkeitsbegriff tritt im Rahmen der konventionellen Quantentheorie immer im Zusammenhang mit einem Teilchen der Masse m_0 auf. Wahrscheinlichkeitsdichte $\psi^*(x,\tau)\psi(x,\tau)$ und Teilchen sind fest miteinander verwoben. So führte Max Born den Begriff der Wahrscheinlichkeit ein. Ist das Teilchen nicht definiert, so hat das zwangsläufig zur Folge, dass auch $\psi^*(x,\tau)\psi(x,\tau)$ nicht definiert sein kann. Das hat Folgen, wenn wir die Kopenhagener Interpretation berücksichtigen.

Nach der Kopenhagener Interpretation ist aber ein Phänomen immer ein *beobachtetes* Phänomen. Es gibt hier keinen Sinn von einem Teilchen ohne Messapparatur zu sprechen. Wir beobachten das Teilchen aber nur zu den Zeiten τ_1 und τ_2, aber nicht für $\tau \neq \tau_1 \neq \tau_2$, sodass für $\tau \neq \tau_1 \neq \tau_2$ kein Teilchen definiert ist, aber dennoch ist die Wahrscheinlichkeitsdichte $F(x) = \psi^*(x,\tau)\psi(x,\tau)$ zurzeit $\tau \neq \tau_1 \neq \tau_2$ existent, jedenfalls kann bzw. muss das im Rahmen der konventionellen Quantentheorie so gesehen werden. Damit bricht aber der ursprüngliche Born'sche Wahrscheinlichkeitsbegriff zusammen, weil zwar $\psi^*(x,\tau)\psi(x,\tau)$ existiert, aber nicht das für ihre Definition wichtige Teilchen.

Wie gesagt, der Wahrscheinlichkeitsbegriff tritt in der konventionellen Quantentheorie immer im Zusammenhang mit einem Teilchen der Masse m_0 auf. Belasten wir diese Definition mit einer Nebenbedingung, die die Definition selbst tangiert, wie das zum Beispiel durch die Kopenhagener Interpretation gegeben ist, dann modifizieren bzw. zerstören wir die Definition selbst. Eine solche Nebenbedingung gibt keinen Sinn. In gewisser Weise gleicht das der folgenden Situation: Ein Konstrukteur bekommt die Aufgabe, ein Auto zu entwickeln. Als Nebenbedingung wird ihm aufgetragen, dieses Auto ohne Räder zu konstruieren. Das geht natürlich nicht. Durch die Nebenbedingung wird ein Widerspruch erzeugt. Ein Auto ohne Räder ist eben kein Auto.

1.18 Resümee

Wir sind eingehend auf die Kopenhagener Interpretation eingegangen, und zwar im Zusammenhang mit der Born'schen Wahrscheinlichkeitsdarstellung. Born entwickelte sein Konzept ohne die Kopenhagener Interpretation. Häufig wird die Born'sche Wahrscheinlichkeitsdarstellung zum Bestandteil der Kopenhagener Interpretation gemacht. Aber wir haben festgestellt, dass die Born'sche Wahrscheinlichkeitsdarstellung kaum zur Kopenhagener Interpretation passt.

Andererseits war die Bedeutung der Wellenfunktion $\psi(\mathbf{r}, \tau)$ für die Frage wichtig, ob im Rahmen der Quantentheorie das Container-Prinzip vorliegt, ob also die reale Welt in Raum und Zeit eingebettet ist oder nicht. Wir hatten festgestellt, dass das Container-Universum noch im Rahmen der klassischen Mechanik vorliegt, aber ganz offensichtlich nicht mehr in der konventionellen Quantentheorie.

Der Übergang von der Newton'schen Physik mit ihren kausal bedingten, kontinuierlichen Bahnen, charakterisiert durch die Ortsvektoren $\mathbf{r} = (x, y, z)$ mit den zeitabhängigen Funktionen $x = x(\tau), y = y(\tau), z = z(\tau)$, zur konventionellen Quantentheorie ist ein grundlegender Schritt. Die deterministischen Gesetze $x = x(\tau), y = y(\tau), z = z(\tau)$, verlieren hier ihre Gültigkeit, und wir kommen zum Begriff der Wellenfunktion $\psi(\mathbf{r}, \tau)$. Die Wellenfunktion erlaubt keine Darstellung in der Form einer kontinuierlichen Teilchenbahn, sondern lässt nur noch eine statistische Beschreibung zu, wobei $\psi^*(\mathbf{r}, \tau)\psi(\mathbf{r}, \tau)$ die Wahrscheinlichkeitsdichte ist.

1.18.1 Klassische Beschreibung

Betrachten wir als Beispiel noch einmal die Erde bei ihrer Bewegung um die Sonne. Die klassische, kontinuierliche Trajektorie bekommen wir als Lösungen der Newton'schen Bewegungsgleichungen $m_E d^2\mathbf{r}_E/dt^2 = -Gm_E m_S(\mathbf{r}_E - \mathbf{r}_S)/r_{ES}^3$ (Gleichung (1)) in der Form der Funktionen $x_E = x_E(\tau), y_E = y_E(\tau), z_E = z_E(\tau)$ (Abschnitt 1.11). Diese Funktionen erzeugen eine Bahnkurve, die im Laufe der Zeit τ sukzessive belegt wird.

Beschränken wir uns wieder auf die x-Koordinate, also auf $x_E = x_E(\tau)$. Setzen wir zu diesem Zweck voraus, dass die sich klassisch verhaltende Erde zur Zeit τ_1 am Ort x_{E1} aufhält und zur Zeit τ_2 (mit $\tau_1 < \tau_2$) am Ort x_{E2}, wobei wieder angenommen werden soll, dass der zum Zeitpunkt τ_1 nächstmögliche Zeitwert gerade durch τ_2 gegeben ist. Dann ist *kein* Zeitpunkt τ definiert, der $\tau_1 < \tau < \tau_2$ erfüllen würde.

In diesem ersten Schritt haben wir so die ersten zwei direkt benachbarten Zeitpunkte definiert. Für die Koordinaten gilt dann das Folgende: Im Falle der klassischen Mechanik können die Ortskoordinaten x_{E1} und x_{E2} nicht beliebige Werte annehmen, denn hier existiert ja eine Bahnkurve, die durch die Funktion $x_E = x_E(\tau)$ beschrieben wird. Wir haben eine kausal bedingte, kontinuierliche Erdbewegung. Das bedeutet dann, dass es auch zwischen x_{E1} und x_{E2} keine Position x_E geben kann, die $x_{E1} < x_E < x_{E2}$ erfüllt. Mit anderen Worten, zwischen x_{E1}, τ_1 und x_{E2}, τ_2 kann es kein x_E und kein τ geben, d.h., die Raum-Zeit-Punkte x_{E1}, τ_1 und x_{E2}, τ_2 sind direkt nebeneinander.

Dieses Verfahren können wir nun fortsetzen. In einem zweiten Schritt bekommen wir dann die folgende analoge Struktur:

Zur Zeit τ_2 befindet sich die Erde am Ort x_{E2} und zur Zeit τ_3 (mit $\tau_2 < \tau_3$) am Ort x_{E3}, wobei wieder angenommen werden soll, dass der zum Zeitpunkt τ_2 nächstmögliche Zeitwert gerade durch τ_3 gegeben ist. Dann ist *kein* Zeitpunkt τ definiert, der $\tau_2 < \tau < \tau_3$ erfüllen würde. Auch gilt für die Ortskoordinaten x_{E2} und x_{E3} genau die Argumentation, die im ersten Schritt der Schachtelung benutzt wurde. So können wir uns von Zeitpunkt zu Zeitpunkt vorarbeiten bis zum Ende der Trajektorie. Es gilt dann das folgende Schema

$$\tau_1 : x_{E1} \,;\, \tau_2 : x_{E2}$$
$$\tau_2 : x_{E2} \,;\, \tau_3 : x_{E3}$$
$$\vdots$$
$$\tau_n : x_{En} \,;\, \tau_n : x_{En}$$
$$\vdots \tag{3}$$

mit

$$\tau_1 < \tau < \tau_{i+1}$$
$$x_{Ei} < x < x_{Ei+1}$$
$$x, \tau \text{ nicht definiert}$$

Die Erde durchläuft denn auch nach diesem Muster eine Trajektorie, und wir wissen, dass es sich hierbei um eine Ellipse handelt, wobei in einem der Brennpunkte die Sonne steht. Das Container-Prinzip ist erfüllt; die Erde verlässt den Raum nicht, so wie das der Beobachtung entspricht.

1.18.2 Quantentheoretische Beschreibung

So wie man die Bahn eines sich klassisch verhaltenen Körpers mithilfe der Newton'schen Bewegungsgleichungen bestimmen kann, gehorcht ein Quantenteilchen der bekannten Schrödinger-Gleichung

$$i\hbar \partial \psi(\mathbf{r}, \tau)/\partial \tau = -(\hbar^2 / 2m_0) \Delta \psi(\mathbf{r}, \tau) + U(x, y, z, \tau) \psi(\mathbf{r}, \tau)$$

(Gleichung (2), Abschnitt 1.16.2).

An die Stelle der Bahnfunktionen $x = x(\tau), y = y(\tau), z = z(\tau)$ tritt jetzt die Wahrscheinlichkeitsdichte $F(\mathbf{r}, \tau) = \psi^*(\mathbf{r}, \tau)\psi(\mathbf{r}, \tau)$. So wie alle reellen Zahlen für $x = x(\tau), y = y(\tau), z = z(\tau)$ durchlaufen werden, die zu einer spezifischen klassischen Bahn gehören, so werden alle reellen Zahlenwerte belegt, die $\psi^*(\mathbf{r}, \tau)\psi(\mathbf{r}, \tau)$ definieren, für die also $\psi^*(\mathbf{r}, \tau)\psi(\mathbf{r}, \tau) \neq 0$ gilt, d. h., die Funktion $\psi^*(\mathbf{r}, \tau)\psi(\mathbf{r}, \tau)$ wird im Laufe der Zeit statistisch dicht besetzt.

Wie gesagt, im klassischen Fall haben wir eine deterministische, stetige Bahnkurve, die sich nach Schema (3) entwickelt. Im quantentheoretischen Fall bekommen wir hingegen ein indeterministisches Zufallsverhalten; das Quantenteilchen macht unvorhersehbare Sprünge.

Wie sieht dann das entsprechende Entwicklungsschema für den quantentheoretischen Fall aus, also das Schema in Analogie zum klassischen Fall (1)? Den ersten Schritt haben wir bereits in Abschnitt 1.16 angesprochen. Hier noch einmal die wesentlichen Fakten für den eindimensionalen Fall, der aber keine Einschränkung für unsere Argumentation bedeutet: Das Quantenteilchen soll sich zur Zeit τ_1 am Ort x_1 aufhalten und zur Zeit τ_2 am Ort x_2. Wir wollen wieder annehmen, dass der zum Zeitpunkt τ_1 nächstmögliche Zeitwert gerade τ_2 ist, wobei $\tau_1 < \tau_2$ sein soll. Die Voraussetzung, dass *kein* Zeitwert τ existiert, für den $\tau_1 < \tau < \tau_2$ gilt, bedeutet, dass $\Delta\tau = \tau_2 - \tau_1$ unendlich klein, aber von Null verschieden ist. Demgegenüber können die Ortskoordinaten x_1 und x_2 alle möglichen Werte annehmen für die $F(x_1, \tau_1) \neq 0$ und $F(x_2, \tau_2) \neq 0$ ist. Das Quantenteilchen springt von x_1 nach x_2, ohne einen zeitlichen Zwischenzustand einnehmen zu können, da kein τ mit $\tau_1 < \tau < \tau_2$ definiert ist.

Wie im klassischen Fall können wir dieses Verfahren nun fortsetzen. In einem zweiten Schritt bekommen wir dann die folgende analoge Struktur: Zur Zeit τ_2 befindet sich das Quantenteilchen am Ort x_2 und zur Zeit τ_3 (mit $\tau_2 < \tau_3$) am Ort x_3, wobei wieder angenommen werden soll, dass der zum Zeitpunkt τ_2 nächstmögliche Zeitwert gerade durch τ_3 gegeben ist. Dann ist *kein* Zeitpunkt τ definiert, der $\tau_2 < \tau < \tau_3$ erfüllen würde. Auch gilt für die Ortskoordinaten x_2 und x_3 genau die Argumentation, die im ersten Schritt der Schachtelung benutzt wurde.

So können wir uns von Zeitpunkt zu Zeitpunkt vorarbeiten bis alle Zustände besetzt sind, die durch $\psi^*(x,\tau)\psi(x,\tau) \neq 0$ definiert sind. Es gilt dann das folgende Entwicklungsschema:

$$\begin{aligned}
&\tau_1 : x_1 \,;\, \tau_2 : x_2 \\
&\tau_2 : x_2 \,;\, \tau_3 : x_3 \\
&\vdots \\
&\tau_n : x_n \,;\, \tau_{n+1} : x_{n+1} \\
&\vdots \\
&\textit{mit} \\
&\tau_i < \tau < \tau_{i+1} \\
&\tau \textit{ nicht definiert} \\
&x_i, x_{i+1} \textit{ beliebig für } F(x_i, \tau_i) \neq 0, F(x_{i+1}, \tau_{i+1}) \neq 0
\end{aligned} \quad (4)$$

Das Quantenteilchen springt zufallsähnlich von Ort zu Ort, darf aber dabei nicht den Raum durchqueren, denn das ist in der Beschreibung von $\psi(\mathbf{r},\tau)$ bzw. $\psi^*(\mathbf{r},\tau)\psi(\mathbf{r},\tau)$ nicht enthalten; die raumzeitlichen Zustände sind einzig und allein durch $\psi(\mathbf{r},\tau)$ bzw. $\psi^*(\mathbf{r},\tau)\psi(\mathbf{r},\tau)$ beschrieben, d.h. räumliche Zwischenzustände, die zwischen x_n und x_{n+1} liegen, sind nicht definiert. Das Container-Prinzip kann also hier keine Anwendung mehr finden. Das Ausweichen auf einen höherdimensionalen Raum wäre künstlich und macht keinen Sinn, da die Schrödinger-Gleichung dem nicht Rechnung trägt.

1.19 Die Wissenschaftstheoretische Sicht

Wir haben oben einige Unklarheiten bezüglich der konventionellen Quantentheorie besprochen. Unserer Ansicht nach lassen sich diese Schwächen nicht so ohne Weiteres beseitigen. Es ist eher wahrscheinlich, dass ein grundsätzlich neuer theoretischer Rahmen zur Beschreibung der Quantenphänomene entwickelt werden muss, denn die offensichtlichen Schwächen sind grundsätzlicher Natur, die also die Basis der Quantentheorie selbst berühren. Verändern wir aber die Basis, so ändern wir den Rahmen selbst. Und etwas ganz Neues kommt heraus.

So gesehen kann die konventionelle Quantentheorie keineswegs das darstellen, was man allgemein als absolute, endgültige Wahrheit bezeichnet. Viele herausragende Wissenschaftstheoretiker vertreten sowieso eher die Ansicht, dass endgültige Wahrheiten nicht formulierbar sind. Das ist eine wichtige Position, gerade im Zusammenhang mit den Ausführungen, die in dieser Monografie angesprochen werden. Daher wollen wir im nächste Abschnitt, aber insbesondere im Anhang A, auf die wissenschaftstheoretische Sicht eingehen.

Ein theoretisches Weltbild kann einerseits experimentelle Daten hervorragend beschreiben, andererseits muss das aber nicht bedeuten, dass das Weltbild richtig ist. Eine gute Beschreibung von experimentellen Daten bedeutet also zunächst nicht viel. Mit anderen Worten, die Welt muss keineswegs so beschaffen sein, wie es vom Weltbild suggeriert wird. Der grundsätzliche Aufbau bzw. die Strukturen des Weltbildes können zwar logisch richtig sein, müssen aber dennoch nicht den tatsächlichen Strukturen in der Realität draußen entsprechen, auch wenn die unmittelbaren Beobachtungen das suggerieren. Am Beispiel des Bohr'schen Atommodells und des Ptolemäus'-schen Weltbildes haben wir das besprochen.

Diese Unsicherheit gegenüber theoretischen Vorstellungen kann nur minimalisiert werden, wenn die Theorie von vornherein mit allen möglichen, allgemeinen Kriterien konfrontiert wird. Oft lässt sich das nur eingeschränkt bewerkstelligen, weil das aktuelle Wissen, das zur Zeit der Entstehung einer Theorie vorliegt, beschränkt ist. Solche Verhältnisse lagen zum Beispiel während der Entwicklung des Bohr'schen Atommodells vor.

Die Bewertung von theoretischen Vorstellungen ist prinzipiell komplex. Natürlich darf es keinen Widerspruch zu den Beobachtungen geben. Dennoch wird andererseits die Übereinstimmung mit experimentellen Daten nicht selten überschätzt. Oft wird behauptet, dass eine endgültige Theorie über die Welt als Ganzes bald gefunden sein wird, dass also sozusagen die absolute, vollständige Wahrheit über die (physikalischen) Zusammenhänge im Universum in Kürze vorliegen wird. Solche und ähnliche Ankündigungen wurden seit Newton von Wissenschaftlern zu jeder Zeit gemacht; dieses Phänomen scheint aber eher auf Hybris hinzudeuten.

Wissenschaftstheoretisch sind solche Aussagen sowieso nicht haltbar und gehen an der Realität vorbei; sie halten letztlich keiner ernsthaften Kritik stand. Das ist ein wichtiger Punkt, insbesondere in Bezug auf die Positionen, die in dieser Monografie vertreten werden, dass nämlich dem Menschen, der sich nach spezifischen lebenserhaltenden Prinzipien evolutionär entwickelt hat, die absolute Wahrheit prinzipiell nicht zugänglich ist. Zwangsläufig muss es deshalb bei der Bewertung von Theorien laufend zu neuen, nichtabsoluten Kriterien kommen, was ganz von der zu entwickelnden Theorie abhängt. Die Wissenschaftstheorie kommt indirekt zu einer äquivalenten Aussage, aber auf ganz anderem Wege. Das ist wichtig. Wir wollen deshalb kurz auf die wissenschaftstheoretische Position eingehen.

Die wissenschaftstheoretische Sicht (siehe auch Anhang A), so wie sie von Thomas Kuhn und Nicholas Rescher vertreten werden, beruht im Wesentlichen auf der empirischen Tatsache, dass unsere Vorstellungen von der Welt im Laufe der Zeit nicht nur ergänzt, sondern bis hin zu den ersten Prinzipien korrigiert bzw. erneuert werden. Es ist dann so, dass Theorien die Wirklichkeit nicht naturgetreu abbilden und daher auch nicht wirklich wahr im Sinne von *absolut* sind. Danach schreitet Wissenschaft *nicht* durch „sukzessives Verfeinern" von absolut gegebenen Basisvorstellungen voran. Eine endgültige Sicht der

Dinge gibt es nicht, so jedenfalls ist die wissenschaftstheoretische Position einzustufen. Das ist eine wichtige Aussage und kommt dem ganz nahe, was wir noch unten mit anderen Argumenten herausstellen werden.

Dieses sukzessive Verfeinern von endgültig, also absolut gegebenen Grundelementen, ist somit fragwürdig bzw. falsch. Es gibt danach keine grundsätzlich feststehenden Theoriestrukturen, die sich durch detailliertes Auffüllen (Kumulieren) zur absoluten, letzten Wahrheit hin entwickeln.

Dennoch war und ist die kumulative Methode, also das sukzessive Verfeinern von absolut gegebenen Basisvorstellungen, bei vielen Wissenschaftlern zutiefst verankert, die denn auch tatsächlich annehmen, dass die Wissenschaft die endgültige, letzte Wahrheit erarbeiten und irgendwann auf den Tisch legen kann. Noch ein paar Details und schon haben wir alles. Das glaubte man zu allen Zeiten, nicht nur heute. Aber das ist offensichtlich ein Irrtum, denn die Wissenschaft schreitet nicht sukzessive voran; die Wissenschaft kann nicht als kumulativ aufgefasst werden. Diesem so genannten „Kumulativen Konvergentismus" fehlt die Basis.

Eine sukzessive Annäherung von theoretischen Vorstellungen findet aus wissenschaftstheoretischer Sicht nicht statt. Denn die Analyse von zeitlich aufeinanderfolgenden theoretischen Strukturen zeigt, dass die spätere Theorie nicht nur ergänzt bzw. verfeinert, sondern bis hin zu den ersten Prinzipien *korrigiert*. Es geht gewöhnlich nicht darum, einige weitere Details zu einer bereits vorliegenden theoretischen Struktur hinzuzufügen, sondern es findet ein grundsätzlicher Perspektivenwandel statt, d. h., es wird immer wieder ein grundsätzlich neuer Denkrahmen erstellt. Das ist eine wichtige Erkenntnis der Wissenschaftstheorie und kann nicht hoch genug eingestuft werden. Aber leider findet sie kaum Gehör.

Nach Rescher gibt es nur Schätzungen der Wahrheit. Mehr können wir offensichtlich nicht wissen. Dabei ist jede dieser Schätzungen von der anderen begrifflich abgekoppelt, und es hat eine fundamentale Verschiebung in den Begriffsauffassungen stattgefunden. Wir können nicht annehmen, dass wir in kognitiver Hinsicht gerade jetzt einen Endpunkt erreicht haben. Schwerwiegende theoretische Schritte sind jederzeit möglich, die die Dinge bzw. die Realität wieder in einem ganz anderen Licht offenbart, obwohl sich die eigentliche Realität selbst nicht geändert hat.

So gesehen ist die Welt nicht in letzter Instanz fassbar. Welche Überlegungen wir auch anstellen, die eigentliche Welt bleibt prinzipiell verborgen und entzieht sich uns. Zusammen mit den fundamentalen Verschiebungen in den Begriffsauffassungen bedeutet dieses Merkmal, dass im Allgemeinen sogar gewisse Einheiten wie Elektronen, Quarks, Strings oder auch andere Dinge, von deren Existenz wir schon aus Gewohnheit fest überzeugt sind, wieder verschwinden können, während ebenso die grundsätzliche Möglichkeit besteht, dass andere in Erscheinung treten.

Diese äußerst wichtigen wissenschaftstheoretischen Aussagen konnten gemacht werden, ohne selbst eine Theorie ins Spiel gebracht zu haben, eine „Theorie der Theorie" wurde dabei nicht verwendet. Lediglich aus dem Vergleich von aufeinanderfolgenden Theorien konnten diese Schlüsse gezogen werden. Die Wissenschaftstheorie widerspricht mit ihren Aussagen elegant und souverän dem Anspruch gewisser Physiker, die letzte, also die absolute Wahrheit bald in den Händen zu haben.

1.20 Zufall

Die Born'sche Wahrscheinlichkeitsinterpretation (Abschnitt 1.16.3) für die Wellenfunktion $\psi(\mathbf{r}, \tau)$, die im Rahmen der konventionellen Quantentheorie Lösung der Schrödinger-Gleichung (2) ist, zieht nach sich, dass sich das durch die Schrödinger-Gleichung ins Auge gefasste Teilchen den Gesetzen des Zufalls unterliegen muss. Denn die Wahrscheinlichkeitsdichte $\psi^*(\mathbf{r}, \tau)\psi(\mathbf{r}, \tau)$ wird wie folgt interpretiert: Die Wahrscheinlichkeit dafür, ein Teilchen zur Zeit τ im Volumenelement dV in der Umgebung um $\mathbf{r}$ des Raum-Zeit-Containers anzutreffen, ist durch die Funktion $\psi^*(\mathbf{r}, \tau)\psi(\mathbf{r}, \tau)dV$ gegeben. Mit anderen Worten, die Positionen, die ein Teilchen (zum Beispiel ein Elektron) einnehmen kann, unterliegen dem Zufall. Aber was ist Zufall?

Im Grunde wissen wir das nicht genau, denn es gibt keine absolute Definition des Zufalls, sodass wir letztlich nie mit Sicherheit sagen können, ob ein tatsächlich stattfindender Prozess zufallsbestimmt ist oder nicht. Das ist prinzipiell wichtig. Heinz Pagels bemerkt hierzu [8]: *„Wir können nicht feststellen, ob ein wirklicher Prozess tatsächlich zufallsbestimmt ist oder nicht. Wir können lediglich nachprüfen, ob er eine Reihe von Prüfungen besteht, die zufallsbestimmte Prozesse bestehen müssen, wenn sie genügend zufallsbestimmt sein sollen. In der Praxis funktioniert das sehr gut, aber eine prinzipielle Schwierigkeit bleibt immer bestehen: Wir wissen nie, ob sich nicht irgendjemand einen schlauen neuen Test ausdenkt, der dann zeigt, dass etwas nicht zufällig ist, das wir für zufällig gehalten haben."* Mit anderen Worten, ob sich ein System zufallsähnlich verhält oder nicht, ist letztlich reine Glaubenssache.

Das ist zunächst nur eine mathematische Schwierigkeit, bekommt jedoch kosmische Dimensionen, wenn wir annehmen bzw. erklären, dass der Zufall eine objektive Kategorie der Natur ist, so wie das bei der Quantentheorie angenommen wird, ja gewissermaßen sogar angenommen werden muss.

Andererseits muss bemerkt werden, dass es in der makroskopischen Physik kein Experiment gibt, das Kausalität beweist. John von Neumann wies 1932 darauf hin. Somit wird auch Kausalität zu einem unbeweisbaren Postulat.

1.20.1 Allgemeine Bemerkungen

Neben diesem prinzipiellen Punkt, muss der Begriff des Zufalls, der mit statistischem Verhalten verknüpft ist, eingegrenzt werden. Deshalb müssen wir genau sagen, was gemeint ist, wenn in der Quantentheorie von statistischem Verhalten gesprochen wird.

Statistisches Verhalten erscheint uns in viele Facetten. Beim Werfen einer Münze oder auch beim Würfelspiel. In der Physik gibt es zudem die wichtigen Gesetze der Statistischen Mechanik. Aber all diese spezifischen Facetten der Statistik treffen nicht das Wesen, das der quantentheoretischen Statistik zugrunde liegt.

Das bedarf der Erläuterung. Zu diesem Zweck müssen wir aber zunächst erklären, was es mit den anderen statistischen Begriffsbildungen auf sich hat, also mit der Statistischen Mechanik und dem, was uns allen geläufig ist, also das Würfeln bzw. das Werfen von Münzen. Die Klärung dieser Begriffe hilft insbesondere den Kern der quantentheoretischen Statistik zu erkennen.

1.20.2 Das Werfen eines Würfels oder einer Münze

Bei der Diskussion elementarer Zufallsprobleme ist das Werfen eines Würfels ein traditionelles Modell, aber auch das Werfen einer Münze. Der Wahrscheinlichkeitscharakter kommt dadurch zustande, dass ein Mangel an Information bzw. Wissen vorliegt. Der Zufall, der hier ins Spiel gebracht wird, ist keineswegs dadurch charakterisiert, dass ein Effekt ohne Ursache vorliegt. Denn das Werfen eines Würfels oder einer Münze muss als streng kausale Ereignisreihe aufgefasst werden, die den Gesetzen der klassischen Mechanik gehorchen, obwohl wesentliche Details dieser Vorgänge unfeststellbar bleiben.

1.20.3 Statistische Mechanik

Ein Gas stellt eine ungeheure Ansammlung von Teilchen dar, die ein regelrechtes Durcheinander repräsentieren, wobei wir annehmen wollen, dass sich die Teilchen klassisch verhalten, d. h., jedes von ihnen ist durch die klassischen Newton'schen Bewegungsgleichungen beschrieben. Diese vielen Milliarden Atome bzw. Moleküle bewegen sich auf weitgehend geraden Bahnen und stoßen ab und zu gegeneinander oder prallen mit den Außenwänden des Behälters zusammen, in dem sie sich befinden.

In der Gesamtheit der mikroskopischen Teilchenbahnen steckt die maximale physikalische Information für das Gas; wie gesagt, die Teilchenbahnen selbst sind durch die Lösungen

$$\mathbf{r}_i = (x_i, y_i, z_i) \; mit \; x_i = x_i(\tau), y_i = y_i(\tau), z_i = z_i(\tau); i = 1. \cdots, N \quad (5)$$

der Newton'schen Bewegungsgleichungen gegeben, wobei N die Anzahl der Atome bzw. Moleküle ist. Es sind normalerweise viele, viele Milliarden Teilchen, die in einem der üblichen Behälter untergebracht sind, was bedeutet, dass auch eine unvorstellbare Informationsfülle vorliegt, deren Erfassung uns überfordert.

Aber wir benötigen dieses unvorstellbare Informationsmaterial gar nicht, um das Gesamtverhalten eines Gases zu verstehen, um es insbesondere technisch nutzen zu können. Anstelle dieser mikroskopischen Information in der Form von Teilchenbahnen genügen einige makroskopische Parameter bzw. Variablen, wie Druck, Temperatur und Volumen, deren Zusammenspiel durch die Gesetze der Thermodynamik geregelt ist.

Die folgende Frage ist dann wichtig: Wie können wir aus den klassischen Bewegungsgleichungen der Atome bzw. Moleküle die makroskopischen Gesetze der Thermodynamik gewinnen? Um das bewerkstelligen zu können, wurde die Statistische Mechanik geschaffen.

Die klassische Statistische Mechanik beruht auf der Hypothese, dass Materie aus Atomen bzw. Molekülen besteht, deren Bewegungen durch die klassische Mechanik bestimmt ist. Die Idee dabei ist, nicht die Bewegung jedes einzelnen Teilchens mit den Newton'schen Bewegungsgesetzen zu bestimmen (numerisch oder analytisch), sondern konkrete Wahrscheinlichkeitsverteilungen für die Teilchenbewegungen anzugeben, die alle N-Teilchen umfassen, was zu folgendem Schema führt:

$$\mathbf{r}_i = (x_i, y_i, z_i) \; mit \; x_i = x_i(\tau), y_i = y_i(\tau), z_i = z_i(\tau); i = 1. \cdots, N \quad (6)$$
$$\rightarrow Wahrscheinlichkeitsverteilung$$

Mit den Newton'schen Gesetzen werden auf diesem Wege die statistischen Eigenschaften aller Teilchen abgeleitet, wie zum Beispiel die Geschwindigkeitsverteilung.

Die klassische Statistische Mechanik ist nichts anderes als ein Mittel der Näherung, das es erlaubt, relevante Aussagen über ein System, bestehend aus vielen Teilchen, zu machen, ohne die maximale physikalische Information in Betracht ziehen zu müssen.

Diese Art des Zufallbegriffs, der sich in Wahrscheinlichkeits- bzw. Verteilungsfunktionen widerspiegelt, unterscheidet sich grundlegend von der Zufallsdefinition, so wie er in der modernen Quantentheorie Verwendung findet.

1.20.4 Wunder

In der Quantentheorie ist die Wahrscheinlichkeitsverteilung durch $\psi^*(\mathbf{r}, \tau)\psi(\mathbf{r}, \tau)$ gegeben (Abschnitt 1.16.2), stellt jedoch in keiner Weise ein Mittel oder gar eine Näherung dar, die aus der Informationsfülle von sehr vielen Teilchenbahnen resultiert. Denn $\psi^*(\mathbf{r}, \tau)\psi(\mathbf{r}, \tau)$ gilt auch für ein einziges Teilchen, für das Gleichung (5) nicht definiert ist.

Das statistische Verhalten wird so zu einer objektiven Kategorie der Natur. Das ist schwerwiegend, denn diese Situation bedeutet, dass ein quantenmechanisches Ereignis keinen kausalen Hintergrund haben kann. Es treten Effekte ohne Ursache auf. Jedes Ereignis in der Quantentheorie, das durch $\psi^*(\mathbf{r},\tau)\psi(\mathbf{r},\tau)$ definiert ist, stellt daher ein *Wunder* dar.

So etwas gibt es natürlich nicht in der klassischen Statistischen Mechanik (Abschnitt 1.20.3) und auch nicht beim Werfen einer Münze oder eines Würfels. Wunder sind hier ausgeschlossen. Mit anderen Worten, das statistische Verhalten in der Quantentheorie stellt ein grundsätzlich anderes Phänomen dar und hat nichts mit Unwissenheit über vorliegende kausale Zusammenhänge zu tun. Ein Mittel der Näherung liegt hier selbstverständlich auch nicht vor.

Das statistische Verhalten, das durch die Wellenfunktion $\psi(\mathbf{r},\tau)$ bzw. durch die Wahrscheinlichkeitsdichte $\psi^*(\mathbf{r},\tau)\psi(\mathbf{r},\tau)$ beschrieben wird, bezieht sich in der konventionellen Quantentheorie nur auf die Raumpunkte um $\mathbf{r}$, nicht jedoch auf die Zeit τ. Die Zeit τ entspricht in der konventionellen Form der Quantentheorie exakt der Zeit der Newton'schen Physik. Das ist schwerwiegend und bedeutet, dass nur die Einzelereignisse zur Zeit τ nicht-deterministischen Gesetzen genügen, während die Wahrscheinlichkeitsverteilungen $\psi^*(\mathbf{r},\tau)\psi(\mathbf{r},\tau)$ kausal determiniert sind.

Dieses Verhalten muss aber als ein Mangel der konventionellen Quantentheorie aufgefasst werden. Warum ist das so? Der Grund ist sofort erkennbar. Dass die Wahrscheinlichkeitsverteilungen kausal determiniert sind, liegt daran, dass die Zeit beim Übergang von der klassischen Mechanik zur Quantentheorie nicht miteinbezogen wurde, d.h., die Zeit τ bleibt in der konventionellen Quantentheorie eine klassische Größe. Die Zeit spielt hier lediglich die Rolle eines externen Parameters und hat mit dem zu untersuchenden System nichts zu tun; es ist die Zeit, die wir mit unseren Uhren im Alltag messen. In

Kapitel 2 wird sich zeigen, dass im Rahmen der Projektionstheorie die Zeit als systemspezifische Größe behandelt werden muss.

Auch im Rahmen der konventionellen Quantentheorie hätte man sich gewünscht, dass neben den räumlichen Einzelergebnissen auch die zeitlichen Ereignisse statistisches Verhalten zeigen. Denn von der Relativitätstheorie wird eine strenge Symmetrie zwischen Raum und Zeit gefordert. Wie gesagt, im Rahmen der Projektionstheorie wird auch die Zeit eine statistische Größe (Kapitel 2).

1.21 Zum Inhalt der Schrödinger-Gleichung

Die Wahrscheinlichkeitsinterpretation im Zusammenhang mit der Wellenfunktion $\psi(\mathbf{r}, \tau)$ ist ganz sicher eine elegante Idee, die Quantentheorie dem Verständnis zugänglich zu machen und der Funktion $\psi(\mathbf{r}, \tau)$ einen belastbaren physikalischen Hintergrund zu geben.

1.21.1 Schrödinger-Gleichung und das Container-Prinzip

Aber Born's Schritt war radikal. Denn die von ihm eingeführten Zufallsereignisse stehen in krassem Gegensatz zu der Newton'schen Vorstellung, die kausal bedingte, zusammenhängende Teilchenbahnen vorsieht. Nach Born springt das Teilchen hingegen unvorhersehbar und mühelos von einem Ort zum anderen, obwohl die gesamte konventionelle Quantentheorie auf der Newton'schen Grundvorstellung aufbaut, die vorsieht, dass die reale Welt im Raum eingebettet ist, dass also das Container-Prinzip Gültigkeit hat.

Alle in der konventionellen Quantentheorie eingeführten Begriffe sind nach dem Container-Prinzip ausgerichtet, was insbesondere auch für die Wahrscheinlichkeitsdichte $\psi^*(\mathbf{r}, \tau)\psi(\mathbf{r}, \tau)$ gilt, denn nach Born ist die Wahrscheinlichkeit dafür, ein *Teilchen* zur Zeit τ im Volumenelement dV bei $\mathbf{r}$ im Container anzutreffen, durch $\psi^*(\mathbf{r}, \tau)\psi(\mathbf{r}, \tau)dV$ gegeben. Also, alles ist in Raum und Zeit eingebettet, denn $\psi^*(\mathbf{r}, \tau)\psi(\mathbf{r}, \tau)$ bezieht sich nur auf das Innere des Raumes.

Dennoch, so haben wir gesehen, sollte bzw. muss ein Teilchen zwischen zwei unmittelbar benachbarten Ereignissen den Raum verlassen, so jedenfalls folgt es aus unserer Analyse, die wir in Abschnitt 1.16 vorgenommen haben. Mit anderen Worten, es kommt ganz offensichtlich zum Widerspruch, denn das Container-Prinzip ist klar erkennbar durchbrochen, wenn die Wellenfunktion $\psi(\mathbf{r}, \tau)$ im Born'schen Sinne interpretiert wird. So gesehen scheinen „Zufallsverhalten" und „Container-Universum" nicht zueinander zu passen; diese Begriffe sind ganz offensichtlich inkompatibel und sollten somit nicht miteinander vermischt werden.

Das Hauptproblem scheint mit dem Merkmal zusammenzuhängen, dass die Schrödinger-Gleichung nicht mithilfe von physikalischen Prinzipien hergeleitet werden konnte. Im Grunde weiß man daher nicht, welcher physikalische Kern in der Schrödinger-Gleichung steckt. Die Gleichung beschreibt experimentelle Daten fantastisch, jedoch wissen wir nicht, welche physikalischen Prinzipien sich in ihrem strukturellen Aufbau widerspiegeln. Gesagt werden kann nur, dass die Schrödinger-Gleichung offenschtlich nicht mit dem Container-Prinzip vereinbar ist.

1.21.2 Wo ist die Schwachstelle zu suchen?

Das Zufallsverhalten der Ereignisse ist hinreichend gut bewiesen und sollte nicht der Grund für diesen Widerspruch sein.

Allerdings muss in diesem Zusammenhang geklärt werden, was ein „Teilchen" und was ein „Ereignis" ist. Wenn wir das Ereignis mit dem Teilchen gleichsetzen, landen wir wieder beim Container-Prinzip, das aber, wie wir gesehen haben, im quantentheoretischen Fall offensichtlich zu Widersprüchen führt. Das Problem ist aber lösbar, wenn wir anstelle des Container-Prinzips mit dem Projektionsprinzip arbeiten, das wir in Kapitel 2 noch ansprechen werden.

Fast alle führenden Wissenschaftler, wie Dirac, Schrödinger, Planck, de Broglie, die am Aufbau der konventionellen Quantentheorie maßgeblich beteiligt waren, lehnten denn auch die so definierten Zufallsbewegungen von real existierenden Teilchen und damit Born's Wahrscheinlichkeitsinterpretation rundweg ab. Heute hat man sich an diese Situation gewöhnt, und es gibt kaum noch Opposition, auch schon deswegen, weil die meisten Physiker die Quantentheorie lediglich als Werkzeug betrachten, deren Kern man sowieso nicht verstehen könne. Das kann natürlich keine Lösung sein, weil eine solche Haltung jede Art von Weiterentwicklung hemmt.

1.21.3 Zur Formulierung der Schödinger-Gleichung

Wie gesagt, Born's Wahrscheinlichkeitsbild basiert auf der Wellenfunktion $\psi(\mathbf{r}, \tau)$, die die Lösung der Schrödinger-Gleichung ist. Diese bis zum heutigen Tage berühmte partielle Differentialgleichung hat die Form

$$i\hbar \partial \psi(\mathbf{r}, \tau)/\partial \tau = -(\hbar^2 / 2m_0)\Delta \psi(\mathbf{r}, \tau) + U(x, y, z, \tau)\psi(\mathbf{r}, \tau),$$

so wie sie auch schon in Abschnitt 1.16.2 formuliert wurde.

Eigentlich müsste die Interpretation der Wellenfunktion mehr oder weniger automatisch aus der Struktur der Schrödinger-Gleichung selbst folgen, was aber nicht möglich ist, denn – wie oben schon festgestellt wurde – die Schrödinger-Gleichung konnte im Rahmen der konventionellen Quantentheorie nicht hergeleitet werden, sondern sie ergab sich durch plausible Argumentation, sodass wir auch nicht wissen können, welche genauen physikalischen Prinzipien sich in dieser Gleichung widerspiegeln.

Schrödinger stellte sich die Frage, wie sich Elektronen in einem Atom verhalten. Bohr hatte noch im Rahmen seines Modells angenommen (Abschnitt 1.15), dass das Elektron ein punktförmiges Teilchen ist und sich auf ganz bestimmten Bahnen, gemäß der Newton'schen Mechanik, um den Atomkern bewegt. Louis de Broglie (1892–1987) ging vom punktförmigen Teilchen ab und postulierte es als Welle, was dann auch tatsächlich experimentell nachgewiesen wurde. Die dem Teilchen zugeordnete Wellenlänge ist nach de Broglie durch die Beziehung $\lambda = h/m_0 v$ gegeben, wobei h das Planck'sche Wirkungsquantum ist, m_0 ist die Masse des Teilchens und v seine Geschwindigkeit. Die Geschwindigkeit v verbindet man üblicherweise mit einem lokalisierten Gegenstand, während man die Wellenlänge λ immer mit einem ausgedehnten Kontinuum in Zusammenhang bringt. Das sind zunächst widersprüchliche Aussagen; zumindest macht es Denkschwierigkeiten, wenn man die de-Broglie-Gleichung $\lambda = h/m_0 v$ ohne zusätzliche Annahmen bzw. Vorstellungen betrachtet.

Dieses Ergebnis nahm Schrödinger wörtlich und baute das Ergebnis von de Broglie, also $\lambda = h/mv$, in die klassische Wellengleichung $\partial^2 \psi(\mathbf{r},\tau)/\partial \tau^2 = u^2 \Delta \psi(\mathbf{r},\tau)$ ein, wobei die Phasengeschwindigkeit u mit der Teilchengeschwindigkeit v über $u = c^2/v$ zusammenhängt (c ist die Lichtgeschwindigkeit). Nach einigen „Manipulationen" bekam dann Schrödinger die nach ihm benannte Gleichung $i\hbar \partial \psi(\mathbf{r},\tau)/\partial \tau = -(\hbar^2/2m_0)\Delta \psi(\mathbf{r},\tau) + U(x,y,z,\tau)\psi(\mathbf{r},\tau)$, die aber eine andere Struktur hat als die Ausgangsgleichung, also die obige klassische Wellengleichung. Wie man gleich kennt, wird in der Schrödinger-Gleichung einmal nach der Zeit τ differenziert, in der klassischen Wellengleichung hingegen zweimal. Das ist grundlegend wichtig. Darauf kommen wir noch zurück.

Schrödinger fasste ein Teilchen als Welle auf und wollte mit dieser Vorstellung Atome beschreiben, also zum Beispiel das Wasserstoffatom, bei dem ein Elektron den Atomkern umgibt. Nach Schrödinger's Vorstellung war dann das Elektron gleichmäßig in Form einer Welle um den Atomkern verschmiert. Danach war das Elektron also kein punktförmiges Teilchen, das statistisch gemäß $\psi^*(\mathbf{r},\tau)\psi(\mathbf{r},\tau)$ um den Atomkern zappelt bzw. unvorhersehbar um ihn herumspringt.

Aber Schrödinger's materielles Wellenbild war nicht haltbar und kam nicht zum Zuge. Dafür kam, wie wir wissen, die Wahrscheinlichkeitsinterpretation von Born ins Spiel, die bis zum heutigen Tage ein etabliertes Werkzeug der konventionellen Quantentheorie ist. Jedoch haben wir in Abschnitt 1.16 erkannt, dass auch dieses Bild erkenntnistheoretisch nur wenig überzeugend ist, auch wenn es sich als Werkzeug bewährt hat. Das Problem scheint zu sein, dass die Wahrscheinlichkeitsdichte $\psi^*(\mathbf{r},\tau)\psi(\mathbf{r},\tau)$ im Rahmen der Schrödinger-Theorie nur in Verbindung mit einem materiellen Teilchen definierbar ist, das offensichtlich eine unmittelbare Folge des Container-Prinzips ist.

1.21.4 Weitere Merkmale

Wie gesagt, Schrödinger konnte seine Gleichung nicht mithilfe physikalischer Prinzipien herleiten. Er startete seine Überlegungen mit der oben schon eingeführten klassischen Wellengleichung $\partial^2\psi(\mathbf{r},\tau)/\partial\tau^2 = u^2\Delta\psi(\mathbf{r},\tau)$, die jedoch nur dann einen Sinn gibt, wenn das Teilchen tatsächlich als verschmiertes materielles Etwas existiert, also sozusagen als Kontinuum auftritt. Aber seine Gleichung $i\hbar\partial\psi(\mathbf{r},\tau)/\partial\tau = -(\hbar^2/2m_0)\Delta\psi(\mathbf{r},\tau) + U(x, y, z, \tau)\psi(\mathbf{r},\tau)$, die er am Ende erhält, hat nicht mehr die Form dieser klassischen Wellengleichung und ist daher auch für andere Vorstellungen offen, was Born mit seiner Wahrscheinlichkeitsinterpretation dann auch nutzte.

Im Grunde aber weiß man bei der Schrödinger-Gleichung nicht, was man vor sich hat, wie sie physikalisch einzustufen ist. Jedoch lassen sich schon aus dem strukturellen Aufbau der Gleichung einige Merkmale ablesen. Wie gesagt, der strukturelle Aufbau der klassischen Wellengleichung ist verschieden von dem der Schrödinger-Gleichung. In der Schrödinger-Gleichung wird einmal nach der Zeit τ differenziert, in der klassischen Wellengleichung hingegen zweimal.

Das ist ein grundlegend wichtiger Punkt. Denn würde die Schrödinger-Gleichung einen Strukturterm der Form $\partial^2 \psi(\mathbf{r}, \tau)/\partial \tau^2$ enthalten, wäre eine Wahrscheinlichkeitsinterpretation im Sinne von Max Born nicht möglich. In der relativistischen Quantentheorie begegnen wir diesem Problem massiv, denn hier musste man eine spezifische Gleichung (die sogenannte Klein-Gordon-Gleichung) zum Teil verwerfen, weil in ihr Term $\partial^2 \psi(\mathbf{r}, \tau)/\partial \tau^2$ vorkommt und deshalb der Wahrscheinlichkeitsinterpretation nicht zugänglich ist. Ansonsten aber ist die Klein-Gordon-Gleichung gut brauchbar.

1.22 Postulate

Es wird oft vorgeschlagen, die Schrödinger-Gleichung über gewisse Postulate zu formulieren, um so die eher unübersichtliche Schrödinger'sche Argumentation zu umgehen. Es handelt sich hier zwar nur um eine Problemverschiebung, dennoch ist diese Vorgehensweise instruktiv, auch im Zusammenhang mit dem, was wir in Abschnitt 1.16.3 über das statistische Verhalten der Teilchen gesagt haben.

1.22.1 Klassische Formulierung

Beginnen wir ganz allgemein. Betrachtet man einen Körper (Teilchen), der mit einem anderen in Wechselwirkung steht, wie zum Beispiel die Erde mit der Sonne oder ein Elektron mit einem Proton (Wasserstoffatom), so setzt sich die klassische Energie E für solche Systeme aus der Bewegungsenergie (kinetischen Energie) und der potenziellen Energie zusammen:

$$E = E_{kin} + E_{pot}.$$

Die kinetische Energie ist durch

$$E_{kin} = m_0 v^2/2$$

gegeben, wobei v wieder die Geschwindigkeit des Körpers (Teilchens) ist; m ist die Masse. Mit dem Impuls $p = m_0 v$ wird dann $E_{kin} = p^2/(2m_0)$.

Die potenzielle Energie hatten wir mit $U(\mathbf{r})$ bezeichnet, die aber im Allgemeinen noch von der Zeit abhängen kann, so dass wir $E_{pot} = U(\mathbf{r}, \tau)$ bekommen. Für die Gesamtenergie wird dann

$$E = p^2/(2m_0) + U(\mathbf{r}) \qquad (7)$$

bzw.

$$E = E(\tau) = p^2/(2m_0) + U(\mathbf{r}, \tau). \qquad (8)$$

Im Falle von Gleichung (7) gilt intern der Energieerhaltungssatz. Dass ein solcher Erhaltungssatz existiert, ist der wichtigste Aspekt im Zusammenhang mit der Energie.

Greifen wir ein einfaches Beispiel heraus. Ein Gegenstand an der Erdoberfläche hat die potenzielle Energie $U(\mathbf{r}) = m_0 g h$, wobei g die Erdbeschleunigung ist und s ist die Höhe des Körpers vom Erdboden aus gerechnet. Lassen wir den Körper aus der Höhe s_2 bis zur Höhe s_1 fallen, so nimmt seine potenzielle Energie um den Betrag $U(\mathbf{r}_2) - U(\mathbf{r}_1) = m_0 g(s_2 - s_1)$ ab. Wegen der Energieerhaltung (E ändert sich nicht während des Vorgangs) muss die kinetische Energie $E_{kin} = m_0 v^2 / 2$ des Systems entsprechend zunehmen, d.h., seine Geschwindigkeit v nimmt beim Fallen des Körpers zu.

1.22.2 Quantentheoretische Formulierung

Die Formulierung der Schrödinger-Gleichung wollen wir mithilfe der Gleichung (8) und den folgenden Postulaten vornehmen: Man ersetze die Energie E und den Impuls $\mathbf{p} = (p_x, p_y, p_z)$ durch gewisse Operatoren $i\hbar \partial/\partial \tau$ und $(-i\hbar \partial/\partial x, -i\hbar \partial/\partial y, -i\hbar \partial/\partial z)$ und postuliert die Übergänge

$$E \rightarrow i\hbar \partial/\partial \tau \qquad (9)$$

und

$$\mathbf{p} = (p_x, p_y, p_z) \rightarrow (-i\hbar \partial/\partial x, -i\hbar \partial/\partial y, -i\hbar \partial/\partial z) \qquad (10)$$

wobei $\hbar$ die Planck'sche Konstante h ist, dividiert durch 2π, also $\hbar = h/2\pi$. Diese Übergänge (Postulate) wendet man auf Gleichung (8) an und bekommt durch anschließendes Anwenden der unbekannten Funktion $\psi(\mathbf{r}, \tau)$ die schon oben eingeführte Gleichung (2), also $i\hbar \partial \psi(\mathbf{r}, \tau)/\partial \tau = -(\hbar^2/2m_0)\Delta \psi(\mathbf{r}, \tau) + U(x, y, z, \tau)\psi(\mathbf{r}, \tau)$.

Wie gesagt, diese Gleichung wurde von Schrödinger mehr oder weniger erraten, zwar ohne die oben eingeführten abstrakten Postulate zu verwenden, aber offensichtlich dennoch in Kenntnis darauf, was herauskommen musste. Schrödinger berücksichtigte bei der Formulierung seiner Gleichung gewisse physikalische Prinzipien und stützte sich auch auf solche quantenmechanische Phänomene, die bereits vor der Formulierung seiner Gleichung bekannt waren.

Dennoch muss auch die Schrödinger-Gleichung in der von Schrödinger selbst vorgenommenen Darstellungsweise als ein Postulat aufgefasst werden. Demgegenüber hat die Einführung der Schrödinger-Gleichung auf der Grundlage der Postulate (9) und (10) den Vorteil, dass sie deutlich besser die Radikalität erkennen lassen, die dem Übergang von der klassischen Physik zur konventionellen Quantentheorie unzweifelhaft innewohnt.

Die Herkunft der Übergänge (9) und (10) liegt in der konventionellen Quantentheorie vollständig im Dunkeln. Es sind Postulate, was dann mit sich bringt, dass die Schrödinger-Gleichung selbst als Postulat aufgefasst werden muss. Diese Gleichung arbeitet seit 1926 bis zum heutigen Tage so hervorragend, dass man sich denn auch tatsächlich nie ernsthaft darum bemühte, ihre tiefere Bedeutung kennen zu lernen, d. h. ihren eigentlichen physikalischen Inhalt zu verstehen.

Dennoch können wir einige Merkwürdigkeiten aufzeigen. Im Zusammenhang mit $\psi(\mathbf{r}, \tau)$ bzw. $\psi^*(\mathbf{r}, \tau)\psi(\mathbf{r}, \tau)$ haben wir das bereits in den Abschnitten 1.16 und 1.17 getan, wobei die Born'sche Wahrscheinlichkeitsinterpretation ein wesentlicher Punkt war. Wir wollen hier noch einige Ergänzungen bringen.

1.23 Das Container-Prinzip wird durchbrochen

1.23.1 Traditionelle Quantentheorie

Was bewirken nun die Übergänge (9) und (10)? Die Energie E und der Impuls $\mathbf{p}$ nehmen die Form von Differenzialoperatoren an, d. h., sie sind nicht mehr als reelle Zahlen darstellbar. Sie sollten daher auch nicht als real existierende Größen in Raum und Zeit eingebettet sein, jedenfalls ist das nicht mehr unmittelbar vorstellbar.

Da diese Größen aber definitiv existieren, bedeutet diese Aussage, dass die Energie E und der Impuls $\mathbf{p}$ außerhalb von Raum und Zeit liegen müssen. Das ist eine schwerwiegende Aussage, was aber im Rahmen der konventionellen Quantentheorie zunächst kaum vorstellbar ist, da die Größen bzw. Variablen **p** und E hier an ein (punktförmiges) Teilchen gebunden sind, das in der Raum-Zeit eingebettet ist.

Damit aber die innere Konsistenz gewahrt bleibt, müssen wir dann konsequenterweise annehmen, dass die Übergänge (9) und (10) bedeuten, dass sich neben den Variablen **p** und E auch das Teilchen mit der Masse m_0 nicht im Raum befindet. Die Situation ist in Abbildung 5 dargestellt.

Dies entspricht qualitativ dem, was wir schon im Zusammenhang mit der Bohr'schen Wahrscheinlichkeitsinterpretation gesagt haben (Abschnitt 1.16), die ja ein (punktförmiges) Teilchen miteinbezieht: Das Teilchen muss zwischen zwei unmittelbar benachbarten Ereignissen den Raum verlassen. Also auch in diesem Fall gehört das Teilchen teilweise nicht dem Raum an, so wie wir das auch im Zusammenhang mit den Variablen **p** und E festgestellt haben. Abbildung 5 illustriert diesen Sachverhalt noch einmal.

Allerdings kann der Raum selbst nicht höher dimensioniert sein als angenommen, d. h., es sollte ausgeschlossen sein, dass der Raum mehr als drei Dimensionen hat. Der Austausch der Variablen **p** und E durch Operatoren bedeutet etwas anderes: **p** und E bilden einen eigenen Raum. Aber dieser Tatbestand wird erst im Rahmen der Projektionstheorie erkennbar.

1.23.2 Projektionstheorie

Tatsächlich konnte im Rahmen der Projektionstheorie gezeigt werden [9–11], dass neben der Raum-Zeit ein weiterer Raum mit den Variablen **p** und E existieren muss ((**p**, E)-Raum), der die reale Wirklichkeit repräsentiert, deren Geschehen auf Raum und Zeit projiziert ist (siehe auch Abbildung 6).

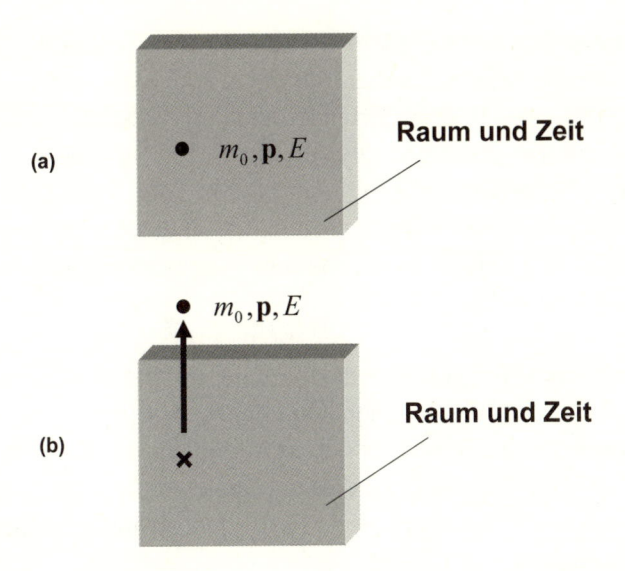

(a) • $m_0, \mathbf{p}, E$ **Raum und Zeit**

(b) • $m_0, \mathbf{p}, E$ **Raum und Zeit**
    ×

Abb. 5:
Wie in der Newton'schen Mechanik wird auch in der konventionellen Quantentheorie das Container-Prinzip zugrunde gelegt. Im Rahmen der Born'schen Interpretation für die Wellenfunktion $\psi(\mathbf{r}, \tau)$, wird angenommen, dass die Wahrscheinlichkeitsdichte $\psi^*(\mathbf{r}, \tau)\psi(\mathbf{r}, \tau)$ ein Maß für die Wahrscheinlichkeit ist, ein reales Teilchen im Volumenelement dV um die Position $\mathbf{r}$ zu finden. Mit anderen Worten, das reale Teilchen mit der Masse m_0, dem Impuls $\mathbf{p}$ und der Energie E muss im Rahmen der Born'schen Interpretation in der Raum-Zeit (dem Container) eingebettet sein, wobei die Born'sche Interpretation selbst ein unverzichtbares Element der konventionellen Quantentheorie ist. Das genau entspricht der Situation in Abb. 5 (a). Eine genauere Analyse im Zusammenhang mit den Postulaten (9) und (10) zeigt jedoch, dass diese Situation nicht vorliegen kann, und wir kommen zu einem Widerspruch. Denn danach darf das Teilchen mit m_0, $\mathbf{p}$ und E nicht zwischen den Erscheinungspunkten in der Raum-Zeit eingebettet sein. Das Teilchen verlässt nicht etwa die Raum-Zeit, sondern es ist von vornherein nicht in ihm eingebettet. Wir kommen dann zu Abb. 5 (b), d. h., Abb. 5 (b) bekommt man aus Abb. 5 (a), indem das Teilchen einfach aus der Raum-Zeit entfernt wird. In der Raum-Zeit selbst bleibt dann ein geometrischer Ort, der in der Abbildung durch ein Kreuz gekennzeichnet ist, wobei dem Kreuz, wenn es an der Raum-Zeit Position $\mathbf{r}, \tau$ positioniert ist, die Wahrscheinlichkeitsdichte $\psi^*(\mathbf{r}, \tau)\psi(\mathbf{r}, \tau)$ zugeordnet ist. Aber wo ist das reale Teilchen, wenn es sich nicht in der Raum-Zeit aufhält? Darüber kann die konventionelle Quantentheorie keinerlei Aussagen machen, auch schon deshalb nicht, weil dieser Nichtaufenthalt im Container ein Widerspruch innerhalb der Theorie selbst ist. Im Rahmen der Projektionstheorie findet das Ganze seine Auflösung (siehe auch Abb. 6).

Interessant ist insbesondere, dass die Postulate (9) und (10) direkt aus der Projektionstheorie folgen, zwar nicht exakt in dieser Form, aber in erweiterter Darstellung. Besonders wichtig ist in diesem Zusammenhang, dass der Übergang von der Newton'schen Physik zur Quantentheorie durch die Postulate (9) und (10) nicht vollständig gelingt, weil die Zeit τ ein externer Parameter bleibt, so wie das auch in der klassischen Mechanik der Fall ist.

Mit anderen Worten, bei dem Übergang von der Newton'schen Physik zur konventionellen Quantentheorie bleibt die Zeit unberührt, d. h., sie verhält sich weiterhin streng klassisch. Die Projektionstheorie behebt diesen Mangel (siehe auch Kapitel 2), was erhebliche Konsequenzen für den gesamten physikalischen Apparat hat.

Die externe Zeit τ bleibt auch in der Projektionstheorie eine wichtige Größe, und zwar übernimmt sie hier die Funktion einer Referenzzeit und ist auch hier wieder die Zeit, die wir mit unseren Uhren messen. Aber es kommt hier zwangsläufig eine systemspezifische Zeit t ins Spiel, die es in der konventionellen Quantentheorie nicht gibt [9–11].

Mit dem zwangsläufigen Erscheinen der systemspezifischen Zeit t wird die konventionelle Quantentheorie regelrecht erweitert. Wir haben in der Projektionstheorie zur Zeit τ nicht nur die Variable **r** als statistische Größe, sondern es sind hier die Variablen **r** und t, d. h., auch die systemspezifische Zeit t verhält sich statistisch.

1.23.3 Masse und Potenzial in der konventionellen Quantentheorie

Die Projektionstheorie baut nicht auf den Prinzipien der konventionellen Quantentheorie auf, sondern ersetzt diese von Grund auf. Insbesondere wird das Container-Prinzip in der

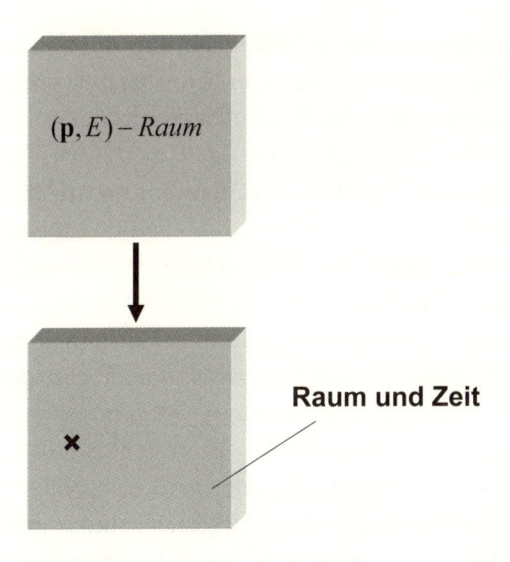

(p, E) – Raum

Raum und Zeit

×

Abb. 6:
Die Projektionstheorie unterscheidet schon im Ansatz zwischen dem „Bild von der Wirklichkeit" und der realen „Wirklichkeit draußen" [9–11], wobei Raum und Zeit in der realen „Wirklichkeit draußen" überhaupt nicht mehr vorkommen. Tatsächlich konnte im Rahmen der Projektionstheorie gezeigt werden [9–11], dass neben der Raum-Zeit ein weiterer Raum mit den Variablen **p** und E existieren muss ((**p**, E)-Raum), der die reale Wirklichkeit repräsentiert, deren Geschehen auf Raum und Zeit projiziert ist und das „Bild von der Wirklichkeit" darstellt, in dem anstelle des realen Teilchens nur ein geometrischer Ort auftritt.

Projektionstheorie konkret eliminiert. Der Ansatz ist hier von vornherein anders.

Die konventionelle Quantentheorie hingegen setzt das Container-Prinzip voraus, was, wie wir oben erkannt haben, zu gewissen Widersprüchen führt, Bei der Wahrscheinlichkeitsinterpretation der Wellenfunktion $\psi(\mathbf{r}, \tau)$ ist die Auffassung, dass sich ein Teilchen uneingeschränkt im Raum aufhält, nicht oder kaum haltbar. Es muss streng genommen zwischen zwei unmittelbar benachbarten Ereignissen den Raum verlassen.

Das Container-Prinzip ist offensichtlich durchbrochen, was aber bei der Formulierung der konventionellen Quantengesetze mathematisch nicht berücksichtigt ist. Die Einführung der Postulate (9) und (10), also das Ersetzen der Variablen **p** und E durch Operatoren, macht schon deutlich, dass dem Container-Prinzip in der konventionellen Quantentheorie offensichtlich die Basis fehlt. Andererseits belegen die Variablen **p** und E im konkreten Fall gewisse Wertebereiche im reellen Zahlenbereich. So gesehen treten Unklarheiten bzw. Widersprüche auf, was aber ohne Kenntnis der Projektionstheorie wohl kaum so klar erkennbar wäre.

Wie gesagt, das alles wurde bei der mathematischen Formulierung der konventionellen Quantengesetze nicht berücksichtigt. Das Container-Prinzip darf bei der grundsätzlichen Formulierung der quantentheoretischen Gesetze von vornherein nicht zugelassen sein, weil es als eine falsche Vorstellung gewertet werden muss. Die Projektionstheorie unterscheidet schon im Ansatz zwischen dem „Bild von der Wirklichkeit" und der realen „Wirklichkeit draußen" [9–11], wobei Raum und Zeit in der realen „Wirklichkeit draußen" überhaupt nicht mehr vorkommen. Das alles gilt es noch näher zu erläutern bzw. zu vertiefen. In Kapitel 2 werden wir noch darauf zurückkommen.

Es gibt noch zwei weitere Punkte, die im Zusammenhang mit der Schrödinger-Gleichung und der Wahrscheinlichkeitsinterpretation der Wellenfunktion $\psi(\mathbf{r}, \tau)$ zu unklaren Verhältnissen führen. Denn die Masse m_0 und das Potenzial $U(\mathbf{r})$ sind beides Größen, die von der konventionellen Quantentheorie aus dem klassischen Bereich unverändert übernommen wurden, scheinen also nicht ins Quantenbild zu passen. Dazu die folgenden kurzen Bemerkungen:

1. In der Schrödinger-Gleichung erscheint die träge Masse m_0 des Teilchens. Aber das Teilchen überbrückt mühelos und in kürzester Zeit beliebige Strecken (Abschnitt 1.18), was mit der Existenz einer trägen Masse m_0 wohl kaum vereinbar ist.

2. Das Potenzial $U(\mathbf{r})$ bewirkt in der Newton'schen Mechanik, dass ein Körper kausal bedingte, kontinuierliche Bahnen durchlaufen kann. Das kausale Verhalten wird offensichtlich durch die Funktion $U(\mathbf{r})$ vermittelt, die von der konventionellen Quantentheorie ohne jede Abänderung übernommen wird und deshalb auch hier in dieser von der klassischen Mechanik definierten Bedeutung fortbesteht. Aber das statistische Verhalten der Teilchen ist nicht kausal bedingt, sondern streng zufallsähnlich.

Der Übergang von der klassischen Mechanik zum Bereich der Quantenphänomene gelingt im Rahmen der konventionellen Quantentheorie offensichtlich nur bruchstückhaft. Im Grunde wundert das nicht, denn die Schrödinger-Gleichung (2) konnte in dieser Version der Quantentheorie nicht hergeleitet werden, was wir in Abschnitt 1.21 schon eingehend besprochen haben.

1.24 ENERGIE UND ZEIT IN DER KONVENTIONELLEN QUANTENTHEORIE

1.24.1 Klassische Zeit in der konventionellen Quantentheorie

Die Zeit τ, so wie sie in der konventionellen Quantentheorie verwendet wird, ist streng klassisch. Das gilt sowohl in der Schrödinger-Theorie als auch in den relativistischen Formen dieser Theorie. Insbesondere ist die Zeit τ in der Schrödinger-Theorie eine absolute Größe und entspricht exakt der in der Newton'schen Physik verwendeten Zeit. Mit anderen Worten, der Zeit fehlt in der konventionellen Quantentheorie der Quantenaspekt.

Daher sollte man alle Aussagen, die einen Zusammenhang mit der Zeit enthalten, mit Vorsicht aufnehmen, so zum Beispiel dann, wenn man Aussagen über den leeren Raum, also über das

Vakuum macht. Hier kommt die Heisenberg'sche Unschärferelation $\Delta E \Delta \tau \geq \hbar/2$ zwischen der Energie E und der Zeit τ zum Tragen. Wegen der fundamentalen Wichtigkeit des Vakuums in der Physik wollen wir auf diesen Punkt kurz eingehen.

1.24.2 Vakuumeffekte

Die Quantenfeldtheorie ist eine erweiterte Form der üblichen Quantentheorie, in der insbesondere die Ergebnisse der Speziellen Relativitätstheorie berücksichtigt sind. Wie schon oft in der Literatur diskutiert, kommt man im Rahmen der Quantenfeldtheorie zu schwerwiegenden Aussagen über den leeren physikalischen Raum, die wie folgt zusammengefasst werden können:

Das Vakuum ist danach keineswegs leer, so wie es die Definition eigentlich verlangt, sondern es ist nach der Quantenfeldtheorie das komplexeste Gebilde, das die Physik kennt. Denn in ihm finden sich sämtliche Teilchen und Kräfte und sogar solche, die noch gar nicht entdeckt worden sind. Das Vakuum ist randvoll mit Teilchen und Energie gefüllt.

Die Verknüpfung der Zeit τ mit der Energie E über die Heisenberg'sche Unschärferelation $\Delta E \Delta \tau \geq \hbar/2$ haben laut gängiger Interpretation eine eigenartige Konsequenz. Sie füllen das Vakuum mit einer Unmenge von Teilchen und Antiteilchen, die spontan entstehen und sofort wieder verschwinden, und zwar entsprechend der Beziehung $\Delta E \Delta \tau \geq \hbar/2$, wobei die Teilchen-Antiteilchen-Paare immer zwischen Existenz und Nichtexistenz wechseln. Das gilt auch immer dann, wenn der Raum ansonsten materiefrei ist.

Das Vakuum ist ein unglaublich komplexes System, komplexer als alles andere, was wir kennen. Das erscheint paradox, wenn man die eigentliche Definition des Vakuums heranzieht, denn danach ist der leere Raum durch Abwesenheit jeglicher Substanz definiert. Dennoch ist der substanzfreie Raum nicht leer. Der Raum ist so leer, wie es mit den Naturgesetzen vereinbar ist. Mit anderen Worten, die Theorie entscheidet was ist und was nicht ist.

Diese Prozesse sind spontan und es liegt kein spezifischer Quantenmechanismus zugrunde. Die Leere des Raumes ist nicht durch überkommene Vorstellungen definiert, nach denen ein Vakuum immer dann besser realisiert ist, je mehr Gas aus einem bestimmten Behälter herausgepumpt wird. Nein, der Inhalt des Raumes, ob er also substanzfrei ist oder nicht, ist einzig und allein durch die Naturgesetze bestimmt, was eben mit diesen vereinbar ist. Aber genau diese Naturgesetze führen zu einer regelrechten Katastrophe: Denn die berechnete Energiedichte ist so gewaltig, dass sie als falsch eingestuft werden muss. Diese unrealistisch hohe Energiedichte des Vakuums ist wahrscheinlich das größte Problem, mit dem die heutige Physik zu kämpfen hat.

Wie lässt sich das Problem eingrenzen? Um diese wichtige Frage beantworten zu können, müssen wir auf die für das Phänomen relevanten Naturgesetze eingehen. Diese werden von der Quantentheorie in Form der Unbestimmtheitsbeziehungen geliefert, wobei es bekanntlich neben der Energie-Zeit-Beziehung $\Delta E \Delta \tau \geq \hbar/2$ noch eine Unbestimmtheitsbeziehung für den Impuls **p** und den Ort **r** gibt, die wir aber bei unserer kritischen Betrachtung nicht miteinbeziehen wollen. Die Spezielle Relativitätstheorie trägt die berühmte Gleichung $E = mc^2$ für die Masse-Energie-Äquivalenz bei.

Mit anderen Worten, die für unsere Vakuum-Diskussion relevanten Naturgesetze sind durch die Beziehungen $\Delta E \Delta \tau \geq \hbar/2$ und $E = mc^2$ gegeben. Diese Relationen ergeben, zusammen mit der Unbestimmtheitsbeziehung für den Impuls **p** und den Ort **r**, das Theorem von der Antimaterie, das aussagt, dass zu jedem Teilchen ein Antiteilchen gegeben ist.

1.24.3 Energiefluktuationen

Die Unschärferelation $\Delta E \Delta \tau \geq \hbar/2$ zwischen der Energie und der Zeit besagt nun konkret, dass die Energie fluktuiert, was sich in einer Produktion von Teilchen-Antiteilchen-Paaren widerspiegelt, die für kurze Zeit aus dem Raum auftauchen und wieder verschwinden. Diese Teilchen-Antiteilchen-Paare entstehen sozusagen aus dem Nichts, spontan und ohne Ankündigung. Analoges gilt für den Impuls **p** und den Ort **r** in einem begrenzten Raumgebiet, denn auch für diese Größen gibt es, so hatten wir schon erwähnt, eine Unbestimmtheitsbeziehung. Damit Energie und Impuls fluktuieren können, muss es nach dieser Interpretation deren Träger geben, also Teilchen-Antiteilchen-Paare. Der gesamte leere Raum, also das Vakuum, ist randvoll mit diesen virtuellen Teilchenpaaren, die entsprechend der Beziehung $\Delta E \Delta \tau \geq \hbar/2$ für eine kurze Zeitspanne auf- und abtauchen. Wie gesagt, dieses Szenario ist ganz unabhängig davon, ob Sonne, Mond und Sterne oder andere Objekte im Raum existent sind oder nicht.

Für das spontane Auftauchen von Teilchen-Antiteilchen-Paaren ist also die Gleichung $\Delta E \Delta \tau \geq \hbar/2$ verantwortlich. Nach gängiger (und auch richtiger) Interpretation ist das möglich, weil die Gleichung $\Delta E \Delta \tau \geq \hbar/2$ einen schwerwiegenden Tatbestand widerspiegelt: Der Energiesatz *kann* nicht nur, sondern *muss* sogar für eine gewisse Zeitspanne verletzt sein. Das wird oft so umschrieben, dass das Vakuum Energie verleiht. Der Teilchen-Antiteilchen-Prozess lebt von geliehener Energie, die nach einer gewissen Zeitspanne zurückgegeben werden muss, denn der Energiesatz darf nach $\Delta E \Delta \tau \geq \hbar/2$ nur für gewisse Zeitspannen verletzt sein. Mit anderen Worten, jedes bisschen Energie, das dem Vakuum entnommen wurde, muss zurückgegeben werden.

Bei diesen Teilchenerzeugungsprozessen bleibt der Gesamtwert der elektrischen Ladung (sowie anderer Ladungen) unverändert, sodass bei solchen Fluktuationen die Teilchen nur als Teilchen-Antiteilchen-Paare auftreten dürfen. Also, das durch reine Energie hervorgebrachte Teilchen aus dem Nichts muss immer von einem Antiteilchen begleitet sein. Je größer die Masse eines Teilchens ist, desto größer ist die für seine nackte Existenz erforderliche Energie, aber desto kurzlebiger ist es auch.

Das ganze Vakuum-Gebäude der Quantenfeldtheorie, so wie wir es kurz skizziert haben, steht und fällt mit der Unschärferelation $\Delta E \Delta \tau \geq \hbar/2$ zwischen der Energie und der Zeit, denn die Existenz von Teilchen-Antiteilchen-Paare wäre ohne diese Gleichung nicht denkbar.

1.24.4 Symmetrie zwischen Raum und Zeit

Aber welchen physikalischen Wert hat die Gleichung $\Delta E \Delta \tau \geq \hbar/2$? Die Naturgesetze, die für die besprochenen Vakuum-Strukturen relevant sind, kommen aus der Quantentheorie und der Speziellen Relativitätstheorie, wobei neben $\Delta E \Delta \tau \geq \hbar/2$ die Gleichung $E = mc^2$ wichtig ist (Abschnitt 1.24.2). Es stellen sich die folgenden zwei Fragen:

1. Passen diese beiden Gleichungen überhaupt zusammen, denn immerhin werden die Ergebnisse von zwei Theorien miteinander verwoben, die unabhängig voneinander entwickelt worden sind?

2. Stellt die Gleichung $\Delta E \Delta \tau \geq \hbar/2$ der Bedeutung nach tatsächlich eine Unbestimmtheitsbeziehung dar, wenn man ihren Inhalt in Beziehung zur Unbestimmtheitsbeziehung für den Impuls **p** und den Ort **r** setzt?

Antwort zu 1: Im Grunde passen die Beziehungen nicht zueinander, und zwar deswegen, weil Raum und Zeit in der konventionellen Quantentheorie nicht symmetrisch zueinander sind, ganz im Gegensatz zur Speziellen Relativitätstheorie.

Antwort zu 2: Die Gleichung $\Delta E \Delta \tau \geq \hbar/2$ stellt keine wirkliche Unbestimmtheitsbeziehung dar, ganz im Gegensatz zur Gleichung, die für die Unbestimmtheit zwischen dem Impuls **p** und dem Ort **r** verantwortlich ist.

Beide Antworten bedürfen der Erläuterung. Da der Impuls **p** und der Ort **r** Vektoren sind, haben diese Größen jeweils drei Komponenten: $\mathbf{p} = (p_x, p_y, p_z)$ und $\mathbf{r} = (x, y, z)$. Wir bekommen dann auch drei Unbestimmtheitsrelationen für den Impuls und den Ort, für jede Komponente eine: $\delta p_x \delta x \geq \hbar/2$ usw. Für unsere Diskussion reicht es aber, nur eine Komponente zu betrachten, also zum Beispiel die Beziehung $\delta p_x \delta x \geq \hbar/2$. Den physikalischen Unterschied zwischen den Gleichungen $\Delta E \Delta \tau \geq \hbar/2$ und $\delta p_x \delta x \geq \hbar/2$ haben wir rein äußerlich durch eine unterschiedliche Symbolik berücksichtigt.

Worin besteht nun der Unterschied zwischen $\delta p_x \delta x \geq \hbar/2$ und $\Delta E \Delta \tau \geq \hbar/2$? Bei der Beantwortung dieser Frage wollen wir die Spezielle Relativitätstheorie zum Maßstab machen, d. h., wir wollen bei unserer kritischen Betrachtung die Strukturen zugrunde legen, die dieser Theorie zu eigen sind.

Ein fundamentales Ergebnis der Speziellen Relativitätstheorie ist die Gleichwertigkeit von Raum und Zeit, also die Gleichwertigkeit von x (y und z) und τ. Diese grundlegende Eigenschaft ist aber in der konventionellen Quantentheorie definitiv nicht gegeben. Hierzu die beiden folgenden Punkte:

1. Die Raum-Koordinaten x, y und z sind in der konventionellen Quantentheorie im allgemeinen *Operatoren*, die Zeit-Koordinate τ ist hingegen immer ein einfacher *Parameter*. Die Koordinaten x, y und z sind *statistische* Größen, die Zeit τ verhält sich hingegen in keiner Form der konventionellen Quantentheorie statistisch; der Charakter der Zeit τ bleibt beim Übergang von der Newton'schen Physik zur üblichen Form der Quantentheorie unverändert und ist daher auch weiterhin eine streng klassische Größe, in der sich also keine Quanteneigenar-

ten widerspiegeln. Das alles haben wir bereits oben wiederholt hervorgehoben.

2. Die Bestimmung der Eigenfunktionen und Eigenwerte erfolgt in der üblichen Form der Quantentheorie lediglich im Raum. Die Zeit ist an diesem Prozess nicht beteiligt.

Diese beiden Punkte sind auch der Grund dafür, dass es keine Unbestimmtheitsbeziehung für die Energie E und die Zeit τ gibt, die in ihrem physikalischen Inhalt mit der oben eingeführten Unbestimmtheitsbeziehung $\delta p_x \delta x \geq \hbar/2$ für den Impuls p_x und die Koordinate x übereinstimmen würde (wie gesagt, entsprechende Gleichungen existieren natürlich auch für die Größen p_y, y, p_z, z). Eine analoge Beziehung für die Energie E und die Zeit τ wird vom Standpunkt der Speziellen Relativitätstheorie gefordert, die es aber in der konventionellen Form der Quantentheorie nicht gibt.

Denn die Bedeutung des bekannten Ausdrucks $\Delta E \Delta \tau \geq \hbar/2$, den wir schon im Zusammenhang mit der Erzeugung von Teilchen-Antiteilchen-Paaren im Vakuum kennen gelernt haben, ist vollständig verschieden von der Impuls-Ort-Unbestimmtheitsrelation $\delta p_x \delta x \geq \hbar/2$: In der Relation $\delta p_x \delta x \geq \hbar/2$ sind δp_x und δx Unbestimmtheiten in den Zahlenwerten des Impulses und der Koordinate zu einem bestimmten, aber beliebigen Zeitpunkt τ, was bedeutet, dass Impuls und Koordinate niemals gleichzeitig wohldefinierte Zahlenwerte annehmen können.

Die Energie E hingegen ist mit beliebiger Genauigkeit zu jedem Zeitpunkt τ bekannt. Der Ausdruck ΔE in der Beziehung $\Delta E \Delta \tau \geq \hbar/2$ ist die *Differenz* zwischen zwei beliebig genau gemessenen Energiewerten zu zwei verschiedenen Zeitpunkten. Ebenso kommt der Zeit τ in $\Delta E \Delta \tau \geq \hbar/2$ ein wohl definierter Zahlenwert zu, d.h., die Zeit τ ist ohne jede Unbestimmtheit. Die Größe $\Delta \tau$ in $\Delta E \Delta \tau \geq \hbar/2$ ist somit die *Differenz* zwischen zwei beliebig genauen Zeiten.

Um aber auch eine Unbestimmtheitsbeziehung für die Zeit τ und die Energie E zu bekommen, die in ihrem physikalischen Inhalt mit der von Relation $\delta p_x \delta x \geq \hbar/2$ übereinstimmt, dürfte auch die Zeit nicht nur als einfacher Parameter vorkommen, sondern ebenso als Operator. Aber es konnte von Erwin Schrödinger auf relativ einfachem Wege gezeigt werden, dass solch ein Zeitoperator im Rahmen der konventionellen Quantentheorie nicht existiert bzw. nicht eingeführt werden kann.

Die Zeit ist also in der herkömmlichen Quantentheorie weiterhin ein *klassischer* Parameter und ist hier ohne jede Quanteneigenart. Diesbezüglich haben wir gegenüber der Newton'schen Physik nichts dazugelernt. Dann sollten wir aber auch die sogenannte Energie-Zeit-Unschärferelation $\Delta E \Delta \tau \geq \hbar/2$ auch nur als quasiklassisch auffassen. Den Wert einer solchen Relation muss man infrage stellen.

1.24.5 Mario Bunges Kritik

Mario Bunge äußert sich hierzu ganz klar und unmissverständlich. Nach seiner Meinung ist die Energie-Zeit-Relation $\Delta E \Delta \tau \geq \hbar/2$ eine Art Fremdkörper in der Quantentheorie. Er begründet seine Ansicht wie folgt:

„*This relation is made plausible by reference to some thought experiments, to radioactive decay, and to line breadth. But unlike the genuine indeterminacy relations, $\Delta E \Delta \tau \geq \hbar/2$ has never been proved from first principles. In other words, $\Delta E \Delta \tau \geq \hbar/2$ does not belong to the quantum theory, but is just a piece of doubtful heuristics.*" [12]

Bunge spricht im Zusammenhang mit der Beziehung $\Delta E \Delta \tau \geq \hbar/2$ einen gewissen Aspekt an, nämlich die Frage, wie man in der konventionellen Quantentheorie auf diese Relation überhaupt kommt. Danach ist es so, dass die Existenz von $\Delta E \Delta \tau \geq \hbar/2$ nicht auf der Grundlage der ersten quantentheoretischen Prinzipien bewiesen ist, sondern auf heuristischer Grundlage, die Bunge für zweifelhaft hält. Das muss man auch, denn der Heuristik fehlt die Strenge, die für die Theoretische Physik typisch ist und was ihr insbesondere den Erfolg gebracht hat. Heuristik ist demgegenüber eine Art von „Kunst", wahre Aussagen zu finden, aber es ist eben nur eine Kunst, die zwar schön sein kann, aber in der Theoretischen Physik nur mit Vorsicht Anwendung finden sollte. Anstelle der Kunst tritt in der Physik die Logik, mit der wahre Aussagen begründet werden.

Mit anderen Worten, Bunges Ablehnung der Relation $\Delta E \Delta \tau \geq \hbar/2$ basiert auf einem Aspekt, der ganz verschieden von dem ist, den wir angesprochen haben. Wir hatten die Beziehung insbesondere deshalb zurückgewiesen, weil in ihr die Zeit noch als klassische Größe auftritt, also ohne jedes quantentheoretische Merkmal. Dass diese Gleichung zu Anomalien führt, wundert denn auch nicht. Aber die Verletzung des Energiesatzes ist schwerwiegend, auch dann, wenn es sich nur um eine kurzzeitige Verletzung handelt. Deswegen müssen wir auf den Begriff der Energie bzw. der Energieerhaltung näher eingehen.

1.25 Was ist Energie?

1.25.1 Satz von der Erhaltung der Energie

Eine der wichtigsten Aussagen der Physik ist der Satz von der Erhaltung der Energie. Er gilt für abgeschlossene Systeme und ist einer der am genauesten experimentell gesicherten Sätze in der Physik.

Robert von Mayer (1814–1878) hat als Erster den Erhaltungssatz von der Energie formuliert. Durch Versuche stellte er den Wert des mechanischen Wärmeäquivalents fest und bewies damit, dass sich Bewegungsenergie vollständig in Wärme umwandeln lässt. Das war 1842. Fünf Jahre später, also 1847, formulierte Herrmann von Helmholtz (1821–1894) den Energieerhaltungssatz endgültig aus.

1.25.2 Verletzung der Energieerhaltung

Nun muss es schon fast als tragisch angehen werden, dass gerade in der Quantentheorie der Satz von der Erhaltung der Energie nicht mehr unbedingt gelten soll. Tragisch deswegen, weil die Energiesatzverletzung gerade auf der umstrittenen Energie-Zeit-Unbestimmtheitsrelation $\Delta E \Delta \tau \geq \hbar/2$ basiert, die aus mehreren Gründen eliminert gehört. Mario Bunge drückt das sehr prägnant und unzweideutig aus, wenn er feststellt, dass die Beziehung $\Delta E \Delta \tau \geq \hbar/2$ eigentlich gar nicht zur Quantentheorie gehört. Diese Relation erlaubt aber gerade die kurzzeitige Verletzung des Energiesatzes, wobei man verschärfend hinzufügen sollte, dass die kurzzeitige Verletzung des Energiesatzes nicht nur möglich, sondern sogar erforderlich ist.

1.25.3 Energie existiert nicht als reale Größe

Aber was ist Energie genau? In der Physik hat Energie im Grunde eine abstrakte Bedeutung, auch wenn oft gewisse Formulierungen und Vorstellungen suggerieren, dass Energie ein reales Etwas ist, das in der Wirklichkeit draußen tatsächlich existiert. Bei den besprochenen Vakuumfluktuationen aufgrund von $\Delta E \Delta \tau \geq \hbar/2$ (Abschnitt 1.24) wird die Energie durchaus als reales Etwas aufgefasst.

Aber die Energie sollte bzw. muss als eine abstrakte Größe aufgefasst werden. Sie ist nicht etwas, das man anfassen oder sehen kann. Denn wir bemerken nur ihre verschiedenen Wirkungen, mit der sie für uns in Erscheinung treten kann. Energie ist ein allgemeines Merkmal und bezieht sich nicht nur auf spezielle Phänomene, die es bei dem einen Vorgang gibt, bei einem anderen hingegen nicht. Energie gibt es immer, d. h., sie steht mit jedem physikalischen Phänomen in Verbindung und bewirkt Änderungen in den Strukturen, die wir im Zusammenhang mit physikalischen Systemen der unterschiedlichsten Art beobachten. Richard Feynman bemerkt:

„Diese Energie kann ... in allen möglichen Formen auftreten. Es gibt eine Bewegungsenergie, die so genannte kinetische Energie, eine auf die Wechselwirkung der Schwerkraft zurückgehende Energie (die potenzielle Energie oder Lageenergie, wie sie bezeichnet wird), eine Wärmeenergie, eine elektrische Energie, eine Lichtenergie, eine Schwingungsenergie in Federn und so fort, eine chemische Energie, eine Kernenergie – und schließlich eine Energie, die ein Teilchen allein aufgrund seiner Existent besitzt, eine Energie, die direkt von seiner Masse abhängt und die, wie Sie zweifellos wissen, von Einstein entdeckt wurde. $E = mc^2$ ist die berühmte Gleichung für das Gesetz, von dem hier die Rede ist." [13]

Was ist hier wichtig? Energie kann umgewandelt werden, und es entstehen so die unterschiedlichen Energieformen, aber immer im Zusammenhang mit spezifischen Systemen. Denn so schreibt Feynman richtig:

„Soweit wir wissen, gibt es bei der Energie keine Einheiten, keine kleinen Trägerkörper. Sie ist abstrakt, rein mathematisch, eine Zahl, die sich nie ändert, wann immer man sie auch berechnet. Besser kann ich sie nicht interpretieren." [13]

Wenn wir davon sprechen, dass wir Energie messen, dann messen wir die Wirkung, die sie in bestimmten realen Situationen zwar nicht hervorruft, sondern der sie entspricht. Wir beobachten also eine Wirkung (Systemänderung), die einer gewissen Energie entspricht, die jedoch – wie Feynman sagt – rein abstrakt bzw. mathematisch im Charakter ist. Denn würde die Energie etwas hervorrufen bzw. eine Wirkung hervorbringen, dann müsste man sie als reales Etwas einstufen. Vielmehr muss die Energie als eine abstrakte, mathematische Größe aufgefasst werden, da es keine energiespezifischen Trägereinheiten gibt, ihr also die Unabhängigkeit von real existierenden Systemen abgesprochen werden muss. Wie sollten auch solche energiespezifischen Trägereinheiten in Raum und Zeit aussehen? Schier ungebundene Energie, die also unabhängig von irgendwelchen Systemen real existiert, ist kaum vorstellbar.

Für jede beobachtete, also tatsächlich in Erscheinung tretende Wirkung, gleichgültig an welchem physikalischen System diese stattfindet, ist der Energiebegriff von grundlegender Bedeutung. Daher ist die Energie für alle Phänomene eine geeignete Variable; sie ist ein Element der Beschreibung, laut Feynman eine mathematische Abstraktion, aber kein reales Etwas.

Die Energieprozesse, die wir im Zusammenhang mit $\Delta E \Delta \tau \geq \hbar/2$ diskutiert haben (Vakuumfluktuationen, Abschnitt 1.24), werden gegenwärtig als real existierend aufgefasst. Die Energie ist dann alles andere als eine abstrakte, mathematische Größe. Möglicherweise hat man aber unter Verwendung der physikalisch zweifelhaften Relation $\Delta E \Delta \tau \geq \hbar/2$ keine andere Wahl. Es bedarf hier der begrifflichen Klärung.

Im Rahmen der Projektionstheorie ([9–11], Kapitel 2) tritt die Energie als reines Element der Beschreibung auf, so wie es Richard Feynman verlangt hat. Es ist dann sicherlich kein Zufall, dass die Projektionstheorie eine Unbestimmtheitsbeziehung für die systemspezifische Zeit, der wir oben den Buchstaben t gegeben haben, und die Energie E in der Form $\delta E \delta t \geq \hbar/2$ bereitstellt, die der Impuls-Ort-Unbestimmtheitsrelation $\delta p_x \delta x \geq \hbar/2$ vollständig entspricht.

Die zweifelhafte Beziehung $\Delta E \Delta \tau \geq \hbar/2$ der konventionellen Quantentheorie kommt in der Projektionstheorie überhaupt nicht mehr vor. Insbesondere ist die Zeit t in $\delta E \delta t \geq \hbar/2$ keine klassische Größe mehr, sondern wird, wie die Koordinaten x, y und z, eine statistische Variable, die insbesondere kein externer Parameter mehr ist, sondern streng systemspezifisch.

1.26 Die Theoretischen Grundlagen und ihre Relevanz

1.26.1 Schrödinger-Gleichung und Wechselwirkung

Gesagt werden muss aber im Zusammenhang mit der Wellenfunktion $\psi(\mathbf{r},\tau)$, dass in die Schrödinger-Gleichung (2) zur Bestimmung von $\psi(\mathbf{r},\tau)$ der klassische Begriff der Wechselwirkung eingeht und diese wird der Form nach genau so angesetzt, wie es im Falle der Newton'schen Bewegungsgleichung geschieht, also durch die potenzielle Energie.

Bei atomaren Modellen geht für die potenzielle Energie natürlich nicht die Gravitation, sondern die elektrostatische Wechselwirkung ein, denn der elektrisch positiv geladene Atomkern ist mit den negativ geladenen Elektronen elektrostatisch gekoppelt. Für die potenzielle Energie bekommen wir dann anstelle von $U(r_{AB}) = -Gm_A m_B / r_{AB}$ (Abschnitt 1.10) zum Beispiel im Falle des Wasserstoffatoms die Beziehung $U(r_{KeEl}) = -q_{Ke} q_{El} / r_{KeEl}$, wobei die Größen q_{Ke} und q_{El} die Beträge für die Ladungen des Kerns bzw. des Elektrons sind. Der Ausdruck für die potenzielle Energie gilt sowohl für den klassischen Fall als auch für die quantentheoretische Situation.

Bei der *klassischen* Bewegung des Elektrons um den Kern ist die Bahn wieder durch die Newton'sche Bewegungsgleichung bestimmt und nimmt im Falle der elektrostatischen Wechselwirkung die Form

$$m_{El} d^2 \mathbf{r}_{El} / d\tau^2 = -q_{Ke} q_{El} (\mathbf{r}_{El} - \mathbf{r}_{Ke}) / r_{KeEl}^3 \qquad (11)$$

an. Durch Lösung dieser Gleichung bekommt man, wie im Falle der Gravitation, die Koordinaten $x_{El} = x_{El}(\tau), y_{El} = y_{El}(\tau)$, $z_{El} = z_{El}(\tau)$ für das Elektron als Funktion der Zeit τ, also seine Bahn, die, physikalisch gesehen, kausal bedingt und kontinuierlich ist. Wie gesagt, im quantentheoretischen Fall bricht dieses klassische Modell; insbesondere sind die Funktionen $x_{El} = x_{El}(\tau), y_{El} = y_{El}(\tau), z_{El} = z_{El}(\tau)$ dann nicht definiert. Anstelle von Gleichung (11) bekommen wir die entsprechende Schrödinger-Gleichung (siehe auch Gleichung (2))

$$i\hbar \partial \psi(r_{KeEl}, \tau) / \partial \tau = -(\hbar^2 / 2m)\Delta \psi(r_{KeEl}, \tau) + U(r_{KeEl}, \tau)\psi(r_{KeEl}, \tau) \quad (12)$$

und die Wahrscheinlichkeitsdichte $\psi^*(r_{KeEl}, \tau)\psi(r_{KeEl}, \tau)$.

1.26.2 Newtons Konzept

Newton war deshalb so erfolgreich, weil er im Wesentlichen vordergründig arbeitete, um nicht zu sagen oberflächlich. Er ging bei seinen Überlegungen direkt davon aus, was er unmittelbar vor Augen hatte. Das setzte er zwar mathematisch genial um, umging aber die Tatsache, dass sich uns die eigentliche Wirklichkeit nur auf indirektem Wege erschließen lässt. Was er unmittelbar vor Augen hatte, ist eben nicht die Wirklichkeit selbst (Abschnitt 1.4).

Die konventionelle Quantentheorie behält diese Sicht im Prinzip bei, was direkt aus dem Übergang von Gleichung (11) nach (12) ersichtlich wird. Das Wasserstoffatom mit Elektron und Atomkern ist in der Raum-Zeit eingebettet; Elektron und Atomkern wechselwirken durch den Raum, so wie im klassischen Fall. Mit anderen Worten, auch in der konventionellen Quantentheorie wird direkt vom Bild ausgegangen, und zwar in Analogie zu dem, was wir im Alltag als Bild unmittelbar vor Augen haben.

1.26.3 Eine grundlegende Frage: Container-Prinzip oder nicht?

Ob wir in einem Container-Universum leben oder nicht, ist – wie gesagt – eine sehr grundlegende Frage, die eigentlich an erster Stelle bei der Formulierung der physikalischen Gesetze stehen muss. Um nämlich diese Gesetze mathematisch ausdrücken zu können, benötigen wir Randbedingungen und Voraussetzungen, zu denen zweifelsfrei Raum und Zeit gehören. Aber wir benötigen auch Anfangsaussagen über das Reale in der Welt. Wie charakterisieren wir es und woraus besteht es? Nach der jetzigen, etablierten Vorstellung sind das kleine massive Körper (Elementarteilchen oder auch Strings aller Art) und Felder.

Mindestens ebenso wichtig ist die folgende Frage: Welche Beziehung geht das Reale mit dem Raum und mit der Zeit ein? Gerade die realistische Beantwortung dieser Frage ist von grundlegender Bedeutung, weil sich das Ergebnis der Antwort in allen theoretisch-physikalischen Gesetzen widerspiegeln würde. Alle Bereiche in den Naturwissenschaften wären betroffen, beginnend mit elementaren und atomaren Strukturen bis hin zum Kosmos selbst. Aber nicht nur das, denn auch die Eigenheiten philosophischer und religiöser Systeme sind von der Beantwortung dieser Frage wesentlich betroffen.

Wenn nun die Welt mit all ihren großen und kleinen Strukturen tatsächlich so aufgebaut ist, wie wir sie im Alltag unmittelbar vor Augen haben, kommen wir zum Container-Universum. Aber hier ist zumindest Vorsicht geboten. Ab einem gewissen Niveau wird diese vordergründige Sicht sogar als „falsch" eingestuft werden müssen. Wir werden diesen Sachverhalt noch weiter aus unterschiedlichen Winkeln her beleuchten und mit tragfähigen Fakten belegen.

Wenn aber das Container-Prinzip nicht vorliegt, was dann? Kein Container würde bedeuten, dass die physikalische

Realität nicht unmittelbar, also direkt mit Raum und Zeit zusammenhängt. Als Alternative zum Container-Prinzip kommt eigentlich nur das *Projektionsprinzip* infrage ([9–11], Kapitel 2).

Das Projektionsprinzip beinhaltet, dass die physikalische Realität auf Raum und Zeit projiziert ist. Danach sind also die realen Objekte nicht in der Raum-Zeit eingebettet. Dieses Projektionsprinzip wird durch viele Fakten nahegelegt. Insbesondere bekommen durch dieses Prinzip die Elemente Raum und Zeit selbst realistischere Züge, was wir in Kapitel 2 noch näher erläutern werden.

Im Rahmen des Projektionsprinzips können Raum und Zeit dann keine Wirkungen auf die Körper und Felder ausüben. Das ist ein wichtiger Punkt, denn dann wäre das Mach'sche Prinzip in Reinkultur erfüllt, eine Bedingung, die in beiden Formen der Relativitätstheorie nicht erfüllt ist. Das Mach'sche Prinzip fordert als Bedingung für eine Theorie, dass von Raum und Zeit keinerlei Wirkung ausgehen darf. Es wurde versucht, das Mach'sche Prinzip nachträglich in die Relativitätstheorie einzubauen, aber bisher ohne Erfolg. Die Relativitätstheorie ist nach dem Container-Prinzip aufgebaut und offensichtlich nicht geeignet, das Mach'sche Prinzip befriedigend zu erfüllen.

Was Raum und Zeit sind, glauben wir zu wissen, zwar nicht so genau, aber irgendwie schon. Aber hier fangen im Grunde die Probleme bereits an. Wir wissen eben nicht genug, was Raum und Zeit sind. Beide Formen der Relativitätstheorie haben sicherlich viel zur Lösung des Raum-Zeit-Problems beigetragen, konnten aber letztlich keine abschließende Antwort geben. Es bleiben einige hartnäckige Unklarheiten, insbesondere im Zusammenhang mit dem wichtigen Mach'schen Prinzip, übrig.

1.26.4 Relativitätstheorie und Quantentheorie

Bei der Formulierung der quantentheoretischen Gesetze, die insbesondere das Geschehen im atomaren Bereich umfassend bestimmen, gehen die Vorstellungen, die wir vom Kosmos haben, unmittelbar ein, und zwar sehr einschneidend. Hier ist es wichtig zu wissen, ob der Kosmos ein Raum-Zeit-Container ist oder nicht. Mit anderen Worten, Quantentheorie und Kosmologie müssen kompatibel sein, dürfen sich insbesondere nicht widersprechen. Die physikalischen Gleichungen werden durch einen kosmischen Perspektivenwechsel nicht nur erweitert (oder, je nach Sichtweise, auch verkürzt), sondern es ändert sich der grundsätzliche Aufbau der Gleichungen selbst. Wir arbeiten hier offensichtlich auf dem höchsten Raum-Zeit-Niveau.

Die Situation in der konventionellen Physik wird diesem Niveau offensichtlich nicht gerecht, was wir oben im Zusammenhang mit dem Container-Prinzip ausführlich erläutert haben. Aber auch ohne dem gibt es in der konventionellen Physik Probleme. Das ist auch nicht verwunderlich, denn Quantentheorie und Relativitätstheorie sind unabhängig voneinander entwickelt worden. Beide Theorien arbeiten für sich genommen so präzise, dass es schon fast unheimlich ist. Das kann man durchaus wörtlich nehmen, denn es erscheint jedem sofort als unwahrscheinlich, dass physikalische Theorien, wie Quantentheorie und Relativitätstheorie, mit einer solchen Präzision arbeiten können. Aber es besteht kein Zweifel, sie tun es. Die Sache hat nur einen Haken. Untersucht man nämlich physikalische Phänomene, bei denen sowohl relativistische als auch quantentheoretische Effekte beteiligt sind, die also nur durch Kombination von Relativitätstheorie und Quantentheorie erklärt werden könnten, so bricht das kombinierte theoretische System bei relevanten Fragestellungen vollkommen zusammen.

Da beide Theorien unabhängig voneinander entwickelt wurden, müssen wir den Grund für dieses Versagen darin suchen, dass beide Theorien auf unterschiedlichen Niveaus formuliert sind; es sind offensichtlich Niveaus, die nicht zusammenpassen.

Also, Quantentheorie und Relativitätstheorie arbeiten für sich genommen ausgezeichnet, kombiniert man hingegen beide Theorien, so kann es, je nach Fragestellung, zu einem Debakel kommen. Die Situation im Zusammenhang mit der kosmologischen Konstanten, eines der wichtigsten ungelösten Probleme der Gegenwartsphysik, macht diesen inneren Widerspruch allzu deutlich. Es wurde alles getan, um dieses Problem mit bestehenden, also konventionellen Mitteln zu lösen, aber ohne Erfolg, sodass davon ausgegangen werden muss, dass mit den grundsätzlichen Prinzipien etwas nicht in Ordnung ist. Bei der Lösung dieser Fragestellung werden wir direkt mit dem Container-Universum konfrontiert.

Wir haben schon festgehalten, dass bei der Formulierung der quantentheoretischen Gesetze, die insbesondere das Geschehen im Kleinen umfassend bestimmen, die Vorstellungen, die wir vom Kosmos haben, unmittelbar eingehen, und zwar sehr einschneidend. Denn die Struktur der physikalischen Gleichungen ist im Kern durch das zugrunde gelegte kosmologische Modell wesentlich mitbestimmt, ob also der Kosmos ein Raum-Zeit-Container ist oder nicht. Das bedeutet insbesondere, dass ein Wandel in kosmologischer Hinsicht nicht nur gewisse Umstrukturierungen einer bereits bestehenden Theorie nach sich ziehen wird, sondern es wird im gesamten theoretischen Bereich regelrecht neu begonnen, jedenfalls wird das im Falle einer so einschneidenden Maßnahme die Regel sein.

1.26.5 Wo finden die theoretischen Gesetze zukünftig Anwendung?

Nun wird man sagen können, dass in der Wissenschaftsgeschichte jedes theoretische Weltbild gewisse Schwächen offenbart hat, die aber immer wieder ausgemerzt werden konnten. Dennoch scheint die Situation heutzutage anders zu sein, weil die hinreichend genaue Kenntnis der theoretischen Grundlagen noch nie so wichtig war wie gegenwärtig. Denn im Rahmen der Nanotechnologie finden einerseits die theoretischen Grundlagen direkt ihre Anwendung, andererseits können konstruierte und hergestellte Nanosysteme nicht nur von großem Nutzen für die Menschheit sein, aber ebenso große Schäden anrichten, die alles bisher Dagewesene in den Schatten stellen könnte.

Mit anderen Worten, wir müssen im Rahmen der Nanotechnologie sehr vorsichtig und verantwortungsvoll arbeiten. Insbesondere müssen wir zu jeder Zeit wissen, was wir tun. Das geht aber nur auf der Grundlage von zuverlässigen theoretischen Vorstellungen, denn kein Nanosystem lässt sich zuverlässig ohne theoretische Vorstellung konstruieren und herstellen. Im nächsten Abschnitt sollen einige prinzipielle Fragen zur Nanotechnologie angesprochen werden. Insbesondere soll klar werden, dass wir mit der Nanotechnologie eine neue Bühne betreten haben und diese in Zukunft ausbauen werden.

1.27 NANOTECHNOLOGIE

Nanosysteme sind sehr klein und haben wegen ihrer Kleinheit Eigenschaften, die bisher unbekannt waren. Teilt man zum Beispiel ein Stück Aluminium (Al) mit einem Gewicht von ungefähr einem Kilogramm in zehn oder auch 1000 Teile, so halten die entstandenen Bruchteile die für Al typischen Eigenschaften bei, d. h., die mechanischen, magnetischen und elektrischen bzw. elektronischen Eigenschaften bleiben erhalten.

Allerdings ändert sich das grundlegend, wenn wir in den Nanobereich kommen. Bei einem Al-Teilchen von nur 50 Nanometern (nm) verändern sich die mechanischen, magnetischen und elektrischen bzw. elektronischen Eigenschaften von Grund auf und haben mit denen von einem Block der Größe von einem Kubikzentimeter keine Ähnlichkeit mehr. Zum Beispiel nimmt die Schmelztemperatur wesentlich ab: sie sinkt von 660 auf ca. 20 Grad Celsius, je nach Größe. Wie gesagt, ein Teilchen mit der Größe von 50 nm ist sehr klein; auf einem Fingernagel von durchschnittlicher Größe hätten viele Millionen Platz.

Zusammengesetzte Nanosysteme werden in technologischer und auch medizinischer Hinsicht geradezu Wunder vollbringen können, was durch ihre Anwendung in der Elektronik, Raumfahrttechnik, Medizin, Lebensmittelproduktion usw. zu ganz neuen Perspektiven führen wird.

1.27.1 Anwendungsmöglichkeiten

Greifen wir ein Beispiel aus der Lebensmittelproduktion heraus. In nicht allzu ferner Zukunft werden wir eine Pizza kaufen können, die, wenn sie auf 100 Grad Celsius erwärmt wird, zur Spinatpizza werden lässt. Erwärmt man hingegen dieselbe Pizza auf 150 Grad Celsius, so erhalten wir eine Fisch-Pizza. Das ist schwindelerregend, macht aber das Ausmaß der Veränderungen klar, das auf uns zukommt.

Darüber hinaus wird man spezifische Nanosysteme zur Krebsbekämpfung einsetzen, und diese Krankheit wird sich möglicherweise sogar durch die Nanotechnologie ganz überwinden lassen. Aber die Gefahren, die durch die Nanotechnologie in die Zivilisation hereingetragen werden können, sind sehr groß. Zum Beispiel können die Nanoteilchen wegen ihrer Kleinheit in jeden Winkel des Körpers eindringen und im molekularen Bereich tiefgreifende Schäden anrichten, wovon selbst das Erbgut betroffen sein kann.

1.27.2 Kontrollierbare Situationen schaffen!

Wir müssen möglichst genau wissen, was mit einem Nanosystem tatsächlich passiert, *bevor* wir es produzieren. Denn die Eigenschaften solcher Systeme sind in der Regel empfindlich gegenüber kleinen Änderungen in den Randbedingungen. Im Prinzip kann es sein, dass sich gewisse positive Eigenschaften ins Negative umkehren, wenn nur eine kleine Änderung vorgenommen wird. Der Mensch selbst hat für solche Effekte kein unmittelbares Empfinden, da wir mit unserer Alltagsintuition an die Dinge herangehen, mit denen aber komplexe atomare Effekte, so wie sie im Nanobereich vorkommen, nicht beurteilt werden können.

Zunächst wird man solche Warnungen kaum oder auch gar nicht beachten, weil diese die Produktivität hemmen und somit die Gewinne der Unternehmen schmälern. Daran ist natürlich auch keine Regierung interessiert, denn das reduziert das Steueraufkommen. Aber wenn es dann erst einmal zum Unglück gekommen ist, werden wir dezidiert umdenken müssen, was natürlich vom jeweils angerichteten Schaden abhängen wird, der aber eben im Nanobereich einschneidend und umfassend sein kann, der insbesondere außer Kontrolle geraten kann. Die Wissenschaft hat die Gefahren schon früh erkannt. Die Nanoethik ist bereits etabliert; eine internationale Zeitschrift trägt den Namen *NanoEthics*.

Wir Menschen müssen vorsichtig sein, denn hinter der potenziellen Gefährlichkeit der Nanotechnologie verblassen die Gefahren, die der Kernenergie zu eigen sind. Das lässt sich ohne Übertreibung feststellen.

1.27.3 Der theoretische Rahmen muss zuverlässig sein

Da das Universum alles, also die gesamte physikalische Realität umfasst, müssen in ihm auch alle vorkommenden Naturgesetze verwirklicht sein, also sowohl solche, die für Bewegungen der Planeten und anderer Himmelskörper zuständig sind, aber ebenso andere, die für die atomaren Verhältnisse verantwortlich sind. Erstaunlich ist, dass die Formulierung all dieser Naturgesetze ausschließlich im Rahmen dieses „Container-Prinzips" erfolgte. Die Frage ist, wie lange so etwas gut gehen kann, wenn das wirklich ein zu vordergründiges Bild sein sollte. Tatsächlich erleben wir die Welt ja so wie es das Container-Prinzip bei unseren Beobachtungen im Alltag suggeriert. Aber Vorsicht ist geboten, denn die Welt vor uns kann nicht als die eigentliche, also absolute Wirklichkeit aufgefasst werden.

Wie wir gezeigt haben und auch noch unten vertiefen werden, ist hier ganz offensichtlich eine differenziertere Sichtweise nötig. Denn bei der Formulierung der quantentheoretischen Gesetze bekommt man mit dem Container-Prinzip dezidiert Probleme. Eine Theorie, mit der die Quantentheorie selbst erklärt werden könnte, die also der konventionellen Quantentheorie übergeordnet wäre, gibt es nicht, jedenfalls nicht zurzeit. Die konventionelle Quantentheorie ist somit eine Basistheorie. Die Relativitätstheorie stellt die zweite Basistheorie dar, die unabhängig von der Quantentheorie entwickelt wurde. Sonst gibt es nichts. Die Stringtheorie kann man nicht oder noch nicht als Basistheorie einstufen.

Die Welt wird in Zukunft von einer neuen Technologie, der oben schon eingeführten Nanotechnologie, beherrscht werden. Daran besteht kaum ein Zweifel. Hier werden die Eigenschaften einzelner Atome bzw. die von Systemen, bestehend aus nur einigen hundert Atomen, ausgenutzt werden. Die Nanotechnologie kommt ohne die Quantentheorie nicht aus, und wir benötigen eine hinreichend zuverlässige Formulierung der quantentheoretischen Gesetze, um unkontrollierbare Situationen bei der praktischen Herstellung und Nutzung solcher Systeme zu vermeiden, denn das könnte gerade im Rahmen der Nanotechnologie schwerwiegende Folgen haben. Wir haben diese Fragestellung oben schon angesprochen.

In der Nanotechnologie ist man aus den schon genannten Gründen auf die sichere und zuverlässige Beschreibung der physikalischen Phänome angewiesen; Quanteneffekte stehen hier im Mittelpunkt. Zu diesem Punkt haben wir oben herausgearbeitet, dass die konventionelle Quantentheorie schon deshalb unbefriedigend ist, weil sie auf der Grundlage des Container-Prinzips konzipiert ist. Aber es kommt ein wichtiger Punkt hinzu. Die Zeit kommt in der konventionellen Quantentheorie nur in einer sehr eingeschränkten Form vor. Im nächsten Abschnitt soll auf diesen Punkt eingegangen werden.

1.27.4 Selbstorganisationsprozesse und ihre theoretische Behandlung

Im Rahmen der Nanotechnologie werden neben winzigen atomaren Maschinen insbesondere Selbstorganisationsprozesse eine wichtige Funktion übernehmen, wenn nicht sogar die wichtigste überhaupt.

Hierbei handelt es sich um Prozesse bzw. Systeme, die sich zeitlich von einem vorgegebenen Anfangszustand von selbst zu einem Endzustand hinentwickeln. Hier spielt die „Physik der Zeit" eine tragende Rolle.

Aber, so hatten wir festgestellt, die konventionelle Quantentheorie enthält die Zeit nur als klassische Größe, in der sich also keine Quanteneigenschaften widerspiegeln können. In der üblichen Form der Quantentheorie gibt es nur die Zeit τ, die als externer Parameter auftritt und nichts mit dem zu untersuchenden Prozess bzw. System zu tun hat. τ ist eben nur die

Zeit, die wir mit unseren Uhren messen. Es sollte klar sein, dass mit einer solchen Zeit Selbstorganisationsprozesse im Nanobereich, in dem die Eigenschaften wesentlich durch Quantenprozesse bestimmt sind, keine adäquate Beschreibung für zeitlich ablaufende Prozesse gefunden werden kann, so wie das bei Selbstorganisationsprozessen gefordert ist.

In der Projektionstheorie gibt es neben der Zeit τ noch eine systemspezifische Zeit ([9–11], Kapitel 2), der wir oben den Buchstaben t gegeben haben. Die Zeit t ist im Kern eine Quantengröße und, da sie im Charakter systemspezifisch ist, wird sie zur Beschreibung von Selbstorganisationsprozessen im Nanobereich besonders wichtig sein. Jedenfalls wäre eine adäquate theoretische Behandlung dieser Selbstorganisationsprozesse gewährleistet, aber eben nur auf der Grundlage der Projektionstheorie und nicht im Rahmen der konventionellen Quantentheorie.

1.27.5 Der Nanoingenieur

Im Rahmen der traditionellen Technologien arbeiten die Ingenieure nicht direkt auf der Basis der Gesetze der Theoretischen Physik, sondern sie benutzen phänomenologische Ansätze, die von Fachrichtung zu Fachrichtung verschieden sind. Solche phänomenologische Ansätze dürfen natürlich nicht den Prinzipien der Physik widersprechen.

Im Gegensatz dazu arbeitet man in allen Disziplinen der Nanotechnologie nur mit *einem* theoretischen Block, und zwar direkt auf der Grundlage der Gesetze der Theoretischen Physik. Der Nanoingenieur ist Theoretischer Physiker. Grundlagenforschung und Technologie wachsen im Nanobereich weitgehend zu einer Einheit zusammen.

Deshalb sind gerade für die Nanotechnologie die Basisgesetze der Theoretischen Physik wichtig, da diese die nanotechnologischen Entwicklungen direkt beeinflussen. Die Zeitschrift *Journal of Computational and Theoretical Nanoscience* trägt dem Rechnung und bringt unter Mitarbeit von kompetenten und führenden Experten nicht nur Artikel über nanotechnologische Entwicklungen, sondern auch ganz wesentlich Weiterentwicklungen im Grundlagenbereich der Theoretischen Physik.

Es geht nicht nur darum, gewisse mathematische Gleichungen zu finden, die eine quantitative Beschreibung gewährleisten, sondern es geht wesentlich darum, diese Gleichungen auch tatsächlich zu verstehen, dass ihre Interpretation also überzeugend gelingt. Bei der konventionellen Quantentheorie ist das nicht der Fall, obwohl ihre Grundlagen bereits vor ca. 80 Jahren erarbeitet worden sind. Im Grunde wissen wir gar nicht so recht, was wir machen, wenn wir das mathematische Gerüst nicht hinreichend gut verstehen.

1.27.6 Was wollen wir?

Die Nanotechnologie wird die Welt revolutionieren. Daran besteht kaum ein Zweifel. Wir werden die Eigenschaften von Materialien, aber auch die von Menschen und anderen biologischen Systemen wesentlich beeinflussen, also nicht nur marginal, sondern grundlegend. Der zukünftigen Menschheit wird durch die Nanotechnologie ein neues Gesicht gegeben. Wollen wir das überhaupt? Was wollen wir verändern und was gilt es zu bewahren? Bei der Beantwortung dieser Fragen scheiden sich schon jetzt die Geister.

Seitdem wir in der Lage sind, einzelne Atome aufzunehmen und gezielt dorthin zu bringen und abzusetzen, wo wir möchten, hat die Nanotechnologie die rein spekulative Phase verlassen und die konkrete Realität erreicht. Wir können nun die Eigenschaften sehr kleiner Systeme, bestehend aus einzelnen oder nur wenigen Atomen, nutzen, um grundlegend neue Perspektiven für Technik, Biologie und Medizin zu eröffnen.

Das hört sich zunächst harmlos an, ist es aber nicht. Denn es werden Eingriffe gerade auf dem Niveau stattfinden, auf dem die charakteristischen Eigenschaften der Systeme selbst definiert sind. Mit anderen Worten, wir sind zum Kern der Dinge vorgedrungen und verändern diesen gezielt in der Weise, dass die Systeme ihre ursprüngliche Individualität bzw. Identität verlieren.

Eine Steigerung kann es dann nicht mehr geben. Eine solche schwerwiegende Veränderung ist im Falle einer schweren Krankheit, wie zum Beispiel Krebs, geradezu erwünscht, kann jedoch bei anderen Sachverhalten zu Katastrophen führen, wenn man beispielsweise an nicht sicher verstandene Manipulationen von spezifischen Gehirnzuständen denkt.

Diese Möglichkeiten sollen zur Grundlage einer neuen, umfassenden Technologie werden, die ohne jeden Zweifel alles bisher Dagewesene sprengen wird. Ein Erfolg wird wesentlich davon abhängen, ob die zu untersuchenden Systeme theoretisch hinreichend gut verstanden sein werden, um schon *vor* ihrer Herstellung die Bremse ziehen zu können. Aber das schnelle Geld kann auch hier zur Oberflächlichkeit verleiten, auch wenn es hier automatische Bremsen geben wird. Was ist damit gemeint?

1.27.7 Zum Umgang mit technologischen Errungenschaften

Wenn man sich überlegt, wie gegenwärtig mit den Errungenschaften der konventionellen, also der nicht nanoorientierten Technologie umgegangen wird, dann muss man wohl oder übel jeder weiteren Steigerung in Sachen Technologie skeptisch gegenüberstehen. Denn die Scham- und Maßlosigkeit mit der heutzutage Profit gemacht wird, nimmt – vorsichtig ausgedrückt – bedenkliche Züge an. An erster Stelle steht der Profit, erst danach steht das menschliche Bedürfnis nach Würde und Lebensorientierung.

Wer etwas dagegen vorbringt, wird beschimpft, sich dem Fortschritt entgegenzustellen. Dabei wissen aber diese „Fortschrittsgläubigen" in der Regel nicht einmal, wie man den Begriff „Fortschritt" überhaupt angemessen definiert. Wohl bemerkt, es geht nicht darum, echten Fortschritt zu verhindern, sondern ihn kontrolliert und ohne Profitsucht einzubringen.

Aber, wie gesagt, der Profit steht ganz oben. Profit machen ist die Devise und geschieht keineswegs unbewusst. Dieser Grundtenor hat sich also nicht irgendwie im Zuge der Entwicklung eingeschlichen, sondern es wird in zunehmendem Maße ganz bewusst schrankenlos profitorientiert gehandelt, wobei kriminelle Entgleisungen als solche schon kaum noch empfunden werden. Die Unanständigkeit wird zur Tugend erhoben. Diese zweifelsfrei vorliegenden Tendenzen können durchaus zu politischen Instabilitäten führen, und zwar mit all den bekannten Konsequenzen.

1.27.8 Die Karten werden neu gemischt

Die Nanotechnologie leitet nicht nur eine neue Phase im wissenschaftlich-technischen Bereich ein, sondern es wird auch in ethischer Hinsicht zu einer Neuorientierung kommen müssen, und zwar notgedrungen. Denn die mit der Nanotechnologie aufkommenden Gefahren werden bei jedem auch noch so skrupellosen Zeitgenossen ein Umdenken erzwingen müssen.

Bei der modernen Waffenentwicklung hat es bei den Großmächten ähnliche Tendenzen gegeben; die Gefährlichkeit der Waffen hat zum Umdenken gezwungen, und es wurden kriegsvermeidende Strategien entwickelt.

Dieser Vergleich von Nanotechnologie mit der Waffenentwicklung ist keineswegs weit hergeholt. Denn sich selbst replizierende Nanoroboter könnten durchaus außer Kontrolle geraten und sich hemmungslos auf der Erde ausbreiten, was dazu führen kann, dass *alles* auf der Erde zu einer unterschiedlosen Masse verwandelt wird.

Dennoch gibt es einen wesentlichen Unterschied: Waffen liegen einfach nur herum, während nanotechnologische Produkte täglich und weltweit positiv eingesetzt werden können. Aber werden wir letztlich auch vorsichtig genug damit umgehen? Zweifel sind angebracht, auch wenn wir diese Frage im Grundsatz positiv beantwortet haben. Mit anderen Worten, die Nanotechnologie wird den Menschen neue Möglichkeiten bieten, birgt aber auch wesentliche Gefahren in sich, die aber mit der Chance verknüpft sind, der Gesellschaft ein korrigiertes ethisches, weniger profitorientierts Gesicht zu geben. Die Karten werden neu gemischt.

Wie gesagt, es handelt sich bei dem Übergang von konventioneller zu nanoorientierter Technologie keineswegs um einen weiteren Schritt in Sachen Fortschritt, sondern es geht hier um einen grundsätzlich neuen Ansatz, sozusagen um einen Neubeginn. Die Nanotechnologie suggeriert eine schwindelerregende Welt, die es zu erobern gilt. Politik und Wirtschaft sind an lukrativen Marktprodukten interessiert, eigentlich ausschließlich. Der internationale Wettlauf hat begonnen, und jeder Staat, jedes Unternehmen möchte gerne vorne mit dabei sein, um sich Marktvorteile zu ergattern.

Allerdings weniger, um den Forschungsgegenstand selbst zweckfrei zu untersuchen, was aber gerade in der Anfangsphase einer Neuorientierung unbedingt nötig wäre. Das profitorientierte Denken steht also zweifelsfrei im Vordergrund und wird sogar nicht selten mit zur Schicksalsfrage erhoben. So werden die nationalen Forschungsprogramme wesentlich daran gemessen, ob die zu erwartenden Ergebnisse überzeugend lukrative marktreife Produkte vorhersagen. Nur das wird tatkräftig gefördert, was dieses Kriterium erfüllt.

1.27.9 Abhängigkeiten und Beeinflussungen

Jedes sinnvoll geplante Experiment setzt eine intellektuelle Konzeption voraus. In der Physik ist das eine Theorie oder ein theoretisches Modell, das wiederum auf der Grundlage einer Theorie entwickelt worden ist. Im astrophysikalischen Bereich gibt es solche Experimente nicht, sondern nur spezifische „Beobachtungen", die aber nachträglich der Analyse bedürfen, was dann wiederum eine Theorie voraussetzt.

Experimente in der Physik dienen nicht unwesentlich dazu, spezifische und allgemeine Theorien selbst zu überprüfen oder ihr Verhalten unter gewissen Voraussetzungen kennen zu lernen. Das bedeutet dann, dass eine gewisse Unsicherheit gegenüber den theoretischen Ansätzen selbst besteht sowie ihrer Auswirkungen bei Anwendungen.

Aber genau diese Theorien werden in der Nanotechnologie dazu verwendet, um neue Produkte zu entwickeln und herzustellen. Kann man sich eine solche unvermeidbare Unsicherheit im Falle von selbst replizierenden Nanomaschinen oder auch anderen Nanoprodukten leisten? Ja, aber nur dann, wenn man hinreichend vorsichtig vorgeht. Was bedeutet aber hinreichend vorsichtig? Wenn die theoretischen Werkzeuge, die bei der Produktplanung eingesetzt werden, hinreichend gut und zuverlässig bekannt sind. Dazu müssen wir einige grundlegende Bemerkungen zur gegenwärtigen Situation machen.

Wechselwirkung

Nehmen wir zunächst an, dass eine theoretische Basistheorie zur Beschreibung eines Nanosystems vorliegt. Dann planen wir auf der Grundlage dieser Basistheorie ein spezifisches Modell, das die Merkmale des angestrebten Nanoprodukts enthält.

Wie zuverlässig und fundiert können wir ein solches Modell entwickeln? Greifen wir zunächst einen allgemeinen Aspekt heraus. Ein Nanosystem besteht oft aus einigen hundert Atomen bzw. Molekülen, und die Eigenschaften eines solchen Kollektivs sind wesentlich durch die Wechselwirkung zwischen diesen Atomen festgelegt. Wechselwirkung bedeutet, dass die Atome eine Beziehung untereinander haben.

Die Bestimmung der Wechselwirkung, also des Potenzials, ist aber kritisch und im Grunde noch unterentwickelt. Sie verlangt in der Regel komplexe quantentheoretische Berechnungen. Im Falle von Ionen (elektrisch geladene atomare Einheiten) ist die Wechselwirkung $v(r)$ noch einfach, wobei r der Abstand zwischen den Ionen ist. In diesem Fall ist der lang reichweitige Anteil zuverlässig durch das bekannte Coulomb'sche Gesetz ($v(r) \propto 1/r$) gegeben, d.h., der Einfluss der Wechselwirkung nimmt mit zunehmendem Abstand r ab.

Hier handelt es sich aber eher um einen Sonderfall. Im Allgemeinen hat $v(r)$ jedoch einen komplizierteren Verlauf, der – wie gesagt – quantentheoretisch bestimmt werden muss. Das Problem ist, dass diese Berechnungen sehr genau sein müssen, und zwar aus dem folgenden Umstand: Kleine quantitative Unterschiede in den Potenzialen rufen häufig große Unterschiede in den Strukturen der Nanosysteme hervor, wobei diese Unterschiede durchaus qualitativer Art sein können. Im übertragenden Sinne bedeutet dies, dass nicht die gewünschte Henne herauskommt, sondern ein Hund.

Natürlich geht es in der Nanotechnologie nicht um die Produktion von Hennen, sondern es geht hier um sehr kleine Systeme und Maschinen, deren Teile sich relativ zueinanderbewegen, wobei diese Maschinen in der Regel so klein sind, dass auf nur einem Quadratzentimeter mehrere Millionen Platz hätten.

Zusammenfassend können wir Folgendes festhalten: Um das Ziel nicht zu verfehlen (wir wollen eine Henne und keinen Hund), muss die Wechselwirkung zwischen den Einheiten eines Nanosystems genau, sehr genau bestimmt sein, was nicht selten sogar von Experten übersehen wird. „Es wird schon nicht so schlimm sein", wird eilig entgegengehalten. Aber das sagt man oft, wenn es ums schnelle Geld geht.

Neue physikalische Gesetze

Die unter dem Punkt „Wechselwirkung" angesprochene Problematik soll in dieser Monografie nicht weiter verfolgt werden. Sie stellt im Vergleich zu dem, was wir jetzt ansprechen wollen, nur eine Randerscheinung dar, wenn auch eine sehr wichtige, insbesondere schon deswegen, weil die konkrete Realisierung von Nanosystemen bereits in vollem Gange ist.

Die Diskussion unter dem Punkt „Wechselwirkung" fand unter der Bedingung statt, dass die physikalischen Basisgesetze, mathematisch formuliert, fest vorgegeben sind und im Rahmen der spezifischen Untersuchung keine Änderung erfahren. Unter dem Punkt „Wechselwirkung" haben wir insbesondere über spezifische Herausforderungen gesprochen, die sich ergeben, wenn wir von den bekannten theoretischen Basisgesetzen ausgehend konkrete Nanoprodukte konstruieren wollen.

Wichtiger ist folgende, viel tiefgreifendere Fragestellung: Was können wir erwarten, wenn es zu einer korrigierten Weltauffassung kommt? Im Zusammenhang mit technischen Fragestellungen ist die Beantwortung einer solchen Frage überhaupt nur dann relevant, wenn es dazu einen konkreten Anlass gibt. Physikalisch-theoretisch und auch philosophisch ist die problembezogene Diskussion von neuen Weltmodellen immer von Interesse. Also, was können wir von einer korrigierten Weltauffassung erwarten? Das hängt natürlich ganz wesentlich von der korrigierten Weltauffassung selbst ab, insbesondere davon, wie stark die Veränderungen gegenüber der vorhergehenden, also der konventionellen Auffassung, sind.

Im Rahmen der Physik bekommen Weltbilder eigentlich erst dann Relevanz, wenn sie mathematisch formulierbar sind. Alles andere ist nicht spezifisch genug und führt letztlich nur zu unverbindlichem Small Talk, jedenfalls zeigt das die Erfahrung. Also, das Weltbild muss mathematisch formulierbar sein. Weiterhin darf der Bezug zur realen, der Beobachtung bzw. Messung zugänglichen Welt nicht fehlen. An alledem hat sich die Physik immer gehalten.

Die Physik ist auch konservativ im positiven Sinne, denn sie wechselt nur ungern ein Weltbild, das sich bewährt hat. Es wird immer versucht, ein neues Phänomen zunächst mit der alten Theorie zu erklären, wobei alle Facetten ausgelotet werden und in jeden Winkel der alten Theorie vorgedrungen wird. Aber eine solche Debatte hat einmal ein Ende, und das Ergebnis kann eine theoretische Neuorientierung im grundsätzlichen Bereich sein.

Wir stehen möglicherweise an einer solchen Schwelle. Denn es gibt schwerwiegende Fakten bzw. Argumente, die gemeinsam mit neuen experimentellen Beobachtungen zum Komplementaritätsprinzip, der konventionellen Quantentheorie sehr wahrscheinlich eine korrigierte physikalische Grundauffassung erzwingen werden.

Was sind das für Fakten? Es geht um den leeren Raum, das Vakuum. Die Quantentheorie spricht diesem Vakuum eine Energiedichte zu, die nicht möglich sein kann. Diese hohe Energiedichte führt zu einer kosmologischen Konstante, ein wesentliches und oft diskutiertes Element der Allgemeinen Relativitätstheorie, die vom möglichen Höchstwert der Beobachtung so stark abweicht, dass es geradezu mysteriös ist, um nicht zu sagen erschreckend. Dabei wurde die Vakuumdichte mit den elementaren Mitteln der Quantentheorie (Quantenfeldtheorie) berechnet, und man weiß seit vielen Jahren nicht, wo der Fehler sein könnte. Man hat auch hier nach allen Seiten hin ausgelotet und versucht, vernünftige Erklärungsversuche im Rahmen der konventionellen Physik zu finden, aber buchstäblich ohne jeden Erfolg.

Es ist etwas da, was im Grunde nicht da sein darf! Wir haben, mit anderen Worten, in der Quantentheorie ein ernstes *Vakuum (Raum-Zeit)-Problem*. Dieses Problem ist offensichtlich nur mit grundsätzlich neuen theoretischen Ansätzen lösbar, auch schon deswegen, weil alle konservativen Versuche zu seiner Lösung gescheitert sind. Dabei wird das schon angesprochene Container-Prinzip (alles physikalisch Reale ist im Raum eingebettet) ein wesentlicher Punkt sein. Es lässt sich zeigen, dass mit der Zurückweisung dieses Prinzips offensichtlich mit einer Lösung für das in der Quantentheorie auftretende Vakuum (Raum-Zeit)-Problem verknüpft ist. Das Projektionsprinzip (Kapitel 2) löst dieses Problem in zwangloser Weise.

Wichtig ist in diesem Zusammenhang, dass ein solcher Schritt, also der Übergang vom Container-Prinzip zum Projektionsprinzip, tief greifende Konsequenzen hat. Denn es werden nicht nur kosmologische Strukturen berührt sein, sondern selbst die Gesetzmäßigkeiten, die im atomaren bzw. nanotechnologischen Bereich relevant sind. Das kann die Möglichkeiten zur Schaffung wertvoller Systeme erhöhen, aber auch die angesprochenen Gefahren. Diese Forschungslinie wird in jedem Fall aufregend sein, muss aber richtig und verantwortungsvoll gesteuert werden.

Die nanotechnologischen Entwicklungen werden unaufhörlich auf den ethischen Gehalt abgeklopft werden müssen. Natürlich ist das nicht allein von nanotechnologischer Relevanz, sondern für unsere Auffassung für die Welt als Ganzes, womit keineswegs nur der materielle Bereich gemeint ist.

Ein solcher Wandel kann sich direkt auf unsere Möglichkeiten im Alltag auswirken, weil sich – wie wir in Abschnitt 1.27.5 festgestellt haben – eine veränderte physikalische Weltauffassung sich direkt und untransformiert auf die nanotechnologischen Entwicklungen niederschlagen kann. Mit dieser Direktheit haben wir das bisher nicht erlebt.

1.27.10 Veränderungen beim Menschen

Wie gesagt, die Nanotechnologie wird viele Vorteile mit sich bringen, wird aber auch, so wie das immer der Fall ist, auch Gefahren aufkommen lassen. Wir haben das oben angesprochen.

Je tiefer wir mit einem Instrumentarium in die Wirklichkeit eindringen, um so grundlegender und tief greifender sind die Veränderungen, die wir vornehmen. Das ist insbesondere dann eine Gefahr, wenn es um Veränderungen beim Menschen selbst geht.

Mit der Nanotechnologie erreichen wir die letzte Stufe, auf der biologisch-medizinisch Einfluss genommen werden kann. Das Ganze findet – wie schon gesagt – in Bereichen von atomaren Größenordnungen statt, also dort, wo die biologisch-medizinischen Eigenschaften ihre Basis haben, wo sie also definiert sind. Mit anderen Worten, eine Steigerung bezüglich medizinischer Einflussnahmen auf den Körper des Menschen und insbesondere seiner Gehirnfunktionen kann es prinzipiell nicht mehr geben.

Betroffen sind die bekannten bösartigen Krankheiten, aber eben auch Gehirn- und Bewusstseinszustände aller Art. Entsprechend groß sind die Gefahren, denn wir versuchen, die Substanz des Menschen auf höchstem Niveau zu beeinflussen. Solche Basisniveaus zeichnen sich vor allem dadurch aus, dass jeder Teil von ihnen mit allem anderen verbunden ist. Die folgende Analogie ist zutreffend: Wenn in einer Wohnung eine Lampe nicht funktioniert, dann ist nur diese Lampe betroffen, und wir reparieren sie, ohne dass ein anderes Gerät funktionell gestört wäre bzw. unterbrochen werden müsste. Wenn aber die Hauptsicherung in der Wohnung ausfällt, dann ist alles Strom führende in der Wohnung schlagartig negativ betroffen.

Es ist unmittelbar klar, dass bei nanomedizinischen Eingriffen dieser Art die Funktionen der betroffenen Körperteile sehr fundiert bekannt sein müssen, und zwar auf dem Niveau, auf dem agiert wird. Dieses höchste Niveau ist physikalisch gesehen durch die moderne Quantentheorie gegeben. Die Methoden der herkömmlichen Quantentheorie arbeiten zwar gut, sind aber endgültig noch keineswegs verstanden, was sich insbesondere darin widerspiegelt, dass es bis heute eine große Vielfalt von Meinungen bezüglich der Interpretation der Quantentheorie gibt. Über spezifische Unzulänglichkeiten der konventionellen Quantentheorie haben wir ausführlich in diesem Kapitel gesprochen.

Leider ist es nun so, dass das fundierte bzw. sichere Wissen mit aufsteigendem Niveau in der Regel abnimmt. Das kann bedeuten, dass wir nicht unbedingt wissen, was wir auf dem höchsten Niveau tun. Wenn wir aber nicht wissen, was wir tun, handeln wir wirr; in der Nanotechnologie agieren wir sogar ohne fundierte Kenntnis der theoretischen Beschreibung im Zusammenhang mit den zu untersuchenden Systemen ausgesprochen gefährlich und handeln insbesondere verantwortungslos.

1.28 Resümee

In diesem letzten Abschnitt von Kapitel 1 sollen einige wesentliche Dinge bzw. Fakten wiederholt werden, um ihre Wichtigkeit zu unterstreichen. Zusätzliche Aspekte werden in diesem Abschnitt nicht gebracht werden.

Das Container-Prinzip

Wir haben den mit Materie gefüllten Raum-Zeit-Container als absolute, letzte Wahrheit für die Welt als Ganzes verworfen, und zwar aus guten Gründen. Denn bei konsequenter Anwendung des Poincaré'schen Skalengesetzes kann der Container-Vorstellung für die Welt als Ganzes kaum eine Realität zukommen.

Aber, so haben wir gefragt, was muss beim Container-Prinzip korrigiert werden? Die Beantwortung dieser Frage führte zum Projektionsprinzip, das vorsieht, dass die materielle Außenwelt auf die Raum-Zeit projiziert ist, wobei ein Bild von der Wirklichkeit entworfen wird. Raum und Zeit selbst müssen im Rahmen dieses Prinzips als Hilfsgrößen aufgefasst werden und sind ausschließlich Elemente des Gehirns. Raum und Zeit kommen dann in der Welt draußen gar nicht vor. Wir kommen so den Vorstellungen von Immanuel Kant sehr nahe.

Es muss jedoch deutlich unterstrichen werden, dass die Aufgabe des Container-Prinzips schwerwiegend und einschneidend ist. Newton's wissenschaftlicher Erfolg basiert ganz wesentlich auf diesem Prinzip. Keine der nachfolgenden Theorien (Elektrodynamik, Quantentheorie und Relativitätstheorie) stellt dieses Basisprinzip dann auch infrage. Im Rahmen dieser neuen Theorien werden zwar gegenüber der Newton'schen Mechanik revolutionäre Schritte eingeleitet und diese auch mathematisch-physikalisch formuliert, jedoch wird an dem Container-Prinzip weder gerüttelt noch werden Modifikationen vorgenommen.

Es war der Philosoph Immanuel Kant, der Raum und Zeit anders bewertete. Für ihn waren Raum und Zeit nicht die Basiselemente für einen Container, in dem die materielle Welt eingebettet ist.

Allerdings legte Kant für seine Neubewertung keine mathematisch-physikalische Formulierung vor. Einerseits wurde den Kant'schen Ideen nicht oder, wenn überhaupt, nur schwach widersprochen; andererseits flossen seine Raum-Zeit-Vorstellungen bisher nicht bei der mathematisch-physikalischen Formulierung der Naturgesetze ein.

Die angesprochene Fragestellung zur Realität eines Container-Universums spricht mindestens zwei grundlegende Aspekte an:

1. Können wir die Welt *objektiv* erfassen, so wie es ein hypothetisches Wesen kann, das wir bei unseren Betrachtungen außerhalb vom Kosmos angesiedelt haben? Oder anders formuliert: Kann der menschliche Beobachter die Welt *direkt* beobachten, so wie es das hypothetische Wesen kann, oder nur *indirekt*? Die Überlegungen von Immanuel Kant werden sicherlich bei der Beantwortung dieser Fragen eingehen.

2. Was bedeutet es für die physikalisch-theoretischen Strukturen, wenn das Universum *kein* Topf ist, der alles, aber auch wirklich alles enthält? Was passiert, wenn wir für das Container-Universum eine andere Konzeption setzen? Grundlegender kann aus der Sicht des Menschen kein Standpunkt sein. Mit dem Projektionsprinzip liegt eine solch andere Konzeption vor, die, wie wir noch in den folgenden Kapiteln sehen werden, zu vernünftigen, ja besseren Antworten für die Lösungen von Grundsatzfragen führt.

Vor der Formulierung einer mathematisch-theoretischen Struktur im Zusammenhang mit der physikalischen Realität müssen vernünftige Voraussetzungen gezielt gesetzt werden, die sich primär aus dem Selbstverständlichsten ergeben sollten. Hier stehen die Begriffe Raum und Zeit ganz vorne. Denn Raum und Zeit sind uns deshalb so vertraut, weil ohne diese Elemente keine Beobachtungen zustande kommen können. Tatsächlich ist es so, dass wir Raum und Zeit als selbstverständliche Elemente hinnehmen. Damit ist zunächst überhaupt nicht gesagt, dass wir auch wissen, was der Raum und die Zeit tatsächlich sind. Aber bei unseren gesamten vordergründigen Vorstellungen sind Raum und Zeit ausnahmslos einbezogen, insbesondere im Rahmen unseres Alltagslebens, wobei gerade diese unbewusst wahrgenommenen Raum-Zeit-Strukturen für alle weitergehenden Entwicklungen miteinbezogen werden. Es ist zum Beispiel überhaupt nicht denkbar, Messgeräte außerhalb von Raum und Zeit zu positionieren.

Innenwelt und Außenwelt

Die meisten Menschen gehen davon aus, dass die Eindrücke vor ihren Augen die wahre Welt ist, und zwar direkt und unverfälscht. Das ist der voraussetzungslose, theorieunabhängige Standpunkt. Aber, so wurde eingehend diskutiert, wir haben zwischen Innenwelt und Außenwelt zu unterscheiden, wobei das, was unmittelbar vor unseren Augen bei unseren Alltagsbeobachtungen unbewusst in Erscheinung tritt, die Innenwelt darstellt.

Der Psychologe C. G. Jung wundert sich darüber, dass die realen Ereignisse sozusagen zweimal stattfinden, einmal in der Welt draußen und ein anderes Mal im Innern des Menschen. Also, unsere Eindrücke unmittelbar vor uns sind nicht direkt die Außenwelt selbst, sondern es ist nur die Außenwelt in indirekter Form, denn diese als unmittelbar empfundene Welt ist zunächst lediglich ein Bestandteil der Innenwelt.

Gestützt durch die Aussagen von C. G. Jung können wir dann festhalten, dass der unmittelbare Eindruck, der wahren Welt gegenüberzustehen, eine Täuschung ist.

Dennoch setzt C. G. Jung die beiden Ereignisse, also die in der Innenwelt und die in der Welt draußen, strukturell gleich. Aber ist es tatsächlich so? Das kann schon deshalb nicht sein, weil es draußen keinen Raum und auch keine Zeit gibt, denn genau das verbietet das Poincaré'sche Skalengesetz.

Aber das wird oft ignoriert, und es wird zwischen *Idealisten* und *Realisten* unterschieden. Die Idealisten behaupten, keine Aussagen über die Welt draußen machen zu können. Die Realisten sehen keinen oder nur wenig Unterschied zwischen dem, was strukturell im Kopf ist und dem, was tatsächlich draußen ist. Beide Standpunkte sind nicht differenziert genug, drücken aber klar und deutlich aus, dass es sich hier um einen nichttrivialen Gegenstand handelt.

Wissenschaftlicher Realismus

Die Physiker sind ausnahmslos Realisten, d.h., sie setzen das, was sie sich überlegen mit dem gleich, was in der Welt draußen tatsächlich passiert. Newton stellte die Frage überhaupt nicht. Für ihn gab es nur die Außenwelt, und er setzte diese mit dem gleich, was unmittelbar vor seinen bzw. unseren Augen spontan, also unbewusst, in Erscheinung tritt.

Aber welche Art von Welt beschreibt Newton überhaupt mit seiner Theorie? Ist es tatsächlich die wahre, fundamentale Realität? Newton hätte die Frage mit einem Ja beantwortet. Wir haben diese Frage verneint.

Denn die Newton'sche Physik beansprucht durchaus die Wirklichkeit absolut zu erfassen, also dem Menschen die absolute Wahrheit bezüglich Struktur und Dynamik der Welt zu offenbaren. Ist das möglich? Nein, das ist nicht möglich und auch nicht vorstellbar. Denn die Information über Struktur und Dynamik ist im Rahmen der Newton'schen Mechanik durch die Bewegungsgleichung $m_E d^2\mathbf{r}_E / dt^2 = -G m_E m_S (\mathbf{r}_E - \mathbf{r}_S) / r_{ES}^3$ gegeben, hier für den Fall der Erde E bei ihrer Bewegung um die Sonne S. Diese Gleichung beschreibt also die Bahn der Erde unter dem Einfluss der Gravitationswechselwirkung zwischen Erde und Sonne.

Unsere Analyse im Zusammenhang mit der Bewegungsgleichung machte deutlich, dass wir mit den Newton'schen Vorstellungen keineswegs das tangieren, was wir mit absoluter Wirklichkeit bzw. absoluter Wahrheit bezeichnet haben und was man auch gemeinhin darunter versteht.

Das aber muss zwangsläufig weitgehende Konsequenzen haben. Wir haben zwar mit den Newton'schen Bewegungsgleichungen gute Anleitungen, wie wir das Geschehen vor uns mathematisch beschreiben können, aber dennoch sagen diese Anleitungen noch gar nichts darüber aus, wie wir uns die eigentliche Wirklichkeit vorzustellen haben, was also die Himmelskörper in letzter Instanz bewegt, selbst dann nicht, wenn die Welt bzw. die Eindrücke vor uns die letzte Wahrheit sein sollte, was natürlich nicht der Fall sein kann, denn vor uns ist das Bild von der Wirklichkeit und nicht die Wirklichkeit selbst. Aber im Bild von der Wirklichkeit kann es keine realen Massen geben, die sind eben Elemente der Welt draußen.

Somit können wir das Folgende festhalten: Wir wissen nicht *warum* sich die Himmelskörper so bewegen, wie wir es beobachten, sondern nur *wie* sie sich bewegen. Um das herauszufinden, sind die Newton'schen Bewegungsgleichungen eine hervorragende Anleitung.

Diese Aussagen beziehen sich nicht allein auf die Newton'sche Physik. Denn alle anderen Theorien (beide Formen der Relativitätstheorie, Quantentheorie) sind ähnlich aufgebaut, sodass wir festhalten können, dass die Physik keineswegs in der Lage ist, dem Menschen die absolute Wahrheit mit auf den Weg zu geben. Denn alles ist nach der Newton'schen Vorgehensweise aufgebaut, wobei das mit Wirklichkeit identifiziert wird, was der Beobachter unmittelbar vor Augen hat.

In Abschnitt 1.1 wurde schon eingehend auf diese Fragestellung eingegangen, und wir haben uns in diesem Zusammenhang insbesondere auf Nicolas Rescher bezogen; wegen der grundsätzlichen Bedeutung sollen die relevanten Formulierungen hier noch einmal wiederholt werden: „Nicholas Rescher … weist deutlich auf die Grenzen der Wissenschaft hin. Sein Urteil über das, was wir mit ‚Wissenschaftlichem Realismus' bezeichnet haben, resultiert im Wesentlichen aus der Analyse allgemeiner theoretischer Strukturen. Nach Rescher ist die Wissenschaft eine begrenzte Angelegenheit. Er drückt diesen Tatbestand wie folgt aus: ‚*Wissenschaftlicher Realismus ist die Lehre, dass die Wissenschaft die wirkliche Welt beschreibt, dass die Welt tatsächlich das ist, als was die Wissenschaft sie ansieht, und ihre Ausstattung von der Art ist, die die Wissenschaft im Auge hat … Dass dem nicht so ist, ist ganz kl*ar.'" [5]

Die Tatbestände (Bahnen und Effekte und die damit verknüpften physikalischen Elemente, wie Massen und Wechselwirkungen), die durch Gleichung (1) beschrieben werden, stellen lediglich eine gewisse Form von Wahrheit dar, aber nicht die absolute. Es ist eine Art *Rezept*, das die Verhältnisse vor unseren Augen sehr gut mathematisch beschreibt, nicht mehr.

Konventionelle Quantentheorie

Auch die Vorgehensweise in der konventionellen Quantentheorie, deren Basiselemente zwischen 1925 und 1930 gesetzt wurden und bis heute in dieser Form auch Gültigkeit haben, schließt sich eng an die Newton'sche Grundauffassung an. Danach gibt es einen Raum und eine Zeit im Newton'schen Sinne, und es gibt Teilchen, die im Raum eingebettet sind. Mit anderen Worten, es gilt auch in der konventionellen Quantentheorie das Container-Prinzip. Aber es tritt gegenüber der klassischen Mechanik ein wesentlicher Unterschied auf, denn es gibt in der Quantentheorie keine kausal bedingten, kontinuierlichen Teilchenbahnen mehr.

Anstelle einer Teilchenbahn mit $x = x(\tau), y = y(\tau), z = z(\tau)$ haben wir jetzt für das Teilchen die Funktion $\psi(\mathbf{r}, \tau)$ mit $\mathbf{r} = (x, y, z)$, die durch Lösen der berühmten Schrödinger-Gleichung (Gleichung (2)) bestimmt werden kann.

Die eigentliche Bedeutung der Wellenfunktion $\psi(\mathbf{r}, \tau)$, so wie sie heute noch im Rahmen der konventionellen Quantentheorie Gültigkeit hat, wurde von Max Born (1882–1970) erkannt. Dabei geht in die Interpretation nicht nur $\psi(\mathbf{r}, \tau)$ ein, sondern auch die zu $\psi(\mathbf{r}, \tau)$ konjugiert komplexe Größe $\psi^*(\mathbf{r}, \tau)$. Nach Max Born ist nun die Wahrscheinlichkeit dafür, ein Teilchen zur Zeit τ im Volumenelement dV in der Umgebung um $\mathbf{r}$ im Container anzutreffen, durch die Funktion $\psi^*(\mathbf{r}, \tau)\psi(\mathbf{r}, \tau)dV$ gegeben, wobei $\psi^*(\mathbf{r}, \tau)\psi(\mathbf{r}, \tau)$ die Bedeutung einer Wahrscheinlichkeitsdichte hat. Mit anderen Worten, das systematische Verhalten eines Körpers, das in der Newton'schen Physik durch die Existenz der Funktionen $x = x(\tau), y = y(\tau), z = z(\tau)$ zum Ausdruck kommt, geht in der Quantentheorie vollständig verloren, und wir haben stattdessen nicht vorhersehbare statistische Teilchensprünge.

Der Bruch mit der klassischen Physik ist radikal, denn wir haben nun keine kausal bedingten, kontinuierlichen Bahnen mehr. Dennoch finden im Rahmen der konventionellen Quantentheorie die statistischen Teilchensprünge innerhalb eines Containers statt. Aber, so hatten wir in Abschnitt 1.15 schon festgestellt, Container-Prinzip und der Begriff der kausal bedingten, kontinuierlichen Bahn bedingen einander.

Ist aber das Container-Prinzip mit Teilchen kompatibel, die nicht vorhersehbare, statistische Sprünge vollführen? Wir haben mit relativ einfachen Argumenten demonstriert, dass in diesem Fall das Container-Prinzip seine Gültigkeit verlieren sollte, ja verlieren muss, selbst dann, wenn wir das Poincaré'sche Skalengesetz und die Begriffe „Innenwelt" und „Außenwelt" zunächst nicht beachten.

Projektionstheorie

Die Raum-Zeit sollte nur der Innenwelt angehören, aber nicht der Außenwelt (Abschnitt 1.4). Das Container-Prinzip darf bei der grundsätzlichen Formulierung der quantentheoretischen Gesetze von vornherein nicht zugelassen sein, weil es als eine nichtakzeptable Vorstellung gewertet werden muss.

Die Projektionstheorie unterscheidet schon im Ansatz zwischen dem „Bild von der Wirklichkeit" und der realen „Wirklichkeit draußen" (9–11), wobei Raum und Zeit in der realen „Wirklichkeit draußen" überhaupt nicht mehr vorkommen, sondern sie sind ausschließlich Elemente des Bildes. Das ergibt sich im Rahmen der Projektionstheorie gewissermaßen zwangsweise, wird also nicht gesetzt, um das Container-Prinzip zu unterlaufen.

Tatsächlich konnte im Rahmen der Projektionstheorie gezeigt werden [9–11], dass neben der Raum-Zeit ein weiterer Raum mit den Variablen **p** (für den Impuls) und E (für die Energie) existieren muss ((**p**, E)-Raum), der die reale Wirklichkeit repräsentiert, deren Geschehen auf die Raum-Zeit projiziert ist.

Das Mach'sche Prinzip

Ob wir in einem Container-Universum leben oder nicht, ist – wie gesagt – eine sehr grundlegende Frage, die eigentlich an erster Stelle bei der Formulierung der physikalischen Gesetze stehen muss. Um nämlich diese Gesetze mathematisch ausdrücken zu können, benötigen wir Randbedingungen und Voraussetzungen, zu denen zweifelsfrei Raum und Zeit gehören. Aber wir benötigen auch Anfangsaussagen über das Reale in der Welt. Wie charakterisieren wir es und woraus besteht es? Nach der jetzigen, etablierten Vorstellung sind das kleine massive Körper (Elementarteilchen oder auch Strings aller Art) und Felder.

Mindestens ebenso wichtig ist die folgende Frage: Welche Beziehung geht das Reale mit Raum und Zeit ein? Gerade die realistische Beantwortung dieser Frage ist von grundlegender Bedeutung, weil sich das Ergebnis der Antwort in allen theoretisch-physikalischen Gesetzen widerspiegeln würde. Alle Winkel und Ecken in den Naturwissenschaften wären betroffen, beginnend mit elementaren und atomaren Strukturen bis hin zum Kosmos selbst. Aber nicht nur das, denn auch die Eigenheiten philosophischer und religiöser Systeme sind von der Beantwortung dieser Frage wesentlich betroffen.

Wenn nun die Welt mit all ihren großen und kleinen Strukturen tatsächlich so aufgebaut ist, wie wir sie im Alltag unmittelbar vor Augen haben, kommen wir zum Container-Universum. Aber hier ist zumindest Vorsicht geboten. Ab einem gewissen Niveau wird diese vordergründige Sicht sogar als „falsch" eingestuft werden müssen. Wir werden diesen Sachverhalt noch weiter beleuchten und mit tragfähigen Fakten belegen.

Wenn aber das Container-Prinzip nicht vorliegt, was dann? Kein Container würde bedeuten, dass die physikalische Realität nicht unmittelbar, also direkt mit Raum und Zeit zusammenhängen. Als Alternative zum Container-Prinzip kommt eigentlich nur das *Projektionsprinzip* infrage ([9–11], Kapitel 2).

Das Projektionsprinzip beinhaltet, dass die physikalische Realität auf die Raum-Zeit projiziert ist. Danach sind also die realen Objekte nicht im Raum eingebettet, sondern stellen Hilfsgrößen zur Darstellung der Realität dar. Dieses Projektionsprinzip wird durch viele Fakten nahegelegt. Insbesondere bekommen durch dieses Prinzip die Elemente Raum und Zeit selbst realistischere Züge, was wir in Kapitel 2 noch näher erläutern werden.

Im Rahmen des Projektionsprinzips können Raum und Zeit keine Wirkungen auf die Körper und Felder ausüben. Das ist ein wichtiger Punkt, denn dann wäre das Mach'sche Prinzip in Reinkultur erfüllt, eine Bedingung, die in beiden Formen der Relativitätstheorie nicht erfüllt ist. Das Mach'sche Prinzip fordert als Bedingung für eine Theorie, dass von Raum und Zeit keinerlei Wirkung ausgehen darf. Es wurde versucht, das Mach'sche Prinzip nachträglich in die Relativitätstheorie einzubauen, aber bisher ohne Erfolg. Die Relativitätstheorie ist nach dem Container-Prinzip aufgebaut und offensichtlich nicht geeignet, das Mach'sche Prinzip befriedigend zu erfüllen.

Was Raum und Zeit sind, glauben wir zu wissen, zwar nicht so genau, aber irgendwie schon. Aber hier fangen im Grunde die Probleme bereits an. Wir wissen eben nicht genug, was Raum und Zeit sind. Beide Formen der Relativitätstheorie haben sicherlich viel zur Lösung des Raum-Zeit-Problems beigetragen, konnten aber letztlich keine abschließende Antwort geben. Es bleiben einige hartnäckige Unklarheiten, insbesondere im Zusammenhang mit dem wichtigen Mach'schen Prinzip.

Wie wir in Kapitel 2 noch erkennen werden, führt gerade eine realistische Analyse von Raum und Zeit auf direktem Wege zum Projektionsprinzip, was wiederum zu neuen theoretischen Strukturen im Quantenbereich führt (siehe insbesondere Kapitel 3). Viele Schwächen der konventionellen Quantentheorie werden durch die Projektionstheorie eliminiert.

Nanotechnologie

Nun wird man sagen können, dass in der Wissenschaftsgeschichte jedes theoretische Weltbild gewisse Schwächen offenbart hat, die aber immer wieder ausgemerzt werden konnten und die insbesondere keine irreversiblen und schwerwiegende Schäden bei Anwendungen hervorriefen. Die Situation, so haben wir festgehalten, scheint heutzutage anders zu sein, weil die hinreichend genaue Kenntnis der theoretischen Grundlagen noch nie so wichtig war wie gegenwärtig, um irgendwelche Systemveränderungen im Nanobereich immer unter Kontrolle haben zu können.

Denn im Rahmen der Nanotechnologie finden einerseits die theoretischen Grundlagen direkt ihre Anwendung, andererseits können konstruierte und hergestellte Nanosysteme nicht nur von großem Nutzen für die Menschheit sein, aber ebenso große Schäden anrichten, die alles bisher Dagewesene in den Schatten stellen könnten.

Mit anderen Worten, wir müssen im Rahmen der Nanotechnologie sehr vorsichtig und verantwortungsvoll arbeiten. Insbesondere müssen wir zu jeder Zeit wissen, was wir tun.

Das geht aber nur auf der Grundlage von zuverlässigen theoretischen Vorstellungen, denn kein Nanosystem lässt sich zuverlässig ohne theoretische Vorstellung konstruieren und herstellen. Wir haben einige prinzipielle Fragen zur Nanotechnologie angesprochen. Insbesondere haben wir betont, dass mit der Nanotechnologie eine neue Bühne betreten wurde und diese in Zukunft fast alles beherrschen wird.

Der theoretische Rahmen muss zuverlässig sein

Da das Universum alles, also die gesamte physikalische Realität umfasst, müssen in ihm auch alle vorkommenden Naturgesetze verwirklicht sein, also sowohl solche, die für Bewegungen der Planeten und anderer Himmelskörper zuständig sind, aber ebenso andere, die für die atomaren Verhältnisse verantwortlich sind. Erstaunlich ist, dass die Formulierung all dieser Naturgesetze ausschließlich im Rahmen dieses „Container-Prinzips" erfolgte. Die Frage ist, wie lange so etwas gut gehen kann, wenn das wirklich eine zu vordergründige bzw. oberflächliche Vorstellung sein sollte. Tatsächlich erleben wir aber die Welt bei unseren Beobachtungen im Alltag als Container. Aber diese Alltagsbeobachtungen geschehen vom voraussetzungslosen, theorieunabhängigen Standpunkt aus, der täuschen kann.

Wie wir gezeigt haben und auch noch unten vertiefen werden, ist hier ganz offensichtlich eine differenziertere Sichtweise nötig. Denn bei der Formulierung der quantentheoretischen Gesetze bekommt man mit dem Container-Prinzip dezidiert Probleme. Eine Theorie, mit der die Quantentheorie selbst erklärt werden könnte, die also der konventionellen Quantentheorie übergeordnet wäre, gibt es nicht, jedenfalls nicht zurzeit. Die konventionelle Quantentheorie ist somit eine Basistheorie. Die Relativitätstheorie stellt die zweite Basistheorie dar, die unabhängig von der Quantentheorie entwickelt wurde. Sonst gibt es nichts. Die Stringtheorie kann man nicht oder noch nicht als Basistheorie einstufen.

Die Welt wird in Zukunft von einer neuen Technologie, der oben schon eingeführten Nanotechnologie beherrscht werden. Daran besteht kaum ein Zweifel. Hier werden die Eigenschaften einzelner Atome bzw. die von Systemen, bestehend aus nur einigen hundert Einheiten, ausgenutzt. Die Nanotechnologie kommt ohne die Quantentheorie nicht aus, und wir benötigen eine hinreichend zuverlässige Formulierung der quantentheoretischen Gesetze, um unkontrollierbare Situationen bei der praktischen Herstellung und Nutzung solcher Systeme zu vermeiden, denn das könnte gerade im Rahmen der Nanotechnologie schwerwiegende Folgen haben. Wir haben diese Fragestellung oben angesprochen.

In der Nanotechnologie ist man aus den schon genannten Gründen auf die sichere und zuverlässige Beschreibung der physikalischen Phänome angewiesen; Quanteneffekte stehen hier im Mittelpunkt. Zu diesem Punkt haben wir oben herausgearbeitet, dass die konventionelle Quantentheorie schon deshalb unbefriedigend ist, weil sie auf der Grundlage des Container-Prinzips konzipiert ist. Aber es kommt ein wichtiger Punkt hinzu. Die Zeit kommt in der konventionellen Quantentheorie nur in einer sehr eingeschränkten Form vor, nämlich nur als eine Art externer Parameter, der zu dem zu untersuchenden Prozess keine Beziehung hat.

Die Projektionstheorie führt hingegen zu einer systemspezifischen Zeit, die gerade im Falle von Nanosystemen, bei denen bekanntlich Selbstorganisationsprozesse wesentlich sind, zu einer realistischeren Beschreibung führen wird. Im Kapitel 3 werden wir näher auf systemspezifische Zeiten eingehen.

KAPITEL 2
DAS PROJEKTIONSPRINZIP

In Kapitel 1 wurde festgestellt, dass die unmittelbaren Eindrücke vor unseren Augen nicht die absolute Wirklichkeit selbst repräsentieren können. Diese Bilder vor uns, also Häuser, Bäume, Autos usw., sind die direktesten Merkmale, die ein Mensch von der Realität an sich hat.

Ebenso haben wir in Kapitel 1 erkannt, dass zwischen der Innenwelt und der Außenwelt unterschieden werden muss, wobei die Bilder, also das, was unmittelbar vor uns in Erscheinung tritt, der Innenwelt zugeordnet werden muss, ein Faktum, das schon Immanuel Kant herausgearbeitet hat.

Die Prinzipien der Evolution verlangen unmissverständlich, dass die Welt draußen komplexer sein muss als die Strukturen, die in den unmittelbaren Bildern vor uns beobachtet werden. Außerdem muss angenommen werden, dass es in der Realität draußen keinen Raum und auch keine Zeit gibt.

Das alles hatten wir zunächst nur allgemein bzw. pauschal formuliert. Da es sich um sehr elementare Fragestellungen handelt, müssen diese Aussagen untermauert und auch erweitert werden. Insbesondere muss das Ganze mit den elementaren Merkmalen von Raum und Zeit kompatibel sein. Das wollen wir in diesem Kapitel zeigen.

Man kann ohne Zweifel Raum und Zeit als die wichtigsten Elemente der Physik auffassen. Was ist schon in der Physik ohne Raum und Zeit formulierbar? Eigentlich gar nichts, weil eben die unmittelbaren Vorstellungen des Menschen über Mechanismen immer an Raum und Zeit gebunden sind. Deshalb ist die Betrachtung von Raum und Zeit aus allen möglichen Blickwinkeln wünschenswert und auch erforderlich.

Daher soll zunächst auf *absolute* Raum-Zeit-Formen eingegangen werden. Das ist ein wichtiger Punkt, da sich solche absoluten Raum-Zeit-Gebilde eigentlich seit Beginn der modernen Physik durch die gesamte Entwicklungsgeschichte der theoretischen Beschreibungen zieht.

Wie wir bereits wissen, wird in der Newton'schen Mechanik mit einem absoluten Raum und einer absolute Zeit gearbeitet. Die Schrödinger-Theorie der konventionellen Quantentheorie arbeitet genau in diesem absoluten Newton'schen Raum-Zeit-Gebilde. Einstein forderte dezidiert, absolute Raum-Zeit-Formen aus dem Gebäude der Physik zu eliminieren. Allerdings stellte sich heraus, dass auch die Spezielle Relativitätstheorie eine absolute Raum-Zeit ergibt; Raum und Zeit sind zwar hier für sich genommen nicht absolut, so wie in der Newton'schen Theorie, aber beide kombiniert ergeben eine absolute Raum-Zeit. Die von Einstein geschaffene Allgemeine Relativitätstheorie behebt diesen Mangel keineswegs, denn es lassen sich auch hier absolute Raum-Zeit-Gebilde konstruieren, was insbesondere Kurt Gödel zeigen konnte.

Nach mehr oder weniger allgemeinen Betrachtungen im Zusammenhang mit absoluten Raum-Zeit-Formen werden wir in diesem Kapitel die elementaren, unverrückbaren Merkmale von Raum und Zeit aufzeigen, um eine Zuordnung der Dinge, bezüglich Außenwelt und Innenwelt, vornehmen zu können.

2.1 Absolute Vorstellungen von Raum und Zeit

2.1.1 Die naive Vorstellung von der Welt

Die unmittelbare Vorstellung vom Universum ist eigentlich bei allen Menschen ähnlich, um nicht zu sagen gleich, egal, ob Physiker oder Marktfrau. Danach stellt man sich den Kosmos als einen großen Behälter vor, in dem alles, aber auch wirklich alles hineingestopft ist. Diesem Behälter haben wir in Kapitel 1 die Bezeichnung „Container" gegeben. Der Behälter selbst ist durch Raum und Zeit definiert.

Das ist die gröbste Fassung bzw. Näherung, die man sich vom Universum vorstellen kann. Eine besondere intellektuelle Leistung liegt diesem Bild nicht zugrunde, denn es erweitert lediglich das, was wir unmittelbar vor Augen haben. Man ahnt zwar irgendwie, dass Sonne, Mond und Sterne nicht unbedingt alles sein muss, was es in der Welt gibt, aber in der Regel wird angenommen, dass alles, was sozusagen „dahinter" ist, ähnlich strukturiert ist wie das, was wir unmittelbar vor uns haben. Wie viel noch „dahinter" ist, bleibt zunächst unwichtig und beeinflusst das grundsätzliche Bild vom „gefüllten Container" nicht.

Die Größe des Universums ist dann identisch mit der Größe eines Behälters, in dem alles Materielle hineinpasst. Wir gehen davon aus, dass ein hypothetischer Beobachter, außerhalb des Universums, die Welt auch tatsächlich so sehen würde. Aber hier ist Vorsicht geboten, denn eine solche Position ist erkenntnistheoretisch und physikalisch nicht haltbar. Das haben wir bereits in den Abschnitten 1.1–1.4 erkannt.

2.1.2 Weitergehende Vorstellungen

Alles Weitere, was über das naive Container-Prinzip hinausgeht, macht schon Denkschwierigkeiten, wie zum Beispiel die Frage, ob das Universum endlich oder unendlich ist. Oder die Überlegung, ob das Universum als Ganzes eine gewisse Dynamik zeigt. Spontan wirkt eine solche Annahme eher befremdlich, weil wir intuitiv das Universum, das alles umfassende, eher mit einem unveränderlichen Gebilde in Verbindung setzen. Tatsache ist aber, dass das Universum als Ganzes expandiert, jedenfalls dann, wenn die Messergebnisse im Rahmen der üblichen Auffassung interpretiert werden.

Einstein's ursprüngliche Form der Allgemeinen Relativitätstheorie lässt diese Möglichkeit zu, was Einstein selbst aber für abwegig hielt. Er erweiterte dann unverzüglich seine Gleichungen phänomenologisch mit der berühmten kosmologischen

Konstanten Λ und konnte so ein statisches Universum erzwingen, was seinen Vorstellungen eher entsprach.

Aber die Vorstellungen eines ewig statischen Universums waren ein Vorurteil, denn Hubble erbrachte später den experimentellen Nachweis für ein sich expandierendes Universum, was Einstein dann auch ohne Zögern anerkannte, und er strich den Term mit der kosmologischen Konstanten wieder aus seinen relativistischen Feldgleichungen heraus. Er verzieh sich nie die Einführung dieser Konstanten.

Heute ist Λ wegen der Art der Expansion des Universums, es bewegt sich nach neuerer Erkenntnis offensichtlich beschleunigt nach außen, wieder im Zentrum kosmologischer Überlegungen, stellt aber quantentheoretisch eines der größten physikalischen Probleme der modernen Physik dar. Auf diesen Punkt werden wir noch zu sprechen kommen.

Obwohl mit der Allgemeinen Relativitätstheorie ein physikalischer Ansatz für die Welt als Ganzes auf hohem Niveau gegeben ist, bleibt auch hier die naive Vorstellung vom Universum voll erhalten: Es ist ein großer Container, in dem alles physikalisch Reale hineingestopft ist, auch wenn der Raum bzw. die Raum-Zeit jetzt gekrümmt sein kann. Aber vieles spricht gegen diese Vorstellung. Ja, sie ist eigentlich nicht mit den elementarsten Gegebenheiten vereinbar. Warum? Was sind das für elementare Fakten? Das wollen wir jetzt mit relativ einfachen Mitteln beantworten.

2.1.3 Poincaré

Wir haben zu Beginn (Abschnitt 1.1) die folgende Frage gestellt: Welche Aussage würde ein hypothetisches Wesen, das unser Universum von außen betrachtet, über seine räumliche Größe machen können? Zur Beantwortung dieser Frage haben wir in Abschnitt 1.1 ein Gedankenexperiment zur Bestimmung der absoluten Größe des Universums herangezogen, das eigentlich schon alt ist, aber nicht konsequent und konstruktiv ins physikalisch-theoretische Kalkül miteinbezogen wurde. Das ist wahrscheinlich deswegen der Fall, weil die aus dem Gedankenexperiment folgenden Ergebnisse und Schlussfolgerungen keine unmittelbaren logischen Widersprüche zu bestehenden physikalischen Theorien erzeugten. Aber oft ist es auch nur der unmittelbare Erfolg von Theorien (Newton'sche Mechanik, Relativitätstheorie), der weiteres Nachsetzen unterdrückt.

Wie wir in Abschnitt 1.1 schon festgestellt haben, ist dieses Gedankenexperiment denkbar einfach und mit wenig Aufwand bzw. mit wenigen Worten formuliert. Max Jammer drückt den Sachverhalt wie folgt aus [1]: *„Poincaré stellt sich den Fall einer gleichförmigen Ausdehnung des Universums vor, dessen Dimensionen über Nacht um das tausendfache wachse. Was früher ein Meter war, wird jetzt ein Kilometer. Solch eine Ausdehnung entzieht sich offensichtlich jeder Nachprüfung, denn welches Messinstrument auch immer man benützt, es würde sich auch in derselben Weise ausdehnen. Auch wenn die vorgestellte Ausdehnung keine gleichförmige, sondern anisotropische wäre, etwa zehnmal so groß in einer Richtung wie in der anderen (die z. B. senkrecht zur ersten liegt), so würde auch eine solche Ausdehnung jedem Beobachter sich entziehen."*

Diese Gedankengänge gehen wesentlich auf Delboeuf und Poincaré zurück, obwohl diese nicht die ersten waren, die erkannten, dass eine gleichförmige Vergrößerung bzw. Verkleinerung der Entfernungen im Universum der Beobachtung nicht zugänglich ist. Laplace machte bereits 1808 darauf aufmerksam. Allerdings besteht gegenüber den Aussagen von Poincaré ein wesentlicher Unterschied, denn Laplace arbeitete theorieabhängig. Hierzu finden wir in [1]: *„Laplace hatte im Jahre 1808 darauf hingewiesen, dass auf der Grundlage der Newton'schen Physik eine Ausdehnung aller Entfernungen, Beschleunigungen und Massen in gleichem Verhältnis keine Be-*

deutung in der Anordnung der physikalischen Ergebnisse hätte: Das Verhalten des physikalischen Universums ist unabhängig von der absoluten Größe des Maßstabs." Wie gesagt, Laplace stellte seine Überlegungen im Rahmen der Newton'schen Physik an, sind also theorieabhängig und für allgemeine Betrachtungen und Schlussfolgerungen zunächst nur bedingt brauchbar.

Die Überlegung von Poincaré ist demgegenüber sehr allgemein, und das ist wichtig. Denn sie bedeutet insbesondere, dass die Ergebnisse des Gedankenexperiments dann herangezogen werden sollten, *bevor* man eine Theorie entwickelt bzw. in Angriff nimmt, da es sich um eine theorieunabhängige Aussage handelt, die also als Kriterium in die zu schaffende Theorie eingehen sollte. Mit anderen Worten, die logischen Aussagen des Gedankenexperiments sollten, da sie sehr allgemein sind, zu den Randbedingungen jeder zu entwickelnden Theorie gehören.

Wichtig ist hier, dass solche gleichförmige Vergrößerungen bzw. Verkleinerungen der Entfernungen *prinzipiell* nicht beobachtbar sind, und zwar gilt das sehr allgemein. Wenn sich ein Gegenstand, egal welcher Art, prinzipiell der Beobachtung entzieht, dann gibt es wenig Sinn, ihn als tatsächlich existierend anzunehmen. Er muss dann als *nicht definierbar* angenommen werden. Oder anders formuliert: Wie groß ist das Universum? Hat es eine Ausdehnung von 15 Milliarden Lichtjahren oder passt es in ein Sandkorn? Die Poincaré'sche Skaleneigenschaft lässt beides zu und überhaupt alles nur Denkbare. Das ist aber schlecht möglich. Da nach der Poincaré'schen Skaleneigenschaft keine Größe bevorzugt sein kann, bleibt nur eine Schlussfolgerung: Nichts von alledem trifft zu. Das Container-Universum ist überhaupt nicht definierbar.

2.1.4 Schlussfolgerungen aus dem Skalierungsgesetz

Wenn wir das Universum als Container auffassen, dann haben wir im Zusammenhang mit dem Gedankenexperiment von Poincaré folgendes strikt zu beachten: Das Merkmal eines Containers ist seine Größe, seine Abmessungen. Wenn sich aber dieses Merkmal, also die Abmessungen des Containers, der Beobachtung entziehen, auch wenn die Beobachtung nur hypothetischer Art ist, dann sind die Abmessungen und damit der Container an sich nicht definiert. Wohl bemerkt, die Containergröße ist nicht irgendwelchen zeitlichen Schwankungen unterworfen, was bedeuten würde, dass seine Größe durchaus definiert wäre, auch wenn sie zeitlichen Schwankungen unterliegt. Nein, die Sache ist grundlegender, denn die Abmessungen des Containers, die seine Größe festlegen sind *nicht definiert*. Damit ist aber der Container selbst auch nicht definiert. Mit anderen Worten, das Universum als Container kann, so gesehen, nicht existieren. *Diese Aussage muss dann als Randbedingung in eine zu schaffende Theorie für den Kosmos eingehen.*

Wir können nicht annehmen, dass der Container dennoch als absolute Einheit existiert, obwohl er sich grundsätzlich der Beobachtung entzieht. Das wäre metaphysisch im negativen Sinne und zu bequem. Den Container dennoch beizubehalten spiegelt wohl eher einen psychischen Zustand wider, der dem Gewohnten, das wir täglich unmittelbar vor Augen haben, einen bevorzugten Platz einräumt, auch dann, wenn die Situation eine realistischere Sicht verlangt. Wir finden hierzu in der Wissenschaftsgeschichte viele Beispiele.

Im Übrigen ist es offensichtlich die Neigung des Menschen, einen gegebenen Zustand als endgültig aufzufassen. So hat es zu jeder Zeit in den Naturwissenschaften die Tendenz gegeben, die gerade vorliegende Theorie als die letzte und endgültige aufzufassen. Auch wenn sich das jedes Mal als Irrtum herausstellte, so hat sich doch bis zum heutigen Tage nichts an dieser überzogenen Einschätzung geändert. Diesen Punkt haben wir bereits in Kapitel 1.19 angesprochen und im Anhang A vertieft.

Laplace stellte fest, dass das Verhalten des physikalischen Universums unabhängig von der absoluten Größe des Maßstabs ist. Da aber Newton einen absoluten Raum (und eine absolute Zeit) für seine Theorie postulierte, bedeutet die Aussage von Laplace, dass dieser Newton'sche absolute Raum nicht nachweisbar ist.

Einstein konnte sich mit dem Begriff des absoluten Raumes, so wie er sich insbesondere durch Newton's Theorie darstellte, nicht abfinden und schuf, unter anderem auch deswegen, seine Relativitätstheorie. Allerdings blieb, wie schon gesagt, das Container-Prinzip auch bei der Entwicklung der Relativitätstheorie unangetastet, was offensichtlich bei den ins Auge gefassten Problemstellungen kein Hindernis darstellte und wurde deshalb auch nicht infrage gestellt.

Also, sich das Universum als einen Container vorzustellen, wäre aufgrund der Fakten streng genommen unwissenschaftlich und muss verworfen werden. Wenn das Container-Universum prinzipiell nicht beobachtbar bzw. nachweisbar ist, so können wir nicht annehmen, dass es dennoch als absolute Einheit existiert. Das wäre metaphysisch und zu billig. Dennoch ist auch bei Wissenschaftlern die Neigung zu beobachten, an absoluten Einheiten festzuhalten.

2.1.5 Neigung zum Absoluten

Dass eine solche Neigung zum Absoluten bei Wissenschaftlern durchaus vorliegt und offensichtlich auch immer vorgelegen hat, zeigt eindrucksvoll eine spezifische Entwicklungslinie, die in Konkurrenz zur Speziellen Relativitätstheorie stand. Einstein veröffentlichte die Idee der speziellen Relativität im Jahre 1905. Vor dieser Zeit war man fest davon überzeugt, dass der

Kosmos mit einem Substrat gefüllt war, das man Äther nannte, ohne dass dieses Substrat näher spezifiziert worden wäre. Es war eine Vorstellung, die wesentlich aus dem festen Glauben resultierte, dass unsere Welt in einem absoluten Bezugssystem eingebettet ist.

Den Äther konnte man als eine Art absolutes Bezugssystem auffassen, nicht für mechanische, aber für elektromagnetische Vorgänge. Dafür gab es jedoch keinerlei experimentelle Belege. Denn das berühmte Schlüsselexperiment, durchgeführt von Michelson und Morley, das die relative Geschwindigkeit der Erde zu diesem Äther feststellen sollte, fiel negativ aus. Das Experiment ist einfach und eindeutig zu interpretieren. Gehen wir kurz darauf ein.

Wenn es einen solchen Äther geben sollte, so war das Argument, dann müsste die Lichtfortpflanzung in Richtung der Erdbewegung anders verlaufen als in entgegengesetzter Richtung. Ist v_{abs} die absolute Geschwindigkeit der Erde relativ zum Äther und c die entsprechende Lichtgeschwindigkeit, dann sollte danach ein Lichtstrahl, der sich in Richtung der Erdbewegung ausbreitet, für einen Beobachter auf der Erde die Geschwindigkeit $c - v_{abs}$ haben. Andererseits wird nach dieser Äthervorstellung ein Lichtstrahl, der sich entgegengesetzt zur Richtung der Erdbewegung ausbreitet, die Relativgeschwindigkeit $c + v_{abs}$ haben. Das Experiment zeigt jedoch ganz klar, dass die Lichtgeschwindigkeit in beiden Richtungen den Wert c hat, ist also unabhängig von der Absolutgeschwindigkeit v_{abs}.

Aus diesem Befund schloss Einstein, dass es ein solches absolutes Bezugssystem (Äther) nicht geben kann. Es war für ihn nicht definiert. Eine Absolutgeschwindigkeit v_{abs} ist aber dann auch nicht definierbar und kann daher messtechnisch nicht in Erscheinung treten.

Im Rahmen der Speziellen Relativitätstheorie sind sämtliche Bezugssysteme, die sich mit konstanter Geschwindigkeit v relativ zueinander bewegen, gleichwertig. All diese Bezugssysteme bewegen sich nicht relativ zu einem bevorzugten, absoluten System, sondern sie bewegen sich ausschließlich relativ zueinander, weil dieses absolute System nicht definiert ist.

Die eingeführte Absolutgeschwindigkeit v_{abs} war im Experiment von Michelson und Morley nicht einfach Null, sondern sie war nicht definiert, so wie das Container-Universum nicht definiert sein kann, da es prinzipiell keine Mittel zu seiner Beobachtung gibt.

Ebenso verhält es sich mit dem kosmischen absoluten Bezugssystem (Äther): Da eine Geschwindigkeit v_{abs} in Bezug auf ihn nicht feststellbar ist, können v_{abs} und dieses absolute Bezugssystem selbst nicht definiert sein.

Einsteins Analyse war deshalb konsequent und für damalige Begriffe ungewöhnlich mutig; die Spezielle Relativitätstheorie kann nur die einzig mögliche Antwort auf den experimentellen Befund sein und stellt auch in ästhetischer Hinsicht die bessere Lösung dar. Im Übrigen war es so, dass Einstein die Spezielle Relativitätstheorie formulierte, bevor er von den Ergebnissen des Michelson-Morley-Experiments wusste.

Dennoch konnten sich viele Wissenschaftler nicht damit abfinden, auf die Existenz eines absoluten Bezugssystems verzichten zu müssen. So entstanden Deutungen des Michelson-Morley-Experiments unter ausdrücklicher Beibehaltung des absoluten Bezugssystems. Zum Beispiel glaubte Lorentz, dass sich die Ausdehnung eines Gegenstandes, der sich durch das Universum bewegt – also relativ zum Äther – in Richtung der Bewegung ändert, und zwar nahm Lorentz an, dass sich die Gegenstände in Bewegungsrichtung verkürzen. Diese Längenänderung sollte von der Absolutgeschwindigkeit v_{abs} abhängen, und zwar gerade so, dass das absolute Bezugssystem verborgen bleibt, das aber nach Lorentz auf jeden Fall existent ist.

Das Lorentz'sche *Ad-hoc*-Gesetz lautet: $\ell = \ell_0 \sqrt{1 - v_{abs}^2/c^2}$, wobei ℓ_0 die Länge des Gegenstandes ist, wenn er relativ zum absoluten Bezugssystem ruht. Bewegt er sich hingegen mit der Geschwindigkeit v_{abs}, dann soll danach seine Länge ℓ sein; c ist die Lichtgeschwindigkeit relativ zum Äther. Wie diese Längenänderung bzw. das Gesetz $\ell = \ell_0 \sqrt{1 - v_{abs}^2/c^2}$ zustande kommen könnte, erklärte Lorentz nicht. Es müssten molekulare Kräfte sein, die durch die Wechselwirkung des Gegenstandes mit dem Äther zustande kommen.

Das Künstliche an der Lorentz'schen Konstruktion wird deutlich. Sie spiegelt weniger eine wissenschaftliche Konzeption wider, sondern eher das psychische Bedürfnis, der Welt einen „festen Boden" zugrunde zu legen. Der Äther bzw. das absolute Bezugssystem kann aber dafür nicht herhalten. Heute spricht keiner mehr von der Lorentz'schen Langenkontraktion und ähnlichen Vorstellungen. Die Spezielle Relativitätstheorie hat diese Vorstellung zweifelsfrei eliminiert, was natürlich nicht bedeuten muss, das diese Theorie für alle Ewigkeit überdauern muss. Jedoch wird sie wohl kaum von einer Theorie abgelöst werden, die in irgendeiner Form die Lorentz'sche Kontraktion und damit ein absolutes Bezugssystem zur Grundlage hat.

Nein, es macht keinen Sinn, an physikalischen Größen festzuhalten, deren Beobachtung prinzipiell nicht möglich ist und auf die man schon deshalb verzichten kann, weil bessere Lösungen ohne sie denkbar sind, die insbesondere den strengen Kriterien nach Wissenschaftlichkeit besser genügen. Das Container-Universum, aber ebenso die *ad hoc* gemachte Hypothese von der Längenkontraktion im Zusammenhang mit dem Äther, zählen sicherlich dazu.

2.1.6 Raum und Zeit sollten keine realen Effekte ausüben

Das Absolute hat viele Facetten, auch in der Physik. Hier haben wir zwei Facetten kennen gelernt. Einmal im Zusammenhang mit der Poincaré'schen Skaleneigenschaft und ein anderes Mal bei der Analyse von bewegten Bezugsystemen, wobei sehr wahrscheinlich die Poincaré'sche Skaleneigenschaft, die zur Eliminierung des Container-Universums führte, stärker bzw. umfassender ist.

Bei der Analyse bewegter Bezugsysteme, die zur Speziellen Relativitätstheorie führte, wird die Poincaré'sche Skaleneigenschaft nicht berührt, d.h., im Rahmen der Speziellen Relativitätstheorie arbeitet man noch im Rahmen des Container-Prinzips, was ja auch unmittelbar aus der oben geführten Diskussion im Zusammenhang mit dem Michelson-Morley-Experiment erkennbar wird.

Tatsächlich ist es so, dass beide Formen der Relativitätstheorie dann auch hartnäckige Schwierigkeiten mit gewissen Wirkungen des Raumes bekommen, die nach dem Mach'schen Prinzip nicht auftreten dürfen. Tatsache ist, dass es auch die Allgemeine Relativitätstheorie nie geschafft hat, das Mach'sche Prinzip zu erfüllen, obwohl hier viele Anstrengungen unternommen wurden.

Wenn wir das Container-Universum verwerfen, so wie wir es getan haben, kann es keine Wirkungen des Raumes mehr geben, also auch nicht auf Materie. Was aber aus der Relativitätstheorie ohne Container-Universum wird, ist zunächst unklar. Eine schlichte Uminterpretation wird hier wohl nicht ausreichen.

Zwar ist der absolute dreidimensionale Raum der Newton'schen Physik im Rahmen der Speziellen Relativitätstheorie abgeschafft, aber dafür haben wir jetzt eine absolute vierdimensionale Raum-Zeit. Mit anderen Worten, der Container ist nicht mehr dreidimensional, sondern hat jetzt vier Dimensionen. Das ändert aber nichts am Grundsätzlichen.

Das absolute Container-Universum existiert definitiv im Rahmen der Speziellen Relativitätstheorie, auch wenn der Begriff des absoluten Bezugssystems eliminiert werden konnte. Die Absolutheit des Raumes, so wie sie im Rahmen des Poincaré'-schen Skalierungsgesetzes zum Ausdruck kommt, hat mit den Grundideen der Speziellen Relativitätstheorie keine Berührungspunkte, auch nicht in der Allgemeinen Relativitätstheorie, was aber an dieser Stelle nicht weiter vertieft werden soll.

2.1.7 Abstände

In der Newton'schen Physik gibt es einen absoluten Raum und unabhängig davon eine absolute Zeit. Der absolute Raum bzw. das absolute Bezugssystem musste von Newton gesetzt werden, um eine schlüssige Mechanik formulieren zu können.

Allerdings lässt sich dieses absolute Bezugssystem nicht fixieren, denn die Gesetze der klassischen Mechanik sind invariant gegenüber gewissen Transformationen, den „Galilei Transformationen".

Sämtliche Bezugssysteme, die sich mit konstanter Geschwindigkeit v relativ zueinander bewegen, sind gleichwertig, d.h., die physikalischen Gesetze der Newton'schen Mechanik sind in all diesen Systemen exakt gleich, sodass es keine Möglichkeit gibt, das absolute Bezugssystem zu fixieren. Obwohl es also nach Newton ein absolutes Bezugssystem gibt, ist eine absolute Geschwindigkeit v_{abs} nicht nachweisbar.

In der Speziellen Relativitätstheorie, so hatten wir festgestellt, gibt es ein solches absolutes Bezugssystem nicht, aber hier ist die Lichtgeschwindigkeit c von absolutem Charakter, denn ihr numerischer Wert ist immer exakt gleich, also unabhängig vom

Bewegungszustand des Bezugssystems. Ob sich also eine Lichtquelle relativ zu einem Bezugssystem mit der konstanten Geschwindigkeit v bewegt oder nicht, der ruhende Beobachter in dem Bezugssystem misst immer exakt den Wert c.

Das muss natürlich Konsequenzen haben. Anstelle der Galilei-Transformationen bekommen wir die Lorentz-Transformationen. Wie diese im Detail aussehen, ist hier uninteressant. Wichtig ist zunächst nur, dass der Raum seinen absoluten Charakter verliert, aber ebenso die Zeit. Wie wirkt sich das auf räumliche bzw. raum-zeitliche Abstände aus? Beginnen wir mit den Fakten in der Newton'schen Physik.

Der Newton'schen Physik liegt bekanntlich die euklidische Geometrie vor. Betrachten wir zwei Punkte P_1 und P_2 in einem ruhenden, dreidimensionalen Bezugssystem S, dessen drei Achsen wir mit x, y und z bezeichnen wollen. Der Abstand der beiden Punkte P_1 und P_2 mit den Koordinaten x_1, y_1, z_1, und x_2, y_2, z_2, ist dann in euklidischer Geometrie durch

$$d^2 = (x_2 - x_1)^2 + (y_2 - y_1)^2 + (z_2 - z_1)^2 \qquad (13)$$

gegeben. Die Galilei-Transformationen bewirken, dass genau dieser Abstand auch in einem Bezugssystem S' vorliegt, das sich relativ zum ruhenden mit der konstanten Geschwindigkeit v bewegt, ist also unabhängig von v. Mit x'_1, y'_1, z'_1 und x'_2, y'_2, z'_2 für das bewegte System S' wird dann

$$d'^2 = (x'_2 - x'_1)^2 + (y'_2 - y'_1)^2 + (z'_2 - z'_1)^2 = d^2 \qquad (14)$$

Natürlich ist die Zeit in der Newton'schen Physik absolut und bleibt von jeder Transformation unberührt. Wir haben also $\tau = \tau'$. Die Uhren gehen in beiden Systemen S und S' exakt gleich, was auch spontan unserem intuitiven Empfinden entspricht.

Beim Übergang zur speziellen Relativitätstheorie ändern sich die Verhältnisse grundsätzlich. Räumliche Abstände und auch zeitliche Intervalle sind in den Bezugssystemen S und S' verschieden voneinander. Insbesondere haben die Beziehungen $d'^2 = d^2$ und $t' = t$ keine Gültigkeit mehr. Irgendwie scheint die gute Ordnung, die noch im Rahmen der Newton'schen Physik erkennbar war, verloren gegangen zu sein.

Aber das täuscht, auch wenn die Verhältnisse komplizierter geworden sind. Obwohl die räumlichen Abstände und zeitlichen Intervalle in den Bezugssystemen S und S' verschieden voneinander sind, so kommt es wegen der Konstanz der Lichtgeschwindigkeit c zu einer Kopplung dieser räumlichen und zeitlichen Abstände, und zwar in der Weise, dass anstelle des *dreidimensionalen* Newton'schen Raumes mit den Eigenschaften (13) und (14) ein *vierdimensionaler* Raum tritt, der Eigenarten hat, die zu denen von (13) und (14) analog sind.

Es ist ein Raum, der aus den üblichen drei räumlichen Dimensionen x, y, z besteht sowie einer zusätzlichen Koordinate, die wir mit u bezeichnen wollen. Die Größe u hat zwar auch die Dimension einer räumlichen Strecke, ist aber wesentlich durch die Zeit τ gegeben. Deswegen spricht man weniger vom vierdimensionalen Raum, sondern eigentlich immer von der vierdimensionalen Raum-Zeit. Die Größe u ist durch die Beziehung $u = ic\,\tau$ gegeben, wobei i die imaginäre Einheit ist.

Raum und Zeit sind also in der Speziellen Relativitätstheorie keine eigenständigen Größen mehr, sondern verschmelzen zu einer nicht mehr entflechtbaren Raum-Zeit. So wie man in der Newton'schen Theorie von Raumpunkten spricht, kommt man beim Übergang zur Relativitätstheorie zu dem Begriff des Ereignisses. Ein *Ereignis* ist definiert durch die räumliche Position, an der es stattfindet, sowie dem Zeitpunkt, an dem es geschieht. Anstelle der Raumpunkte P_1 und P_2 mit $P_1(x_1, y_1, z_1)$, und $P_2(x_2, y_2, z_2)$, die wir oben eingeführt haben, treten hier Ereignisse E_1 und E_2 mit $E_1(x_1, y_1, z_1, u_1 = ic\tau_1)$ und $E_2(x_2, y_2, z_2, u_2 = ic\tau_2)$. Analog zu (13) und (14) bekommen wir für den vierdimensionalen Abstand D bzw. D' bezüglich der Bezugssysteme S und S'

und
$$D^2 = (x_2-x_1)^2 + (y_2-y_1)^2 + (z_2-z_1)^2 + (u_2-u_1)^2$$
$$= (x_2-x_1)^2 + (y_2-y_1)^2 + (z_2-z_1)^2 - c^2\tau^2 \quad (15)$$

$$D'^2 = (x'_2-x'_1)^2 + (y'_2-y'_1)^2 + (z'_2-z'_1)^2 + (u'_2-u'_1)^2$$
$$= (x'_2-x'_1)^2 + (y'_2-y'_1)^2 + (z'_2-z'_1)^2 - c'^2\tau'^2 \quad (16)$$
$$= D^2$$

Die Gleichungen (15) und (16) sind streng analog zu denen der Newton'schen Physik, die durch (13) und (14) gegeben sind. Die Einführung der vierdimensionalen Raum-Zeit geht auf Herbert Minkowski zurück und stellt eine Entdeckung innerhalb der Speziellen Relativitätstheorie dar. Sie erlaubt insbesondere eine Ordnung bezüglich kausaler Ereignisse zu erkennen und von akausalen zu unterscheiden.

An die Stelle des dreidimensionalen tritt das vierdimensionale Container-Universum. Nichts hat sich am Container-Prinzip geändert. Auch dieses Universum hat nach dem Poincaré'schen Skalengesetz keine Daseinsberechtigung. Gemessen an diesem Gesetz ist es insbesondere absolut. Dabei haben wir vorausgesetzt, dass sich das Poincaré'sche Skalengesetz auf raumzeitliche Situationen erweitern lässt, was aber unmittelbar klar sein sollte.

2.1.8 Die vierdimensionale Raum-Zeit wirkt absolut

Das vierdimensionale Universum der Speziellen Relativitätstheorie hat noch einen weiteren, oft diskutierten Nachteil: Das Absolute zeigt sich nämlich noch in einer anderen Form, anders als das Absolute, das durch das Poincaré'sche Skalengesetz gegeben ist. Hierzu die folgende kurze Bemerkung: Auch wenn es im Rahmen der Speziellen Relativitätstheorie kein absolutes Bezugssystem gibt, so *wirkt* die vierdimensionale Raum-Zeit dennoch absolut, und zwar ganz in dem Sinne, wie wir es vom dreidimensionalen Newtons'chen Raum her kennen. Die Raum-Zeit wirkt, aber es kann nicht auf sie zurückgewirkt werden.

Das ist ein weiteres Merkmal des Absoluten. Schmutzler schreibt: *„Die vierdimensionale Raum-Zeit (Minkowski-Raum) ist in der Speziellen Relativitätstheorie von absolutem Charakter, ähnlich dem dreidimensionalen absolutem Ortsraum Newtons. Sie stellt in gewisser weise die vierdimensionale Extrapolation des dreidimensionalen absoluten Raumes Newtons dar. Insofern zeichnet sie sich – abgesehen von der durch den Lichtkegel Separation – ebenfalls durch die jetzt aber vierdimensionalen Eigenschaften der Homogenität und Isotropie aus. Über diese Begriffe ist dasselbe zu sagen, was wir früher für die Newton'sche Physik ausgeführt haben. Wir merken deshalb insbesondere an, dass die Raum-Zeit in der Speziellen Relativitätstheorie als ein Passivum im Sinne eines um die Zeitdimension erweiterten Gefäßes fungiert, in dem die Körper, Stoffe, Felder usw. raumzeitlich existieren, d. h. sich bewegen, ohne dass eine Rückwirkung auf diese Raum-Zeit vorliegt. Die eben erwähnten Attribute sind das Charakteristische des Minkowski-Raumes."* [14]

2.2 WAS BEDEUTET DAS POINCARÉ'SCHE SKALENGESETZ?

Wenn das Container-Prinzip als letzte Instanz keine realistische Grundlage haben kann, wie soll dann das Geschehen in der Welt eingeordnet werden? Immerhin haben wir die Welt direkt vor uns und spüren die „harten Gegenstände" auch unmittelbar. Ist das aber tatsächlich die Welt in letzter Instanz? Mit anderen Worten, ist es das, was der Physiker als fundamentale Wirklichkeit bezeichnet? Nein, das ist es nicht, auch wenn der Physiker das selbst oft so sieht und bei seinen theoretischen Entwicklungen das Container-Universum zur Grundlage macht, was ausschließlich bei allen modernen Theorien der Fall ist, beginnend bei der Newton'schen Physik. Das Poincaré'sche Skalengesetz hat uns etwas anderes gelehrt. Aber was bedeutet dieses Gesetz tatsächlich?

2.2.1 Leibnitz und Kant

Kritische Geister, wie Gottfried Wilhelm Leibnitz und Immanuel Kant, steuerten dieser Entwicklung in der Physik schon relativ früh entgegen, jedoch erfolglos. Im Wesentlichen schon deswegen, weil sie ihre Analysen nicht mathematisch umsetzten, was die Erklärung sowie Vorhersage von physikalischen Effekten unmöglich machte.

Aber gerade die mathematische Umsetzung von physikalischen Prinzipien machte Newton und seine Nachfolger so erfolgreich, auch wenn manches Begriffliche auf der Strecke blieb. Aber letztlich zählt immer nur der unmittelbare Erfolg bezüglich der Beschreibung und der industriellen Anwendung. Man glaubte und glaubt auch heute immer noch, begriffliche Unsicherheiten später noch regeln zu können oder diese schlicht zu übersehen.

Diese Sicht ist durchaus vernünftig, da jede Theorie letztlich Unklarheiten enthalten muss, wenn man davon ausgeht, dass der Mensch prinzipiell nicht in der Lage ist, eine endgültige, letzte Theorie zu entwerfen. Aber die Wissenschaftler sind da wenig bescheiden, denn seit Beginn der exakten Naturwissenschaften glaubte irgendwie jede Generation den Stein der Weisen, also die letzte Theorie, gefunden zu haben. Aber es stellte sich immer anders heraus.

2.2.2 Falk und Ruppel

Auch wenn Leibnitz und Kant das Container-Universum von seinen Prinzipien her verwarfen, so kommen dennoch nur selten Zweifel daran auf, auch – wie gesagt – schon deswegen, weil das Container-Prinzip seit Newton so erfolgreich bei der mathematischen Beschreibung von physikalischen Systemen funktioniert hat, und zwar bis hin zum Universum selbst.

Aber der Grund für dieses gute Funktionieren muss in der Vordergründigkeit der Argumentationen gesucht werden, die direkt von dem ausgehen, was der Beobachter im täglichen Leben unmittelbar vor Augen hat.

Wie sich jedoch klar bei der Analyse von Quantenphänomenen herausgestellt hat (Abschnitt 1.6), ist die Sache aber offenbar nicht so einfach wie es das Container-Universum suggeriert. Allerdings sind die Menschen mit dem Container-Prinzip sehr verwoben, was auch aus dem Text von Falk und Ruppel hervorgeht: *„Wenn wir die Auffassung akzeptieren, dass Felder eigene physikalische Gebilde sind, die nicht von Körpern erzeugt, sondern nur in ihren Zuständen verändert werden, so bleiben als unabhängige Objekte, an denen physikalische Operationen vorgenommen werden können, nur die Körper und Felder. Daneben gebraucht man aber noch einen weiteren fundamentalen Begriff, nämlich den Raum. Zu seiner Beschreibung verwendet man die gleiche Variable r, die man auch braucht, um die Wechselwirkung zwischen Körper und Feld zu beschreiben. Aber dennoch sind wir gewohnt, den Raum als etwas Besonderes zu betrachten, nämlich als ein Substrat, in das alle physikalischen Dinge, wie Körper und Felder, eingebettet sind. Der Raum ist sozusagen das Haus, das die physikalischen Objekte aufnimmt; er bildet die Bühne, auf der sich die Vorgänge abspielen. Es scheint jedermann klar zu sein, was er meint, wenn er vom leeren, d. h. von Körpern und Feldern entblößten Raum spricht. Aber ist das wirklich so klar? Es ist immer wieder erstaunlich, wie leicht uns manche Vorstellun-*

gen eingehen und für wie selbstverständlich und zwangsläufig wir sie halten. Unsere Vorstellung vom leeren Raum gehört sicher dazu." [15]

Das Container-Universum macht denn auch nur dann einen Sinn, wenn wir den Container (Raum) auch unabhängig von seinem Inhalt als existent voraussetzen. Aber, wie Falk und Ruppel ansprechen, treten hier bereits Probleme auf, die wir aber aufgrund unserer tagtäglichen Gewohnheiten nicht oder kaum realisieren. Wir haben einfach den Container mit seinem ganzen Inhalt in so erdrückender Deutlichkeit vor Augen, dass in der Regel jede Art von Zweifel auf der Strecke bleibt.

Tatsächlich zeigen jedoch spezifische Experimente und insbesondere intellektuelle Analysen, dass unsere Vorstellung vom Container-Universum täuscht. Jedenfalls sprechen viele Fakten dafür, dass hier ein Fehlschluss bzw. eine Täuschung vorliegt. Nach der Poincaré'schen Skaleneigenschaft, so haben wir oben festgestellt und begründet, darf es ein Container-Universum nicht geben.

2.2.3 Worum ging es bei der evolutionären Entwicklung des Menschen?

Aber nicht nur die Poincaré'sche Skaleneigenschaft verbietet eine solche Annahme, also die Existenz eines Container-Universums, sondern noch andere überzeugende Indizien führen auch zu dem Schluss, dass unsere unmittelbaren Eindrücke vor uns nicht mit dem gleichgesetzt werden können, was wir fundamentale Wirklichkeit nennen. Warum ist das so? Welche Fakten führen auch noch zu diesem Schluss? Das wollen wir in Abschnitt 2.3 aufzeigen. Zusammengefasst führen die relevanten Fakten zu folgender ernüchternder Erkenntnis: Der Mensch und auch andere biologischen Systeme haben sich nach einem Zweckmäßigkeitsprinzip entwickelt. Nach diesem Prinzip ging es für ein Individuum in der frühen Phase der Evolution keineswegs darum, die wahre, also fundamentale Wirklichkeit vollständig zu erkennen, sondern ausschließlich lebensfreundliche von lebensfeindlichen Situationen unterscheiden zu können. Das bedeutet aber, dass Individuen nur so wenig Außenwelt in sich aufnehmen wie unbedingt nötig ist. Alles andere wäre belastend und lebensbedrohlich. Das ist zwar ernüchternd, aber entspricht den Fakten.

In den späteren Phasen der Evolution lösten sich die Spezies mehr und mehr von diesem spezifischen Zweckmäßigkeitsprinzip, also dem Druck, lebensfreundliche von lebensfeindlichen Situationen unterscheiden zu müssen. Das bedeutete jedoch nicht, dass neue Prinzipien ins Spiel kamen, die das biologische System so umstrukturierten, dass es ihm nun möglich wurde, die wahre, fundamentale Welt zu erkennen, sozusagen nachträglich durch einen evolutionären Neubeginn.

Das fand eben nicht statt. Denn die biologische Weiterentwicklung baute auf das schon Vorhandene auf, sodass unsere unmittelbaren Eindrücke von der Welt auch jetzt noch ein Bild ergeben, das aus dem evolutionsbedingten Zweckmäßigkeitsprinzips resultiert. Vor dem Individuum breitet sich also nicht die wahre, fundamentale Welt aus, sondern es ist nur ein Ersatz dafür, der die Welt weder in fundamentaler Form noch vollständig enthält.

2.2.4 Ersatzwelten

Wie unterscheidet sich nun die wahre Welt von diesem speziesabhängigen Ersatz? Dass dieser Weltersatz speziesabhängig sein sollte bzw. muss, folgt daraus, dass auch die Bedürfnisse von unterschiedlichen biologischen Systemen verschieden voneinander sind, was wir ja zweifelsfrei auch beobachten. Tatsächlich zeigen eindrucksvolle Experimente aus der Verhaltensforschung genau diese aus den Prinzipien der Evolution folgenden Tendenz:

Die Ersatzwelten unterschiedlicher biologischer Systeme sind ganz offensichtlich verschieden voneinander. Das, was eine Henne unmittelbar vor Augen hat, hat offensichsichtlich nichts oder nur wenig mit dem zu tun, was ein Mensch in derselben Situation erlebt. Die Experimente von Wolfgang Schleidt zeigen das zweifelsfrei und in dramatischer Weise.

2.2.5   Informationen von der Außenwelt

Der Grund für diesen Sachverhalt ist darin zu suchen, dass wir zwischen der *Innenwelt* und der *Außenwelt* unterscheiden müssen (siehe insbesondere Abschnitt 1.4), also dem, was tatsächlich draußen ist und dem, was sich uns im Kopf darstellt. Tatsächlich zeigen auch hier wieder relativ einfache Experimente, dass die Welt, die wir unmittelbar vor uns haben, tatsächlich im Kopf des Beobachters angeordnet ist. Es ist ein „Bild von der Wirklichkeit", was von den hereinkommenden Außenweltinformationen vom Gehirn konstruiert wird. Das Individuum, hier der Mensch, lässt nur so viel Informationen von der Außenwelt herein, wie es für seine Bedürfnisse benötigt. Die Mechanismen der Evolution haben diese Informationen auf das beschränkt, was zum nackten Überleben erforderlich war.

Mit anderen Worten, die Informationen über die Welt draußen sind keineswegs vollständig, sondern dezidiert gefiltert; das „Bild von der Wirklichkeit" kann in keiner Weise ein naturgetreues Abbild von dem sein, was in der Welt draußen tatsächlich vorliegt. Das ist, wie schon gesagt, zunächst ernüchternd, aber die Fakten sind erdrückend und führen unzweifelhaft zu der Erkenntnis, dass es bei der Entwicklung des Menschen primär nicht darum ging, die Welt draußen wahr, also in fundamentaler Weise, und vollständig zu erkennen, sondern genau das Gegenteil ist offensichtlich richtig: So wenig Außenwelt wie möglich; Überleben hatte den Vorrang gegenüber dem, was wir wahre Erkenntnis nennen, d. h., nach den Prinzipien der Evolution kann nur so viel Erkenntnis zugelassen werden, wie zum Überleben erforderlich ist.

Das ist das Szenario in der frühen Phase der Evolution. Aber die Evolution ging weiter, baute aber, wie schon gesagt, auf das bereits Bestehende auf. Bevor wir darauf eingehen, wollen wir noch auf die Bedeutung von Raum und Zeit eingehen und insbesondere auf die Verhältnisse in der Außenwelt.

Die Welt, die wir unmittelbar vor Augen haben, ist also nicht die Welt draußen, sondern es ist ein Bild von ihr, das im Kopf des Beobachters positioniert ist, auch wenn der vordergründige Eindruck ein anderer ist. Dieses Bild im Kopf ist in Raum und Zeit dargestellt, d. h., die Größen Raum und Zeit dienen als Hilfsgrößen zum Ordnen der Verhältnisse, also die Informationen, die von der Außenwelt hereinkommen, geordnet darzustellen. Schon Immanuel Kant gab der Raum-Zeit diese Bedeutung.

2.2.6 Raum und Zeit in der Außenwelt

Aber was ist mit der Welt draußen? Nach dem Poincaré'schen Skalengesetz kann es aber in der Wirklichkeit draußen keine Raum-Zeit geben, sonst hätten wir draußen doch einen Container, in dem die Massen und Felder eingebettet sind. Diesen Punkt haben wir bereits in Kapitel 1 behandelt.

Dass die Bilder im Kopf des Beobachters in Raum und Zeit geordnet sind, hat nichts mit dem Container-Prinzip zu tun. Denn in diesem Fall kommt der Raum-Zeit nicht eine Container-Funktion zu, sondern eher einem Blatt Papier, auf das die Welt oder Teile von ihr gezeichnet sind. Da es draußen Raum und Zeit nicht geben kann, können die Strukturen im Bild von der Wirklichkeit auch keinerlei Ähnlichkeit mit den Strukturen in der Außenwelt haben. Das können wir mit Sicherheit sagen, mehr aber auch nicht, denn es gibt keinen beobachterunabhängigen Standpunkt, der uns Auskunft über die wahren Strukturen in der Welt draußen geben könnte.

2.2.7 Projektionen

Auf der Grundlage dieser Analyse können wir nun das Poincaré'sche Skalengesetz besser verstehen und seine eigentliche Bedeutung erkennen. Wie in den Abschnitten 1.1 und 1.2 bereits gesagt, gibt es keine Möglichkeit nachzuweisen, ob das Universum eine gleichförmige Änderung der Skalierung erfährt, wenn also zum Beispiel dessen Dimensionen über Nacht um das tausendfache wachsen. Solch eine Streckung entzieht sich jeder Nachprüfung, und zwar prinzipiell. Wie auch bereits gesagt, hat diese Änderung in der Skalierung nichts mit der experimentell beobachteten Expansion des Universums zu tun.

Wenn wir dem Container, in dem die materielle Welt eingepasst ist, keine tatsächliche Größe zuordnen können, dann gibt es keinen Sinn, ihn als tatsächlich existierend anzunehmen. Wir haben deshalb das Container-Universum verworfen. Aber es gibt noch andere zwingende Gründe für diese Schlussfolgerung. In Abschnitt 2.3 werden wir noch darauf zu sprechen kommen, wenn wir die elementaren Merkmale von Raum und Zeit aufzeigen werden.

Die Sachlage ist jedoch grundlegend anders, wenn Raum und Zeit „lediglich" Elemente zur Darstellung der Wirklichkeit sind. Die Wirklichkeit ist dann auf die Raum-Zeit projiziert. Dann müssen wir uns bezüglich der Größe des *einen* Universums nicht festlegen, denn es kann variabel projiziert werden, was mit dem Poincaré'schen Skalengesetz in Einklang steht. Es ist eine Vielfalt von Projektionen möglich, und das genau kann aus dem Poincaré'schen Skalengesetz herausgelesen werden.

Wenn wir im Kino den Abstand Projektor – Leinwand ändern, verändern wir die Größe des Bildes, das auf die Leinwand projiziert wird. Der Film im Projektor bleibt unberührt, nur der Abstand Projektor – Leinwand wird geändert. Der Projektor mit dem Film ist dabei uninteressant. Es könnte auch ein schwarzer Kasten sein, in dem das Bild aus einer Transformation hervorgeht. Im Falle des schwarzen Kastens kommen wir den Verhältnissen bezüglich Innenwelt und Außenwelt näher: Die Außenwelt kennen wir nicht, aber es findet eine Transformation statt, und das projizierte Transformationsergebnis ist das Bild von der Wirklichkeit, das aber ausschließlich ein Charakteristikum der Innenwelt ist.

Das Poincaré'sche Skalengesetz spiegelt somit ein Projektionsgesetz wider. Dem Container-Prinzip bzw. dem Container-Universum kommt danach keine Realität zu. Es sind keine realen Dinge in der Raum-Zeit eingebettet.

2.2.8 Über das Materielle hinaus

Wenn die Essenz des menschlichen Lebens auf Überlebensstrategien reduziert werden müsste, dann wäre das, so wie wir festgestellt haben, nicht nur sehr ernüchternd, sondern geradezu primitiv und grundsätzlich düster. Entsprechend dieser Strategie würde man primär alles Neue zunächst als feindlich einstufen, um dann in einem zweiten Schritt das zu selektieren, was für das eigene Leben nützlich ist. Wir finden natürlich diese Tendenzen in den Zivilisationen. Dennoch ist das Leben mehr als nur das.

Das genau wird jedenfalls oft behauptet, wobei jedoch die Mittel der Beweisführung in der Regel nur wenig überzeugend und kaum allgemeinverbindlich sind. Solche Versuche, dem Leben über das Materielle hinaus einen Sinn zu geben, leiden gewöhnlich an dem Unstand, dass kein geschlossenes Modell angegeben wird, das diese unterschiedlichen Welten klassifizieren könnte. Ohne einen solchen Orientierungsmaßstab, also dem allgemeinverbindlichen Modell, konvergiert alles, selbst wenn es noch so gut gemeint ist, in der diffusen Nichtaussage.

Die Physik geht über das Materielle hinaus, auch wenn sie sich auf die Beschreibung von materiellen Zuständen beschränkt.

Der physikalisch-theoretische Apparat selbst ist jedoch ein Instrument, das das Materielle selbst übersteigt. Das ist leicht einzusehen.

Eine physikalische Gleichung beschreibt nicht nur *einen* konkreten materiellen Zustand, wie zum Beispiel die Bewegung des Mondes um die Erde, sondern eben *alle* möglichen Bewegungen, die den Prinzipien, die der Gleichung zugrunde liegen, genügen. Schon wegen dieses Merkmals ist die Theoretische Physik in besonderem Maße dazu geeignet, Strukturen in der Welt aufzuzeigen und zu analysieren, die allgemeiner und daher mehr sind als das, was uns der unmittelbare Eindruck vor uns suggerieren will.

2.2.9 Wirklichkeitsebenen

Das Nützlichkeitsprinzip ist definitiv existent, aber es ist eben nur auf einer gewissen Wirklichkeitsstufe unmittelbar erkennbar, und das ist der materielle Bereich. Aber es gibt weitere Stufen, die sich exakt nach demselben Muster erschließen lassen [10].

Erstaunlicherweise kommt man mehr oder weniger automatisch zu dieser Einsicht, wenn man sich überlegt, welche Alternativen es zum Container-Universum geben kann. Die genauere Analyse zeigt [10], dass die Welt als Ganzes nicht geschlossen und einheitlich darstellbar ist, also ohne graduelle Unterschiede, so wie es das Container-Prinzip suggeriert, bei dem alles Denkbare in einem Behälter untergebracht ist.

Stattdessen nehmen wir die Erscheinungsformen der Welt abgestuft wahr. Jede Abstufung stellt in sich ein vollständiges System dar, und zwar auf so genannten Wirklichkeitsebenen. Die Aussagen auf einer spezifischen Wirklichkeitsebene hat jedoch mit der fundamentalen Realität, also der Welt als Ganzes, keine Ähnlichkeit bezüglich Vollständigkeit und Struktur.

Aber es ist ein symbolisches Abbild von der Welt, das gewisse Merkmale in der Realität draußen zwar nicht naturgetreu, aber dennoch realistisch wiedergibt. Die gesamte Fragestellung bezüglich dem Begriff „Wirklichkeitsebene" werden wir noch detailliert in Kapitel 4 besprechen.

2.2.10 Die Welt liegt dem Beobachter als symbolische Struktur vor

Solche beobachterabhängigen Strukturen können prinzipiell nicht das enthalten, was tatsächlich ohne Beobachter draußen existiert. Die Welt draußen erscheint dem Beobachter in transformierter Form und wird auf die Raum-Zeit projiziert, wobei die Raum-Zeit selbst ausschließlich ein Element des Beobachters, also des Gehirns, ist.

Die Welt draußen, so haben wir aus der Poincaré'schen Skaleneigenschaft geschlossen, kennt keinen Raum und keine Zeit. Daher kann das Bild, das wir uns von der Wirklichkeit machen, auch nur in symbolischer Form vorliegen, das mit dem, was draußen tatsächlich vorliegt, keine Ähnlichkeit haben kann.

Wie schon gesagt, das Ganze hat sich evolutionär nach dem Nützlichkeitsprinzip entwickelt, wobei in gewisser Weise dieses Nützlichkeitsprinzip auch auf höheren Ebenen gilt. Nützlichkeit im materiellen Bereich, so hatten wir festgestellt, bedeutet, dass es ums Überleben geht. Davon war offensichtlich ausschließlich die frühe Phase der menschlichen Entwicklung betroffen. Aber der Mensch entwickelte sich weiter und höhere Wirklichkeitsebenen schälten sich Stück für Stück heraus, aber auch hier gilt ohne Zweifel das Nützlichkeitsprinzip, denn die Evolution hat ihre grundsätzliche Strategie nicht geändert. Auch werden wir in Kapitel 4 noch klar erkennen, dass die Wirklichkeitsebenen miteinander verwoben sind, sodass dann auch tatsächlich jede der Wirklichkeitsebenen dem Nützlichkeitsprinzip unterliegen muss.

Dann bedeutet Nützlichkeit auf den höheren Ebenen, dass die Darstellung eines Sachverhalts auf das reduziert ist, um das es auch tatsächlich geht. So ist es auch zum Beispiel nicht erforderlich, dass ein Kinobesucher zum Auffinden seines gewünschten Platzes an der Kasse ein verkleinertes, aber naturgetreues Kinomodell bekommt. Dieses Modell würde Informationen enthalten, die zum Aufsuchen des Kinoplatzes überflüssig wären. Eine Kinokarte ist hier nützlicher und auch vernünftiger. Die Kinokarte stellt dann das Kino in symbolischer Form dar. Sie ist das „Bild vom Kino", obwohl diese symbolische Darstellung mit dem Kino selbst keine Ähnlichkeit hat. Aber so sind nun einmal die Verhältnisse in der Natur. Wir werden diesen Punkt noch ansprechen.

Auch der Mensch unterliegt diesen Prinzipien; auch das, was wir von uns im Spiegel sehen, kann nur eine verkürzte, symbolische Form von dem sein, was von ihm in der fundamentalen Realität tatsächlich existiert, wobei wir prinzipiell keinen Zugriff auf das haben, was tatsächlich fundamental ist. Das spüren wir auch in gewisser Weise. Denn wir wissen durchaus, dass dem Bild von der Wirklichkeit, das wir unmittelbar vor Augen haben, was aber ein Element der Innenwelt ist (Abschnitt 1.4), noch andere innere Zustände überlagert sind, die allerdings nicht in der Form von Raum-Zeit-Bildern vor uns erscheinen.

Wir erkennen nur das, was im Bild erscheint: Gegenstände, Mitmenschen, Pflanzen, Tiere und uns selbst. Wir wissen nicht einmal, wie wir selbst in der realen Wirklichkeit strukturiert sind. Insbesondere erscheinen wir im Bild unvollständig, weil ja die Prinzipien der Evolution auch auf unsere eigene Entwicklung gewirkt hat.

Das alles bedarf der eingehenden Erörterung bzw. Vertiefung. Im nächsten Abschnitt werden wir zunächst die Elemente Raum und Zeit näher betrachten und prüfen, ob die sich ergebenen elementaren Eigenschaften überhaupt mit alledem, was in Kapitel 1 und in Abschnitt 2.1 besprochen worden ist, kompatibel sind.

2.3 Das Projektionsprinzip

2.3.1 Die Elemente von Raum und Zeit

In der Menschheitsgeschichte wurden immer alle wesentlichen Dinge in der Form von Bildern dargestellt. Das kann als die fundamentalste Aussage überhaupt aufgefasst werden. Solche Bilder enthalten die Objekte wie Sonne, Mond und Sterne usw., aber auch den Raum und die Zeit.

Wir beobachten die Objekte mit unseren fünf Sinnen und ebenso mit Messinstrumenten. Daher glauben wir auch an die konkrete Existenz dieser Dinge und wir bezeichnen sie als „materielle Gegenstände".

Aber was können wir zu Raum und Zeit sagen, die ja wesentliche Elemente dieser Bilder sind? Diese Frage ist nicht einfach zu beantworten, auch wenn wir über das Poincaré'sche Skalengesetz schon einiges über die Merkmale von Raum und Zeit im kosmologischen Zusammenhang gelernt haben.

Warum lassen sich Fragen zu Raum und Zeit nicht einfach beantworten? Weil Raum und Zeit mit einer schweren Bürde belastet sind, nämlich mit dem Vorurteil, dass alles in Raum und Zeit eingebettet ist. Bei unseren Alltagserlebnissen erleben wir die Welt ja auch so, und diese Bilder sind, wie wir oben festgehalten haben, die elementarste Form des Welterlebens; eine direktere Darstellung von der Welt um uns herum gibt es nicht. Deshalb wird normalerweise angenommen, dass der Raum ein Container ist, der mit Materie gefüllt ist.

Wir haben schon bei der Besprechung des Poincaré'schen Skalengesetzes festgestellt, dass der Raum als Container nicht infrage kommen sollte. Es muss sich hier tatsächlich um ein Vorurteil handeln. Wie schon einige Male betont wurde, gab schon

Immanuel Kant den Elementen Raum und Zeit eine andere Bedeutung.

All das, was wir mit unseren fünf Sinnen und auch mit unseren Messgeräten erfassen, können wir als real existierend auffassen. So stellt sich direkt die Frage, können wir auch Raum und Zeit mit unseren fünf Sinnen erfassen? Oder gibt es sogar Messgeräte, die Raum und Zeit direkt erfassen können? Nein, all das ist nicht möglich, denn weder mit unseren fünf Sinnen noch mit spezifischen Messinstrumenten lassen sich Raum und Zeit direkt erfassen. Diese schwerwiegende Aussage muss näher erörtert werden.

Die Situation in Hinsicht auf Raum und Zeit ist sehr klar: Wir sind nicht in der Lage, ein „Stück Raum" bzw. ein „Stück Zeit" auf den Tisch zu legen. Solche Stücke gibt es nicht. Die Elemente vom Raum, also die Koordinaten x, y, z, sind nicht beobachtbar, und das gilt ebenso für die Zeit, der wir oben den Buchstaben τ gegeben haben. Wir haben keine Sinne zur Beobachtung von x, y, z, τ; es ist nicht einmal denkbar, Messgeräte zur Bestimmung der Elemente x, y, z, τ entwickeln zu können.

Im Rahmen der Newton'schen Mechanik werden Raum und Zeit als Größen behandelt, die unabhängig voneinander sind, aber auch unabhängig von Materie existieren können. Dieses Konzept wurde von Einstein weiterentwickelt. Innerhalb der Relativitätstheorie sind dann Raum und Zeit nicht mehr unabhängig voneinander, sondern formen eine Raum-Zeit. Dann stellt sich auch hier die Frage, ob ein „Stück Raum-Zeit" auf den Tisch gelegt werden kann. Natürlich können wir auch das nicht, ganz wie im Fall von isolierten „Raum- und Zeit-Stücken": Mit anderen Worten, auch Raum-Zeit-Stücke existieren nicht in der Form von beobachtbaren Größen.

Dennoch sind wir alle vertraut mit den Phänomenen Raum und Zeit. Daher müssen wir schließen, dass die Elemente x, y, z, τ der Innenwelt des Beobachters zuzuordnen sind. Wir haben bei der geschilderten Situation keine Alternative. Genau dieses Ergebnis folgte aus dem Poincaré'schen Skalengesetz. Wie bei diesem Gesetz werden wir auch hier aus der gesonderten Betrachtung noch erkennen, dass den Elementen x, y, z, τ in der Außenwelt keine Realität zukommen kann. Wie wir wissen, vertrat Immanuel Kant diese Linie dezidiert, jedoch ohne seine fundamentalen Ideen mathematisch umzusetzen. Das gilt bis zum heutigen Tage.

2.3.2 Beziehungen zwischen Materie und der Raum-Zeit

In welcher Form erfahren wir die Phänomene Raum und Zeit? Die Antwort ist eindeutig: Wir beobachten niemals isolierte Raum-Punkte und auch niemals isolierte Zeit-Punkte, d. h., die Elemente x, y, z, τ sind in isolierter Form nicht feststellbar. Beobachtbar sind ohne Ausnahme immer nur Abstände von real existierenden Objekten und Zeitintervalle in Verbindung mit real vorkommenden Prozessen. In allen Fällen ist Materie mit Raum und Zeit fest verwoben, keines der Phänomene ist ohne das andere beobachtbar. Niemand ist in der Lage, irgendwelche experimentellen Aussagen über isolierte Raum-Zeit-Punkte x, y, z, τ ohne das reale Etwas zu machen. Andererseits tritt Materie, also die realen Objekte, bei unseren Beobachtungen immer nur in Verbindung mit Raum und Zeit in Erscheinung.

Ist diese wichtige experimentelle Aussage innerhalb moderner physikalischer Theorien erfüllt? Das ist nicht der Fall. Im Rahmen der Newton'schen Theorie können Raum und Zeit ohne das reale Etwas für sich existieren. Aber auch die Relativitätstheorie erfüllt dieses Basiskriterium nicht. Denn de Sitter zeigte schon 1917, dass im Rahmen der Allgemeinen Relativitätstheorie die Raum-Zeit als leeres Element, also ohne Materie, existieren kann.

2.3.3 Zwei wesentliche Merkmale

Zusammenfassend können wir sagen, dass die Beziehung zwischen „Materie" und „Raum und Zeit" durch die folgenden Merkmale bestimmt ist:

Merkmal 1

Wir können Raum und Zeit definitiv nicht sehen, hören und auch nicht schmecken. Das heißt im Klartext, dass die Raum-Zeit (absolut oder nichtabsolut) unseren fünf Sinnen nicht zugänglich ist. Auch gibt es keine Messinstrumente, die die Elemente x, y, z, τ experimentell bestimmen könnten; solche Messgeräte sind nicht einmal denkbar.

Daraus muss geschlossen werden, dass Raum und Zeit als physikalisch-reale Größen nicht existieren. Hieraus folgt auch, dass Raum und Zeit als Quelle für physikalisch-reale Effekte nicht infrage kommen können.

Diese Forderung ist auch der Inhalt des altbekannten Mach'schen Prinzips. Wie bekannt, ist aber genau dieses Mach'sche Prinzip weder von der Newton'schen Mechanik noch von der Speziellen und auch nicht von der Allgemeinen Relativitätstheorie erfüllt. Es ist offensichtlich nicht möglich, dem

n Prinzip dann nicht Rechnung zu tragen, wenn Materie in Raum bzw. in der Raum-Zeit eingebettet ist, so wie das bei allen modernen Theorien angenommen wird, und denn auch das theoretisch System entsprechend behandelt wird.

Merkmal 2

Wir können immer nur Aussagen über Abstände in Verbindung mit Massen und über Zeitabstände im Zusammenhang mit physikalisch-realen Vorgängen machen.

Bemerkungen zu Merkmal 1:

Das Raum-Zeit-Gebilde darf niemals die Ursache für physikalisch-reale Effekte sein, wie zum Beispiel Effekte, die zur Trägheit von materiellen Objekten führt. Das ist keineswegs in der Newton'schen Theorie erfüllt, aber selbst nicht in der Relativitätstheorie.

In der Allgemeinen Relativitätstheorie können wir von der Rotation des gesamten Kosmos (mit all seinen Massen) relativ zu einer absoluten Raum-Zeit sprechen. Denn im Rahmen des Gödel'schen Universums [16, 17, 18] ist eine absolute Raum-Zeit definiert, und in diesem Fall stellt die Raum-Zeit eine Quelle für Trägheit dar, was aber nach dem Mach'schen Prinzip streng verboten ist.

Bemerkungen zu Merkmal 2:

a. Aus Merkmal 2 folgt direkt, dass die Materie und die Raum-Zeit miteinander verknüpft sein müssen; keines von beiden „Objekten", also Materie und die Raum-Zeit, sollte danach ohne das andere vorkommen. Mit anderen Worten, eine leere Raum-Zeit sollte es nicht geben können. Andererseits können wir uns ein Materiestück ohne die Raum-Zeit nicht vorstellen.

b. Wenn wir eine gewisse Distanz durch zwei materielle Objekte definieren, dann muss es einen Zusammenhang zwischen den zwei Massen und dem Raum geben. Zum Beispiel können die beiden materiellen Körper einen konstanten Abstand haben, was bereits eine gewisse Art von Zusammenhang darstellt. Aber was ist das für ein Zusammenhang? Der kann nicht durch eine Form der Wechselwirkung zwischen den beiden Körpern und dem Raum, also den Elementen x, y, z, zustande kommen. Der Grund ist durch Merkmal 1 gegeben. Es kann keine Wechselwirkung zwischen der Raum-Zeit und den fünf Sinnen bzw. den Messgeräten geben, d.h. aber dann auch, dass es keine Wechselwirkung zwischen dem

Raum, also seinen Elementen *x, y, z,* und den beiden materiellen Körpern geben kann.

c. Aber welche Art von Zusammenhang existiert zwischen den beiden materiellen Körpern, die ja einen gewissen Abstand definieren, und dem Raum? Der Effekt darf nicht durch eine Wechselwirkung zustande kommen, sondern es muss eine andere Art von Zusammenhang sein. Im Folgenden werden wir auf diese Frage eingehen.

Festhalten können wir somit, dass Raum und Zeit den fünf Sinnen nicht zugänglich sind. Ebenso kann es durch keine Art von Messgerät zu raum-zeit-spezifischen Zeigerausschlägen kommen. Andererseits erfahren wir das Raum-Zeit-Phänomen in Verbindung mit materiellen Objekten konkret. Diese Situation bedarf der Klärung.

2.3.4 Zwei Objektarten

Aufgrund von Merkmal 1 haben wir die Raum-Zeit im physikalisch-realen Sinne als ein „Nichts" aufzufassen, auch wenn wir Raum und Zeit als reale Phänomene erfahren. Raum und Zeit müssen bei diesem Sachverhalt als metaphysische Objekte aufgefasst werden. Es ist klar, dass ein Nichts im physikalisch-realen Sinne, also ein metaphysisches Element, mit physikalisch-realer Materie nicht besetzt werden kann, d. h., in ein Nichts kann schlecht real existierende Materie eingebettet sein. Diese Konstruktion ist zumindest problematisch. Aber, wie wir wissen, alle modernen physikalischen Theorien arbeiten auf dieser Basis.

Eine Welt, die in Raum und Zeit eingebettet ist, scheint daher einen Widerspruch zu enthalten. Wir haben zwei Objektarten: Die metaphysische Raum-Zeit und die real existierende materielle Welt. Zwei Objektarten werden miteinander verwoben, die aber andererseits keine Gemeinsamkeit mitei-

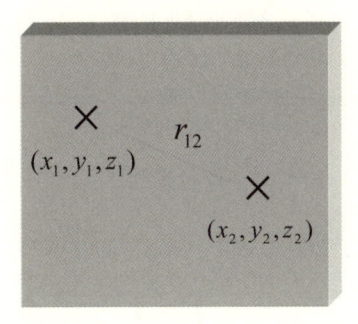

Abb. 7
In der Menschheitsgeschichte wurden immer alle wesentlichen Dinge in Form von Bildern dargestellt. Das ist offensichtlich die fundamentalste Aussage überhaupt. Das, was wir bei unseren Beobachtungen im Alltag direkt vor Augen haben, sind ausschließlich geometrische Objekte, die in Raum und Zeit eingebettet sind. Das, was wir unmittelbar vor uns haben, ist eine Situation in der Innenwelt des Menschen. Es sind also nicht die materiellen Dinge selbst, die wir direkt vor uns sehen. In der Abbildung sind die geometrischen Positionen x_1, y_1, z_1 und x_2, y_2, z_2 als Kreuze eingezeichnet, die zwei realen Objekten in der Außenwelt entsprechen und die im Bild zurzeit τ den Abstand $r_{12} = ((x_2-x_1)^2 + (y_2-y_1)^2 + (z_2-z_1)^2)^{1/2}$ haben.

nander haben, die nicht zueinanderpassen. Mit anderen Worten, diese beiden Objektarten sind offensichtlich nicht kompatibel.

Diese Situation kann überwunden werden, wenn wir die Position von Immanuel Kant übernehmen: Raum und Zeit sind ausschließlich Eigenarten, die unser Gehirn hervorbringt. Dann ist die materielle Welt draußen auf diese Raum-Zeit projiziert.

Die materiellen Objekte der Außenwelt können dann im Zusammenhang mit der Raum-Zeit nur noch als geometrische Objekte vorkommen. Nur diese geometrischen Strukturen besetzen Raum und Zeit und nicht die materiellen Objekte selbst; die geometrischen Strukturen sind in der Raum-Zeit eingebettet (siehe auch Abb. 7). Diese Situation entspricht genau dem, was wir zum Beispiel aus dem Schulunterricht kennen: Es liegt ein Blatt Papier vor uns, auf dem wir Bilder malen.

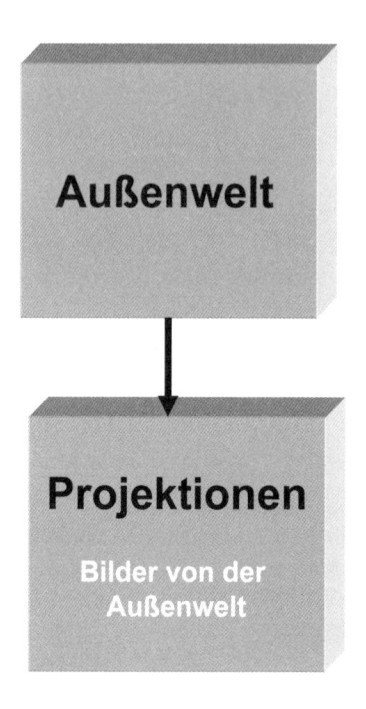

Abb. 8
Informationen über die Außenwelt fließen über unsere fünf Sinne in das Gehirn und formen hier ein Bild in Raum und Zeit.

Genau diese „Bilder von der Wirklichkeit" haben wir bei unseren Alltagsbeobachtungen vor Augen; es ist nicht die wahre Realität draußen, sondern es ist ein Bild von ihr. Diese Analyse entspricht genau dem, was in Abschnitt 1.4 auf der Grundlage des Poincaré'schen Skalengesetzes gesagt wurde.

Die Projektionstheorie [9–11] basiert auf dieser Konzeption. Im nächsten Kapitel werden wir einige herausragende Merkmale der Projektionstheorie ansprechen.

2.3.5 Wahrnehmungsprozesse

All das, was wir sehen, ist primär in unserem Kopf und gehört nicht zur Außenwelt. Personen, Autos, Bäume, Flugzeuge usw.

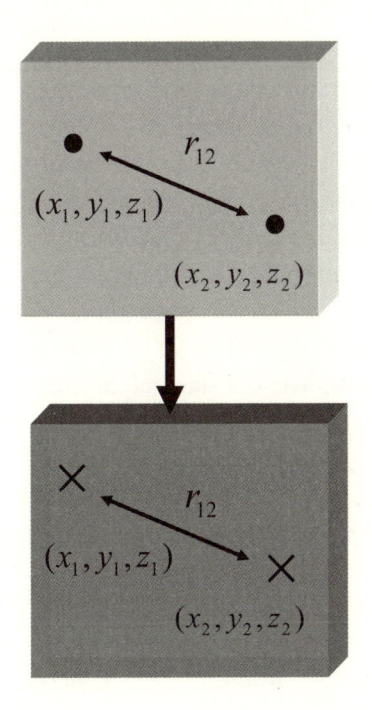

Abb. 9
Die meisten Menschen sind davon überzeugt, dass die Dinge vor ihnen die materielle Welt selbst ist; solche Beobachter, die wissen, dass es sich hierbei nur um Bilder von der Realität draußen handelt, nehmen wie selbstverständlich an, dass die Strukturen im Bild identisch sind mit denjenigen in der materiellen Realität draußen. Mit anderen Worten, es wird in der Regel angenommen, dass eine Eins-zu-Eins-Korrespondenz vorliegt, dass also die geometrischen Orte im Bild (Kreuze) in der Welt draußen lediglich durch die realen Massen ersetzt sind (volle Punkte). Das ist jedoch nicht der Fall. Diese Vorstellung ist vielmehr ein Trugschluss, was durch überzeugende Fakten belegt ist

sind Bilder von der Wirklichkeit in unserem Gehirn; wir haben lediglich den Eindruck, dass all diese Dinge außerhalb von uns gelagert sind.

Diese Schlussfolgerung wird durch den folgenden Text unterstützt: *„Charakteristisch für den Sehakt ist dabei, dass unser Bewusstsein nicht das Bild einer Kerze auf der Netzhaut drinnen* *im Auge registriert, sondern in uns das Empfinden wachgerufen wird, einer Kerzenflamme gegenüber zu stehen, die sich – nicht auf dem Kopf, sondern aufrecht – außerhalb von uns draußen im Raum befindet. Unsere Sinne ‚projizieren' alle Wahrnehmungen nach außen in den Raum. Wir sehen ‚leibhaftige Gegenstände' vor uns und um uns herum. Bei diesen Leistungen arbeiten Auge, Nervenleitung und Gehirn zusammen. Sehen ohne Gehirn ist ebenso unmöglich wie Sehen ohne Augen."* [19]

Aber das alles, was wir vor uns haben, sind Projektionen von der Außenwelt auf die Innenwelt, die Bilder in Raum und Zeit sind (Abb. 8).

Normalerweise wird angenommen, dass diese Ereignisse, so wie wir sie als Bilder des Gehirns wahrnehmen, auch in der Welt draußen genauso ablaufen, also so, wie das in Abb. 9 wiedergegeben ist. Aber das kann nicht der Fall sein, denn in der Außenwelt können Raum und Zeit nicht vorkommen. So haben wir das in Abschnitt 2.3.4 herausgearbeitet, was außerdem in gleicher Weise vom Poincaré'schen Skalengesetz gefordert wird (Abschnitt 1.4). In der Außenwelt gibt es somit keine Raum-Zeit, in der die materiellen Körper eingebettet wären.

Mit anderen Worten, es kann keine Eins-zu-Eins-Korrespondenz zwischen den Erscheinungen in der Innenwelt und denen in der Welt draußen geben. Dann kann Abb. 9 nicht zutreffen. Stattdessen gelangen wir zu Abb. 10.

Wie gesagt, Raum und Zeit sind lediglich Hilfsgrößen zur Darstellung von Vorgängen, die in der Außenwelt stattfinden. Das bedeutet insbesondere, dass nicht nur die Dinge vor uns (Autos, Menschen, Bäume usw.) im Kopf des Menschen sind, sondern auch die Elemente Raum und Zeit. Raum und Zeit kommen durch spezifische Gehirnfunktionen zustande. Das ist auch der Grund, warum wir nicht ein „Stück Raum" und auch kein „Stück Zeit" auf den Tisch legen können (Abschnitt 2.3.1).

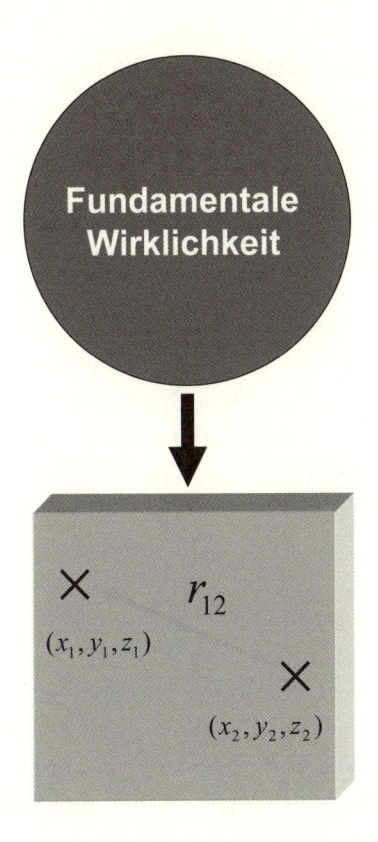

Abb. 10
Der große, volle Kreis symbolisiert das, was wir mit fundamentaler bzw. objektiver Wirklichkeit bezeichnen wollen. Die fundamentale Wirklichkeit ist dem Menschen auf direktem Wege nicht zugänglich, sondern nur einige charakteristische Eigenarten von ihr als Bilder von der Wirklichkeit, die sich direkt vor unseren Augen ausbreiten und in Raum und Zeit wiedergegeben sind. In der fundamentalen Wirklichkeit kommen Raum und Zeit nicht vor.

Also, wir können über die Struktur in der fundamentalen, absoluten Wirklichkeit keine Aussagen machen; die Wirklichkeit bleibt uns verborgen, da es in ihr keinen Raum und auch keine Zeit gibt. Der Mensch kann aber seine Beobachtungen bzw. unmittelbaren (nichtabstrakten) Anschauungen nicht ohne Raum und Zeit durchführen bzw. entwickeln; alles Beobachtbare ist daher bildabhängig. Ein bildunabhängiger Standpunkt ist für den menschlichen Beobachter nicht möglich. Daher kann er auch keine Aussagen über die Strukturen in der fundamentalen Realität machen.

Was können wir dann zu Merkmal 2 sagen, das in Abschnitt 2.3.3 definiert ist? Die Lösung für dieses Merkmal kann im Rahmen der Projektionstheorie auf einfachem Wege gefunden werden. Da Raum und Zeit Elemente des Gehirns sind und nur durch Gehirnfunktionen in Erscheinung treten, bedeutet Merkmal 2 dann einfach, dass Raum und Zeit nur dann in Erscheinung treten, wenn es auch tatsächlich etwas zum Darstellen gibt. Dann ist Materie (im Bild sind das die geometrischen Strukturen) tatsächlich eng mit der Raum-Zeit verwoben.

Warum ist das so? Warum hat die Evolution diesen Weg gewählt? Die Antwort ist klar: Jede biologische Art hat sich nach dem Nützlichkeitsprinzip entwickelt. Das haben wir schon in Abschnitt 2.2.3 hervorgehoben. Die Beobachtung einer leeren Raum-Zeit wäre aber nicht nützlich, weil sie keinerlei Informationen über die Welt enthalten kann, also überflüssig wäre. Das Nützlichkeitsprinzip ist offensichtlich nur dann erfüllt, wenn Raum und Zeit eng mit der materiellen Welt (im Bild ist es die geometrische Struktur) verwoben ist.

2.3.6 Die wesentlichen Merkmale

Wir erfahren die Welt mit unseren Sinnesorganen, d.h., der menschliche Beobachter wechselwirkt mit der Außenwelt: Information über die Welt draußen fließt über unsere Sinne in den Körper, und das Gehirn formt ein Bild aus diesen Informationen. Auf diesem Wege kommt das Bild von der Wirklichkeit zustande, das wir bei unseren Alltagsbeobachtungen vor Augen haben, das aber der Innenwelt des Beobachters angehört. Das Ganze läuft unbewusst ab, d.h., zum Entstehen des Bildes vor uns werden keine intellektuellen Leistungen benötigt.

Das Bild kommt über eine Projektion zustande. Wir haben eine Innenwelt und eine Außenwelt. Die meisten Menschen, die sich dessen bewusst sind, glauben dennoch, dass die Strukturen im Bild mit denen der Außenwelt identisch sind, und zwar so, wie das in Abb. 9 dargestellt ist.

Zum Beispiel bemerkte C. G. Jung: „*Wenn man darüber nachdenkt, was das Bewusstsein wirklich ist, ist man zutiefst von der Tatsache beeindruckt, dass ein außerhalb im Kosmos stattfindendes Ereignis ein inneres Bild hervorruft, dass das Ereignis ebenso im Inneren stattfindet, ...*" [2]

Diese Bemerkung von C. G. Jung suggeriert deutlich, dass – obwohl hier eine Projektion der Außenweltinformation auf die Raum-Zeit vorliegt – auch die Außenwelt in Raum und Zeit eingebettet ist. Das ist aber, wenn wir Merkmal 1 in Abschnitt 2.3.3 beachten, streng verboten. In Verbindung mit der Welt draußen kann es daher keine Raum-Zeit geben, sondern nur im Zusammenhang mit dem Bild, und hier übernehmen Raum und Zeit die Funktion von Hilfsgrößen zur Darstellung von physikalisch-realen Vorgängen, die in der Außenwelt stattfinden. Wie gesagt, die auf direktem Wege nicht beobachtbare Welt draußen enthält die Elemente Raum und Zeit nicht.

Wie die Außenwelt (Fundamentale Wirklichkeit) tatsächlich strukturiert ist, wissen wir prinzipiell nicht, da es keinen beobachterunabhängigen Standpunkt gibt. Anstelle von Abb. 9 gelangen wir zu Abb. 10. Die einzige Aussage, die wir machen können, ist die, dass die Außenwelt ganz anders strukturiert sein muss als das, was wir in den Bildern von der Wirklichkeit beobachten. Diese Bilder spiegeln einen Innenzustand wider und sind der direkteste Eindruck, den wir von der Welt haben können.

Arthur Eddington schrieb hierzu (Swarthmore Lectures [1929], Science and the Unseen World): „*In comparing the certainty of things, spiritual and things temporal, let us not forget this – Mind is the first and most direct thing in our experience; all else is remote inference ..."*

Aus unserer Analyse wissen wir, warum das so ist. Es liegt ein Projektionsprinzip vor, und draußen gibt es die Elemente Raum und Zeit nicht.

2.3.7 Der Einfluss der Evolution

Alle die Eigenheiten, die oben im Zusammenhang mit der Außenwelt und den Bildern von der Wirklichkeit aufgezeigt wurden, haben ihren Ursprung in den Gesetzen der Evolution. Gewisse Merkmale der Evolution haben wir bereits in Abschnitt 2.2.3 kurz angesprochen. Um weitere Aussagen machen zu können, soll zunächst noch einmal zusammengefasst werden, inwieweit unsere Realitätsauffassung von den Prinzipien der Evolution bestimmt ist.

Bei der evolutionären Entwicklung des Menschen und anderer biologischer Systeme ging es primär nicht darum, absolute Wahrheiten erkennen zu können, sondern um Fähigkeiten zu entwickeln, die das Überleben gewährleisten.

In Abschnitt 2.2.3 haben wir insbesondere festgestellt, dass sich der Mensch und auch andere biologische Systeme nach einem Zweckmäßigkeitsprinzip entwickelt haben. Die Nützlichkeit stand bei der evolutionären Entwicklung vorne an. Nach diesem Prinzip ging es für ein Individuum, insbesondere in der frühen Phase der Evolution, keineswegs darum, die wahre, also fundamentale Wirklichkeit vollständig zu erkennen, sondern ausschließlich lebensfreundliche von lebensfeindlichen Situationen unterscheiden zu können. Das bedeutet aber, dass Individuen nur so wenig Außenwelt in sich aufnehmen, wie unbedingt nötig ist. Alles andere wäre belastend und lebensbedrohlich. Das ist zwar ernüchternd, aber entspricht den Fakten.

Die Prinzipien der Evolution verlangen unmissverständlich, dass die Welt draußen komplexer sein muss als die Strukturen, die in den unmittelbaren Bildern vor uns beobachtet werden. Die Welt draußen, also die Fundamentale Wirklichkeit, ist dann mehr als das, was in den Bildern erscheint. Aber nicht nur das, denn die Strukturen in der Welt draußen sind mit denen im Bild nicht vergleichbar, und zwar deswegen, weil es in der Außenwelt keine Raum-Zeit gibt. Anstelle von Abb. 10 gelangen wir zu Abb. 11, in der der größere Kreis für die fundamentale Wirklichkeit gerade dieses „Mehr" in der Außenwelt symbolisch ausdrücken soll.

Diesen Sachverhalt haben wir in Abschnitt 2.2.10 mithilfe einer Kino-Kinokarte-Metapher deutlich gemacht: Nützlichkeit bedeutet, dass die Darstellung eines Sachverhalts auf das reduziert ist, um das es auch tatsächlich geht. *„So ist es auch zum Beispiel nicht erforderlich, dass ein Kinobesucher zum Auffinden seines gewünschten Platzes an der Kasse ein verkleinertes, aber naturgetreues Kinomodell bekommt. Dieses Modell würde Informationen enthalten, die zum Aufsuchen des Kinoplatzes überflüssig wären. Eine Kinokarte ist hier nützlicher und auch vernünftiger. Die Kinokarte stellt dann das Kino in symbolischer Form dar. Sie ist das „Bild vom Kino", obwohl diese symbolische Darstellung mit dem Kino selbst keine Ähnlichkeit hat."*

So muss das Geschehen auch im Zusammenhang mit Abb. 11 gesehen werden. Warum sollten die Strukturen in der Außenwelt mit denen der Innenwelt identisch sein? In Abb. 9 geht die Struktur in der Welt draußen direkt aus dem Bild hervor, denn es sind lediglich die geometrischen Orte durch die realen Massen ersetzt. Das wäre nicht zweckmäßig; die Evolution hätte eine solche Konstruktion nicht gewählt. Denn es wäre überflüssig und damit nicht nützlich, einen Vorgang zweimal ablaufen zu lassen, einmal im Innern und ein anderes Mal in der Außenwelt. Das Nützlichkeitsprinzip verbietet eine solche Konstellation. So wird auf ganz natürliche Weise der Übergang von Abb. 9 nach Abb. 10 bzw. Abb. 11 durch die Prinzipien der Evo-

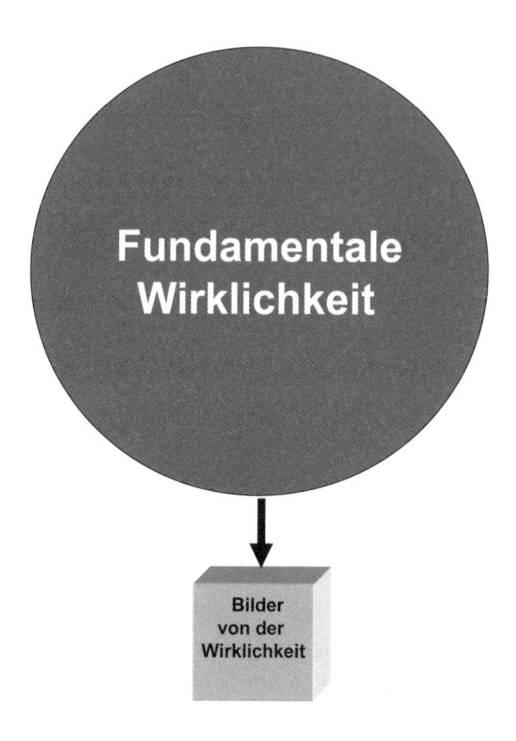

Abb. 11
Die Fundamentale Wirklichkeit in Relation zu dem was der Beobachter von ihr erfassen kann (Kasten „Bilder von der Wirklichkeit"). Der Kreis, der die Fundamentale Wirklichkeit symbolisiert, ist hier deutlich größer gezeichnet als in Abb. 10. Das soll andeuten, dass die Fundamentale Wirklichkeit mehr Informationen enthält als der Beobachter im Bild von der Wirklichkeit dargestellt bekommt. Das Nützlichkeitsprinzip ist hier wirksam.

lution erklärt. Die Erkenntnisfähigkeit des Menschen bezieht sich wesentlich darauf, was lebenserhaltend ist; der Mensch ist nicht danach ausgelegt, die absolute und vollständige Wahrheit erkennen zu können.

2.3.8 Die Situation des Menschen

Der Inhalt der Raum-Zeit-Information, der ja aus der fundamentalen Wirklichkeit selektiert wird, ist – wie schon gesagt –

durch die Prinzipien der Evolution festgelegt. Die unselektierte Information, auf die das Bild von der Wirklichkeit basiert, bleibt dem Menschen unbekannt. Zum Beispiel wissen wir nicht, welche Form bzw. Struktur von uns in der Fundamentalen Wirklichkeit vorliegt; wir kennen die Form bzw. Gestalt eines Menschen im Raum und können auch ihre zeitlichen Veränderungen verfolgen, aber wir wissen absolut nichts darüber, welche Gestalt ein Mensch in der Fundamentalen Wirklichkeit hat. Die Verhältnisse sind in den Abbildungen 12 und 13 dargestellt.

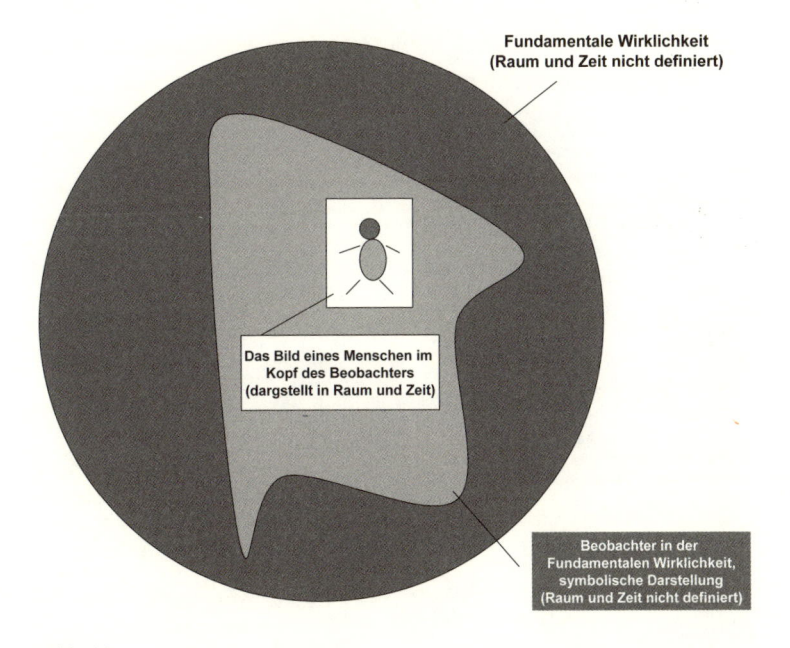

Abb. 12
Der menschliche Beobachter kann nur unter Einbeziehung von Raum und Zeit Aussagen über sich selbst machen. Aber es ist ihm nicht möglich, auf der Grundlage dieser Raum-Zeit-Information Rückschlüsse über das zu machen, was von ihm selbst in der Fundamentalen Wirklichkeit vorliegt. Daher wurde in der Abbildung eine willkürliche Struktur für den Beobachter in der Fundamentalen Wirklichkeit gewählt. Diese willkürliche Struktur soll nur ausdrücken, dass das Raum-Zeit-Bild von ihm im Kopf verschieden ist von dem, was von ihm in der Fundamentalen Wirklichkeit existiert.

205

Darüber hinaus wissen wir aus unserer Analyse, dass dieser Mensch mehr sein muss, als im Bild von ihm tatsächlich erscheint. Mit anderen Worten, das Raum-Zeit-Bild vom Menschen enthält keineswegs die vollständige Information über ihn.

Das Raum-Zeit-Bild des Menschen offenbart ausschließlich seinen materiellen Teil [3, 9–11], was insbesondere auch noch in den folgenden Kapiteln erkennbar wird. Das deckt sich mit der Auffassung, dass dem Menschen Geist und Gefühle zugesprochen werden, die ihren Ursprung nicht im materiellen Bereich haben; seine intellektuellen Fähigkeiten stellen, so gesehen, die Möglichkeit dar, den materiellen Bereich real zu erweitern [3]. Geist, Gefühle und intellektuelle Zustände werden oft als weniger relevant hingestellt, weil oft angenommen wird, dass diese

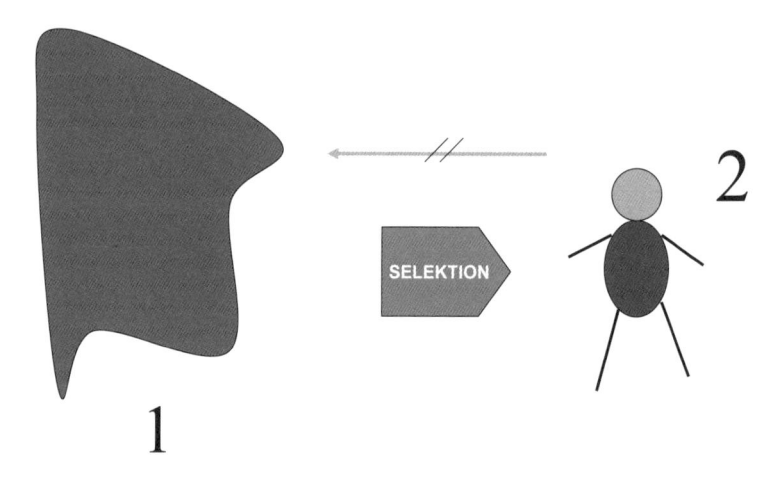

Abb. 13
Der Beobachter in der Fundamentalen Wirklichkeit ist durch die Struktur 1 charakterisiert. Diese Struktur 1 wurde willkürlich gewählt, da wir keinerlei Aussagen über die Dinge in der Fundamentalen Wirklichkeit machen können. Eine bildunabhängige Aussage ist im Rahmen des Projektionsprinzips nicht möglich. Die Form bzw. Gestalt des Beobachters in Raum und Zeit zeigt Struktur 2, also die uns vertraute Situation, wie sie nach der Selektion erscheint. Der Beobachter in der Fundamentalen Wirklichkeit (Struktur 1) enthält mehr Informationen über sich selbst als das Raum-Zeit-Bild wiedergeben kann. Dem Beobachter ist es prinzipiell nicht möglich, von Struktur 2 auf Struktur 1 zu schließen.

Merkmale aus materiellen Prozessen resultieren. Wir werden jedoch in Kapitel 4 zeigen, dass das nicht der Fall sein sollte.

Warum können wir gewisse Dinge in der Raum-Zeit darstellen und andere nicht? Antwort: Gewisse Fakten sind relevant, andere nicht bzw. weniger. Solche Dinge und Vorgänge, die wichtig zum Überleben sind, erfährt der Mensch *unbewusst* und erscheinen in Raum und Zeit, also unmittelbar vor ihm als Bild von der Wirklichkeit [3].

Intellektuelle Aussagen bzw. Produkte des Geistes sind auch wichtig, kommen aber durch *bewusste* Aktionen ins Spiel und sind fürs Überleben zunächst weniger wichtig als die unbewusst auftretenden Bilder vor uns [3]. Solche Elemente, die zu bewussten Aktionen führen, erscheinen nicht spontan als Raum-Zeit-Bilder unmittelbar vor uns. Hier werden zur einheitlichen Beschreibung „Wirklichkeitsebenen" verwendet, so wie wir das schon in Abschnitt 2.2.9 angedeutet haben, aber in Kapitel 4 noch näher erörtern werden.

2.3.9 Andere biologische Systeme

Das Bild von der Wirklichkeit muss von der biologischen Art abhängen. Denn wir müssen annehmen, dass biologische Systeme, die anders strukturiert sind als der Mensch, auch anderen Lebensbedingungen unterliegen. Das muss im Grunde nicht extra erwähnt werden, denn bei biologischen Systemen mit einer Gestalt, die von der des menschlichen Beobachters verschieden ist, bestehen andere Bedingungen bezüglich ihrer Chancen zum Überleben; gerade deswegen hat sich ja die Gestalt auch anders entwickelt.

Daraus müssen wir schließen, dass die Bilder von der Wirklichkeit, die andere biologische Arten von der Welt entwickeln, anders sind als die beim Menschen, denn auch hier gilt das Nützlichkeitsprinzip.

Ein Nachweis für diese These kann vordergründig nur die Verhaltensforschung liefern. Wolfgang Schleidt führte in dem Zusammenhang interessante Experimente mit einer Truthenne und ihrem Küken durch, und er konfrontierte die Truthenne mit ihrem tödlichen Feind, einem Wiesel. Auf diese Weise wollte Schleidt etwas über den Wahrnehmungsapparat der Truthenne lernen. Die Experimente wurden ausführlich in Referenz 3 besprochen und kommentiert. Deshalb sollen hier nur noch die wesentlichen Ergebnisse angeführt werden.

Wolfgang Schleidt arbeitete mehr oder weniger mit Alltagsmethoden. Jedoch könnten die Ergebnisse seiner Experimente so wichtig wie zum Beispiel gewisse Schlüsselexperimente im Bereich der Elementarteilchenphysik sein, die in der Regel an komplizierten, großen und insbesondere teuren Beschleunigern durchgeführt werden und das wissenschaftliche Weltbild wesentlich mitgeprägt haben.

Schleidt zeigte nun in seinen relativ einfachen Experimenten, dass der Wahrnehmungsapparat der Henne ganz anders strukturiert sein muss als der des menschlichen Beobachters. Mit anderen Worten, das Bild von der Wirklichkeit der Henne muss wesentlich anders sein als das Bild von der Wirklichkeit des Menschen. Im Grunde bringt Schleidt somit einen deutlichen Beweis dafür, dass das oben eingeführte Projektionsprinzip zutrifft (siehe insbesondere Abb. 8).

Diese Experimente führten zu dramatischen und unerwarteten Resultaten und zeigten, dass die Truthenne die Welt optisch ganz anders erleben muss als der Mensch, obwohl auch die Henne Augen besitzt, die unseren sehr ähnlich sind. Dennoch gibt es ganz offensichtlich mit dem, was die Henne erfährt, keine Ähnlichkeit mit den unmittelbaren menschlichen Erfahrungen.

Beide Systeme, also Henne und Mensch, reagieren im Normalfall korrekt, und zwar deswegen, weil es beiden biologischen Arten möglich ist, in der Welt zu existieren bzw. zu überleben. Das kann aber vom Standpunkt der modernen Evolutionsprinzipien nur dann möglich sein, wenn das jeweilige „Bild von der Wirklichkeit" korrekt ist.

Obwohl also die Welt-Konzeptionen von Henne und Mensch verschieden voneinander sind, sind diese im jeweiligen Fall dennoch korrekt. Das ist kein Widerspruch. Denn, so haben wir in vorangegangenen Abschnitten immer wieder festgehalten, es geht eben nicht um wahr und unwahr, sondern darum, lebensfreundliche von lebensunfreundlichen Situationen sicher unterscheiden zu können.

Das heißt dann, dass beide Arten nicht absolute Wahrheiten von der Welt draußen entwerfen, sondern nützliche Rezepte in der Form von Wirklichkeitsbildern. Die wahren Strukturen in der Welt draußen (in der Fundamentalen Wirklichkeit) werden von solchen artabhängigen Wirklichkeitsbildern nicht tangiert, was in den Abbildungen 10 und 11 symbolisch skizziert ist.

Zu den Schleidt'schen Experimenten lässt sich zusammenfassend festhalten, dass sie einen wesentlichen Beitrag zu dem leisten, was wir Realität nennen. Insbesondere wird hier der Zusammenhang aufgezeigt, der zwischen dem Begriff Realität und der jeweiligen biologischen Art (Mensch, Truthenne oder auch andere biologische Systeme) besteht.

Jedoch können wir im Rahmen solcher Experimente nur sagen, dass diese Zusammenhänge bestehen, weil sich auf diesem Wege klar beweisen lässt, dass die Wahrnehmungsvorgänge bzw. Auffassungen von der Welt nicht einheitlich sind, sondern von der biologischen Art abhängen. Die Details sind uns allerdings so nicht zugänglich. Wir wissen nicht einmal, ob solche anderen biologischen Systeme „ihre Welt" im Rahmen einer Raum-Zeit erfahren.

Dennoch kann gesagt werden, dass die Ergebnisse der Schleidt'schen Experimente mit der Henne verallgemeinert werden können, denn es wäre abwegig zu glauben, dass die Henne eine Ausnahme unter all den biologischen Systemen darstellt. Ganz ohne Zweifel unterstützen die Schleidt'schen Experimente die Auffassung, die in dieser Monografie vertreten wird, stark. All das, was in Kapitel 1 und in diesem Kapitel herausgearbeitet wurde, wird mit einem Schlag bestätigt, die Summe aller Details ergibt das richtige Ergebnis.

2.4 Resümee

Wiederholen wir hier die wesentlichsten Punkte, die in diesem Kapitel über Raum und Zeit gesagt wurden.

Merkmale von Raum und Zeit

In der Menschheitsgeschichte wurden immer alle wesentlichen Dinge in Form von Bildern dargestellt. Das kann als die fundamentalste Aussage überhaupt aufgefasst werden. Solche Bilder enthalten die Objekte wie Sonne, Mond und Sterne usw., aber auch den Raum und die Zeit.

Wir beobachten die Objekte mit unseren fünf Sinnen und ebenso mit Messinstrumenten. Daher glauben wir auch an die konkrete Existenz dieser Dinge und wir bezeichnen sie als „materielle Gegenstände".

Aber was können wir zu Raum und Zeit sagen, die ja wesentliche Elemente dieser Bilder sind? Diese Frage ist nicht einfach zu beantworten, auch wenn wir über das Poincaré'sche Skalengesetz schon einiges über die Eigenheiten von Raum und Zeit im kosmologischen Zusammenhang gelernt haben.

Warum lassen sich Fragen zu den Begriffen Raum und Zeit nicht einfach beantworten? Weil Raum und Zeit ganz offensichtlich mit dem Vorurteil belastet sind, dass alles in ihnen eingebettet ist. Bei unseren Alltagserlebnissen erleben wir die Welt ja auch so, und diese Bilder sind, wie wir oben festgehalten haben, die elementarste Form des Welterlebens; eine direktere Darstellung von der Welt um uns herum gibt es nicht. Deshalb wird normalerweise angenommen, dass der Raum eine Art Container ist, der mit Materie gefüllt ist.

Wir haben schon bei der Besprechung des Poincaré'schen Skalengesetzes festgestellt, dass der Raum als Container nicht infrage kommen sollte. Es muss sich hier tatsächlich um ein Vorurteil handeln. Schon Immanuel Kant gab den Elementen Raum und Zeit eine andere Bedeutung.

All das, was wir mit unseren fünf Sinnen und auch mit unseren Messgeräten erfassen, fassen wir als real existierend auf.

Aber, so stellt sich direkt die Frage, können wir auch Raum und Zeit mit unseren fünf Sinnen erfassen? Oder gibt es sogar Messgeräte, die Raum und Zeit direkt erfassen können? Nein, all das ist nicht möglich, denn weder mit unseren fünf Sinnen noch mit spezifischen Messinstrumenten lassen sich Raum und Zeit direkt erfassen. Diese schwerwiegende Aussage haben wir in diesem Kapitel näher erörtert.

Die Situation in Hinsicht auf Raum und Zeit ist sehr klar: Wir sind nicht in Lage, ein „Stück Raum" bzw. ein „Stück Zeit" auf den Tisch zu legen. Solche Stücke gibt es nicht. Die Elemente vom Raum, also die Koordinaten x, y, z, sind nicht beobachtbar, und das gilt ebenso für die Zeit τ, die wir mit unseren Uhren definieren. Wir haben keine Sinne zur Beobachtung von x, y, z, τ; auch ist es nicht einmal denkbar, Messgeräte zur Bestimmung der Elemente x, y, z, τ entwickeln zu können.

Aus dem haben wir geschlossen, dass Raum und Zeit als physikalisch-reale Größen nicht existieren können. Daraus wurde insbesondere der Schluss gezogen, dass Raum und Zeit als Quelle für physikalisch-reale Effekte nicht infrage kommen können.

Wir können immer nur Aussagen über Abstände in Verbindung mit Massen und über Zeitabstände im Zusammenhang mit physikalisch-realen Vorgängen machen.

Schlussfolgerungen

Aufgrund von Merkmal 1 (siehe Abschnitt 2.3.3) haben wir die Raum-Zeit im physikalisch-realen Sinne als ein „Nichts" aufzufassen, auch wenn wir Raum und Zeit als reale Phänomene erfahren. Raum und Zeit müssen bei diesem Sachverhalt als metaphysische Objekte aufgefasst werden. Es ist klar, dass ein Nichts im physikalisch-realen Sinne, also ein metaphysisches Element, nicht mit physikalisch-realer Materie besetzt werden kann, d. h., in ein Nichts kann schlecht real existierende Materie eingebettet werden. Diese Konstruktion ist zumindest problematisch. Aber, wie wir wissen, alle gängigen physikalischen Theorien arbeiten auf dieser Basis.

Wir haben daraus den Schluss gezogen, dass die materiellen Objekte der Außenwelt im Zusammenhang mit der Raum-Zeit nur noch als geometrische Objekte vorkommen können. Nur diese geometrischen Strukturen besetzen Raum und Zeit und nicht die materiellen Objekte selbst; die geometrischen Strukturen sind in der Raum-Zeit eingebettet. Diese Situation entspricht genau dem, was zum Beispiel Kinder aus dem Schulunterricht kennen: Es liegt ein Blatt Papier vor uns, auf dem sie Bilder malen.

Genau diese „Bilder von der Wirklichkeit" haben wir bei unseren Alltagsbeobachtungen vor Augen; es ist nicht die wahre Realität draußen, sondern es ist ein Bild von ihr.

In der Außenwelt können Raum und Zeit nicht vorkommen. So haben wir es herausgearbeitet. In der Außenwelt gibt es also keine Raum-Zeit, in der die materiellen Körper eingebettet wären. Mit anderen Worten, es kann keine Eins-zu-Eins-Korrespondenz zwischen den Erscheinungen in der Innenwelt und denen in der Welt draußen geben.

Diese Analyse entspricht genau dem, was in Abschnitt 1.4 auf der Grundlage des Poincaré'schen Skalengesetzes gesagt wurde, ist aber unabhängig davon.

Die Projektionstheorie basiert auf dieser Konzeption. Im nächsten Kapitel werden wir einige herausragende Merkmale der Projektionstheorie ansprechen.

Das Nützlichkeitsprinzip

Bei der evolutionären Entwicklung des Menschen und anderer biologischer Systeme ging es primär nicht darum, absolute Wahrheiten erkennen zu können, sondern um Fähigkeiten zu entwickeln, die das Überleben gewährleisten.

Der Mensch und auch andere biologischen Systeme haben sich ganz offensichtlich nach einem Zweckmäßigkeitsprinzip entwickelt. Die Nützlichkeit stand bei der evolutionären Entwicklung vorne an. Nach diesem Prinzip ging es für ein Individuum, insbesondere in der frühen Phase der Evolution, keineswegs darum, die wahre, also Fundamentale Wirklichkeit vollständig zu erkennen, sondern ausschließlich lebensfreundliche von lebensfeindlichen Situationen unterscheiden zu können. Das bedeutet aber, dass Individuen nur so wenig Außenwelt in sich aufnehmen, wie unbedingt nötig ist. Alles andere wäre belastend und lebensbedrohlich.

Die Prinzipien der Evolution verlangen unmissverständlich, dass die Welt draußen komplexer sein muss als die Strukturen, die in den unmittelbaren Bildern vor uns beobachtet werden.

Die Welt draußen, also die Fundamentale Wirklichkeit, ist dann mehr als das, was in den Bildern erscheint. Aber nicht nur das, denn die Strukturen in der Welt draußen sind mit denen im Bild nicht vergleichbar, und zwar deswegen, weil es in der Außenwelt keine Raum-Zeit gibt.

Alfred Schmid: Neue Aspekte durch gnostisches Denken und Beobachten

Das Nützlichkeitsprinzip deutet darauf hin, dass wir die eigentliche Wirklichkeit nur in reduzierter Form kennen können. Die Prinzipien der Evolution lassen keine andere Sicht zu. Dennoch stellt sich die Frage, ob die physikalisch-materielle Beobachtung bzw. Analyse die einzige Möglichkeit darstellt, Teile der Fundamentalen Wirklichkeit zu erfassen. Sind, mit anderen Worten, die physikalischen Methoden vollständig? Hier setzt Alfred Schmid ein. Dazu kurz die folgenden Bemerkungen.

Während die Physik etwas darüber aussagt, *was die Dinge tun*, wie also Prozesse in der Natur ablaufen, führt Alfred Schmid's Gnosis zu einer Aussage darüber, *was die Dinge sind*. Gnostisches Denken bzw. Beobachten ergänzen somit das, was wir intellektuell durch logisches Denken und durch Beobachten im physikalisch-materiellen Bereich erkennen. Mit anderen Worten, was die Dinge tun und was sie sind, stellen sie eine umfassendere Sicht dar als das, was allein auf der Basis der Physik extrahiert wird. Alfred Schmid hat das in seinen Schriften (insbesondere in den Büchern „Principium motus" und dem „Traktat über das Licht") ausführlich dargelegt [4]. In Abschnitt 4.10 werden wir diesen Aspekt vertiefen.

KAPITEL 3
ERSATZWELTEN

Der menschliche Beobachter kann nur etwas über die Welt draußen (Fundamentale Wirklichkeit) in Form eines Bildes wissen, das dem Eindruck entspricht, den er unmittelbar vor Augen hat. Die Fundamentale Wirklichkeit ist ihm prinzipiell nicht zugänglich. Zu diesem wichtigen Ergebnis sind wir insbesondere in Kapitel 2 gekommen.

Allerdings müssen wir etwas über die Außenwelt und auch die Form der Projektion von der Außenwelt auf die Raum-Zeit wissen, wenn das Bild von der Wirklichkeit verstanden werden soll. Eine theoretische Beschreibung, die zu den geometrischen Strukturen im Bild führen, setzt also voraus, dass wir eine Art Ersatzwelt konstruieren, da uns ja die realen Strukturen der Fundamentalen Wirklichkeit grundsätzlich nicht zugänglich sind.

Mit der Konstruktion einer solchen Ersatzwelt muss gleichzeitig das Transformationsgesetz bekannt sein, um von den Strukturen der Ersatzwelt auf das Bild von der Wirklichkeit schließen zu können, denn nur dieses Bild gibt uns unmittelbar Auskunft darüber, was in der Welt passiert. Ersatzwelt und Transformation bilden den Kern der Projektionstheorie [17].

In diesem Kapitel wollen wir über solche möglichen Ersatzwelten sprechen. In dem Zusammenhang werden wir lernen, was „Teilchen" oder überhaupt „Gegenstände" sind und wie sie zustande kommen. Aber auch die Natur der Zeit wird ein wesentlicher Punkt sein, denn über die Projektionstheorie bekommt die Zeit einen wirklichen quantentheoretischen Aspekt. Die Zeit wird insbesondere eine systemspezifische Größe. Wie wir schon in Kapitel 1 festgestellt haben, ist die Zeit in der konventionellen Quantentheorie noch eine klassische Größe und stellt lediglich einen externen Parameter dar. Zuvor soll aber noch eine kurze Bemerkung über die Dimensionalität des Raumes gemacht werden.

3.1 Der dreidimensionale Raum

In der Außenwelt kann es keine Raum-Zeit geben. Das folgt aus unseren Analysen in den Kapiteln 1 und 2, also sowohl aus dem Poincaré'schen Skalengesetz und – unabhängig davon – ebenso aus den grundlegenden Eigenschaften von Raum und Zeit selbst. Die Raum-Zeit stellt keinen Container dar, in dem alles Materielle eingebettet ist.

Raum und Zeit sind Elemente des Gehirns und werden konstant eingeblendet, wenn es etwas aus der Welt draußen darzustellen gibt. Das alles läuft bei den Beobachtungen im Alltag unbewusst ab. Mit anderen Worten, die Eigenschaften von Raum und Zeit sind durch spezifische Gehirnfunktionen fest vorgegeben.

Der Raum ist bei solchen Beobachtungen bzw. Projektionen immer dreidimensional. Bei der Entwicklung des Menschen hat die Evolution dieses Merkmal schon in den ersten Schritten eingebracht. Alle darauf folgenden Entwicklungsstufen bauen auf dieses Grundgerüst auf, auch wenn es in späteren Phasen der Evolution nicht mehr unbedingt um die Installation von lebenserhaltenden Fähigkeiten ging. Das Denken, also das bewusste Erschaffen von Weltbildern, ist nach der Möglichkeit zur unbewussten Beobachtung von Alltagsbildern entwickelt worden.

Ohne die späteren Evolutionsphasen sollte es für den Beobachter nichts anderes als den dreidimensionalen Raum geben. Aber durch „Denken" sind ihm weitere Möglichkeiten gegeben; Menschen können sich abstrakt eine Welt „schaffen", die auf einen Raum projiziert ist, der mehr Dimensionen hat als nur die drei.

Aber was ist eine solche abstrakte Welt wert? Wie realistisch ist so etwas? Solche Situationen sind im Grunde nur wenig wert, denn der reale Bezug zur Welt draußen fehlt; dieser reale Bezug ist ausschließlich über den dreidimensionalen Raum gegeben, auf den sich insbesondere auch alle Messungen beziehen. Wir sind nicht in der Lage Messinstrumente zu entwickeln und zu fertigen, die in einem Raum operieren, der mehr Dimensionen hat als die uns vertrauten drei. Mit anderen Worten, es besteht keine Möglichkeit von der abstrakten Welt im hochdimensionalen Raum auf die Welt draußen zu schließen, weil es ja nach unseren Analysen in den Kapiteln 1 und 2 den Begriff „Raum" (Raum-Zeit) in der Außenwelt gar nicht geben kann, also auch nicht den hochdimensionalen.

3.2 Das Projektionsprinzip im Zusammenhang mit Ersatzwelten

In Kapitel 2 wurde das Projektionsprinzip eingeführt, das sich aus den elementaren Eigenschaften von Raum und Zeit zwangsläufig ergab. Dieses Prinzip besagt, dass die materielle Welt (Sonne, Mond und Sterne) nicht in der Raum-Zeit eingebettet ist, sondern, dass die Objekte auf Raum und Zeit projiziert sind, dass sie sozusagen als geometrische Strukturen unmittelbar vor unseren Augen in Erscheinung treten. Alle Formen der konventionellen Physik arbeiten im Rahmen des Container-Prinzips.

Raum und Zeit sind dann, wie wir oben schon oft herausgestellt haben, lediglich Hilfsgrößen zur Darstellung von selektierter Information, die ein spezifischer Teil der Welt draußen ist. Die Selektionen sind durch die Prinzipien der Evolution erklärt, was in Kapitel 2 begründet wurde.

3.2.1 Konstruktion von Ersatzwelten

Wie gesagt, die Fundamentale Wirklichkeit ist dem Beobachter nicht zugänglich. Deshalb müssen wir Ersatzwelten einführen, um die geometrischen Strukturen im Bild auf physikalisch reale Prozesse zurückführen zu können.

Das alles wurde in Referenz 17 ausführlich besprochen. Es stellte sich heraus, dass die Variablen der zu Raum und Zeit passenden Ersatzwelt durch den Impuls **p** und die Energie *E* gegeben sein müssen, d. h., die Ersatzwelt ist im so genannten (**p**, *E)*-Raum eingebettet.

Auf die Definitionen für Impuls und Energie soll hier nicht eingegangen werden, was ausführlich in der einschlägigen Grundlagenliteratur erfolgt. Der Impuls ist ein Vektor, was hier durch fettgedruckte Buchstaben gekennzeichnet ist; die Energie ist hingegen immer eine skalare Größe, und es werden deshalb für sie ausschließlich Normalbuchstaben verwendet.

Die Information im (**p**, *E)*-Raum wird vollständig auf Raum und Zeit projiziert. Die Variablen **p** and *E* übernehmen die Beschreibung der Wirklichkeit, die jedoch nicht mit der Fundamentalen Wirklichkeit verwechselt werden darf. Da die Realität selbst immer mit einem spezifischen System identifiziert werden muss (siehe insbesondere Kapitel 2), haben wir die Variablen **p** and *E* als systemspezifische Größen aufzufassen.

Das bedeutet aber, dass der Raum-Zeit-Rahmen, auf dem die Information des (**p**, *E)*-Raums vollständig projiziert ist, die Zeit τ nicht enthalten darf, denn τ ist – wie wir wissen – ein externer Parameter und kann daher nichts mit dem zu untersuchenden System zu tun haben; die Zeit τ wird mit üblichen Uhren gemessen und kann keine systemspezifischen Merkmale aufweisen.

Deshalb muss eine systemspezifische Zeit eingeführt werden, der wir den Buchstaben *t* geben wollen. Mit anderen Worten, der Raum-Zeit-Rahmen auf den die Informationen der Ersatzwelt projiziert ist, ist durch die Variablen **r** und *t* gegeben. Dieser Raum-Zeit soll die Bezeichnung (**r**, *t)*-Raum gegeben werden.

3.2.2 Modelle für die Ersatzwelt

Die Bilder von der Welt, die der Beobachter unmittelbar vor seinen Augen hat, sind der direkteste Eindruck. Daher kann das Folgende gesagt werden: In der Menschheitsgeschichte wurden alle wesentlichen Dinge in Form von Bildern gegeben, und diese erscheinen spontan vor uns. Das ist die fundamentalste Aussage über die Welt überhaupt.

Diese Bilder sind im $(\mathbf{r}, t)$-Raum dargestellt und ergeben sich auf der Basis von Prozessen, die im $(\mathbf{p}, E)$-Raum (Ersatzwelt) stattfinden. Jeder Prozess ist durch $(\mathbf{p}, E)$-Fluktuationen charakterisiert. Diese Prozesse im $(\mathbf{p}, E)$-Raum sind auf den $(\mathbf{r}, t)$-Raum projiziert. Wie in Referenz 17 ausführlich besprochen, finden die spezifischen Projektionen über Fourier-Transformationen statt, d. h., die Informationen werden vom $(\mathbf{p}, E)$-Raum (Ersatzwelt) auf den $(\mathbf{r}, t)$-Raum (Bild) über eine Fourier-Transformation übertragen.

Natürlich stellt auch die Übertragung von Information von der Fundamentalen Wirklichkeit auf den $(\mathbf{r}, t)$-Raum eine Projektion dar. Da uns aber die Fundamentale Wirklichkeit in keiner Weise zugänglich ist, können wir auch nicht die Transformationsgesetze kennen, die die Informationsübertragung von der Fundamentalen Wirklichkeit zum Bild (($\mathbf{r}$, t)-Raum) bewerkstelligen. Das genau ist der Grund, warum wir Ersatzwelten konstruieren. Die Situation ist noch einmal in Abb. 14 zusammengefasst, und zwar im Zusammenhang mit Fundamentaler Wirklichkeit, Ersatzwelt und dem Bild von der Wirklichkeit.

Das Modell für die Ersatzwelt im $(\mathbf{p}, E)$-Raum ist dann realistisch, wenn die geometrischen Strukturen im $(\mathbf{r}, t)$-Raum hinreichend gut beschrieben werden: Die Basisinformationen sind die Strukturen im $(\mathbf{r}, t)$-Raum, die durch Projektion von der unbekannten Fundamentalen Wirklichkeit auf den $(\mathbf{r}, t)$-Raum zustande kommen. Damit wird das Ergebnis, das aus dem Modell für die Ersatzwelt folgt, verglichen.

3.3 BEZIEHUNGEN

3.3.1 Klassische Physik

In allen Formen der klassischen Physik (Newton'sche Mechanik, Relativitätstheorie) liegen deterministische Gesetze vor. Wir beobachten die Bewegung von Körpern in Raum und Zeit, d. h., wir bekommen die Position $\mathbf{r} = (x, y, z)$ als Funktion der mit unseren Uhren gemessenen Zeit τ. Auf diesem Wege bekommt man für jeden Körper eine Bahnkurve, die durch $x(\tau), y(\tau), z(\tau)$ beschrieben ist.

3.3.2 Konventionelle Quantentheorie

Wie wir wissen, ist der Übergang von klassischer Physik zur konventionellen Quantentheorie wesentlich durch die

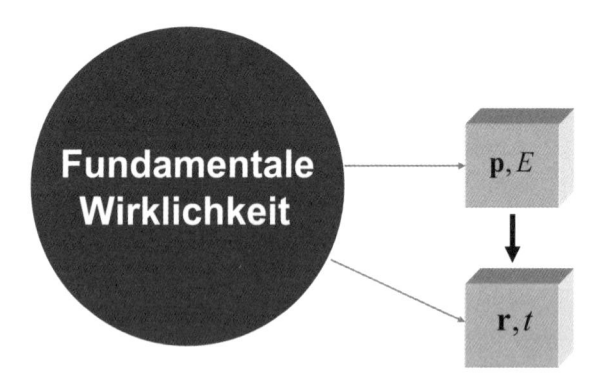

Abb. 14
Die Abbildung symbolisiert den Zusammenhang zwischen der Fundamentalen Wirklichkeit und dem Bild im $(\mathbf{r}, t)$-Raum, aber auch die Verknüpfung zwischen der Ersatzwelt $((\mathbf{p}, E)$-Raum) und dem Bild $((\mathbf{r}, t)$-Raum). Da uns die Fundamentale Wirklichkeit nicht zugänglich ist, ist es nicht möglich, den Informationstransfer von Fundamentaler Wirklichkeit zum $(\mathbf{r}, t)$-Raum zu beschreiben. Daher müssen künstliche Ersatzwelten geschaffen werden. Mehr Details sind im Text gegeben.

Planck'sche Konstante $\hbar$ beeinflusst. Es liegen dann keine deterministischen Gesetze mehr vor, sondern die Systeme verhalten sich bezüglich ihrer Positionen statistisch.

In der konventionellen Quantentheorie haben wir keine Trajektorien mehr, sondern die Objekte verhalten sich – wie gesagt – statistisch. Jedoch muss hier die Form (Gestalt) der Objekte postuliert werden, so wie das im Rahmen der klassischen Physik auch der Fall ist. Zum Beispiel wird angenommen, dass das Elektron punktförmig ist. Weiterhin sind auch in der konventionellen Quantentheorie die materiellen Objekte in Raum-Zeit eingebettet.

Das statistische Verhalten ist in der konventionellen Quantentheorie auf die Koordinaten x, y, z beschränkt. Die Zeit τ unterliegt beim Übergang von der klassischen Mechanik zur konventionellen Quantentheorie keiner Veränderung. Mit anderen Worten, die Zeit τ bleibt ein externer Parameter und verhält sich nicht statistisch. Die oben eingeführte systemspezifische Zeit t ist in der konventionellen Quantentheorie nicht definiert.

Das statistische Verhalten eines Teilchens (eingebettet im Raum) ist durch die Wellenfunktion $\psi(\mathbf{r}, \tau)$ beschrieben, die Lösung der Schrödinger-Gleichung (2) ist. Nach Born ist die Wahrscheinlichkeit ein (punktförmiges) Teilchen im Volumenelement $dV = dxdydz$ an einer bestimmten Stelle $\mathbf{r} = (x, y, z)$ und zu einer bestimmten Zeit τ zu finden, durch $\psi^*(\mathbf{r}, \tau)\,\psi(\mathbf{r}, \tau)dxdydz$ gegeben (Kapitel 1). Betont werden muss noch einmal, dass sich das statistische Verhalten nur auf die Variable $\mathbf{r} = (x, y, z)$ bezieht, jedoch nicht auf die Zeit τ.

3.3.3 Projektionstheorie

Der Übergang von der klassischen Mechanik zur Projektionstheorie ist komplexer als der zur konventionellen Quantentheorie. Hier bekommen wir – wie oben schon angesprochen – zwei Räume, den (**p**, *E*)-Raum und den (**r**, *t*)-Raum, wobei die Ersatzwelt wieder im (**p**, *E*)-Raum eingebettet ist, und die **p**, *E*-Fluktuationen sind auf den (**r**, *t*)-Raum projiziert [17]. Der (**r**, *t*)-Raum ist kein Container, in dem die materielle Welt eingebettet ist; wie wir oben schon oft bemerkt haben, enthält der (**r**, *t*)-Raum ausschließlich geometrische Strukturen.

Wir erfahren die Fundamentale Wirklichkeit (Welt draußen) als eine **r**, *t*-Struktur, und wir beschreiben diese **r**, *t*-Struktur mit einem Modell für die Ersatzwelt.

Falls eine gewisse **r**, *t*-Struktur als Teilchen identifiziert ist, dann kann genau dieses Teilchen nur über eine Wechselwirkung (**p**, *E*-Fluktuationen) mit seiner Umgebung in Erscheinung treten, d. h., das Teilchen wird erst durch diese Wechselwirkung definiert, was sich dann in einer **r**, *t*-Struktur äußert.

Wie sich zeigt, muss diese Existenz erzeugende Wechselwirkung abstandsunabhängig sein. Einen solchen abstandsunabhängigen Typ von Wechselwirkung gibt es in der konventionellen Quantentheorie nicht.

Wie schon angedeutet, weist die Projektionstheorie eine weitere Eigenart auf. Jeder Prozess bzw. jedes Objekt definiert seine eigene Zeitstruktur, wobei wir oben mit dem Buchstaben *t* die zuständige Variable für solche Zeitstrukturen definiert haben. Die Variable *t* ersetzt die Zeit τ nicht, denn die Zeit τ existiert auch in der Projektionstheorie, und zwar als Referenzzeit.

Mit anderen Worten, die Projektionstheorie erweitert durch die systemspezifische Zeit *t* den Rahmen der Beschreibung. Anstelle der Variablen **r**, *t* (konventionelle Quantentheorie) bekommen wir in der Projektionstheorie die Größen **r**, *t*, τ.

Nicht nur die Variable **r** verhält sich statistisch, sondern ebenso die Zeit *t*. Daher ist die Wellenfunktion hier eine Funktion von

r und t, d.h., wir haben $\Psi = \Psi(\mathbf{r},t)$ und $\Psi(\mathbf{r},t)$ kann von τ abhängen oder auch nicht [17].

Die Wahrscheinlichkeitsverteilungen für **r** und t können nur in Verbindung mit den Variablen **p** und E (es sind die Variablen des ((**p**, E)-Raums) definiert werden, und wir kommen zu der folgenden Aussage [17]:

„Die Messung einer der möglichen Werte für **p** und E erfolgt zur Zeit τ in den Raum-Zeit-Intervallen **r**, **r**, + d**r** und $t, t + dt$ mit der Wahrscheinlichkeitsdichte $\Psi^*(\mathbf{r},t)\Psi(\mathbf{r},t)$."

Diese Instruktion, die aus der Projektionstheorie selbst abgelesen werden kann [17], ist allgemeiner als die Born'sche Beschreibung innerhalb der konventionellen Quantentheorie, denn die Zeit t kommt hier nicht vor.

Die Messung, die zu $\Psi^*(\mathbf{r},t)\Psi(\mathbf{r},t)$ führt, hat mit Detektoren (Messapparaturen) zu erfolgen, die auf die jeweilige **r**, t-Konfiguration justierbar sind. Wie das realisierbar ist, ist von Fall zu Fall verschieden und bleibt hier zunächst offen; in diesem Stadium der Theorie geht es nur um prinzipielle Möglichkeiten.

Auch die Impulse **p** und die Energien E müssen als statistische Größen aufgefasst werden, wobei die Funktion $\Psi^*(\mathbf{p},E)\Psi(\mathbf{p},E)$ die entsprechende Wahrscheinlichkeitsdichte ist [17].

Wie gesagt, im (**r**, t)-Raum sind weder materielle Teilchen eingebettet noch gibt es hier den Impuls **p** bzw. die Energie E. Alle Wechselwirkungsvorgänge finden im (**p**, E)-Raum statt, und das Ganze (Messgerät sowie das zu untersuchende System) wird dann als geometrische Struktur auf den (**r**, t)-Raum übertragen. Es ist eine ersatzweise Beschreibung für das, was in der Fundamentalen Wirklichkeit passiert.

3.3.4 Erweiterung durch t

Die Erweiterung durch die systemspezifische Zeit t im Rahmen der Projektionstheorie lässt sich, ähnlich zu den Ergebnissen, die sich in Abschnitt 1.18.2 für die konventionelle Quantentheorie ergaben, einordnen.

Beschränken wir uns auch hier wieder auf den eindimensionalen Fall, was keine Einschränkung für die Argumentation bedeutet, und verwenden die x-Koordinate, so bekommen wir mit $F(x) = \Psi^*(x,t)\Psi(x,t)$ anstelle von Gleichung (4) das folgende Schema:

$$\tau_1 : x_1, t_1; \tau_2 : x_2, t_2$$
$$\tau_2 : x_2, t_2; \tau_3 : x_3, t_3$$
$$\vdots$$
$$\tau_n : x_n, t_n; \tau_{n+1} : x_{n+1}, t_{n+1}$$
$$\vdots \tag{17}$$

mit
$$\tau_i < \tau < \tau_{i+1}$$
τ nicht definiert
x_i, x_{i+1} und t_i, t_{i+1} beliebig
für $F(x_i, t_i) \neq 0, F(x_{i+1}, t_{i+1}) \neq 0$

Man kommt also auf Gleichung (17), indem Gleichung (4) systematisch mit der Zeit t erweitert wird. Durch Vergleich der beiden Schemata lassen sich sofort die Unterschiede zwischen konventioneller Quantentheorie und Projektionstheorie erkennen. Hier der Direktvergleich in Worten:

Konventionelle Quantentheorie (siehe Abschnitt 1.18.2)

„Das Quantenteilchen soll sich zur Zeit τ_1 am Ort x_1 aufhalten und zur Zeit τ_2 am Ort x_2. Wir wollen wieder annehmen, dass der zum Zeitpunkt τ_1 nächstmögliche Zeitwert gerade τ_2 ist, wobei $\tau_1 < \tau_2$ sein soll. Die Voraussetzung, dass *kein* Zeitwert τ existiert, für den $\tau_1 < \tau < \tau_2$ gilt, bedeutet, dass $\Delta\tau = \tau_2 - \tau_1$ unendlich klein, aber von Null verschieden ist. Demgegenüber können die Ortskoordinaten x_1 und x_2 alle möglichen Werte annehmen für die $F(x_1) \neq 0$ und $F(x_2) \neq 0$ ist. Das Quantenteilchen springt von x_1 nach x_2, ohne einen zeitlichen Zwischenzustand einnehmen zu können, da kein τ mit $\tau_1 < \tau < \tau_2$ definiert ist."

Projektionstheorie

Das System soll zur Zeit τ_1 durch den Raum-Zeit-Punkt x_1, t_1, charakterisiert sein und zur Zeit τ_2 durch x_2, t_2. Wir wollen wieder annehmen, dass der zum Zeitpunkt τ_1 nächstmögliche Zeitwert gerade τ_2 ist, wobei $\tau_1 < \tau_2$ sein soll. Die Voraussetzung, dass *kein* Zeitwert τ existiert, für den $\tau_1 < \tau < \tau_2$ gilt, bedeutet, dass $\Delta\tau = \tau_2 - \tau_1$ unendlich klein, aber von Null verschieden sein muss. Demgegenüber können die Orte x_1 und x_2 alle möglichen Werte annehmen, aber auch die Zeitpunkte t_1 und t_2. Das gilt, wenn $F(x_1, t_1) \neq 0$ und $F(x_2, t_2) \neq 0$ ist. Das Quantenteilchen springt von x_1, t_1 nach x_2, t_2, ohne einen zeitlichen Zwischenzustand bezüglich τ einzunehmen, da kein τ mit $\tau_1 < \tau < \tau_2$ definiert ist.

3.3.5 Zeitsequenzen

Im Rahmen der Born'schen Wahrscheinlichkeitsbeschreibung verhält sich nur die Variable **r** statistisch. Die Projektionstheorie erweitert diesen Rahmen durch die systemspezifische Zeit t, was wir im letzten Abschnitt im Detail besprochen haben.

Also, in der Projektionstheorie bekommen wir systemspezifische Wahrscheinlichkeitsverteilungen für die Variablen **r** und t und nicht nur für **r**, so wie das in der konventionellen Quantentheorie der Fall ist. Einer der möglichen Werte für **r** und t ist zur Zeit τ mit einer gewissen Wahrscheinlichkeit gegeben, die durch $\Psi^*(\mathbf{r},t)\Psi(\mathbf{r},t)$ bestimmt ist. Das heißt, wir haben

$$\tau : \Psi^*(\mathbf{r},t)\Psi(\mathbf{r},t), -\infty \leq \mathbf{r}, t \leq \infty \tag{18}$$

Hier wurde angenommen, dass $\Psi^*(\mathbf{r},t)\Psi(\mathbf{r},t)$ selbst nicht von der Zeit τ abhängt, was aber im Prinzip möglich ist.

Während die Referenzzeit strikt von der Vergangenheit in die Zukunft fortschreitet, kann die systemspezifische Zeit t willkürlich von einem t-Punkt zum anderen springen. Wir können nicht wissen, ob zur Referenzzeit τ das zu untersuchende System gerade in der Vergangenheit, Gegenwart oder Zukunft beobachtet wird. Das folgende Beispiel illustriert diesen Punkt.

Falls zur Zeit τ_i ein gewisser Raum-Zeit-Punkt für die Konfiguration $\Psi^*(\mathbf{r},t_i)\Psi(\mathbf{r},t_i)$ gemessen wird, dann kann eine Folge von Messungen mit $i = 1,\cdots,4$ zum Beispiel die folgenden Resultate liefern:

$$\begin{aligned} \tau_1 &\rightarrow t_2 \\ \tau_2 &\rightarrow t_4 \\ \tau_3 &\rightarrow t_1 \\ \tau_4 &\rightarrow t_3 \end{aligned} \tag{19}$$

Das heißt, die Sequenz für die systemspezifische Zeit in Bezug auf die Referenzzeit τ ist durch

$$t_2, t_4, t_1, t_3 \tag{20}$$

gegeben, wobei

$$\tau_1 < \tau_2 < \tau_3 < \tau_4 \tag{21}$$

und

$$t_1 < t_2 < t_3 < t_4 \tag{22}$$

ist.

Wegen des statistischen Verhaltens hätte diese Folge von Messungen auch zu folgender Reihe führen können:

$$\begin{aligned} \tau_1 &\to t_3 \\ \tau_2 &\to t_1 \\ \tau_3 &\to t_2 \\ \tau_4 &\to t_4 \end{aligned} \tag{23}$$

In diesem Fall haben wir die von (20) verschiedene Sequenz

$$t_3, t_1, t_2, t_4 \tag{24}$$

Natürlich sind auch in diesem Fall die Gleichungen (21) und (22) ohne Einschränkung gültig.

Zusammenfassend können wir somit sagen, dass die systemspezifische Zeit t willkürlich von einer t-Position zur anderen springt. Man kann dann nicht wissen, ob sich das zu untersuchende System relativ zur Referenzzeit τ in der Vergangenheit, Gegenwart oder Zukunft befindet. Die Referenzzeit τ, gemessen mit unseren Uhren, geht gemäß ihrer Definition strikt von der Vergangenheit in die Zukunft.

Dieses Zeitverhalten ist vollständig neu. Selbst der Begriff „systemspezifische Zeit" ist in der konventionellen Quantentheorie unbekannt; hier tritt nur die Zeit τ auf, und zwar in der Form eines externen Parameters, was denn auch in der Literatur zum Teil stark kritisiert wurde.

3.4 VERTEILUNG VON INFORMATION

3.4.1 Keine Selektionsprozesse bei der Modellierung

Bei der Projektion vom $(\mathbf{p}, E)$-Raum auf den $(\mathbf{r}, t)$-Raum findet keine Selektion statt, sondern lediglich eine Transformation, wobei der Informationsinhalt erhalten bleibt, d.h., der Informationsinhalt beider Räume ist gleich.

Genau diese Situation benötigen wir, und zwar deswegen, weil uns die Fundamentale Wirklichkeit grundsätzlich nicht zugänglich ist. Das Einzige, was wir aufgrund der Prinzipien der Evolution wissen, ist die Tatsache, dass der $(\mathbf{r}, t)$-Raum weniger Information enthalten muss als die Fundamentale Wirklichkeit selbst.

Jedoch haben wir nicht die geringste Ahnung darüber, was in der Fundamentalen Wirklichkeit letztlich enthalten ist und in welcher Form das Ganze vorliegt. Daher kann der menschliche Beobachter auch nichts über die Art der Selektion sagen. Mit anderen Worten, der Selektionsprozess kann nicht beschrieben werden, sondern nur der selektierte Teil selbst, so wie er also im $(\mathbf{r}, t)$-Raum vorliegt.

Da die Projektion vom $(\mathbf{p}, E)$-Raum auf den $(\mathbf{r}, t)$-Raum ohne Selektion stattfindet, haben wir genau die Situation, die wir benötigen. Beim Übergang vom $(\mathbf{p}, E)$-Raum zum $(\mathbf{r}, t)$-Raum findet – wie oben schon gesagt – lediglich eine Transformation statt. Dann wird im $(\mathbf{p}, E)$-Raum gerade der selektierte Teil modelliert.

3.4.2 Fourier-Transformation

Beide Räume, also der $(\mathbf{p}, E)$-Raum und der $(\mathbf{r}, t)$-Raum, besitzen – wie gesagt – exakt den gleichen Informationsinhalt. Sie sind über eine Fourier-Transformation miteinander verknüpft [17], die gerade die verlustfreie Übertragung vom $(\mathbf{p}, E)$-Raum zum $(\mathbf{r}, t)$-Raum und umgekehrt bewerkstelligt.

In Verbindung mit der Fourier-Transformation sind die folgenden Merkmale relevant: Um die Information von einem System an einer bestimmten Stelle im $(\mathbf{r}, t)$-Raum bekommen zu können, benötigen wir die gesamte Information, die über das System im $(\mathbf{p}, E)$-Raum vorliegt. Kennzeichnen wir diese Stelle im $(\mathbf{r}, t)$-Raum mit $\mathbf{r}_1, t_1$ und die Gesamtinformation im $(\mathbf{p}, E)$-

Raum mit $(\mathbf{p}, E)$, so können wir diesen Sachverhalt symbolisch wie folgt darstellen:

$$\mathbf{r}_1, t_1 \leftarrow (\mathbf{p}, E) \qquad (25)$$

Mit anderen Worten, *jeder* Punkt im $(\mathbf{r}, t)$-Raum enthält im Prinzip die komplette Information über das System; in dem Fall ist es die $\mathbf{p}, E$-Information.

Aber man kann im Rahmen der Fourier-Transformation auch andersherum argumentieren: Um die Information von einem System an einer bestimmten Stelle im $(\mathbf{p}, E)$-Raum bekommen zu können, benötigen wir die gesamte Information, die über das System im $(\mathbf{r}, t)$-Raum vorliegt. Bezeichnen wir diese Stelle im $(\mathbf{p}, E)$-Raum mit $\mathbf{p}_1$, E_1 und die Gesamtinformation im $(\mathbf{r}, t)$-Raum mit $(\mathbf{r}, t)$, so können wir diesen Sachverhalt symbolisch wie folgt darstellen:

$$\mathbf{p}_1, E_1 \leftarrow (\mathbf{r}, t) \qquad (26)$$

Jeder Punkt im $(\mathbf{p}, E)$-Raum enthält im Prinzip die komplette Information über das System, so wie wir das schon für den $(\mathbf{r}, t)$-Raum bemerkt haben (Gleichung (25)); in dem Fall ist es die $\mathbf{r}, t$-Information.

3.4.3 Kosmologische Betrachtungen

Falls wir den Kosmos als echte Einheit auffassen, kann die vollständige $\mathbf{r}, t$-Struktur im Bild durch *eine* Wellenfunktion $\Psi(\mathbf{r}, t)_{Kosmos}$ bzw. durch *eine* Wahrscheinlichkeitsdichte

$$\Psi^*(\mathbf{r}, t)_{Kosmos} \Psi(\mathbf{r}, t)_{Kosmos} \qquad (27)$$

dargestellt werden (Abschnitt 3.3.3). Dieses „Bild vom Kosmos" bezüglich $\mathbf{r}$ und t bedeutet, dass nicht nur die $\mathbf{r}$-Konfiguration durch $\Psi(\mathbf{r}, t)_{Kosmos}$ beschrieben wird, sondern ebenso seine gesamte Vergangenheit, Gegenwart und Zukunft. Ein Teil der **r**-Konfiguration haben wir im Alltagsleben zu einem bestimmten Zeitpunkt direkt als Bild vor unseren Augen. Warum immer nur ein Zeitpunkt im Rahmen unseres Alltagserlebens betroffen ist, werden wir unten noch besprechen.

In Analogie zu Gleichung (25) bekommen wir für den Kosmos

$$[\mathbf{r}_1,t_1]_{Kosmos} \leftarrow [(\mathbf{p},E)]_{Kosmos} \tag{28}$$

Jeder Punkt im (**r**, *t*)-Raum enthält im Prinzip die vollständige Information über den Kosmos. Oder anders ausgedrückt: Jeder **r**,*t*-Punkt mit

$$\Psi^*(\mathbf{r},t)_{Kosmos} \Psi(\mathbf{r},t)_{Kosmos} \neq 0 \tag{29}$$

enthält die Information, die in allen anderen Punkten **r**', *t*' ≠ **r**, *t* mit

$$\Psi^*(\mathbf{r}',t')_{Kosmos} \Psi(\mathbf{r}',t')_{Kosmos} \neq 0 \tag{30}$$

enthalten ist. Oder mehr anschaulich: Die vollständige Information über den Kosmos ist im Rahmen der Projektionstheorie bereits in einem Sandkorn enthalten.

3.4.4 Ergänzende Bemerkung

Ohne auf Details einzugehen, wollen wir ganz allgemein festhalten, dass die Fourier-Transformation die Berechnung von $\Psi(\mathbf{r},t)$ auf der Grundlage von $\Psi(\mathbf{p},E)$ erlaubt und umgekehrt. Symbolisch kann man das durch

$$\Psi(\mathbf{r},t) \Leftrightarrow \Psi(\mathbf{p},E) \tag{31}$$

ausdrücken. Es gilt das, was in Abschnitt 3.4.2 festgestellt wurde. Danach kann die Wellenfunktion $\Psi(\mathbf{r}_1,t_1)$ an der Stelle $\mathbf{r}_1,t_1$

nur dann bestimmt werden, wenn $\Psi(\mathbf{p}, E)$ für den gesamten Wertebereich von $\mathbf{p}$ und E vorliegt, d.h., aufgrund der Eigenschaften der Fourier-Transformation haben wir

$$\Psi(\mathbf{r}_1, t_1) \leftarrow \Psi(\mathbf{p}, E), -\infty \leq \mathbf{p}, E \leq \infty \tag{32}$$

Aber es ist prinzipiell nicht möglich, $\Psi(\mathbf{p}, E)$ auf der Grundlage von $\Psi(\mathbf{r}_1, t_1)$ zu bestimmen. Der zu Gleichung (32) umgekehrte Weg, also

$$\Psi(\mathbf{r}_1, t_1) \to \Psi(\mathbf{p}, E), -\infty \leq \mathbf{p}, E \leq \infty, \tag{33}$$

ist somit nicht möglich. Der Punkt $\mathbf{r}_1, t_1$ enthält zwar die gesamte Information des Systems, kann aber nicht aus ihm extrahiert werden.

Natürlich gilt das Ganze auch für den $(\mathbf{p}, E)$-Raum: Wir benötigen die gesamte Information aus dem $(\mathbf{r}, t)$-Raum, um die Funktion $\Psi(\mathbf{p}, E)$ an einer bestimmten Stelle $\mathbf{p}_1, E_1$ im $(\mathbf{p}, E)$-Raum bestimmen zu können, d.h., in diesem Fall haben wir

$$\Psi(\mathbf{p}_1, E_1) \leftarrow \Psi(\mathbf{r}, t), -\infty \leq \mathbf{r}, t \leq \infty. \tag{34}$$

Aber auch hier ist es prinzipiell nicht möglich, $\Psi(\mathbf{r}, t)$ auf der Grundlage von $\Psi(\mathbf{p}_1, E_1)$ zu bestimmen. Der zu Gleichung (34) umgekehrte Weg, also

$$\Psi(\mathbf{p}_1, E_1) \to \Psi(\mathbf{r}, t), -\infty \leq \mathbf{r}, t \leq \infty, \tag{35}$$

ist somit auch hier nicht möglich. Der Punkt $\mathbf{p}_1, E_1$ enthält zwar die gesamte Information des Systems, kann aber nicht aus ihm extrahiert werden.

3.4.5 Alltagsbeobachtungen

Es wurde oben festgestellt, dass im Rahmen der Projektionstheorie jeder Punkt im $(\mathbf{r}, t)$-Raum im Prinzip die komplette Information über den Kosmos (bzw. über das zu untersuchende System) enthält, falls der Kosmos als ein zusammenhängendes Gebilde beschrieben werden kann, also durch eine Wellenfunktion der Art $\Psi(\mathbf{r},t)_{Kosmos}$. Diesen Sachverhalt haben wir mithilfe von Gleichung (28) bzw. Gleichung (32) symbolisiert. Aber, so hatten wir auch festgestellt, aus der Information in einem $\mathbf{r}, t$-Punkt kann umgekehrt nicht die komplette Information extrahiert werden. Jeder $\mathbf{r}, t$-Punkt enthält zwar die gesamte Information des Systems, kann aber nicht aus ihm „gezogen" werden.

Das stimmt denn auch mit dem überein, was wir tatsächlich beobachten. Denn wenn wir zum Beispiel einen kleinen Stein in die Hand nehmen und ihn betrachten, so erscheint in ihm keineswegs die gesamte Welt, also ihre gesamte räumliche und zeitliche Struktur (New York, Beijing, Mount Everest, Sonne, Mond und Sterne sowie die Vergangenheit und Zukunft all dieser Dinge). Der Stein enthält zwar all diese Information über die Gesamtstrukturen der Welt, die sie in der Vergangenheit, Gegenwart und Zukunft einnimmt, was aber nicht für den menschlichen Beobachter erkennbar ist. So jedenfalls müssen wir das, was wir in den Abschnitten 3.4.2–3.4.4 gebracht haben, verstehen.

Wir können dieses Nichterkennen der Gesamtinformation auch als Sperre verstehen, denn wäre eine solche Sperre nicht realisiert, wäre all das, was es in der Welt gibt, auf einmal gegeben. Das ist zwar der Fall, aber nicht für den Menschen, der die Welt „nur" scheibchenweise erlebt. Der Mensch hat nicht die Fähigkeit, die komprimierte Darstellung der Welt in nur einem einzigen $\mathbf{r}, t$-Punkt spontan zu erkennen, also so wie er die Teilaspekte der Welt in seinen Alltagsbeobachtungen erkennt. Wenn er es dennoch könnte, wäre der Mensch nicht das, was er ist.

3.5 Bilder im Rahmen der Projektionstheorie

Im Zusammenhang mit dem Begriff „Ersatzwelt" können wir zusammenfassend das Folgende festhalten: In Abschnitt 3.2.1 haben wir festgestellt, dass die in Bezug auf den (**r**, t)-Raum infrage kommende Ersatzwelt im (**p**, E)-Raum eingebettet ist. Wir haben zwar schon die Beziehungen, die zwischen dem Bild von der Wirklichkeit, der Fundamentalen Wirklichkeit und der Ersatzwelt mithilfe von Abb. 14 aufgezeigt, wollen aber dennoch die einzelnen Schritte, die zu diesen Zusammenhängen führen, noch einmal deutlich machen.

Seit Menschengedenken sind alle wesentlichen Dinge in der Form von Bildern gegeben, die unmittelbar und spontan vor den Augen des menschlichen Beobachters erscheinen. Ein Beispiel zeigt Abb. 15 (a). Im Alltagsleben haben wir solche oder auch ähnliche Bilder direkt vor uns; sie kommen insbesondere ohne bewusstes Zutun zustande.

Aufgrund dieses Eindrucks wird oft angenommen, dass die reale Materie in der Raum-Zeit eingebettet ist, aber schon Immanuel Kant stufte diese Schlussfolgerung als einen Trugschluss ein.

Im Rahmen der Projektionstheorie ist hingegen das, was wir unmittelbar vor Augen haben (zum Beispiel die Struktur, die in Abb. 15 (a) wiedergegeben ist) als geometrische Struktur zu werten, die in jedem Fall durch die Wahrscheinlichkeitsdichte $\Psi^*(\mathbf{r},t)\Psi(\mathbf{r},t)$ beschrieben wird.

In Kapitel 2 haben wir festgestellt, dass alle diese geometrischen Strukturen ausschließlich Elemente unseres Gehirns sind. Das war genau der Standpunkt von Immanuel Kant.

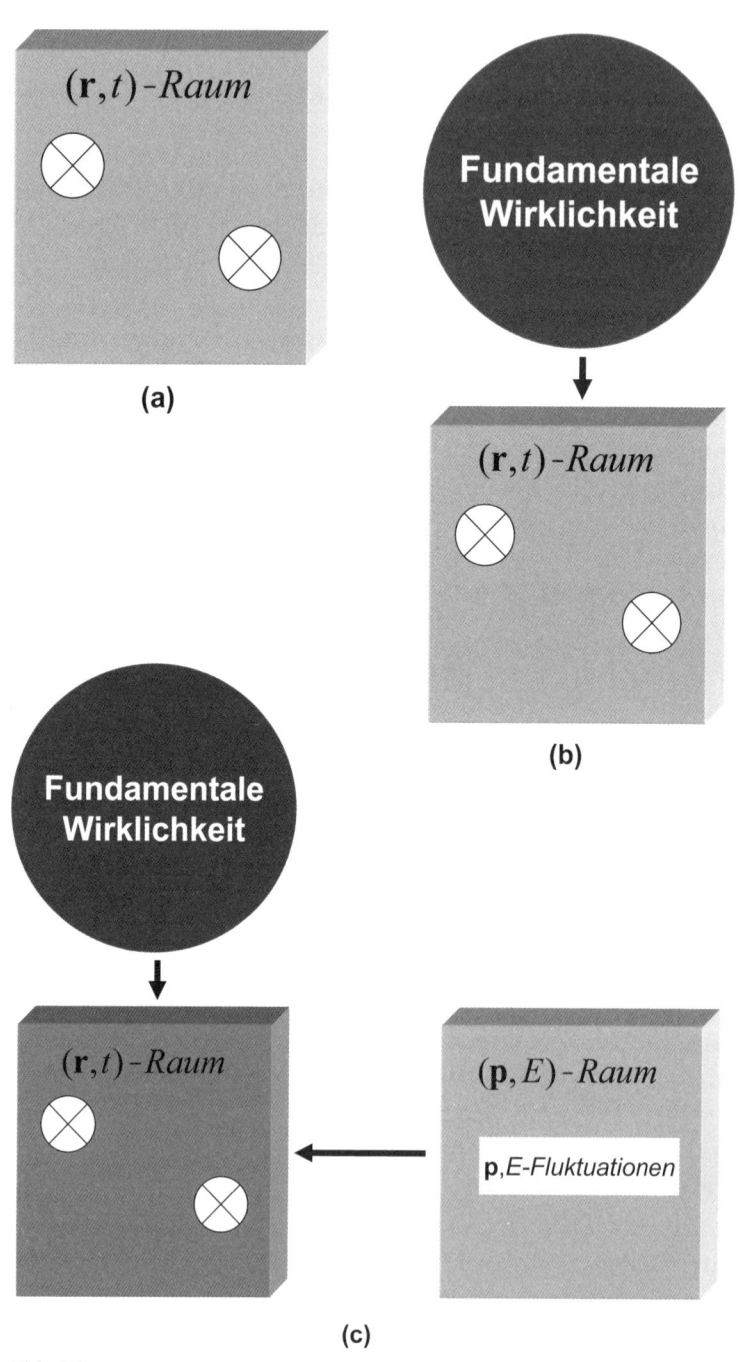

Abb. 15

Die reale Welt, also die Fundamentale Wirklichkeit, bleibt – wie wir wissen – dem menschlichen Beobachter grundsätzlich verborgen und kann daher nicht direkt erfasst werden. Jedoch finden alle realen Aktionen, auch die des Menschen, in der Fundamentalen Wirklichkeit statt und der gesamte Komplex, der im Zusammenhang mit der spezifischen Aktion relevant ist, wird auf den ($\mathbf{r}$, t)-Raum projiziert. Diese Situation ist in Abbildung 15 (b) dargestellt. Wir beschreiben die geometrischen Strukturen im Bild mithilfe von Ersatzwelten. Wenn wir auf der Grundlage des ($\mathbf{r}, t$)-Raums arbeiten, ist die zugehörige Ersatzwelt im ($\mathbf{p}$, E)-Raum eingebettet. Die Situation ist in Abb. 15 (c) skizziert.

3.6 Hilfskonstruktionen

Die Variablen $\mathbf{p}$ und E sind Konstruktionen auf der Basis von $\mathbf{r}$ und t; das wurde in Ref. 17 näher begründet. Daraus folgt

Abb. 15
(a) Im Alltagsleben haben wir gewisse Bilder spontan vor unseren Augen; in diesem Beispiel besteht das Bild aus zwei Systemen. In der konventionellen Physik wird normalerweise angenommen, dass es direkt die reale Materie ist, die wir unmittelbar vor unseren Augen haben, d. h., die reale Materie ist in der konventionellen Physik in Raum und Zeit eingebettet. Im Rahmen der Projektionstheorie sind es ausschließlich geometrische Strukturen, die unmittelbar vor uns erscheinen und in der Raum-Zeit eingebettet sind. Diese geometrischen Strukturen sind ausschließlich Zustände unseres Gehirns.
(b) All die realen Dinge und Prozesse finden in der Fundamentalen Wirklichkeit statt und der vollständige Komplex, der an alledem beteiligt ist, wird auf die Raum-Zeit projiziert. Die Vorgänge in der Fundamentalen Wirklichkeit bleiben dem menschlichen Beobachter jedoch grundsätzlich verborgen.
(c) Wir beschreiben die geometrischen Strukturen im Bild auf der Grundlage von Ersatzwelten, d. h., durch Wechselwirkungen ($\mathbf{p}$, E-Fluktuationen) im ($\mathbf{p}$, E)-Raum. Diese systemspezifischen Vorgänge im ($\mathbf{p}$, E)-Raum werden auf den Raum und die Zeit projiziert, und es entsteht ein Bild von der Wirklichkeit im ($\mathbf{r}, t$)-Raum.

dann unmittelbar, dass alle physikalischen Gesetze (Gleichungen) zur Beschreibung der Strukturen für den (**r**, *t*)-Raum und auch die für den (**p**, *E*)-Raum Hilfskonstruktionen sein müssen, denen keine reale Bedeutung zukommen kann. Das ist kompatibel mit der Tatsache, dass wir zur Fundamentalen Wirklichkeit keinen Zugang haben können, in der aber ausschließlich das reale Geschehen stattfindet. Es gibt nicht einmal einen Sinn, der Fundamentalen Wirklichkeit irgendwelche Variablen zuzuordnen. Mit anderen Worten, auch die Variablen **r**, *t*, **p**, *E* haben nichts mit der Fundamentalen Wirklichkeit zu tun.

Die Größen **p** und *E* sind Elemente der Ersatzwelt, die aber die Fundamentale Wirklichkeit nicht tangieren. Der Impuls **p** und die Energie *E* haben wir als abstrakte Ideen aufzufassen, sozusagen als ein Produkt des menschlichen Geistes. Daher haben wir auch die Ersatzwelt, die ja im (**p**, *E*)-Raum eingebettet ist, als eine abstrakte Idee aufzufassen.

Die Energie *E* wird über die Größen des (**r**, *t*)-Raums eingeführt. Tatsächlich gehen in die Einheiten der Energie (g×Länge^2/Zeit^2) die Einheiten von Raum und Zeit explizit ein. Mit anderen Worten, die Energie *E* (und ebenso der Impuls **p**) kann es in der Natur überhaupt nicht geben, da Raum und Zeit ausschließlich als Hilfsgrößen vorkommen.

Zu dieser Schlussfolgerung sind wir schon in Abschnitt 1.25.3 gekommen, also nicht auf der Grundlage des Projektionsprinzips. Jedenfalls kommt die Projektionstheorie zu demselben Resultat wie die konventionelle Physik. Jedoch ist im Rahmen der konventionellen Physik nicht oder nur schwer zu verstehen, der Energie keine reale Existenz zukommen zu lassen. In Ref. 17 wurde das Thema „Energie" ausführlicher behandelt.

3.7 Die physikalischen Gesetze

Die physikalischen Gesetze werden von Menschen entwickelt. Da der Mensch aber die Fundamentale Wirklichkeit direkt nicht tangiert, kann er auch die von ihm entwickelten physikalischen Gesetze nicht auf die Fundamentale Wirklichkeit beziehen. Diesen Schluss hatten wir bereits in Kapitel 1 im Zusammenhang mit den Newton'schen Bewegungsgleichungen gezogen (siehe auch Abb. 2), also ohne das Projektionsprinzip.

3.7.1 Erhaltungssätze

Da die Werte von **p** und E fluktuieren, muss es eine Wechselwirkung zwischen dem zu untersuchenden System mit seiner Umgebung geben, wobei die Umgebung auch durch ein einzelnes System gegeben sein kann. Wechselwirkung ist in diesem Zusammenhang nur ein anderer Ausdruck für (**p**, E)-Fluktuation. Im Prinzip können diese Fluktuationen den Bereich $-\infty \leq \mathbf{p}, E \leq \infty$ überdecken.

Die **p**, E-Werte der beiden wechselwirkenden Systeme sind stark miteinander korreliert. Der Grund hierfür sind die Erhaltungssätze für die Energie und den Impuls. Nur über eine Korrelation sind zu jeder Zeit τ diese Erhaltungssätze erfüllbar. Sind hingegen die **p**, E-Fluktuationen unseres Systems unabhängig von denen der Umgebung, können die Erhaltungssätze nicht erfüllt sein.

Daher spiegeln die systematischen Fluktuationen im (**p**, E)-Raum Prozesse wider, und wir haben den (**p**, E)-Raum als Realität aufzufassen. Insbesondere ist unmittelbar klar und auch erkennbar, dass die **p**, E-Fluktuationen eine Wechselwirkung definieren. Weil aber die Variablen **p** und E als Hilfsgrößen aufzufassen sind, stellt – wie oben schon festgestellt wurde – diese Realität jedoch nur eine Art Ersatzwelt dar.

Gesagt werden soll schon hier, dass ein System ohne eine solche Wechselwirkung, d. h. ohne **p**, E-Fluktuationen, im Rahmen der Projektionstheorie nicht existieren kann [17].

Allerdings existieren solche Erhaltungssätze nicht für die Größen **r** und t. Der sich einstellende **r**, t-Wert zur Zeit τ des zu untersuchenden Systems muss daher nicht mit dem sich zur selben Zeit einstellenden **r**, t-Wert des Wechselwirkunspartners korreliert sein. Es gibt keinen Austausch von Raum-Zeit-Stückchen zwischen den beiden (**r**,t)-Räumen der wechselwirkenden Systeme.

3.7.2 Elemente des Bildes, Elemente der Realität

Das passt ausgezeichnet ins Konzept, denn zwischen den an sich passiven Bildern der im (**p**, E)-Raum wechselwirkenden Systeme kann es keinen Informationsaustausch geben. Also kann es keine Korrelationen zwischen den sich zur Zeit τ einstellenden **r**, t-Werten beider Systeme geben. Mit anderen Worten, die Variablen **r** und t können dann „nur" als Elemente des Bildes eingestuft werden.

Somit ist der Kreis geschlossen, und wir dürfen zusammenfassen, dass die Information vom (**p**, E)-Raum auf den (**r**, t)-Raum projiziert wird, also von der Ersatzwelt auf die Raum-Zeit, wobei Bilder von der Wirklichkeit entstehen, also das, was ohne unser bewusstes Zutun im Alltag unmittelbar vor unseren Augen in Erscheinung tritt.

3.7.3 Beispiel

Im Falle von zwei miteinander wechselwirkenden Systemen, die mit 1 und 2 bezeichnet werden sollen, finden zu jedem Zeitpunkt τ systematische **p**, E-Fluktuationen statt, d. h., die Systeme tauschen Impuls und Energie miteinander aus, was mithilfe der Größen Δ**p** und ΔE charakterisiert werden soll.

Diese Wechselwirkung über **p**, *E*-Fluktuationen mit Δ**p**, ΔE sind deshalb systematisch, weil die Erhaltungssätze für den Impuls **p** und die Energie E zu jedem Zeitpunkt τ Gültigkeit haben (Abschnitt 3.7.1).

Falls für System 1 zum Zeitpunkt τ die Werte $\mathbf{p}_1$, E_1 vorliegen und für System 2 die Werte $\mathbf{p}_2$, E_2, dann bekommen wir im Falle der Fluktuationen Δ**p**, ΔE zur Zeit τ', wobei τ' der nächstmögliche Wert nach τ ist, aufgrund der Erhaltungssätze für die Impulse und die Energien die folgenden Werte:

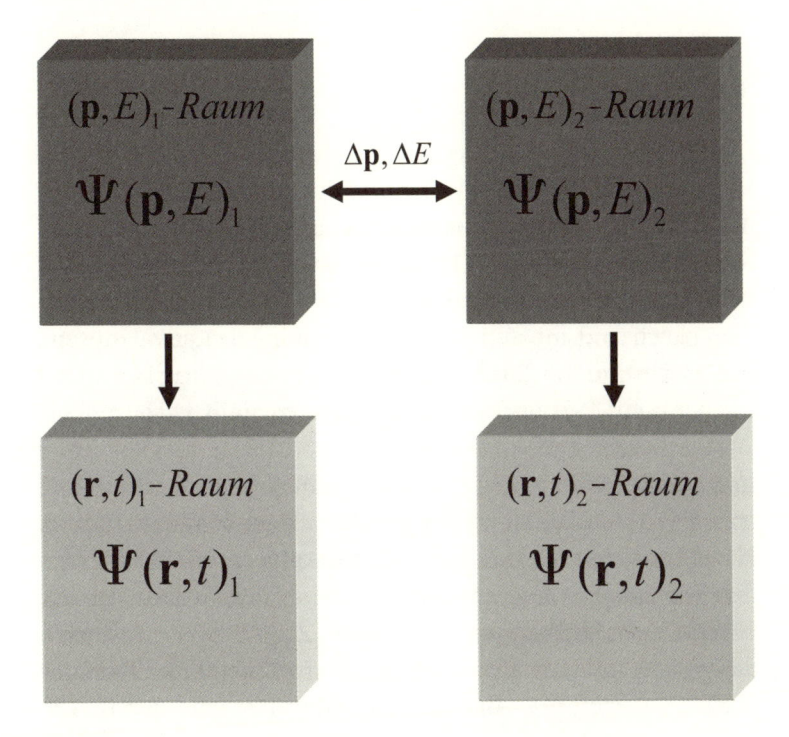

$(\mathbf{p}, E)_1$-*Raum*
$\Psi(\mathbf{p}, E)_1$

$\Delta\mathbf{p}, \Delta E \longleftrightarrow$

$(\mathbf{p}, E)_2$-*Raum*
$\Psi(\mathbf{p}, E)_2$

$(\mathbf{r}, t)_1$-*Raum*
$\Psi(\mathbf{r}, t)_1$

$(\mathbf{r}, t)_2$-*Raum*
$\Psi(\mathbf{r}, t)_2$

Abb. 16
Zur Wechselwirkung zwischen System 1 und System 2. Wegen der Erhaltungssätze für den Impuls und die Energie liegen systematische **p**, *E*-Fluktuationen Δ**p**, ΔE zwischen den beiden $(\mathbf{p}, E)_k$-Räumen mit $k = 1,2$ vor. Jedoch gibt es keine Raum-Zeit-Fluktuationen zwischen dem $(\mathbf{r}, t)_1$-Raum und dem $(\mathbf{r}, t)_2$-Raum. Es gibt keinen Sinn, zwischen den Bildern einen Austausch von gewissen Raum-Zeit-Stückchen anzunehmen. Mehr Einzelheiten sind im Text gegeben.

$$\mathbf{p}'_1 = \mathbf{p}_1 \pm \Delta\mathbf{p}$$
$$E'_1 = E_1 \pm \Delta E$$
$$\mathbf{p}'_2 = \mathbf{p}_2 \mp \Delta\mathbf{p}$$
$$E'_2 = E_2 \mp \Delta E$$

Wie wir in Abschnitt 3.7.1 ausgeführt haben, gibt es keinen Sinn, zwischen den Bildern einen Austausch von gewissen Raum-Zeit-Stückchen anzunehmen. In Abb. 16 sind die Verhältnisse zusammengefasst. Wie in Kapitel 2 festgestellt wurde, sind solche Raum-Zeit-Stückchen überhaupt nicht definierbar.

3.8 Bestimmungsgleichungen

Wie lassen sich nun die Wellenfunktionen $\Psi(\mathbf{r},t)$ und $\Psi(\mathbf{p},E)$ zur Bestimmung der Information über das zu untersuchende System finden? Es sind Gleichungen für den $(\mathbf{r},t)$-Raum und den $(\mathbf{p},E)$-Raum. Da die Informationsinhalte in beiden Räumen gleich sind, müssen auch die Gleichungen äquivalent sein, was insbesondere durch Gleichung (31) ausgedrückt ist und aus der Fourier-Transformation folgt (Abschnitt 3.4.4).

In Referenz 17 haben wir diese Gleichungen zur Bestimmung von $\Psi(\mathbf{r},t)$ und $\Psi(\mathbf{p},E)$ hergeleitet. Diese mathematischen Herleitungen sollen hier nicht wiederholt werden. Jedoch werden wir einige wenige Merkmale, die in den Strukturen der Gleichungen stecken, hier aufzeigen. Zum Vergleich werden die entsprechenden Resultate der konventionellen Quantentheorie aufgeführt, die ja im Wesentlichen durch die Schrödinger-Gleichungen gegeben sind (Abschnitt 1.16.2)

3.8.1 Der stationäre Fall

Wie schon in Abschnitt 1.6 festgestellt wurde, ist es im Rahmen der konventionellen Quantentheorie nicht möglich, die Gleichung (es ist die Schrödinger-Gleichung) zur Bestimmung der Wellenfunktion $\psi(\mathbf{r}, \tau)$ herzuleiten. Das haben wir in den Abschnitten 1.21 und 1.22 besprochen. Für den stationären Fall nimmt die Schrödinger-Gleichung die Form

$$i\hbar \partial \psi(\mathbf{r}, \tau) / \partial \tau = -(\hbar^2 / 2m_0)\Delta \psi(\mathbf{r}, \tau) + U(x, y, z)\psi(\mathbf{r}, \tau) \quad (36)$$

an. Die stationäre Gleichung (36) folgt aus dem nichtstationären Fall, indem in Gleichung (2) das Potenzial $U(x, y, z, \tau)$ zeitunabhängig angesetzt wird: $U(x, y, z, \tau) = U(x, y, z)$.

Das entsprechende Resultat der Projektionstheorie zur Bestimmung der Wellenfunktion $\Psi(\mathbf{r}, t)$ lautet $((\mathbf{r}, t)$-Raum)

$$i\hbar \frac{\partial}{\partial t} \Psi(\mathbf{r}, t) = \frac{\hbar^2}{2m_0} \Delta \Psi(\mathbf{r}, t) + V(x, y, z, t)\Psi(\mathbf{r}, t) \quad (37)$$

Diese Gleichung gilt zu jeder Zeit τ, d.h., es ist die stationäre Lösung relativ zu τ. Die Situation ist in Abb. 17 illustriert. Die systemspezifische Zeit t kommt in Gleichung (36) nicht vor, weil sie im Rahmen der konventionellen Quantentheorie nicht definiert ist.

Bemerkenswert ist im Zusammenhang mit den Gleichungen (36) und (37), dass in der Projektionstheorie anstelle von $U(x, y, z)$, das als klassisches Potenzial im Sinne der Newton'schen Mechanik gewertet werden muss, ein wirkliches Quantenpotenzial $V(x, y, z, t)$ auftritt. Mehr Details hierzu sind in Referenz 17 gegeben.

Im Gegensatz zur Schrödinger-Gleichung (36) konnte Gleichung (37) auf der Grundlage von Operatorregeln mathematisch hergeleitet werden [17].

Die zu Gleichung (37) äquivalente Beziehung für den $(\mathbf{p}, E)$-Raum, also zur Bestimmung von $\Psi(\mathbf{p}, E)$ ist in Referenz 17 gegeben. Natürlich ist auch die Lösung $\Psi(\mathbf{p}, E)$ unabhängig von der Referenzzeit τ.

Eine stationäre Lösung im Zusammenhang mit der Zeit *t* kann es nicht geben. Das wurde ebenfalls in Referenz 17 gezeigt und besprochen.

3.8.2 Der nichtstationäre Fall

Die nichtstationären Fälle in der konventionellen Quantentheorie und in der Projektionstheorie beziehen sich auf die Zeit τ. Der nichtstationäre Fall der konventionellen Quantentheorie ist durch

$$i\hbar \partial \psi(\mathbf{r},\tau)/\partial\tau = -(\hbar^2/2m_0)\Delta\psi(\mathbf{r},\tau) + U(x,y,z,\tau)\psi(\mathbf{r},\tau) \quad (38)$$

gegeben, wobei Gleichung (38) und Gleichung (2) identisch sind. Die entsprechende Beziehung führt im Falle der Projektionstheorie zu

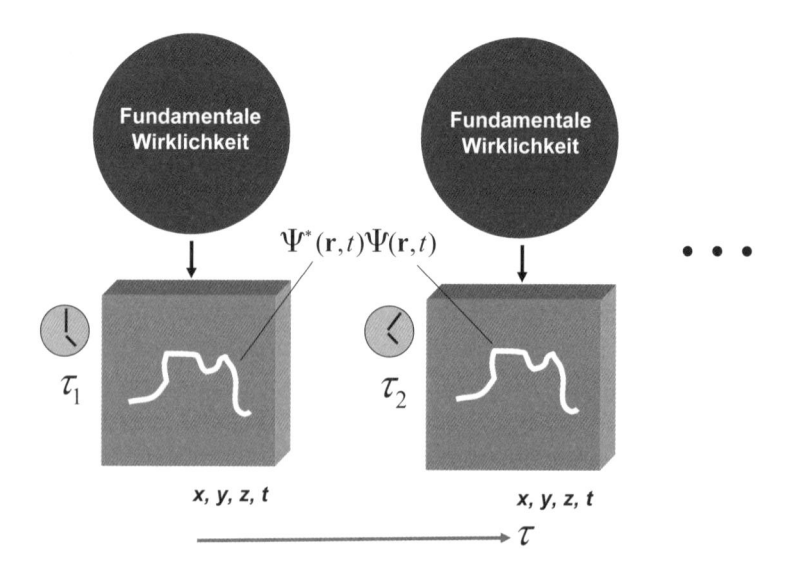

Abb. 17
Falls das zu untersuchende System relativ zur Referenzzeit τ stationär ist, muss das Gesetz $\Psi^*(\mathbf{r},t)\Psi(\mathbf{r},t)$ unabhängig von τ sein. Dann liegt zu jeder Zeit τ die gleiche **r**,*t*-Struktur vor, wie zum Beispiel zur Zeit τ_1 und zur Zeit τ_2.

$$i\hbar\frac{\partial}{\partial t}\Psi(\mathbf{r},t)_\tau = -\frac{\hbar^2}{2m_0}\Delta\Psi(\mathbf{r},t)_\tau + V(x,y,z,t)_\tau \Psi(\mathbf{r},t)_\tau \qquad (39)$$

Das nichtstationäre Verhalten der Wellenfunktion $\Psi(\mathbf{r},t)_\tau$ kommt einzig und allein durch das jetzt τ-abhängige Quantenpotenzial ins Spiel. Die nichtstationäre Situation ist in Abb. 18 illustriert. Die $\mathbf{r},t$-Strukturen sind also jetzt – entsprechend der Definition – eine Funktion der Referenzzeit τ.

Die zu Gleichung (39) äquivalente Beziehung für den ($\mathbf{p}$, E)-Raum, also zur Bestimmung von $\Psi(\mathbf{p},E)_\tau$, ist in Ref. 17 gegeben. Natürlich ist die Lösung $\Psi(\mathbf{p},E)_\tau$ in diesem Fall abhängig von der Referenzzeit τ.

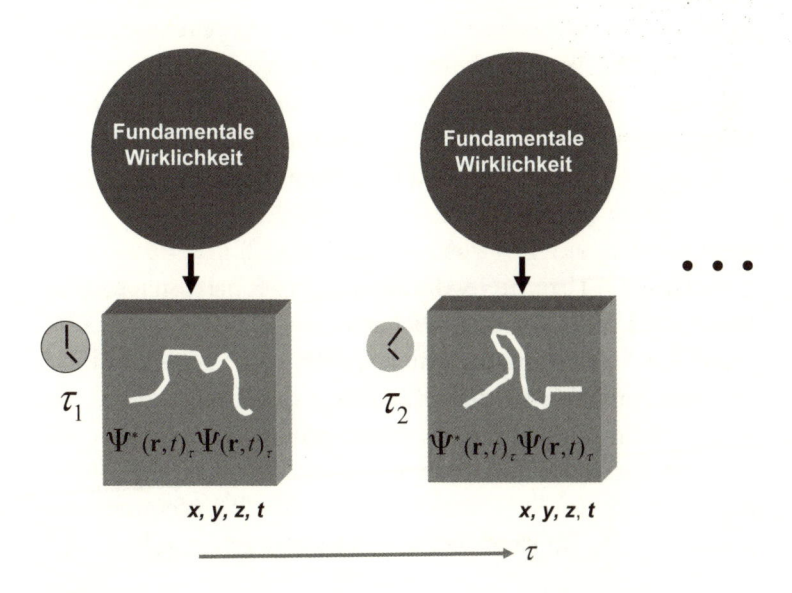

Abb. 18
Im Falle von nichtstationären Systemen variiert die Wellenfunktion mit der Zeit τ, d.h., anstelle von $\Psi(\mathbf{r},t)$ bekommen wir jetzt die τ-abhängigen Funktionen $\Psi(\mathbf{r},t)_\tau$ und $\Psi^*(\mathbf{r},t)_\tau \Psi(\mathbf{r},t)_\tau$. Im Gegensatz zu Abb. 17 ist die $\mathbf{r},t$-Struktur zur Zeit τ_1 verschieden von der zur Zeit τ_2.

3.8.3 Diskussion

Die oben eingeführten Schrödinger-Gleichungen (36) und (38) sowie die in Referenz 17 hergeleiteten Grundgleichungen (37) und (39) der Projektionstheorie haben die bekannten klassischen Beziehungen

$$E = \mathbf{p}^2/(2m_0) + U(x, y, z) \tag{40}$$

und

$$E = \mathbf{p}^2/(2m_0) + U(x, y, z, \tau) \tag{41}$$

zur Grundlage. Beim Übergang von der klassischen Physik zur konventionellen Quantentheorie bleibt das Potenzial $U(x, y, z)$ ($U(x, y, z, \tau)$) eine klassische Größe. Die Situation ist in der Projektionstheorie anders. Hier hat die Funktion $V(x, y, z, t)$ ($V(x, y, z, t)_\tau$) – wie oben schon bemerkt – Quantencharakter. Mit anderen Worten, beim Übergang von der klassischen Mechanik zur Projektionstheorie ist die Funktion $U(x, y, z)$ ($U(x, y, z, \tau)$) im Zuge der Herleitung automatisch, d.h. ohne weitere Voraussetzungen definieren zu müssen, durch $V(x, y, z, t)$ ($V(x, y, z, t)_\tau$) ersetzt.

Gleichung (37) beschreibt die möglichen geometrischen Strukturen im $(\mathbf{r}, t)$-Raum, d.h., Gleichung (37) erlaubt die Bestimmung von $\Psi(\mathbf{r}, t)$ falls das Potenzial $V(x, y, z, t)$ bekannt ist. Die Wahrscheinlichkeitsdichte $\Psi^*(\mathbf{r}, t)\Psi(\mathbf{r}, t)$ definiert direkt das, was in Raum und Zeit als Struktur beobachtbar ist. Das Bild von der Wirklichkeit, positioniert im $(\mathbf{r}, t)$-Raum, enthält keinerlei materielle Objekte, sondern ausschließlich geometrische Strukturen, die im Kopf des Beobachters sitzen.

Das aber bedeutet insbesondere, dass die Funktion $V(x, y, z, t)$ nicht die potenzielle Energie zwischen gewissen Objekten (Strukturen) im $(\mathbf{r}, t)$-Raum sein kann, wie zum Beispiel zwischen den beiden Objekten, die in Abb. 15 (a) dargestellt sind;

Fundamentale Wirklichkeit

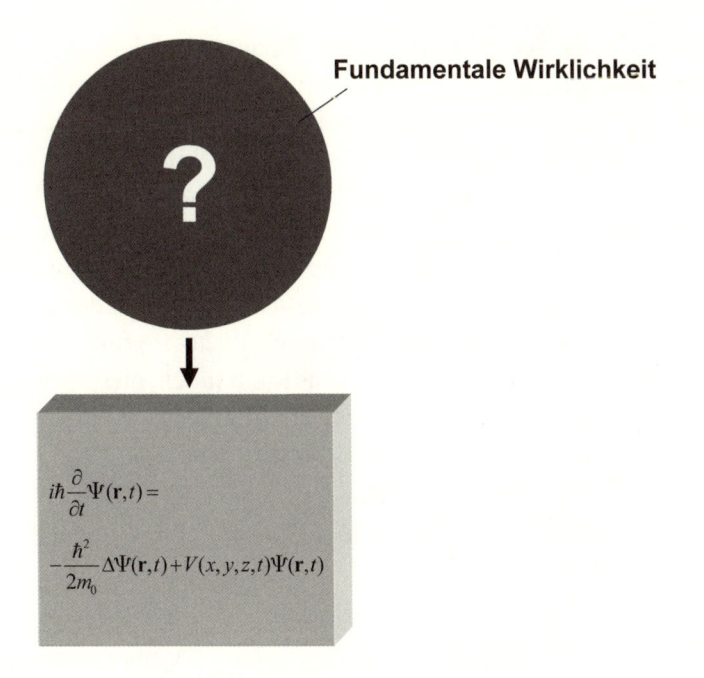

$$i\hbar \frac{\partial}{\partial t} \Psi(\mathbf{r},t) =$$
$$-\frac{\hbar^2}{2m_0} \Delta \Psi(\mathbf{r},t) + V(x,y,z,t)\Psi(\mathbf{r},t)$$

Abb. 19
Die Gleichung (37) zur Bestimmung der Wellenfunktion $\Psi(\mathbf{r},t)$ im $(\mathbf{r},t)$-Raum beschreibt die strukturellen Zustände im Bild, jedoch nicht solche in der Fundamentalen Wirklichkeit. Auch im Zusammenhang mit Gleichung (37) können wir sagen, dass der Beobachter keinerlei Zugang zur Fundamentalen Wirklichkeit hat.

es macht keinen Sinn zwischen zwei geometrischen Orten eine potenzielle Energie zu definieren.

Mit anderen Worten, Gleichung (37) kann nur eine Hilfskonstruktion zur Bestimmung von $\Psi(\mathbf{r},t)$ sein. Aber wir wissen nicht, wie dieser Hilfsprozess, der durch Gleichung (37) beschrieben wird, durch die Eigenarten der Fundamentalen Wirklichkeit ausgedrückt werden kann, in der ja die Realität definitiv eingebettet ist. Abbildung 19 spiegelt den Sachverhalt noch einmal wider. Wir kommen so genau zu dem Ergebnis, das wir im Zusammenhang mit den Newton'schen Bewegungsgleichungen diskutiert haben (siehe auch Abschnitt 1.11 mit Abb. 2).

Im Rahmen der konventionellen Quantentheorie finden wir grundsätzlich eine andere Situation vor. Hier haben wir keine Projektionen, sondern die materiellen Objekte sind in Raum und Zeit eingebettet. Hier kommt das Container-Prinzip zur Geltung, so wie wir es in Kapitel 1 besprochen haben In diesem Fall kann die Funktion $U(x, y, z)$ als potenzielle Energie zwischen gewissen Systemen, die ja real in Raum und Zeit vorliegen, interpretiert werden. Allerdings zeigt die Analyse, dass der Begriff der potenziellen Energie schon in der Newton'schen Theorie eine mehr als fragwürdige Größe darstellt; Thomas Kuhn spricht hier sogar von einem okkulten Element [7]. Denn ein Mechanismus zur Herleitung des berühmten Gravitationsgesetzes $-Gm_A m_B(\mathbf{r}_A - \mathbf{r}_B)/r_{AB}^3$ ist nicht gefunden worden. Es bleibt also vollkommen offen, welche tiefere Bedeutung der Beziehung $-Gm_A m_B(\mathbf{r}_A - \mathbf{r}_B)/r_{AB}^3$ zukommt.

3.9 Nur Prozesse sind relevant!

3.9.1 Freie Systeme

Es lässt sich im Rahmen der Projektionstheorie zeigen, dass freie (nichtwechselwirkende) Systeme nicht existieren können, falls diese Systeme elementar im Charakter sind [17]. Dabei ist ein System dann „elementar", wenn es nicht in Untersysteme zerlegbar ist. Ein System kann dann als frei bezeichnet werden, falls das Potenzial Null ist: $V(x, y, z, t) = 0$.

Ist ein System frei, dann sind nach dem Projektionsprinzip die $\mathbf{p},E$-Fluktuationen Null: $\Delta\mathbf{p} = 0, \Delta E = 0$. Oder anders ausgedrückt:

Die Wechselwirkung bzw. die Beziehung zwischen dem elementaren System und seiner Umgebung verschwindet. Mit anderen Worten, der Impuls $\mathbf{p}$ des Systems sowie seine Energie E werden konstante Größen, die wir mit $\mathbf{p}_0$ und E_0 bezeichnen wollen. Es gilt also $\mathbf{p} = \mathbf{p}_0$ und $E = E_0$ zu jeder Zeit τ.

Wie verhalten sich die Wellenfunktionen $\Psi(\mathbf{r},t)$ und $\Psi(\mathbf{p}_0,E_0)$ für ein solches System? Das wurde in Referenz 17 untersucht. Das Ergebnis kann wie folgt zusammengefasst werden: Beide Größen, $\Psi(\mathbf{r},t)$ und $\Psi(\mathbf{p}_0,E_0)$, werden Null: $\Psi(\mathbf{r},t) = 0$, $\Psi(\mathbf{p}_0,E_0) = 0$. Ebenso zeigt die Analyse, dass die Werte für $\mathbf{p}_0$ und E_0 ebenso Null werden müssen: $\mathbf{p}_0 = 0$, $E_0 = 0$. Daher muss im Rahmen der Projektionstheorie geschlossen werden, dass freie, elementare Systeme in der Welt nicht existieren können. Danach treten individuelle Systeme ausschließlich über Prozesse in Erscheinung.

3.9.2 Das Nützlichkeitsprinzip hat auch auf dem elementaren Niveau Gültigkeit

Freie, elementare Systeme existieren also in der Natur nicht. Warum ist das so? Warum lässt die Natur solche Systeme nicht zu? Diese Einheiten mit den zeitlich konstanten Werten $\mathbf{p}_0$ und E_0 sind im Grunde tote Systeme, weil sie an den Vorgängen in der Natur nicht beteiligt sind. Es gibt keine Wechselwirkung dieser Systeme mit der sie umgebenen Welt; die $\mathbf{p}$, E-Fluktuationen mit der Umgebung sind Null: $\Delta\mathbf{p} = 0$, $\Delta E = 0$. Das bedeutet dann, dass solche Einheiten aus dem Ganzen herausgelöst sind, ohne dass ihre isolierte Existenz irgendeinen Sinn ergeben würde. Solche Systeme wären nutzlos. In Abschnitt 2.2 haben wir aber festgestellt, dass in der Natur das Nützlichkeitsprinzip vorherrscht. Also, dürfen nutzlose Dinge nicht vorkommen. Aber gilt das auch auf dem elementaren Niveau? Offensichtlich ja.

Tatsächlich fordert die Projektionstheorie, dass solche „toten" Systeme nicht existieren dürfen, was sich in den oben aufgeführten Merkmalen

$$\Psi(\mathbf{r},t) = 0, \Psi(\mathbf{p}_0,E_0) = 0, \mathbf{p}_0 = 0, E_0 = 0 \qquad (42)$$

widerspiegelt. Mit anderen Worten, die Projektionstheorie enthält nicht nur das Nützlichkeitsprinzip, sondern sagt auch aus, dass es bereits auf dem elementarsten Niveau verankert ist. Dennoch ist Vorsicht geboten, denn das Projektionsprinzip offenbart die Situation des Menschen, aber nicht das, was in der Fundamentalen Wirklichkeit tatsächlich vor sich geht, deren Struktur uns ja nicht zugänglich ist.

3.10 Die Zeit in der Projektionstheorie

3.10.1 Eigenschaften von Wahrscheinlichkeitsverteilungen

Zu jeder Zeit τ liegen Wahrscheinlichkeitsverteilungen

$$\{\mathbf{r}\}, \{t\}, \{\mathbf{p}\}, \{E\} \tag{43}$$

für die Variablen $r, t, \mathbf{p}$ und E vor. Aber es ist immer nur einer der Werte $r, t, \mathbf{p}$ und E zur Zeit τ realisiert, wobei die Häufigkeiten für das Auftreten dieser Werte durch die Wahrscheinlichkeitsdichten $\Psi^*(\mathbf{r},t)\Psi(\mathbf{r},t)$ und $\Psi^*(\mathbf{p},E)\Psi(\mathbf{p},E)$ bestimmt sind. Es stellt sich die folgende Frage: Wie viele Werte können von jeder der Variablen $\mathbf{r}, t, \mathbf{p}$ und E in einem sehr kleinen, aber von Null verschiedenen Zeitintervall $\Delta\tau$ vorkommen bzw. registriert werden?

Die Bandbreiten $\Delta_r, \Delta_t, \Delta_p, \Delta_E$ von $\mathbf{r}, t, \mathbf{p}$ und E, für die die Verteilungen $\Psi^*(\mathbf{r},t)\Psi(\mathbf{r},t)$ und $\Psi^*(\mathbf{p},E)\Psi(\mathbf{p},E)$ nicht Null sind, sollen endlich bleiben, also kleiner bleiben als unendlich.

Ist nun das Beobachtungsintervall $\Delta\tau = \varepsilon$ unendlich klein, also infinitesimal, so ist die Zahl der beobachtbaren Werte für $\mathbf{r}, t, \mathbf{p}$ und E identisch mit der Zahl der τ-Werte in dem Intervall ε. Wir wissen aber von der Mathematik, dass die Anzahl der reellen Zahlen in ε unendlich sein muss, und in der Physik ist keine dieser reellen Zahlen durch irgendwelche Bedingungen ausgeschlossen. Daher muss die Anzahl N einer Variablen, wie zum

Beispiel **r**, in dem Intervall Δ_r unendlich sein. Das bedeutet insbesondere, dass die Zahlendichte $\rho = N/\Delta_r$ für die **r**-Werte unendlich sein muss, und zwar im gesamten Intervall Δ_r, wobei – wie schon gesagt – das Intervall Δ_r nicht unendlich sein darf, aber dennoch beliebig groß.

Zusammenfassend können wir somit festhalten, dass alle **r**, t, **p**, E- Werte, die durch $\Psi^*(\mathbf{r},t)\Psi(\mathbf{r},t)$ und $\Psi^*(\mathbf{p},E)\Psi(\mathbf{p},E)$ definiert sind, bereits in dem unendlich kleinen Zeitintervall $\Delta\tau = \varepsilon$ realisiert sind, obwohl die Bandbreiten $\Delta_r, \Delta_t, \Delta_p, \Delta_E$ beliebige Werte annehmen können, allerdings dürfen sie nicht unendlich sein.

Diese gerade aufgezeigte Eigenart (wir wollen sie im Folgenden mit ε-Merkmal bezeichnen) ist auch von Interesse im Zusammenhang mit der systemspezifischen Zeit t. In den folgenden Abschnitten werden wir darauf eingehen.

3.10.2 Klassische Mechanik

Das ε-Merkmal ist bemerkenswert. Selbst in der klassischen Theorie arbeiten wir mit einer unendlichen Anzahl von Raumpunkten innerhalb kleiner Zeitintervalle $\Delta\tau = \varepsilon$.

Wir wollen ein klassisches Objekt betrachten, das sich in x-Richtung mit der Geschwindigkeit v_x von einem Raumpunkt zu einem anderen bewegt, wobei es eine Distanz von Δ_r durchläuft. Falls dieser Vorgang innerhalb eines unendlich kleinen Zeitintervalls stattfindet, also innerhalb von ε, so muss auch die Distanz Δ_r unendlich klein sein, da sonst eine Geschwindigkeit v_x nicht in vernünftiger Weise definiert wäre (die klassische Mechanik ist eine lokale Theorie). Dennoch enthält das Raumintervall Δ_r unendlich viele Ereignisse, d.h., das Objekt durchläuft monoton innerhalb von ε eine unendliche Anzahl von reellen Zahlen. In Abb. 20 sind nur fünf Punkte eingetragen.

3.10.3 Konventionelle Quantentheorie und Projektionstheorie

Im Gegensatz zur klassischen Mechanik ist die Quantentheorie eine nichtlokale Theorie, und die Gesetze sind nichtdeterministisch. Insbesondere ist eine klassische Geschwindigkeit **v** im Sinne der klassischen Mechanik nicht mehr möglich. In der konventionellen Quantentheorie verhält sich nur die Variable **r** statistisch (siehe auch Abb. 20), in der Projektionstheorie hingegen verhalten sich **r** und t statistisch.

Anders als im klassischen Fall können in der Projektionstheorie die Variablen r und t des Systems innerhalb der Intervalle $\Delta_r \neq \infty$ und $\Delta_t \neq \infty$ im unendlich kleinen Zeitintervall $\Delta\tau = \varepsilon$ beliebig springen, und zwar von einem Raum-Zeit-Punkt $\mathbf{r}_i, t_i$ zu einem anderen mit $\mathbf{r}_j, t_j$. Hierbei dürfen – wie gesagt – die Intervalle Δ_r und Δ_t beliebig groß sein, müssen aber von unendlich verschieden bleiben.

Diese beiden Intervalle, also Δ_r und Δ_t, werden im Laufe der Zeit τ statistisch besetzt, wobei $\tau_i \leq \tau \leq \tau_j = \tau_i + \varepsilon$ ist. Im Intervall ε können die Abstände $\mathbf{r}_{ij} = \mathbf{r}_i - \mathbf{r}_j$ und $t_{ij} = t_i - t_j$ beliebig groß sein, müssen aber innerhalb von Δ_r und Δ_t liegen, d.h., wir haben $\mathbf{r}_{ij} \leq \Delta_r$ und $t_{ij} \leq \Delta_t$.

Obwohl das Zeitintervall ε unendlich klein ist, ist die Anzahldichte bezüglich der Variablen **r** und t in den Intervallen Δ_r und Δ_t unendlich, und zwar deswegen, weil in ε die Anzahl der durchlaufenen τ-Werte und damit die Anzahl der Raum-Zeit-Ereignisse unendlich ist, die Intervalle Δ_r und Δ_t aber nach Voraussetzung endlich bleiben. Also, diese Eigenschaften sind unabhängig von den Bandbreiten $\Delta_r, \Delta_t, \Delta_p$ und Δ_E (nur die unendlich großen Werte sind ausgeschlossen). In Abb. 21 sind die Verhältnisse noch einmal dargestellt, und es ist die Beziehung zwischen konventioneller Quantentheorie und Projektionstheorie wiedergegeben.

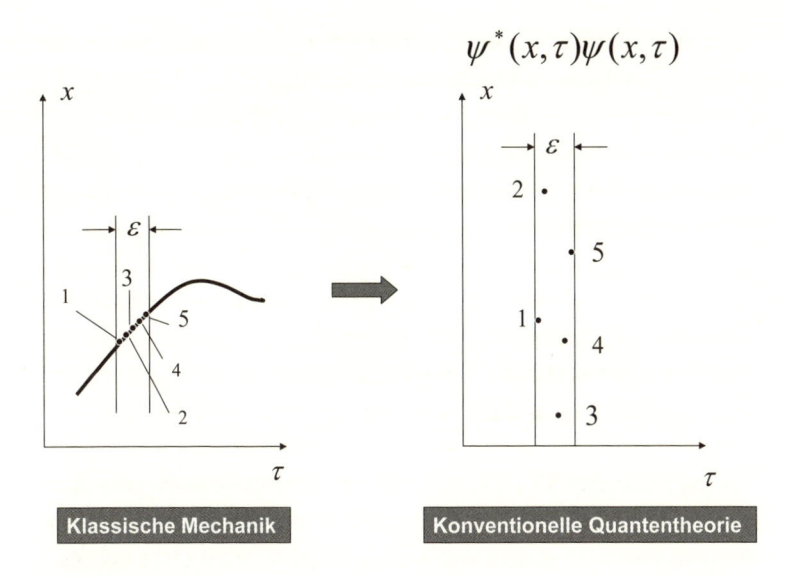

Klassische Mechanik | **Konventionelle Quantentheorie**

Abb. 20
Ein klassisches Objekt bewegt sich mit der Geschwindigkeit v_x in x-Richtung und durchläuft dabei eine Distanz von Δ_x. Falls dieser Vorgang innerhalb eines unendlich kleinen Zeitintervalls stattfindet, also innerhalb von ε, so muss auch die Distanz Δ_x unendlich klein sein, da sonst eine Geschwindigkeit v_x nicht in vernünftiger Weise definiert wäre (die klassische Mechanik ist eine lokale Theorie). Dennoch enthält das Raumintervall Δ_x unendlich viele Ereignisse, d. h., das Objekt durchläuft monoton innerhalb von ε eine unendliche Anzahl von reellen Zahlen. Hier sind nur fünf Punkte eingetragen. Wenn wir nun von der klassischen Mechanik zur konventionellen Quantentheorie übergehen, ändert sich die Situation einschneidend. Innerhalb des unendlich kleinen Zeitintervalls ε springt das Objekt statistisch von einem Ort x_i zu einer anderen Position x_j, wobei sich das Intervall $x_{ij} = x_i - x_j$ innerhalb von Δ_x beliebig einstellen kann; Δ_x ist die Bandbreite der Wahrscheinlichkeitsdichte $\psi^*(x)\,\psi(x)$ im Rahmen der konventionellen Quantentheorie. Obwohl das Zeitintervall $\Delta\tau = \varepsilon$ unendlich klein ist, nimmt die Dichte der Ereignisse in Δ_x (Anzahl der reellen Zahlen) den Wert unendlich an, und zwar deswegen, weil in $\Delta\tau = \varepsilon$ eine unendliche Zahl von reellen Zahlen durchlaufen wird und Δ_x nach Voraussetzung endlich bleibt.

Die Situation im Zusammenhang mit der Anzahl der Ereignisse (ε-Merkmal) innerhalb des unendlich kleinen Zeitintervalls $\Delta\tau = \varepsilon$ entspricht der, wie sie in der konventionellen Quantentheorie (Abb. 20) und auch in der klassischen Mechanik vorliegt. Während die klassische Mechanik eine lokale Theorie ist, führt die Projektionstheorie im Zusammenhang mit Raum und Zeit zu einer nichtlokalen Beschreibung der Verhältnisse.

Es gibt allerdings zur konventionellen Quantentheorie wesentliche Unterschiede:

1. Innerhalb der Born'schen Interpretation der Wellenfunktion werden punktförmige reale Teilchen, die im Raum eingebettet sind, benötigt (Kapitel 1). Wie wir wissen, liegt eine solche Sicht in der Projektionstheorie nicht vor.

2. Innerhalb der Born'schen Interpretation verhält sich ausschließlich die Variable **r** statistisch, in der Projektionstheorie hingegen verhält sich sowohl die Variable für den Ort **r** als auch die systemspezifische Zeit t statistisch. Wie wir wissen, ist die systemspezifische Zeit t in der konventionellen Quantentheorie nicht definiert.

3.10.4 Würfelt Gott?

Ist das aufgezeigte statistische Verhalten eine objektive Kategorie der Natur? Mit anderen Worten, können wir erwarten, dass das statistische Verhalten der physikalischen Systeme auch in der Fundamentalen Wirklichkeit vorliegt? Würfelt also auch Gott? Alle diese drei Fragen sind äquivalent. Wir wollen kurz darauf eingehen, wobei wir naturgemäß immer nur aus der Position des Menschen urteilen können.

Ob in der Fundamentalen Wirklichkeit statistisches Verhalten vorliegt oder nicht, kann vom Standpunkt des menschlichen Beobachters prinzipiell nicht beurteilt werden. Denn, so wurde in Kapitel 2 bereits festgestellt und begründet, kann der Mensch keinerlei direkte Aussagen über das, was in der Fundamentalen Wirklichkeit vor sich geht, machen. Das Einzige, was wir im Rahmen der Projektionstheorie sagen können ist, dass die Fun-

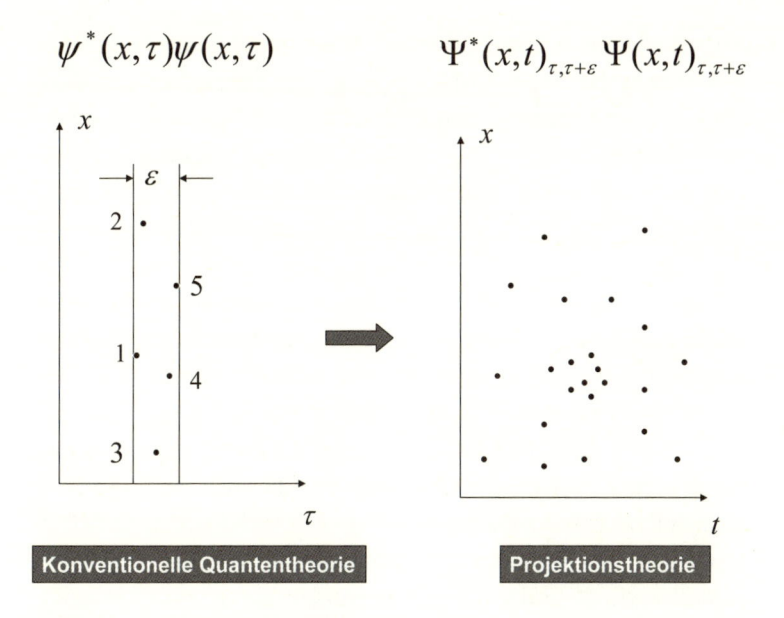

$$\psi^*(x,\tau)\psi(x,\tau) \qquad \Psi^*(x,t)_{\tau,\tau+\varepsilon}\,\Psi(x,t)_{\tau,\tau+\varepsilon}$$

Konventionelle Quantentheorie → **Projektionstheorie**

Abb. 21
Die Position der konventionellen Quantentheorie wurde bereits in Abb. 20 diskutiert. Wenn wir zur Projektionstheorie übergehen, erscheint die systemspezifische Zeit t, die in der konventionellen Quantentheorie nicht definiert ist. Nicht nur die Raumkoordinate x verhält sich statistisch, sondern auch die Variable t. Daher haben wir die folgende Situation: Im unendlich kleinen Zeitintervall ε springen die Variablen des Systems von einem Raum-Zeit-Punkt (x_i, t_i) zu einem anderen (x_j, t_j), wobei $x_{ij} = x_i - x_j$ und $t_{ij} = t_i - t_j$ beliebig sein können, müssen aber innerhalb von Δ_x und Δ_t liegen, d. h., wir haben $x_{ij} \leq \Delta_x$ und $t_{ij} \leq \Delta_t$; Δ_x und Δ_t sind die Bandbreiten von $\Psi^*(x,t)\Psi(x,t)$. Obwohl das Zeitintervall ε unendlich klein ist, ist die Anzahldichte bezüglich der Variablen x und t in den Intervallen Δ_x und Δ_t unendlich, und zwar deswegen, weil in ε die Anzahl der durchlaufenen τ-Werte und damit die Anzahl der Raum-Zeit-Ereignisse unendlich ist, die Intervalle Δ_x und Δ_t aber nach Voraussetzung endlich bleiben. In der Abbildung sind nur wenige Raum-Zeit-Punkte eingezeichnet.

damentale Wirklichkeit existiert. So gesehen bleibt die Frage offen, ob in der Fundamentalen Wirklichkeit gewürfelt wird oder nicht. Also, was Gott macht, bleibt uns grundsätzlich verborgen, wobei natürlich offen bleiben muss, ob Gott denn auch tatsächlich mit der Fundamentalen Wirklichkeit gleichgesetzt werden kann.

Auch kann nicht gesagt werden, was anders geartete biologische Wesen zu dieser Fragestellung beitragen könnten. Allerdings muss hier wieder vorausgesetzt werden, dass auch solche anderen biologischen Arten sich nach denselben Prinzipien der Evolution entwickelt haben wie der Mensch. Dann bliebe auch ihnen die Fundamentale Wirklichkeit verschlossen.

Albert Einstein stemmte sich bekanntlich fest gegen die statistische Deutung der konventionellen Quantentheorie. Von ihm stammt die berühmte Aussage „Gott würfelt nicht". Aber woher wusste Einstein das? Was können wir Menschen über die Fähigkeiten bzw. Möglichkeiten eines Gottes sagen? Überhaupt nichts? Solche Art von Fragen sind unpassend, und diese Einschätzung wird durch die Projektionstheorie unterstützt. Vom Standpunkt der Projektionstheorie sind Aussagen wie „Gott würfelt" und auch „Gott würfelt nicht" nicht möglich. Beide Aussagen sind hier nicht erlaubt, überschreiten die Möglichkeiten. Natürlich gilt das nur dann, wenn wir Gott mit der Fundamentalen Wirklichkeit identifizieren.

3.11 Zusammenhang zwischen systemspezifischer Zeit und Referenzzeit

Wir haben bezüglich der Zeit t die folgende Situation: Zur Zeit τ ist nur *ein* Wert für die systemspezifische Zeit t realisiert. Die Situation ist jedoch anders, wenn wir die Anzahl der t-Werte im unendlich kleinen Zeitintervall ε betrachten: Da es in ε unendlich viele reelle Zahlen gibt, wird die Zahl der realisierten t-Werte in ε unendlich groß, so wie wir das auch schon in Abschnitt 3.10 herausgearbeitet haben.

Das heißt, die gesamte zeitliche Information über das System, also seine vollständige Vergangenheit, seine Gegenwart und auch Zukunft, die durch die Bandbreite Δ_t (Lebensdauer des

Systems) von $\Psi^*(\mathbf{r},t)\Psi(\mathbf{r},t)$ beschrieben wird, liegt bereits im unendlich kleinen Beobachtungszeitraum ε vor (Abschnitt 3.10.1).

3.11.1 Stationäres Verhalten

Das ist der Fall für jede Referenzzeit $\tau_i \pm \varepsilon$, d. h., das Gesetz für $\Psi^*(\mathbf{r},t)\Psi(\mathbf{r},t)$ ist unabhängig von τ; es ist stationär bezüglich τ (siehe auch Abschnitt 3.8.1 und Abb. 17). Daher können wir das Folgende festhalten: Trotz der statistischen Fluktuationen ist die **r**-Struktur für den gesamten *t*-Bereich wie ein starrer Block praktisch schlagartig definiert, also die räumlichen Anordnungen liegen für alle Zeitepochen auf einen Schlag vor, sozusagen in eingefrorener Form. Jeder Teil dieses Blocks ist im Prinzip zu jeder Zeit τ beobachtbar.

Bezogen auf den Menschen bedeutet dieses Merkmal, dass er zu jeder Zeit $\tau_i \pm \varepsilon$ als starrer Zeitblock definiert ist, d. h., seine **r**-Strukturen, die er als Säugling, als Jugendlicher oder auch als Greis hat, liegen in geschlossener Form, also gleichzeitig vor. Alle Stadien des Menschen (zum Beispiel Säugling, Jugendlicher, Greis) liegen gleichzeitig als Information vor und sind jederzeit abrufbar, d. h., sie stellen so etwas wie einen eingefroren Block dar. Dennoch beobachten wir diesen Zeitblock nicht auf einmal, obwohl er vorliegt. Warum ist das so?

Lägen dem Menschen solche Zeitblöcke für die möglichen Systeme tatsächlich schlagartig vor, dann wäre die Referenzzeit τ eine überflüssige Größe; ihre Einführung würde keinen Sinn machen, da es zwischen der systemspezifischen Zeit *t* und der Referenzzeit τ keinen Zusammenhang gäbe.

Aber die Existenz der Zeit τ ist Tatsache, denn unser ganzes Zeitempfinden ist durch sie ausgedrückt. Unsere Uhren, die wir im Alltag und auch bei physikalischen Messungen in Anspruch nehmen, spiegeln das dezidiert wider. Wir müssen nur verstehen, was hier vor sich geht. Einerseits liegen die räumlichen Anordnungen für alle Zeitepochen auf einen Schlag als Zeitblock vor, andererseits kennen wir zur Zeit τ immer nur spezifische Raumstrukturen (**r**-Strukturen), jedoch niemals alle auf einmal.

3.11.2 Selektion von Zeitkonfigurationen

Fassen wir noch einmal zusammen: Aus der bisherigen Analyse folgt, dass es zwischen der Zeit τ und der systemspezifischen Zeit t keinen Zusammenhang gibt, wenn der stationäre Fall ins Auge gefasst wird. Denn unabhängig von den statistischen Fluktuationen liegt zur Zeit τ die Information über den Gesamtbereich von t und auch von **r** vor:

$$\tau : \Psi^*(\mathbf{r},t)\Psi(\mathbf{r},t), -\infty \leq \mathbf{r} \leq \infty, -\infty \leq t \leq \infty. \tag{44}$$

Mit anderen Worten, zur Zeit τ liegt die Gesamtstruktur des zu untersuchenden Systems vor, also für $-\infty \leq \mathbf{r} \leq \infty, -\infty \leq t \leq \infty$. Das gilt für alle Zeiten τ, und es gibt zwischen τ und t keine Korrelationen. Eine solche Situation macht die Einführung einer Referenzzeit τ überflüssig und würde keinen Sinn geben. Die Situation ist noch einmal in Abb. 22 dargestellt.

Für einen Beobachter ohne Zeitgefühl (τ ist nicht definiert) kann ein Prozess, so wie er durch Gleichung (44) wiedergegeben ist, kein Zeitgefühl erzeugen. Die Zeit t springt statistisch zwischen allen möglichen t-Werten hin und her, ohne der Zeit t eine gewisse Richtung zu geben; die Begriffe Vergangenheit, Gegenwart und Zukunft sind dann nicht definierbar.

Wir wissen jedoch von unseren Beobachtungen, dass wir zur Zeit τ immer nur gewisse Konfigurationen

$$\Psi^*(\mathbf{r},t_0)\Psi(\mathbf{r},t_0), -\infty \leq \mathbf{r} \leq \infty, t_0 = \tau \tag{45}$$

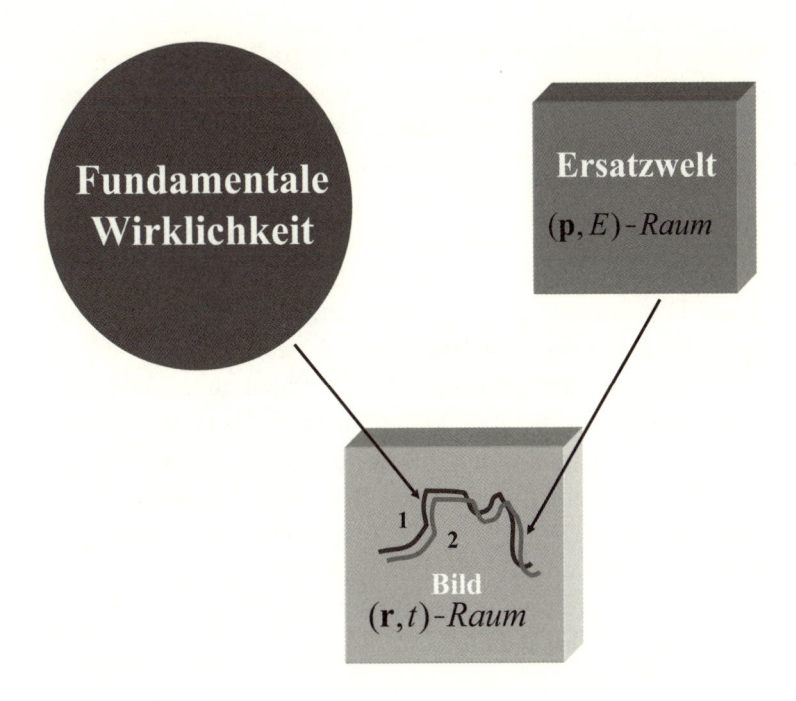

Abb. 22
Im Alltagsleben haben wir gewisse Raumstrukturen (Bilder) spontan vor unseren Augen. In der konventionellen Physik wird normalerweise angenommen, dass die reale Materie in der Raum-Zeit eingebettet ist. Im Rahmen der Projektionstheorie ist die Situation anders: Das, was wir vor Augen haben, besteht ausschließlich aus geometrischen Strukturen (Bilder von der Wirklichkeit), und diese Bilder sind Zustände des Gehirns. Alle Prozesse bzw. Aktionen finden in der Fundamentalen Wirklichkeit statt und der vollständige Komplex, der involviert ist, wird auf den $(\mathbf{r}, t)$-Raum projiziert (Kurve 1). Wir beschreiben (modellieren) die geometrischen Strukturen mithilfe von Ersatzwelten, d. h. im Falle des $(\mathbf{r},t)$-Raums durch systemspezifische $\mathbf{p}$, E-Fluktuationen im $\mathbf{p}$, E-Raum. Die modellierten $(\mathbf{p}, E)$-Strukturen, die von den Fluktuationen erzeugt werden, ergeben durch Projektion auf den $(\mathbf{r}, t)$-Raum wieder ein Bild (Kurve 2). Falls das zu untersuchende System bezüglich τ stationär ist, bleibt das Gesetz $\Psi^*(\mathbf{r},t)\Psi(\mathbf{r},t)$ unabhängig von τ, d.h., wir haben zu jeder Zeit τ (zum Beispiel τ_1 und τ_2) die gleiche $\mathbf{r}$, t-Struktur (siehe auch Abb. 17). Dann gibt es keine Verknüpfung zwischen den Zeiten t und τ. Eine solche Situation würde die Einführung einer Referenzzeit τ überflüssig machen und keinen Sinn geben.

von der Realität registrieren. Jede Fotografie stellt eine solche Raum-Konfiguration dar, die sich auch immer auf eine spezifische Zeit τ bezieht, nämlich die, die wir gerade zum Zeitpunkt der Aufnahme von der Armbanduhr ablesen.

Warum arbeitet die Natur auf diese Weise? Warum findet ein solcher Selektionsprozess von $\Psi^*(\mathbf{r},t)\Psi(\mathbf{r},t)$ zu $\Psi^*(\mathbf{r},t_0)\Psi(\mathbf{r},t_0)$ statt? Die Antwort ist höchst wahrscheinlich durch die Prinzipien der Evolution gegeben. Denn diese Prinzipien besagen unter anderem, dass menschliche Individuen nur so wenig Außenwelt in sich aufnehmen sollten wie unbedingt nötig ist. Alles andere wäre belastend und lebensbedrohlich. Dieses wichtige Evolutionsprinzip spiegelt sich offensichtlich auch im Übergang von $\Psi^*(\mathbf{r},t)\Psi(\mathbf{r},t)$ nach $\Psi^*(\mathbf{r},t_0)\Psi(\mathbf{r},t_0)$ mit $t_0 = \tau$ wider, der zweifelsfrei eine Art Selektionsprozess darstellt. Das Auftreten der Referenzzeit τ, die ja unser Zeitempfinden repräsentiert, ist ein Merkmal dafür.

3.11.3 Einführung eines Referenzsystems

Wie organisiert die Natur den Übergang von Gleichung (44) nach Gleichung (45)? Das kann nicht über eine interne Transformation innerhalb des zu untersuchenden Systems vor sich gehen, also ohne Einfluss von anderen Vorgängen.

Neben dem zu untersuchenden System erscheint im Rahmen unserer Analysen nur noch die Funktion des Beobachters. Die Beobachtung des zu untersuchenden Systems setzt voraus, dass es zwischen dem Menschen und dem System eine Wechselwirkung gibt. Daher muss der Übergang von $\Psi^*(\mathbf{r},t)\Psi(\mathbf{r},t)$ nach $\Psi^*(\mathbf{r},t_0)\Psi(\mathbf{r},t_0)$, also zur selektierten Information, durch ein Zusammenspiel zwischen dem zu untersuchenden System, das durch $\Psi(\mathbf{r},t)$ beschrieben wird, und der Funktion des Beobachters selbst zustande kommen. Allerdings wurde die Funktion des Beobachters bisher nur durch die Referenzzeit τ charakterisiert. Es ist unmittelbar klar, dass nur ein einziger Parameter, also τ, nicht ausreichend sein sollte für die Beschreibung des Zusammenspiels zwischen dem System mit $\Psi(\mathbf{r},t)$ und dem Beobachter. Wie kann die Beschreibung des Beobachtungsprozesses realistischer gestaltet werden?

Zu diesem Zweck wollen wir ein Referenzsystem definieren, das innerhalb des Beobachters stationiert sein soll, ja, stationiert sein muss. Das Referenzsystem soll bewirken, dass es zwischen dem Beobachter und dem externen System mit $\Psi(\mathbf{r},t)$ zu einer Wechselwirkung kommen kann.

Dieses Referenzsystem soll formal durch die Wellenfunktion $\Psi_{ref}(t)$ bzw. durch die Wahrscheinlichkeitsdichte $\Psi_{ref}^*(t)\Psi_{ref}(t)$ beschrieben werden. Natürlich charakterisiert auch die Variable t bezüglich $\Psi_{ref}(t)$ wieder eine systemspezifische Zeit, die sich jetzt auf das Referenzsystem im Innern des Beobachters bezieht. Der Einfachheit halber soll angenommen werden, dass das Referenzsystem nicht von einer räumlichen Struktur abhängt; die Variable $\mathbf{r}$ kommt daher in $\Psi_{ref}(t)$ nicht vor, wäre auch überflüssig, weil es sich beim Übergang von $\Psi(\mathbf{r},t)$ nach $\Psi(\mathbf{r},t_0)$ ausschließlich um eine Selektion bezüglich der t-Konfigurationen des zu untersuchenden Systems handelt, wobei das System ohne diese Wechselwirkung durch $\Psi(\mathbf{r},t)$ charakterisiert ist.

Die Quelle für die Existenz der Wellenfunktion $\Psi_{ref}(t)$ sind Energiefluktuationen in der Realität, d.h., im $(\mathbf{p}, E)$-Raum. Diese erzeugen dann die Funktion $\Psi_{ref}(E)$ bzw. $\Psi_{ref}^*(E)\Psi_{ref}(E)$, wobei $\Psi_{ref}(E)$ direkt auf den $(\mathbf{r},t)$-Raum projiziert wird und zu $\Psi_{ref}(t)$ führt. $\Psi_{ref}(t)$ und $\Psi_{ref}(E)$ sind über eine Fourier-Transformation miteinander verknüpft.

Wir haben also die beiden Wahrscheinlichkeitsdichten $\Psi_{ref}^*(t)\Psi_{ref}(t)$ und $\Psi^*(\mathbf{r},t)\Psi(\mathbf{r},t)$, die gleichzeitig zur Referenzzeit τ vorliegen; die eine beschreibt das Referenzsystem, die andere das zu untersuchende System in der Außenwelt. Die Kopplung von $\Psi_{ref}(t)$ und $\Psi(\mathbf{r},t)$ führt dann zur Beobachtung des Systems mit $\Psi(\mathbf{r},t)$.

Das Referenzsystem hat zwei Aufgaben:

1. Es beschreibt die Natur der Referenzzeit spezifischer, spezifischer als der Parameter τ.

2. Es selektiert $\Psi^*(\mathbf{r}, t_0)\Psi(\mathbf{r}, t_0)$ aus $\Psi^*(\mathbf{r}, t)\Psi(\mathbf{r}, t)$ (siehe auch die Gleichungen (44) und (45)).

Wir werden erkennen, dass beide Aufgaben miteinander verknüpft sind. Die spezifischen Selektionen bezüglich der t-Konfigurationen von $\Psi^*(\mathbf{r}, t)\Psi(\mathbf{r}, t)$ ist ohne ein variierendes Referenzsystem nicht möglich. Zunächst soll die Struktur der Referenzzeit bzw. des Referenzsystems besprochen werden, danach die Grundlagen des Selektionsprozesses.

3.11.4 Struktur des Referenzsystems

Bisher haben wir nur festgestellt, dass die Zeit τ monoton von der Vergangenheit in die Zukunft fortschreitet, also gerade so, wie es unsere Uhren anzeigen. Aber auch unser Zeitempfinden muss seine Ursache in einem spezifischen Prozess haben, der im Gehirn des menschlichen Beobachters angelegt ist. Also ist auch die Referenzzeit eine systemspezifische Zeit, so wie wir es oben schon festgestellt haben und durch die Einführung der Wellenfunktion $\Psi_{ref}(t)$ zum Ausdruck kam.

Diese Art von Prozess wird erheblich von den zeitlichen Vorgängen abweichen, die im Rahmen der konventionellen Quantentheorie behandelt werden. Der Grund ist in dem Unterschied zwischen Gleichung (36) bzw. (2) und Gleichung (37) zu suchen. Gleichung (37) ist allgemeiner als Gleichung (36), und zwar deswegen, weil sich in der Funktion $V(x, y, z, t)$ die Komplexität der Wirklichkeit offensichtlich realistischer widerspiegelt als in der noch klassischen Funktion $U(x, y, z)$ der Schrödinger-Gleichung (36). Insbesondere könnte $V(x, y, z, t)$ einen imaginären Anteil haben [17].

Wie gesagt, soll die Referenzzeit mit $\Psi_{ref}(t)$ bzw. $\Psi^*_{ref}(t)\Psi_{ref}(t)$ beschrieben werden (Abschnitt 3.11.3). Die Wahrscheinlichkeit für das Auftreten von t bezüglich der Referenzzeit in dem Intervall Δt um t ist durch $\Psi^*_{ref}(t)\Psi_{ref}(t)\Delta t$ gegeben. Mit anderen Worten, die Variable t für die Referenzzeit wird unbestimmt, und zwar deswegen, weil die Funktion $\Psi^*_{ref}(t)\Psi_{ref}(t)$ eine gewisse Breite Δ_τ hat, was bedeutet, dass die Referenzzeit t in $\Psi_{ref}(t)$ nun nicht mehr strikt von der Vergangenheit in die Zukunft fortschreiten muss, so wie das unsere Uhren praktizieren und wie wir das durch den Parameter τ beschrieben haben.

Auch wenn die Funktion $\Psi^*_{ref}(t)\Psi_{ref}(t)$ eine Bandbreite Δ_τ hat, so sollte es doch eine relativ scharfe Funktion sein. Weiterhin sollte die Verteilung $\Psi^*_{ref}(t)\Psi_{ref}(t)$ die folgende Eigenschaft haben: Da die Zeit τ unserer Uhren monoton von der Vergangenheit in die Zukunft zeigt, muss auch die Verteilung $\Psi^*_{ref}(t)\Psi_{ref}(t)$ monoton von der Vergangenheit in die Zukunft laufen. Das haben wir bei der Modellierung zu berücksichtigen. Das heißt, wir haben

$$\Psi^*_{ref}(t)\Psi_{ref}(t) \rightarrow \Psi^*_{ref}(\tau-t)\Psi_{ref}(\tau-t). \tag{46}$$

Wir messen nicht die Zeit τ, sondern immer die Variable t, die aber statistisch um τ schwankt. Jedoch können wir so modellieren, dass die Verteilung $\Psi^*_{ref}(t)\Psi_{ref}(t)$ relativ schmal ist, sodass die Variable t für die Referenzzeit eigentlich dem Wert τ immer nahe ist. Allerdings, so lässt sich zeigen, darf die Bandbreite Δ_τ der Verteilung $\Psi^*_{ref}(t)\Psi_{ref}(t)$ nicht exakt Null werden, denn im Falle von $\Delta_\tau = 0$ müssten unendlich große Fluktuationen in der Energie auftreten, was jedoch nicht den realen Energiefluktuationen im Gehirn und in der Welt entspricht.

Zum Beispiel erfahren wir ein fahrendes Auto, das sich mit der konstanten Geschwindigkeit **v** bewegt, als eine strikte Folge von fortlaufenden Konfigurationen der Form $A(\mathbf{r}-\mathbf{v}\tau)$, wobei τ strikt von kleinen nach großen Zeiten mit der Sequenz $\tau_1 < \tau_2 \cdots$ läuft. Aber dieses Merkmal basiert auf makroskopischen Beobachtungen; im quantentheoretischen Fall haben wir im Allgemeinen eine gewisse Bandbreite $\Delta_\tau \neq 0$ zuzulassen. Dann kann es sein, dass eine Messung zu folgendem Ergebnis führt: Bei τ_1 wird t_1 gemessen und bei τ_2 der Wert t_2 mit $\tau_1 < \tau_2$, jedoch könnte t_1 größer als t_2 sein, also $t_1 > t_2$.

3.11.5 Das Referenzsystem selektiert

Das Referenzsystem mit $\Psi_{ref}(t)$ sollte für den Selektionsvorgang verantwortlich sein. Tatsächlich ist es möglich, den Übergang von $\Psi^*(\mathbf{r},t)\Psi(\mathbf{r},t)$ nach $\Psi^*(\mathbf{r},t_0)\Psi(\mathbf{r},t_0)$ (Abschnitt 3.11.2) mithilfe einer solchen Funktion zu beschreiben, also mit $\Psi_{ref}(t)$.

Mit anderen Worten, die Wechselwirkung zwischen den beiden Systemen, die durch $\Psi_{ref}(t)$ und $\Psi(\mathbf{r},t)$ beschrieben werden, sollten zu dem beobachteten Selektionsprozess führen. Dieser Prozess filtert die Raumstruktur $\Psi^*(\mathbf{r},t_0)\Psi(\mathbf{r},t_0)$ ($-\infty \leq \mathbf{r} \leq \infty, t = t_0$), die zur Zeit t_0 beobachtet wird, aus der Gesamtinformation der Raum-Zeit-Struktur $\Psi^*(\mathbf{r},t)\Psi(\mathbf{r},t)$ mit $-\infty \leq \mathbf{r} \leq \infty, -\infty \leq t \leq \infty$.

Das Referenzsystem mit $\Psi_{ref}(t)$ ist im Gehirn des Beobachters positioniert. Das zu untersuchende System mit $\Psi(\mathbf{p},E)$ bzw. $\Psi(\mathbf{r},t)$ ist hingegen Bestandteil der Außenwelt. Beide Systeme müssen gekoppelt werden. In Referenz 17 wurden realistische Modelle vorgeschlagen und diskutiert; die Resultate können wie folgt zusammengefasst werden:

Die Zustände $\Psi(\mathbf{r},t)$ des zu untersuchenden Systems der Außenwelt werden systematisch durch die Funktion $\Psi_{ref}(\tau-t)$ abgetastet, und es werden nur solche Werte von t beobachtet, die mit der Referenzzeit τ korrespondieren, also der Zeit, die wir mit unseren Uhren messen; dieser Vorgang ist in den Abb. 23 und 24 für zwei unterschiedliche Referenzzeiten schematisch dargestellt.

Dieser Selektionsprozess führt zum Effekt der Bewegung. Die Aufgabe des Referenzsystems ist es, bestimmte Konfigurationen $\Psi^*(\mathbf{r},t_k)\Psi(\mathbf{r},t_k)$ mit $t_k = \tau$ zu selektieren. Wie wir aber schon in Abschnitt 3.11.1 festgestellt haben, ist die Funktion $\Psi^*(\mathbf{r},t)$ $\Psi(\mathbf{r},t)$ eine statische Funktion, die sich im Verlauf von τ nicht ändert. Den Effekt der Bewegung, den der Beobachter im Zusammenhang mit $\Psi^*(\mathbf{r},t)\Psi(\mathbf{r},t)$ erfährt, kommt also ausschließlich durch die Zeit τ zustande, die ja monoton von der Vergangenheit in die Zukunft läuft.

3.11.6 Diskussion

Auf der Grundlage von Abb. 23 ergibt sich folgender Sachverhalt:

Das zu untersuchende System (Abb. 23, Kurve 1) fluktuiert statistisch zwischen allen möglichen Konfigurationen t, die durch die Bandbreite Δ_t von $\Psi^*(\mathbf{r},t)\Psi(\mathbf{r},t)$ definiert sind. Kurve 2 in Abbildung 23 beschreibt hingegen die Funktion $\Psi^*_{ref}(\tau-t)\Psi_{ref}(\tau-t)$, die das Zeitempfinden des Menschen charakterisiert, dessen Ursprung ebenfalls Quantenprozesse sein müssen. Das heißt, wir haben eine gewisse Bandbreite Δ_τ für $\Psi^*_{ref}(\tau-t)\Psi_{ref}(\tau-t)$, die jedoch relativ klein, aber von Null verschieden sein sollte. Im Falle einer Delta-Funktion wird $\Delta_\tau = 0$. Es können nur solche Konfigurationen beobachtet werden, die mit der Referenzzeit t_B (mit $\tau - \Delta_\tau/2 \leq t_B \leq \tau + \Delta_\tau/2$) korrespondieren, da der Mensch ausschließlich im Rahmen von Kurve 2 (Abb. 23) beobachten kann, die durch das System $\Psi^*_{ref}(\tau-t_B)\Psi_{ref}(\tau-t_B)$ beschrieben ist. Im Falle von $\Delta_\tau \cong 0$ ist die Funktion $\Psi^*_{ref}(\tau-t)\Psi_{ref}(\tau-t)$ annähernd eine Delta-Funktion, d. h. wir haben $t_B = \tau$.

Daraus folgt dann, dass die selektierte **r**-Konfiguration durch $\Psi^*(\mathbf{r},t = \tau)\Psi(\mathbf{r},t = \tau)$ gegeben sein muss [17]. Wir messen einen Punkt von dieser **r**-Konfiguration zur Referenzzeit $t_B = \tau$, und jeder dieser Punkte ist mit der Wahrscheinlichkeit

$\Psi^*(\mathbf{r}, t = \tau)\, \Psi(\mathbf{r}, t = \tau)\Delta t$ gegeben. Falls jedoch die Beobachtung des Systems nicht zu einem scharfen Zeitpunkt τ stattfindet, sondern innerhalb eines gewissen Zeitintervalls $\tau \pm \Delta\tau$ mit $\Delta\tau = \varepsilon$, wobei ε beliebig klein sein kann, aber verschieden von Null sein muss, messen wir unendlich viele Werte im Zusammenhang mit der **r**-Konfiguration $\Psi^*(\mathbf{r}, t = \tau)\, \Psi(\mathbf{r}, t = \tau)$. Der Grund ist wieder dadurch gegeben, dass in $\Delta\tau = \varepsilon$ unendlich viele reelle Zahlen vorkommen, und es wird keine dieser reellen Zahlen bei den physikalischen Prozessen ausgelassen, d.h., die Prozesse finden nicht nur für gewisse, ausgewählte reelle Zahlen statt. Das heißt, in diesem Fall ist die gesamte **r**-Konfiguration für das zu untersuchende System zur Zeit τ gegeben, und zwar deswegen, weil der Wert ε vernachlässigbar ist.

Im Rahmen unserer Alltagsbeobachtungen haben wir tatsächlich immer solche vollständigen (komplexen) **r**-Konfigurationen vor unseren Augen. Dann dürfen wir schließen, dass wir unsere Beobachtungen auf makroskopischem Niveau immer innerhalb gewisser Zeitintervalle $\tau \pm \varepsilon$ machen, also nie zu ei-

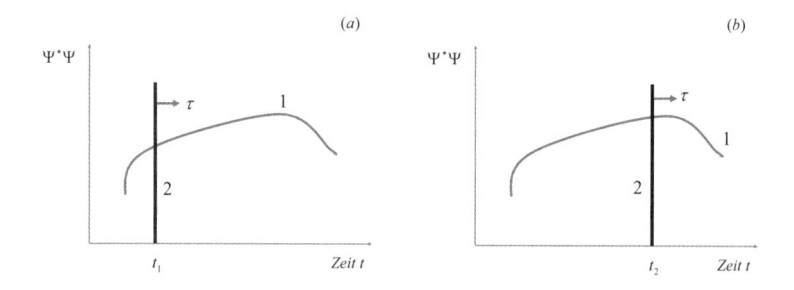

Abb. 23
Kurve 1 beschreibt das zu untersuchende System $\Psi^*(\mathbf{r}, t)\, \Psi(\mathbf{r}, t)$. Dieses System wird vom Referenzzeitsystem des Beobachters, das wir mit $\Psi^*_{ref}(\tau - t)\, \Psi_{ref}(\tau - t)$ charakterisiert haben, abgetastet, und es wird zur Zeit τ immer nur eine **r**-Konfiguration $\Psi^*(\mathbf{r}, t = \tau)\, \Psi(\mathbf{r}, t = \tau)$, $-\infty \leq \mathbf{r} \leq \infty$, von $\Psi^*(\mathbf{r}, t)\, \Psi(\mathbf{r}, t)$ selektiert. (a) $\Psi^*(\mathbf{r}, t_1 = \tau_1)\, \Psi(\mathbf{r}, t_1 = \tau_1)$ für $\tau = \tau_1$ und $t = t_1$ mit $\tau_1 = t_1$. (b) $\Psi^*(\mathbf{r}, t_2 = \tau_2)\, \Psi(\mathbf{r}, t_2 = \tau_2)$ für $\tau = \tau_2$ und $t = t_2$ mit $\tau_2 = t_2$. Mehr Einzelheiten sind im Text gegeben.

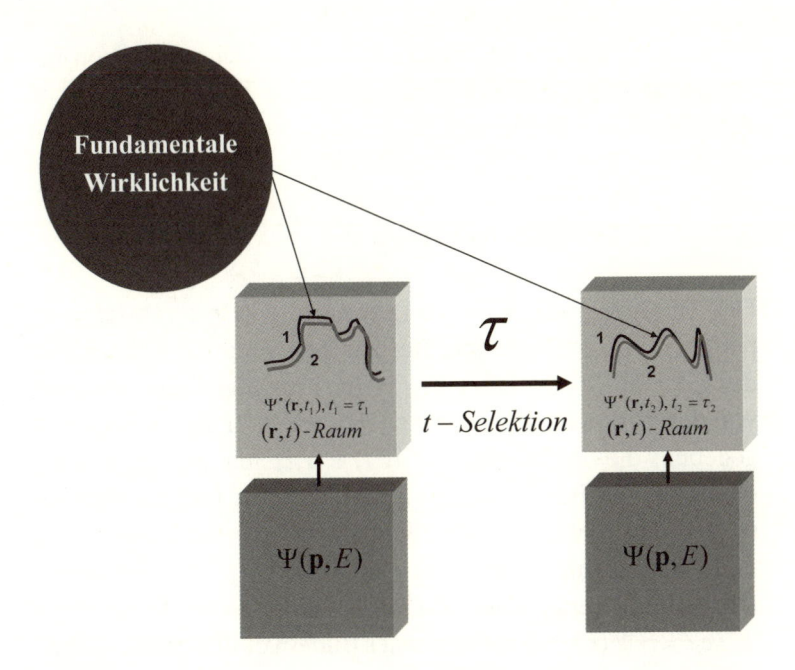

Abb. 24
Die Zustände $\Psi^*(\mathbf{r},t)\Psi(\mathbf{r},t)$ des zu untersuchenden Systems der Außenwelt werden durch $\Psi^*_{ref}(\tau-t)\Psi_{ref}(\tau-t)$ systematisch abgetastet, nur solche t-Konfigurationen können beobachtet werden, die mit der Referenzzeit τ korrespondieren. Mit anderen Worten, es liegt eine t-Selektion vor. Das führt zum Effekt der Bewegung. Die Aufgabe des Referenzsystems ist es, bestimmte Konfigurationen $\Psi^*(\mathbf{r},t_k)\Psi(\mathbf{r},t_k)$ mit $t_k = \tau$ zu selektieren. Wir erfahren die abgetasteten $\mathbf{r}$-Strukturen $\Psi^*(\mathbf{r},t_1)\Psi(\mathbf{r},t_1)$, $\Psi^*(\mathbf{r},t_2)\Psi(\mathbf{r},t_2)$ usw. (mit $t_1 = \tau_1$ und $t_2 = \tau_2$ usw.) so, wie wir einen Film auf einer Kinoleinwand erleben. Kurve 1: Projektion von der Fundamentalen Wirklichkeit auf den $(\mathbf{r},t)$-Raum. Kurve 2: Projektion von der Ersatzwelt, die im $(\mathbf{p},E)$-Raum eingebettet ist, auf den $(\mathbf{r},t)$-Raum nach dem Selektionsprozess (siehe auch Abb. 22).

nem scharfen Zeitpunkt τ mit $\varepsilon = 0$, denn dann wäre nur ein einziger Punkt der $\mathbf{r}$-Konfiguration realisiert und nicht eine ganze Landschaft.

Abb. 23 (a) zeigt die Situation für $\tau = \tau_1$ und $t = t_1$ mit $\tau_1 = t_1$, das zu $\Psi^*(\mathbf{r},t_1 = \tau_1)\Psi(\mathbf{r},t_1 = \tau_1)$ führt. Abb. 23 (b) zeigt die Situation für $\tau = \tau_2$ und $t = t_2$ mit $\tau_2 = t_2$, was dann der Konfiguration

$\Psi^*(\mathbf{r}, t_2 = \tau_2) \Psi(\mathbf{r}, t_2 = \tau_2)$ entspricht. Die zeitliche Selektion im Zusammenhang mit der Fundamentalen Wirklichkeit ist in Abb. 24 wiedergegeben.

3.11.7 Informationsinhalte

Der Übergang von $\Psi^*(\mathbf{r},t) \Psi(\mathbf{r},t)$ nach $\Psi^*(\mathbf{r}, t = \tau) \Psi(\mathbf{r}, t = \tau)$ bedeutet, dass dem Beobachter zur Zeit τ nur ein kleiner Teil der Gesamtinformation $\Psi^*(\mathbf{r},t) \Psi(\mathbf{r},t)$ zugänglich ist. Das Bild von der Wirklichkeit ist zur Zeit τ durch $\Psi^*(\mathbf{r}, t = \tau) \Psi(\mathbf{r}, t = \tau)$ gegeben; die Information $\Psi^*(\mathbf{r},t) \Psi(\mathbf{r},t)$ mit $t \neq \tau$ wird vom menschlichen Beobachtungssystem ignoriert und ist nicht im $(\mathbf{r}, t)$-Raum realisiert, aber dennoch zu jeder Zeit τ definiert, und zwar für alle Positionen $\mathbf{r}$ und Zeiten t. Die Erfahrung lehrt uns streng, dass zur Zeit τ nur die Teilstruktur $\Psi^*(\mathbf{r}, t = \tau) \Psi(\mathbf{r}, t = \tau)$ in Form eines Bildes vor uns existiert, aber keineswegs die Gesamtinformation $\Psi^*(\mathbf{r},t) \Psi(\mathbf{r},t)$, obwohl sie zu jeder Zeit τ definiert ist und durch Beobachtung abgerufen werden kann, falls die Referenzzeit τ entsprechend variiert.

Sollte das System mit $\Psi(\mathbf{r},t)$ nicht mit dem Beobachter ($\Psi_{ref}(\tau-t)$) wechselwirken, können im Gehirn des Beobachters auch keine Bilder ($\mathbf{r}, t$-Strukturen) existieren, denn nur im Gehirn ist der $(\mathbf{r}, t)$-Raum positioniert. Das Erscheinen eines Bildes setzt immer eine Wechselwirkung zwischen dem Beobachter und dem zu untersuchenden System voraus. Dennoch existiert das System mit $\Psi(\mathbf{r},t)$ in der Welt draußen, denn wir haben $\mathbf{p}, E$-Fluktuationen, die durch $\Psi(\mathbf{p}, E)$ beschrieben sind, auch ohne die Wahrnehmung durch den Beobachter. Die Existenz des Systems in der Welt draußen hängt in der Projektionstheorie nicht von der Existenz eines Beobachters ab. Mit anderen Worten, das System existiert, jedoch es ist kein Bild von ihm im $(\mathbf{r}, t)$-Raum realisiert, weil eben dieser Raum ausschließlich im Zusammenhang mit dem Beobachter definiert ist. Wie gesagt, das System existiert in der Außenwelt, und wir haben $\mathbf{p}, E$-Fluktuationen, die durch $\Psi(\mathbf{p}, E)$ charakterisiert sind. Diese $\mathbf{p}$,

E-Fluktuationen sind zu jeder Zeit τ in vollständiger Form gegeben, also für $-\infty \leq \mathbf{p}, E \leq \infty$, was dann bedeutet, dass auch die Funktion $\Psi(\mathbf{r},t)$ bzw. $\Psi^*(\mathbf{r},t)\Psi(\mathbf{r},t)$ zu jeder Zeit τ vollständig definiert (nicht realisiert) ist, also für alle Positionen $\mathbf{r}$ und alle Zeiten t. Denn $\Psi(\mathbf{r},t)$ und $\Psi(\mathbf{p},E)$ sind, wie wir wissen, über eine Fourier-Transformation miteinander verknüpft. (Genau genommen gilt das immer nur für ein Intervall $\Delta\tau$ um τ, wobei aber $\Delta\tau$ unendlich klein sein kann. Diese Situation wurde oben schon angesprochen.)

Wir können somit folgendes festhalten: Falls es zwischen dem zu untersuchenden System und dem Beobachter keine Wechselwirkung gibt, ist zwar die Information $\Psi(\mathbf{r},t)$ ($\Psi^*(\mathbf{r},t)\Psi(\mathbf{r},t)$) zu jeder Zeit τ für $-\infty \leq \mathbf{r}, t \leq \infty$ definiert, aber nicht beobachtbar, d.h., sie ist nicht im Gehirn des Beobachters realisiert und ist prinzipiell den fünf Sinnen nicht zugänglich.

Die Situation ändert sich, falls es zwischen dem Beobachter und dem System der Außenwelt eine Wechselwirkung gibt. Wie wir oben schon besprochen haben, führt das zum Effekt der Selektion, d.h., nicht die Gesamtinformation $\Psi(\mathbf{r},t)$ ($\Psi^*(\mathbf{r},t)\Psi(\mathbf{r},t)$), sondern der selektierte Teil $\Psi(\mathbf{r},t=\tau)$ ($\Psi^*(\mathbf{r},t=\tau)\Psi(\mathbf{r},t=\tau)$) wird auf den $(\mathbf{r},t)$-Raum des Beobachters projiziert. Nur dieser selektierte Teil ist für den Beobachter erkennbar und den fünf Sinnen zugänglich.

Wollen N-Beobachter dieses System der Außenwelt gleichzeitig beobachten, so ist das im Prinzip möglich, falls N nicht unendlich ist. Es ist zu jeder Zeit τ möglich, dass diese N-Beobachter das System mit $\Psi(\mathbf{r},t=\tau)$ vollständig registrieren, also für alle $\mathbf{r}$ mit $-\infty < \mathbf{r} < \infty$. Der Grund hierfür ist einfach: Im unendlich kleinen Zeitintervall $\Delta\tau$ haben wir bezüglich $\Psi^*(\mathbf{r},t=\tau)\Psi(\mathbf{r},t=\tau)$ unendlich viele Ereignisse, was bedeutet, dass auch auf jeden der N-Beobachter im Zeitraum $\Delta\tau$ unendlich viele Ereignisse fallen. Denn es gilt $\infty/N = \infty$ im Falle von $N \neq \infty$.

Natürlich können keine Aussagen darüber gemacht werden,

was sich beim Übergang von der Fundamentalen Wirklichkeit zum Bild ereignet; hier können wir nur das Ergebnis kennen, also das, was unmittelbar vor unseren Augen erscheint.

Messungen und das Registrieren von anderen physikalischen Effekten auf der Grundlage von Sinneserfahrungen kommen nur zustande, falls eine Verknüpfung zum $(\mathbf{r}, t)$-Raum besteht [17]. Reale Effekte können ohne $(\mathbf{r}, t)$-Raum nicht beobachtet werden. Für einen menschlichen Beobachter treten Naturphänomene nur im Rahmen von Bildern in Raum und Zeit auf.

Andererseits existiert ein $\mathbf{r}, t$-Bild nur zur Referenzzeit τ, wobei wir beachten müssen, dass auch die Referenzzeit t in $\Psi_{ref}(\tau-t)$ fluktuiert, also unbestimmt ist, denn die Funktion $\Psi^*_{ref}(\tau-t)\Psi_{ref}(\tau-t)$ hat die Bandbreite Δ_τ, die jedoch viel schmaler sein sollte als die Bandbreite Δ_t von $\Psi^*(\mathbf{r},t)\Psi(\mathbf{r},t)$: $\Delta_\tau \ll \Delta_t$.

In Abschnitt 3.11.1 haben wir gesehen, dass innerhalb des Intervalls $\Delta\tau \neq 0$ eine unendliche Anzahl t-Werte von $\Psi^*(\mathbf{r},t)\Psi(\mathbf{r},t)$ innerhalb der Bandbreite Δ_t von $\Psi^*(\mathbf{r},t)\Psi(\mathbf{r},t)$ besetzt bzw. definiert sind. Dabei kann $\Delta\tau$ beliebig klein sein, muss aber verschieden von Null bleiben; andererseits muss die Bandbreite Δ_t von $\Psi^*(\mathbf{r},t)\Psi(\mathbf{r},t)$ kleiner als unendlich sein, also $\Delta_t \neq \infty$. Das heißt, die gesamten $\mathbf{r}$-Strukturen für Vergangenheit, Gegenwart und Zukunft liegen zur Zeit τ für das zu untersuchende System mit $\Psi^*(\mathbf{r},t)\Psi(\mathbf{r},t)$ und der Lebensdauer Δ_t praktisch mit einem Schlag vor, wenn man das winzige Intervall $\Delta\tau$ vernachlässigt.

Das Intervall $\Delta\tau \neq 0$ kann im Prinzip viel kleiner sein als Bandbreite Δ_τ der schmalen Funktion $\Psi^*_{ref}(\tau-t)\Psi_{ref}(\tau-t): \Delta\tau \ll \Delta_\tau$. Auch im Intevall $\Delta\tau \neq 0$ ist die Anzahl t-Werte für $\Psi^*(\mathbf{r},t)\Psi(\mathbf{r},t)$ unendlich. Denn wenn das Intervall Δ_t ($\Delta_t \neq \infty$) unendlich viele t-Werte enthält, dann müssen auch die Bruchstücke Δ_τ/Δ_t und $\Delta\tau/\Delta_t$ unendlich viel t-Werte enthalten.

3.11.8 Drastische Konsequenzen

Im Rahmen der Projektionstheorie erfährt der Mensch nicht die „Welt als Ganzes", sondern nur „seine Welt", die aus der „Welt als Ganzes" herausgefiltert wird. Aufgrund der beobachteten und begrifflichen Fakten wurde folgende Grundstruktur entworfen:

Die selektierte Struktur $\Psi(\mathbf{r}, t = \tau)$ bzw. $\Psi^*(\mathbf{r}, t = \tau)\Psi(\mathbf{r}, t = \tau)$ erscheint zur Zeit τ spontan (unbewusst) im Kopf des Beobachters. Wie in Abschnitt 2.3.5 diskutiert wurde, sind die unmittelbaren Eindrücke vor unseren Augen eine Sache des Gehirns, die mit der eigentlichen Welt draußen zunächst nichts zu tun haben. Mehr als das können wir nicht wissen. Die Fundamentale Wirklichkeit selbst ist dem menschlichen Beobachter nicht zugänglich. Wir können prinzipiell nicht wissen, wie die eigentliche Außenwelt, also die Fundamentale Wirklichkeit, strukturiert ist und welcher Informationsinhalt in ihr steckt (siehe auch Kapitel 2).

Aber es ist möglich, gewisse Ersatzwelten zu konstruieren, die im $(\mathbf{p}, E)$-Raum eingebettet sind, d.h., der Raum außerhalb vom Beobachter ist verschieden von dem, der im Gehirn positioniert ist $((\mathbf{r}, t)$-Raum).

Das hat drastische Konsequenzen. So beschreibt die geometrische Optik, wie gewisse geometrische Strukturen – zum Beispiel ein Baum – von der Außenwelt in den Kopf des Beobachters transferiert werden. Jedoch wird in dem Fall angenommen, dass auch die Außenwelt im $(\mathbf{r}, t)$-Raum eingebettet ist, was aber nicht sein kann, wenn die Projektionstheorie zugrunde gelegt wird, die vorsieht, dass die Außenwelt (ersatzweise) im $(\mathbf{p}, E)$-Raum eingebettet ist, also keineswegs im $(\mathbf{r}, t)$-Raum. Die Außenwelt, beschrieben im $(\mathbf{p}, E)$-Raum, wird auf den $(\mathbf{r}, t)$-Raum projiziert. Gemessen daran kann die geometrische Optik lediglich als Hilfsmethode ohne realen Hintergrund aufgefasst werden.

Es wurde oben festgestellt, dass die Zeitstruktur $\Psi(\mathbf{r},t)$ ($\Psi^*(\mathbf{r},t)\Psi(\mathbf{r},t)$) des zu untersuchenden Systems systematisch von der Zeitstruktur $\Psi_{ref}(\tau-t)$ ($\Psi^*_{ref}(\tau-t)\,\Psi_{ref}(\tau-t)$) des Beobachters abgetastet wird. Das bedeutet, dass beide Zeitstrukturen gekoppelt sein müssen. Diese Kopplung kommt offensichtlich dadurch zustande, dass beide Systeme, charakterisiert durch $\Psi(\mathbf{r},t)$ und $\Psi_{ref}(\tau-t)$, miteinander wechselwirken.

3.11.9 Konstanzmechanismen

Um die Außenwelt zuverlässig beurteilen zu können, ist die Konstanz der Funktion $\Psi_{ref}(\tau-t)$ bzw. $\Psi^*_{ref}(\tau-t)\Psi_{ref}(\tau-t)$ eine wesentliche Vorraussetzung. Die Selektionsprozesse durch $\Psi_{ref}(\tau-t)$ kommen über Gehirnfunktionen zustande, und diese Konstanz hat der physiologische Apparat des Beobachters selbst sicherzustellen; er beschützt die Wahrnehmungsfunktionen des Beobachters gegenüber Störungen, die im Wesentlichen von der Außenwelt kommen.

Aber diese Art von Schutz gegenüber Störungen ist keineswegs ein neues Phänomen. Die unterschiedlichsten Konstanzmechanismen sind bekannt. Hierzu bemerkt Konrad Lorenz:

„Von besonderem Interesse für den nach Objektivität strebenden Forscher sind jene Leistungen unserer Wahrnehmung, die uns das Erleben jener Qualitäten vermitteln, die gewissen Umweltgegebenheiten konstant anhaften. Wenn wir einen bestimmten Gegenstand, etwa ein Blatt Papier, in den verschiedenen Beleuchtungen in derselben Farbe ‚weiß‘ sehen, wobei die von ihm reflektierten Wellenlängen je nach Farbe des einfallenden Lichts recht verschieden sein können, so beruht dies auf der Funktion eines sehr komplizierten physiologischen Apparates, der aus Beleuchtungsfarbe und reflektierter Farbe eine dem Objekt konstant anhaftende Eigenschaft errechnet, die wir schlicht als die Farbe des Gegenstandes bezeichnen ... Andere neurale Mechanismen erlauben es, die räumliche Form eines Gegenstandes bei Betrach-

tung von verschiedenen Seiten her als dieselbe wahrzunehmen, obwohl das auf unserer Netzhaut entworfene Bild sehr verschiedene Formen annimmt. Wieder andere Mechanismen setzen uns in den Stand, die Größe eines Objekts aus verschiedenen Entfernungen als gleich zu empfinden obwohl die Ausdehnung des Netzhautbildes in jedem Fall eine andere ist usw. usf." [20]

3.11.10 Informationsinhalte bezüglich einzelner Raum-Zeit-Punkte

In den Abschnitten 3.4.2 uns 3.4.3 sind wir bereits auf die Frage eingegangen, welche Information über das zu untersuchende System in den einzelnen Raum-Zeit-Punkten enthalten sein kann. Das wollen wir ergänzen bzw. vertiefen.

In Abschnitt 3.11.1 haben wir erkannt, dass im gewissen Sinne bereits jeder Raum-Zeit-Punkt $\mathbf{r}, t$ die vollständige Information über das System enthält. Das liegt an den Merkmalen der Fourier-Transformation, mit der die Information im $(\mathbf{p}, E)$-Raum auf den $(\mathbf{r}, t)$-Raum übertragen wird, was in Referenz 17 ausführlich besprochen wurde.

Zur Bestimmung von $\Psi(\mathbf{r}_k, t_k)$ an der Stelle $\mathbf{r}_k, t_k$ wird die gesamte Information $\Psi(\mathbf{p}, E)$ mit $-\infty \leq \mathbf{p} \leq \infty, -\infty \leq E \leq \infty$ über das zu untersuchende System im $(\mathbf{p}, E)$-Raum benötigt. Im Prinzip könnte man zu jeder Zeit τ und an jeder Stelle $\mathbf{r}_k, t_k$ die vollständige Verteilung $\Psi^*(\mathbf{p}, E)\Psi(\mathbf{p}, E)$ messen, wobei natürlich nur solche Raum-Zeit-Punkte infrage kommen, die die Bedingung $\Psi^*(\mathbf{r}_k, t_k)\Psi(\mathbf{r}_k, t_k) \neq 0$ erfüllen.

Bei diesem Vorgang muss wieder ein kleines Intervall $\Delta\tau$ um τ zugelassen werden, das aber, wie schon oft gesagt, im Prinzip beliebig klein sein kann, aber von Null verschieden sein muss.

Falls wir außerdem in der Lage sind, aus $\Psi^*(\mathbf{p}, E)\Psi(\mathbf{p}, E)$ die Wellenfunktion $\Psi(\mathbf{p}, E)$ durch Modellierung zu extrahieren,

$$\Psi^*(\mathbf{r}_k,t_k)\Psi(\mathbf{r}_k,t_k) \to \Psi^*(\mathbf{p},E)\Psi(\mathbf{p},E)$$
$$\downarrow$$
$$\Psi(\mathbf{p},E) \to \Psi(\mathbf{r},t), \quad -\infty \le \mathbf{r} \le \infty, -\infty \le t \le \infty$$

Abb. 25
Jeder Raum-Zeit-Punkt $\mathbf{r}_k, t_k$ enthält die vollständige Information über das System, also auch über alle anderen Punkte $\mathbf{r}, t$ mit $\mathbf{r}, t \ne \mathbf{r}_k, t_k$. Das liegt an den Merkmalen der Fourier-Transformation, mit der die Information im $(\mathbf{p}, E)$-Raum auf den $(\mathbf{r}, t)$-Raum übertragen wird. Die Einzelheiten sind im Text gegeben.

können wir mit diesem $\Psi(\mathbf{p}, E)$ die Wellenfunktion $\Psi(\mathbf{r},t)$ an jeder anderen Stelle in der Raum-Zeit bestimmen. Die Schritte sind noch einmal in Abb. 25 zusammengefasst.

3.11.11 Analogiebetrachtung

Die Gesamtstruktur $\Psi^*(\mathbf{r},t)\Psi(\mathbf{r},t)$ für ein spezifisches System liegt zu jeder Zeit τ vor (Abschnitt 3.11.1). Aber wir tasten dieses Gesamtsystem bei unseren Alltagsbeobachtungen unbewusst mithilfe des Referenzzeitsystems $\Psi^*_{ref}(\tau-t)\Psi_{ref}(\tau-t)$ systematisch ab (Abschnitt 3.11.4), sodass zur Zeit τ immer nur ein einziges Bild

$$\Psi^*(\mathbf{r},t_k)\Psi(\mathbf{r},t_k), t_k, -\infty \le \mathbf{r} \le \infty \tag{47}$$

von

$$\Psi^*(\mathbf{r},t)\Psi(\mathbf{r},t), -\infty \le t \le \infty, -\infty \le \mathbf{r} \le \infty \tag{48}$$

vorliegt, also niemals die Gesamtinformation (48). Das wurde insbesondere in Abschnitt 3.11.2 erörtert, wobei die Gleichungen (47) und (48) den Beziehungen (45) und (46) entsprechen.

Beachtet werden muss hier, dass die Gesamtinformation (48) zu jeder Zeit τ existent ist, dem menschlichen Beobachter dies aber nur „scheibchenweise" serviert wird.

Im Rahmen der Projektionstheorie sind Raum und Zeit ausschließlich Elemente des Gehirns. Dann kann das gesamte Zusammenspiel von Referenzzeit τ und systemspezifischer Zeit t als Selektionsprozess aufgefasst werden. Es wird über einen solchen Prozess, der mathematisch beschreibbar ist, nur ein schmaler Bereich von der Wirklichkeit, also nur wenige t-Werte, ins Gehirn gelassen, und dieser Bereich wandert systematisch von kleinen nach großen t-Werten, also von t_{Anfang} nach t_{Ende}. Die Beurteilung des zu untersuchenden Systems geschieht also nicht auf einmal, obwohl zur Referenzzeit τ die gesamte Information (Vergangenheit, Gegenwart und Zukunft) definiert ist, also der gesamte t-Bereich, so wie das in Gleichung (48) formuliert ist. Dennoch verarbeitet das Gehirn nur stückweise, sozusagen in Häppchen, was die Natur über die Referenzzeit τ bewerkstelligt.

Dazu eine kurze Analogiebetrachtung: Wenn wir uns im Kino einen Film ansehen wollen, so dauert die Vorstellung in der Regel ein paar Stunden; der Film wird während dieser Zeit vom Filmgerät vom Anfang bis zum Ende abgetastet und an die Leinwand projiziert. Tatsächlich aber liegt der gesamte Film zu jeder Zeit τ fix und fertig vor, und zwar aufgespult auf einer Filmrolle. Jedoch können wir den Film nicht verstehen, wenn wir die Filmrolle betrachten, sondern nur, wenn der Film Stück für Stück, also vom Anfang bis zum Ende, abgetastet wird. Auch hier können wir den Vorgang als Selektionsprozess einstufen.

So wie die Information über einen Film zu jedem Zeitpunkt komplett vorliegt, aber nur Stück für Stück in kontinuierlicher

Weise abgefragt wird, so ist auch die Gesamtinformation über das zu untersuchende System (seine Vergangenheit, Gegenwart und Zukunft) in der Natur zu jedem Referenzzeitpunkt τ definiert, die jedoch über τ nur scheibchenweise hereingeholt wird und erscheint dem Beobachter als Darstellung im $(\mathbf{r}, t)$-Raum. Die Referenzzeit τ entspricht hier dem Filmgerät.

Diese Analogiebetrachtung ist ohne Zweifel instruktiv und trifft den Kern der Sache bezüglich Selektion. Dennoch besteht ein wesentlicher Unterschied. Aus einem der Einzelbilder lässt sich keine Aussage darüber machen, was auf der Filmrolle insgesamt gespeichert ist. Das ist in der Projektionstheorie anders, denn hier enthält jedes der Einzelbilder die Information über das Ganze (Abschnitt 3.11.10).

3.12 Das Blockuniversum

3.12.1 Blocksysteme in der Projektionstheorie

Zur Zeit τ ist nur *ein* Wert für die systemspezifische Zeit t realisiert. Wenn wir jedoch die Anzahl der t-Werte im unendlich kleinen Zeitintervall ε betrachten, wird die Zahl der realisierten t-Werte in ε unendlich groß, so wie das auch schon in Abschnitt 3.10 bemerkt wurde. Da es in ε unendlich viele reelle Zahlen gibt, muss auch die Zahl der realisierten t-Werte in ε unendlich groß sein, so wie das auch schon in Abschnitt 3.10 herausgearbeitet wurde. Die gesamte Information liegt somit zur Zeit τ vor, wenn um τ ein unendlich kleines Intervall ε zugelassen wird. Das soll symbolisch mit der Kurzform $\tau(\pm\varepsilon)$ gekennzeichnet werden.

Also, das maximal mögliche Wissen über das zu untersuchende System mit $\Psi(\mathbf{r},t)$ liegt zu jedem Zeitpunkt $\tau(\pm\varepsilon)$ vor (Abschnitt 3.10.1), womit seine **r**-Konfigurationen in der Vergangenheit, Gegenwart und auch Zukunft gemeint sind. Die Bandbreite Δ_t von $\Psi^*(\mathbf{r},t)\Psi(\mathbf{r},t)$ legt dabei das fest, was mit Vergangenheit, Gegenwart und Zukunft bezeichnet wird. Δ_t definiert daher die Lebensdauer des Systems. Mit anderen Worten, es liegt zu jedem Zeitpunkt $\tau\,(\pm\varepsilon)$ ein starrer unveränderlicher Block vor.

Innerhalb von ε springen die möglichen t-Werte $\Psi^*(\mathbf{r},t)\Psi(\mathbf{r},t)$ statistisch hin und her, ohne dass eine Richtung zum Ausdruck kommen würde. Die Verteilung $\Psi^*(\mathbf{r},t)\Psi(\mathbf{r},t)$ wird in statistisch regelloser Weise besetzt. Das haben wir bereits in Abschnitt 3.3.5 festgestellt. So gesehen sind die Bezeichnungen Vergangenheit, Gegenwart und Zukunft lediglich formale Definitionen bezüglich der Zeitskala des starr vorliegenden Blocks. Allerdings könnte ein solches System kein Zeitempfinden vermitteln. Das menschliche Zeitempfinden kommt erst dadurch zustande, in dem die Funktion $\Psi^*(\mathbf{r},t)\Psi(\mathbf{r},t)$ mit einer beobachterspezifischen Referenzzeit, die oben durch $\Psi_{ref}(\tau-t)$ bzw. $\Psi^*_{ref}(\tau-t)\Psi_{ref}(\tau-t)$ charakterisiert wurde, systematisch abgetastet wird (siehe auch Abb. 23). Nur so lässt sich ein Empfinden für Vergangenheit, Gegenwart und Zukunft erzeugen. Die Funktion $\Psi^*(\mathbf{r},t)\Psi(\mathbf{r},t)$ allein, also ohne das Einschalten eines Referenzzeitsystems, wäre nicht dazu in der Lage.

Wir können somit festhalten, dass mit $\Psi^*(\mathbf{r},t)\Psi(\mathbf{r},t)$ zwar die Zeit t definiert ist, aber das eigentliche Zeitempfinden, das sich ja durch das Wahrnehmen von Vergangenheit, Gegenwart und Zukunft ausdrückt, nicht tangiert wird. Mit anderen Worten, die Existenz der Zeit t ist nicht an die empfundene Existenz von Vergangenheit, Gegenwart und Zukunft gebunden.

3.12.2 Der Mensch als Blocksystem

Betrachten wir als Beispiel einen Menschen. Zu jedem Referenzzeitpunkt $\tau\,(\pm\varepsilon)$ ist von diesem Menschen all das definiert, was es von ihm geben kann, also dieser Mensch bei seiner Geburt, dieser Mensch in der Gegenwart, aber ebenso seine

Todesstunde. All das liegt in geschlossener Form zu einem einzigen Zeitpunkt $\tau\,(\pm\varepsilon)$ als Block vor. Wenn dieser Mensch in den Spiegel schaut, sieht und erlebt er allerdings nur den selektierten Teil von sich selbst. Treten zu irgendeinem Zeitpunkt $\tau'(\pm\varepsilon)$ Änderungen auf, so ändern sich nicht nur die Strukturen zu diesem Zeitpunkt $\tau'(\pm\varepsilon)$, sondern schlagartig auch all das, was der Vergangenheit und Zukunft angehört.

Im Rahmen der konventionellen Physik existiert nur das von ihm, was er im Spiegel zum Zeitpunkt $\tau(\pm\varepsilon)$ von sich sieht. Das ist auch kein Wunder, denn die systemspezifische Zeit t ist hier nicht definiert; diese Variable kommt in der konventionellen Physik nicht vor.

3.12.3 Blockuniversum in der Speziellen Relativitätstheorie

In der Speziellen Relativitätstheorie wird die Annahme einer universellen Gegenwart hinfällig. Zwischen Vergangenheit und Zukunft gibt es hier keine absolute Grenze mehr, und wir können nicht mehr eindeutig sagen, was wir als Gegenwart auffassen können. Eine Vorstellung von einer vergänglichen Zeit, so wie wir sie im Alltag empfinden und wie sie im Rahmen der Newton'schen Mechanik angenommen wird, geht verloren. Stattdessen kommen wir in der Relativitätstheorie zum so genannten Blockuniversum: Alles, was jemals geschehen ist oder geschehen wird, ist bereits Bestandteil des Blockuniversums; hier gibt es keinen Unterschied zwischen Vergangenheit und Zukunft. Die Situation gleicht sehr den Verhältnissen in der Projektionstheorie.

Die Projektionstheorie führt zu logischen und widerspruchsfreien Ergebnissen, aber sie sind ungewohnt und erscheinen aus diesem Grunde zunächst fremd. Das bedeutet aber nicht viel, denn unser Leben ist auf Alltagssituationen zugeschnitten, die sicherlich nicht tiefer liegende Schichten der Wirklichkeit widerspiegeln. Erstaunlich ist nun, dass wesentliche Merkmale der Projektionstheorie ebenso Elemente der Speziellen Relativitätstheorie sind, obwohl die Projektionstheorie in keiner Weise auf die Prinzipien der Speziellen Relativitätstheorie aufbaut.

Also, diese Aussagen der Projektionstheorie decken sich im Kern mit denen der Spezieller Relativitätstheorie. Hierzu bemerkt Jim Al-Khalili [21]:

„Minkowskis vierdimensionale Raum-Zeit wird oft auch als Blockmodell des Universums bezeichnet. Wenn wir die Zeit als vierte räumliche Dimension betrachten, können wir nämlich das räumlich-zeitliche Ganze im Modell eines vierdimensionalen Blocks zusammenfassen. ... Wir haben hier ein Gesamtbild der Wirklichkeit vor uns, in dem alles Zeitliche – Vergangenheit, Gegenwart und Zukunft – in endgültiger Form festliegt. Viele Physiker, darunter auch Einstein in seinen späten Jahren, zogen daraus den logischen Schluss, dass sich in der vierdimensionalen Raum-Zeit nichts bewegt. Alles, was jemals geschehen ist oder geschehen wird, ist im Blockmodell des Universums bereits enthalten, und es gibt keinen Unterschied zwischen Vergangenheit und Zukunft. Dazu gehört auch, dass sich nichts Unerwartetes ereignen kann. Die Zukunft ist nicht nur vorherbestimmt, sondern existiert schon und liegt genauso fest wie die Vergangenheit.

Ist dieses Bild tatsächlich überzeugend? Schließlich können wir auch eine Newton'sche Raumzeit in einem vierdimensionalen Blockmodell darstellen. Der Unterschied besteht darin, dass Raum und Zeit im Newton'schen Bild voneinander unabhängig, in einem relativistischen Modell dagegen verknüpft sind. Eine der Folgen des Relativitätsprinzips ist, dass sich das „Jetzt" für jeden Beobachter anders darstellt. Wenn wir die Idee der absoluten Zeit aufgeben, dann wird auch die Annahme eines universellen gegenwärtigen Augenblicks hinfällig. Für einen bestimmten Beobachter bilden alle im Universum als gleichzeitig erscheinenden Ereignisse einen Schnitt durch die Raumzeit, den er als

"Jetzt' bezeichnet. Ein zweiter Beobachter, der sich relativ zum ersten bewegt, hat aber einen anderen Schnitt, der sich mit dem des ersten überkreuzt. Manche zum „Jetzt' des ersten Beobachters gehörenden Ereignisse liegen für den zweiten in der Vergangenheit, andere dagegen in der Zukunft. Dieses verrückte Ereignis wird auch Relativität der Gleichzeitigkeit genannt. Weil also zwischen Vergangenheit und Zukunft keine absolute Grenze besteht und wir nicht eindeutig sagen können, was als Gegenwart gelten soll, lehnen viele Physiker die Vorstellung einer vergänglichen Gegenwart ab.

Es ist sogar möglich, dass für den einen Beobachter Ereignis A vor Ereignis B stattgefunden hat, für einen anderen Beobachter dagegen B vor A liegt. Wenn zwei Beobachter sich unter Umständen nicht einmal über die Reihenfolge von Ereignissen einig sind, wie können wir dann jemals einen objektiven Zeitverlauf im Sinne einer Abfolge von Ereignissen definieren?" [21]

Zusammenfassend können wir festhalten, dass beide Theorien, also Projektionstheorie und Spezielle Relativitätstheorie, Blockverhalten zeigen. Das Verhalten bezüglich Vergangenheit, Gegenwart und Zukunft spiegelt sich auch in $\Psi^*(\mathbf{r},t)\Psi(\mathbf{r},t)$ wider, denn die Zeiten t werden für $\Psi^*(\mathbf{r},t)\Psi(\mathbf{r},t) \neq 0$ nur statistisch besetzt, d.h. die Unterscheidung zwischen Vergangenheit, Gegenwart und Zukunft gibt hier keinen Sinn, so wie das in der Speziellen Relativitätstheorie auch zum Ausdruck kommt. Ohne die Referenzzeitstruktur $\Psi^*_{ref}(\tau-t)\Psi_{ref}(\tau-t)$, die in der Speziellen Relativitätstheorie nicht definiert ist, könnten wir denn auch tatsächlich nicht zwischen Vergangenheit, Gegenwart und Zukunft unterscheiden.

Auch die obige Aussage im Zitat (bezüglich der Speziellen Relativitätstheorie) *„dass sich in der vierdimensionalen Raum-Zeit nichts bewegt"* entspricht genau dem starren Blockverhalten in der Projektionstheorie, denn die Funktion $\Psi^*(\mathbf{r},t)\Psi(\mathbf{r},t)$ ist eine statische Verteilung, die sich im Verlauf der Zeit τ nicht ändert. (Im Prinzip kann sich $\Psi^*(\mathbf{r},t)\Psi(\mathbf{r},t)$ mit der Zeit τ

ändern, was in Abschnitt 3.8 bereits angedeutet wurde. Allerdings würde das am Grundsätzlichen nichts ändern.)

Ebenso ist das im obigen Zitat vorkommende Statement „*Die Zukunft ist nicht nur vorherbestimmt, sondern existiert schon und liegt genauso fest wie die Vergangenheit*" in vollständiger Übereinstimmung mit dem, was oben im Zusammenhang mit der projektionstheoretischen Funktion $\Psi^*(\mathbf{r},t)\Psi(\mathbf{r},t)$ gesagt wurde.

3.12.4 Unterschiede

Es gibt jedoch zwischen Spezieller Relativitätstheorie und Projektionstheorie einen wesentlichen Unterschied. Während das Blockuniversum der Speziellen Relativitätstheorie für den Gesamtkosmos gilt und durch den im Innern lebenden Menschen global nicht verändert werden kann, spiegelt die Funktion $\Psi^*(\mathbf{r},t)\Psi(\mathbf{r},t)$ der Projektionstheorie nur ein spezifisches System wider, das sich definitiv verändern lässt (zum Beispiel kann es zur Zeit τ_1 in eine andere Umgebung gebracht werden). Eine solche Veränderung bedeutet dann, dass das System mit der neuen Umgebung eine andere Wechselwirkung eingeht, sodass wir jetzt anstelle von $\Psi(\mathbf{r},t)$ eine andere Wellenfunktion $\phi(\mathbf{r},t)$ für das System haben. Mit anderen Worten, für Zeiten $\tau > \tau_1$ haben wir anstelle von $\Psi^*(\mathbf{r},t)\Psi(\mathbf{r},t)$ die Verteilung $\phi^*(\mathbf{r},t)\phi(\mathbf{r},t)$.

Natürlich gilt dann für die neue Verteilung $\phi^*(\mathbf{r},t)\phi(\mathbf{r},t)$ wieder das, was wir für $\Psi^*(\mathbf{r},t)\Psi(\mathbf{r},t)$ herausgearbeitet hatten: Für alle Zeiten $\tau > \tau_1$ ist nur ein einziger $\mathbf{r},t$-Wert mit der Wahrscheinlichkeit $\phi^*(\mathbf{r},t)\phi(\mathbf{r},t)\Delta\mathbf{r}\Delta t$ realisiert. Wenn wir jedoch innerhalb eines infinitesimalen Intervalls $\Delta\tau = \varepsilon$ beobachten, liegt eine unendliche Anzahl von $\mathbf{r},t$-Werten vor, und die Funktion $\phi^*(\mathbf{r},t)\phi(\mathbf{r},t)$ ist für alle $\mathbf{r},t$-Werte im Bereich $-\infty \leq \mathbf{r},t \leq \infty$ mit $\phi^*(\mathbf{r},t)\phi(\mathbf{r},t) \neq 0$ dicht belegt. Das heißt, die $\mathbf{r}$-Konfigurationen liegen zur Zeit $\tau (\pm \varepsilon)$ für die Vergangenheit, Gegenwart und

Zukunft gleichzeitig vor; auch System $\phi^*(\mathbf{r},t)\phi(\mathbf{r},t)$ bildet einen starren Block. Jedoch hat die Vergangenheit, Gegenwart und Zukunft von $\phi^*(\mathbf{r},t)\phi(\mathbf{r},t)$ nichts mit den entsprechenden Merkmalen von $\Psi^*(\mathbf{r},t)\Psi(\mathbf{r},t)$ zu tun.

3.13 Resümee

3.13.1 Zusammenfassung der wesentlichen Merkmale der Projektionstheorie

Der menschliche Beobachter kann nur etwas über die Welt draußen (Fundamentale Wirklichkeit) in Form eines Bildes von der Wirklichkeit wissen, also über den Eindruck, den er unmittelbar vor Augen hat. Die Fundamentale Wirklichkeit selbst ist ihm prinzipiell nicht direkt zugänglich. Das Bild selbst ist als geometrische Struktur in der Raum-Zeit eingebettet.

In der Außenwelt kann es keine Raum-Zeit geben. Raum und Zeit sind Elemente des Gehirns und werden konstant eingeblendet, wenn es etwas aus der Welt draußen darzustellen gibt. Das alles läuft bei den Beobachtungen im Alltag unbewusst ab. Mit anderen Worten, die Eigenschaften von Raum und Zeit sind durch spezifische Gehirnfunktionen fest vorgegeben.

Wie gesagt, die Fundamentale Wirklichkeit ist dem Beobachter nicht zugänglich. Deshalb müssen wir Ersatzwelten einführen, um die geometrischen Strukturen im Bild auf physikalisch reale Prozesse zurückführen zu können.

Die systemspezifische Zeit

Es stellte sich heraus, dass die Variablen der zu Raum und Zeit passenden Ersatzwelt durch den Impuls $\mathbf{p}$ und die Energie E gegeben sein muss, d. h., die Ersatzwelt ist im so genannten $(\mathbf{p}, E)$-Raum Raum eingebettet.

Die Information im (**p**,*E*)-Raum wird vollständig auf Raum und Zeit projiziert. Da die Variablen **p** und *E* die Funktion der Wirklichkeit übernehmen (nicht zu verwechseln mit der Fundamentalen Wirklichkeit), wobei die Realität mit einem spezifischen System identifiziert werden muss, haben wir die Variablen **p** und *E* als systemspezifische Größen aufzufassen.

Das bedeutet aber, dass der Raum-Zeit-Rahmen, also der (**r**, *t*)-Raum, auf dem die Information des (**p**,*E*)-Raums vollständig projiziert ist, die Zeit τ nicht enthalten darf, denn τ ist – wie wir wissen – ein externer Parameter und kann daher nichts mit dem zu untersuchenden System zu tun haben; die Zeit τ wird mit üblichen Uhren gemessen und kann daher keine systemspezifischen Merkmale aufweisen. Daher muss die Zeit *t* als systemspezifische Zeit eingeführt werden. Mit anderen Worten, der Raum-Zeit-Rahmen, auf den die Informationen der Ersatzwelt projiziert sind, ist durch die Variablen **r** und *t* gegeben.

Transformationen

Die Bilder von der Welt, die der Beobachter unmittelbar vor seinen Augen hat, sind der direkteste Eindruck. Daher kann das Folgende gesagt werden: In der Menschheitsgeschichte wurden alle wesentlichen Dinge immer in Form von Bildern dargestellt, und diese erscheinen spontan vor uns. Das ist die fundamentalste Aussage überhaupt.

Diese Bilder sind im (**r**, *t*)-Raum dargestellt und werden auf der Basis von Prozessen, die im (**p**,*E*)-Raum (Ersatzwelt) stattfinden, erzeugt. Jeder Prozess ist durch **p**,*E*-Fluktuationen charakterisiert. Diese Prozesse im (**p**, *E*)-Raum sind auf den (**r**, *t*)-Raum projiziert. Wie in Referenz 17 ausführlich besprochen wurde, finden die spezifischen Projektionen über Fourier-Transformationen statt, d.h., die Informationen werden vom (**p**, *E*)-Raum (Ersatzwelt) auf den (**r**, *t*)-Raum (Bild) über eine Fourier-Transformation übertragen.

Natürlich stellt auch die Übertragung von Information von der Fundamentalen Wirklichkeit auf den (**r**, *t*)-Raum eine Projektion dar. Da uns aber die Fundamentale Wirklichkeit in keiner Weise zugänglich ist, können wir auch nicht die Transformationsgesetze kennen, die die Informationsübertragung von der Fundamentalen Wirklichkeit zum Bild ((**r**, *t*)-Raum) bewerkstelligen. Das genau ist der Grund, warum wir Ersatzwelten konstruieren.

Statistisches Verhalten der Zeit

In der Projektionstheorie bekommen wir systemspezifische Wahrscheinlichkeitsverteilungen für die Variablen **r** und *t* und nicht nur für **r**, so wie das in der konventionellen Quantentheorie der Fall ist. Einer der möglichen Werte für **r** bzw. *t* ist zur Zeit τ mit einer gewissen Wahrscheinlichkeit gegeben, die durch $\Psi^*(\mathbf{r}, t)\Psi(\mathbf{r}, t)$ bestimmt ist.

Während die Referenzzeit strikt von der Vergangenheit in die Zukunft fortschreitet, kann die systemspezifische Zeit *t* willkürlich von einem *t*-Punkt zum anderen springen. Wir können nicht wissen, ob zur Referenzzeit τ das zu untersuchende System gerade in der Vergangenheit, Gegenwart oder Zukunft vorliegt.

Die Größen **p** und *E* sind Elemente der Ersatzwelt, die aber die Fundamentale Wirklichkeit nicht tangieren. Der Impuls **p** und die Energie *E* haben wir als abstrakte Ideen aufzufassen, sozusagen als ein Produkt des menschlichen Geistes. Daher haben wir auch die Ersatzwelt, die ja im (**p**, *E*)-Raum eingebettet ist, als eine abstrakte Idee aufzufassen.

Die Energie *E* wird über die Größen des (**r**, *t*)-Raums eingeführt. Tatsächlich gehen in die Einheiten der Energie (g×Länge^2/Zeit^2) die Einheiten von Raum und Zeit explizit ein. Mit anderen Worten, die Energie *E* (und ebenso der Impuls **p**) kann es in der Natur überhaupt nicht geben, da Raum und Zeit ausschließlich als Hilfsgrößen vorkommen.

Zu dieser Schlussfolgerung kommt auch die konventionelle Physik, also nicht auf der Grundlage des Projektionsprinzips. Die Projektionstheorie kommt also zu dem selben Resultat. Jedoch ist im Rahmen der konventionellen Physik nicht oder nur schwer zu verstehen, der Energie keine reale Existenz zukommen zu lassen.

Wechselwirkung

Da die Werte von **p** und E fluktuieren, muss es eine Wechselwirkung zwischen dem zu untersuchenden System mit seiner Umgebung geben, wobei die Umgebung auch durch ein einzelnes System gegeben sein kann. Wechselwirkung ist in diesem Zusammenhang nur ein anderer Ausdruck für **p**,E-Fluktuationen. Im Prinzip können diese Fluktuationen den Bereich $-\infty \leq \mathbf{p}, E \leq \infty$ überdecken.

Die **p**,E-Werte der beiden wechselwirkenden Systeme sind stark miteinander korreliert. Der Grund hierfür sind die Erhaltungssätze für die Energie und den Impuls. Nur über eine Korrelation sind zu jeder Zeit τ diese Erhaltungssätze erfüllbar.

Daher spiegeln die systematischen Fluktuationen im (**p**,E)-Raum Prozesse wider, und wir haben den (**p**,E)-Raum als Realität aufzufassen. Insbesondere ist unmittelbar klar und auch erkennbar, dass die **p**,E-Fluktuationen eine Wechselwirkung definieren. Weil aber die Variablen **p** und E als Hilfsgrößen aufzufassen sind, stellt diese Realität eine Art Ersatzwelt dar. Ein System ohne eine solche Wechselwirkung, also ohne **p**,E-Fluktuationen, kann im Rahmen der Projektionstheorie nicht existieren.

Allerdings existieren solche Erhaltungssätze nicht für die Größen **r** und t. Der sich einstellende **r**,t-Wert zur Zeit τ des zu untersuchenden Systems muss daher nicht mit dem sich zur selben Zeit einstellenden **r**, t-Wert des Wechselwirkungspartners korreliert sein. Es gibt keinen Austausch von Raum-Zeit-Stückchen zwischen den beiden ($\mathbf{r}, t$)-Räumen der wechselwirkenden Systeme.

Das passt ausgezeichnet ins Konzept, denn zwischen den an sich passiven Bildern der im ($\mathbf{p}, E$)-Raum wechselwirkenden Systeme kann es keinen Informationsaustausch geben. Also kann es keine Korrelationen zwischen den sich zur Zeit τ einstellenden $\mathbf{r}, t$-Werten beider Systeme geben. Mit andern Worten, die Variablen $\mathbf{r}$ und t können dann „nur" als Elemente des Bildes eingestuft werden.

Selektionen

Wir beobachten zur Zeit τ niemals die Gesamtinformation $\Psi^*(\mathbf{r},t)\Psi(\mathbf{r},t)$ des zu untersuchenden Systems, sondern immer nur seine $\mathbf{r}$-Konfiguration, die zur Referenzzeit τ vorliegt, und diese ist durch $\Psi^*(\mathbf{r}, t = \tau)\Psi(\mathbf{r}, t = \tau)$ gegeben. Obwohl zur Zeit $\tau (\pm \varepsilon)$ die Gesamtinformation $\Psi^*(\mathbf{r},t)\Psi(\mathbf{r},t)$ vollständig definiert ist, wird vom Beobachter nur $\Psi^*(\mathbf{r}, t = \tau)\Psi(\mathbf{r}, t = \tau)$ erfasst. Der Beobachter selektiert mithilfe eines Referenzzeitsystems, das mit $\Psi_{ref}(\tau-t)$ bzw. $\Psi^*_{ref}(\tau-t)\Psi_{ref}(\tau-t)$ charakterisiert wurde.

3.13.2 Abschließende Bemerkung

Was kann man sich unter der externen Zeit τ vorstellen? Wir stellen uns τ deshalb als extern vor, weil alles von ihr mitgenommen wird.

Tatsächlich ist es aber so, dass alle internen Zeiten τ (das Maximum der Funktion $\Psi^*_{ref}(\tau-t)\Psi_{ref}(\tau-t)$) kollektiv miteinander gekoppelt bzw. verwoben sind. Weil alle Menschen die Zeit so erleben, erscheint uns τ als die *eine* Zeit, die außerhalb von den Beobachtern angelegt ist. Mit anderen Worten, die Zeit wird als ein externer Parameter gesehen und empfunden. Stattdessen gibt es aber so viele Zeiten τ wie es Beobachter gibt, die aber wegen ihrer Kopplung alle ein und denselben Wert haben.

Diese aufeinander abgestimmten Zeiten τ spiegeln einen Effekt wider, der dadurch zustande kommt, dass *alle* Menschen in *derselben* Umgebung bzw. Welt leben, mit der alle gleichermaßen wechselwirken.

Kann dieses kollektive Phänomen aufgebrochen werden? Kann, mit anderen Worten, ein Individuum so verändert bzw. transformiert werden, dass die Funktion $\Psi_{ref}^*(\tau-t)\Psi_{ref}(\tau-t)$ durch gezielte Verschiebung des Parameters τ eine Zeitreise zustande kommt, ohne dass alle anderen Beobachter daran beteiligt wären? Ob das möglich ist, bleibt hier zunächst eine offene Frage. Allerdings wurde in Referenz 23 gezeigt, dass es im Rahmen der Projektionstheorie im Falle von Zeitreisen keine Widersprüche gibt. Insbesondere zeigt sich das beim berühmten Großmutterparadoxon.

Wie bekannt ist, führt gerade das Großmutterparadoxon in der Allgemeinen Relativitätstheorie zu fast unüberwindbaren Problemen. Aber in der Relativitätstheorie und überhaupt in der konventionellen Physik arbeitet man mit einem kaum haltbaren Zeitbegriff. Denn was bedeutet hier externe Zeit? Was bedeutet also die Zeit, die wir dauernd mit unseren Uhren messen? Ein schönes und auch typisches Beispiel ist von Fräser in Referenz 22 gegeben. Fräser schreibt:

„Die Zeit ist wie das Kabel der Kabelbahn von San Francisco. Das Kabel wird von einer fernen und unsichtbaren Maschine getrieben, ist aber selbst verborgen. Wir wissen, dass es sich bewegt, denn die Wagen sind mit ihm verbunden und werden mit ihm befördert. Ganz ähnlich sehen wir die Zeit im täglichen Leben gewöhnlich als eine universale, kosmische Bewegung der Gegenwart – dem Jetzt; sie wird von natürlichen oder göttlichen Kräften angetrieben, mit denen Materie, Leben, Mensch und

Gesellschaft verbunden werden, die sie dann antreibt und eine Weile mitbewegt." [22]

Eine externe, Zeit produzierende Maschine anzunehmen, also in Analogie zur Kabelbahn, ist nicht nur abwegig, sondern deutet auf die Hilflosigkeit hin, mit der der Mensch dem Begriff der Zeit gegenübersteht. Newton'sche Mechanik und auch die konventionelle Physik arbeiten direkt mit einer solchen externen Zeit. Aber auch in der Relativitätstheorie ist die Zeit in ihrer Grundsubstanz als externes Element gegeben, auch wenn Bewegungszustände und Gravitation diese Zeit transformieren können. Im Grunde bleibt also auch hier eine externe, Zeit produzierende Maschine. Auf die Frage „Was ist Zeit?" antwortete Einstein sinngemäß: „Zeit ist das, was ich mit meiner Uhr messe." Diese Antwort drückt aber auch hier eher Hilflosigkeit aus.

KAPITEL 4
NIVEAUS DER ERKENNTNIS

In diesem Kapitel sollen „Niveaus der Beschreibung" für die Fundamentale Wirklichkeit eingeführt werden. Wäre uns die Fundamentale Wirklichkeit zugänglich, benötigten wir wohl die Begriffsbildungen „Niveaus der Beschreibung" bzw. „Niveaus der Erkenntnis" als Elemente der Theorie nicht.

Da, wie gesagt, die Fundamentale Wirklichkeit dem Menschen prinzipiell verborgen bleibt, müssen andere Wege gefunden werden, um Aussagen über die Welt draußen machen zu können. Dies kann auf der Grundlage von spezifischen, unterschiedlichen Standards geschehen, was die Möglichkeit bietet, der Welt draußen auf unterschiedlichen Niveaus zu begegnen. Der fundamentale Begriff der „Wirklichkeitsebene" kommt so ins Spiel. Die Möglichkeit für eine solche Begriffsbildung zeigt insbesondere, dass die absoluten Strukturen der Welt nicht erkennbar sind.

In diesem Kapitel werden wir diese Vorgehensweise begründen. Insbesondere soll der Unterschied zwischen den „harten Gegenständen" (Bäume, Autos, Häuser usw.) und dem, was gemeinhin mit „physikalischen Gesetzen" bezeichnet wird, diskutiert werden. Worin besteht der Unterschied zwischen Materie und Geist? Hat der Geist seinen Ursprung in den physikalisch realen Prozessen, die von Materie getragen werden? Die Projektionstheorie verneint das eindeutig und kann das auch sehr gut begründen. Beginnen wollen wir mit dem Begriff der „harten Gegenstände".

4.1   Die harten Gegenstände

Die Welt, die wir unmittelbar vor uns haben, besteht aus sogenannten harten Gegenständen; es sind die Häuser, Bäume, Autos, also alles das, was spontan im Alltag vor unseren Augen erscheint. Diese Alltagsbilder von der Wirklichkeit sind im $(\mathbf{r}, t)$-Raum dargestellt. Im Rahmen der Projektionstheorie spiegeln diese spontanen Bilder Wechselwirkungen zwischen den Objekten wider, was hier durch **p**, E-Fluktuationen im (**p**, E)-Raum zum Ausdruck kommt. Die Einzelheiten hierzu wurden in Kapitel 3 besprochen. Die Bilder im (**r**, t)-Raum entstehen durch Übertragung der Information, die im (**p**, E)-Raum angesiedelt ist.

4.1.1 Die Welt draußen und objektive Wirklichkeit

Wie gesagt, diese spontanen Bilder vor uns, die im Kopf des Beobachters positioniert sind, haben ihren direkten Ursprung in der Fundamentalen Wirklichkeit, deren Struktur wir jedoch nicht kennen können. Ebenso können wir nicht wissen, wie diese Information aus der Fundamentalen Wirklichkeit in das Gehirn des Menschen kommt. All das ist prinzipiell unbekannt und wird auch unbekannt bleiben, jedenfalls aus der Sicht der Projektionstheorie.

Die Bilder von der Wirklichkeit mit den Bäumen, den Häusern und überhaupt alles sitzen im Gehirn des Menschen und sonst nirgendwo. Allerdings haben wir den permanenten Eindruck, dass wir diesen harten Gegenständen gegenüberstehen, dass sie also außerhalb von uns, sozusagen in einem Container, gelagert sind (Kapitel 1). Brückner drückt das sehr klar aus. Wiederholen wir das, was in Abschnitt 2.3.5 dazu gesagt wurde [19]:

„… *Charakteristisch für den Sehakt ist dabei, dass unser Bewusstsein nicht das Bild einer Kerze auf der Netzhaut drinnen im* Auge *registriert, sondern in uns das Empfinden wachgerufen wird, einer Kerzenflamme gegenüberzustehen, die sich – nicht auf dem Kopf, sondern aufrecht – außerhalb von uns draußen im Raum befindet. Unsere Sinne ‚projizieren' alle Wahrnehmungen nach außen in den Raum.*"

Mit anderen Worten, die harten Gegenstände erscheinen dem menschlichen Beobachter so, als wären sie in der Welt draußen eingebettet. Fakt ist hingegen, dass sie ausschließlich im Kopf des Menschen als ein Bild lokalisiert sind. Die meisten Menschen sind fest davon überzeugt, dass diese beobachtete Welt mit der Fundamentalen, also objektiven Wirklichkeit übereinstimmt. Dies ist aber ganz offensichtlich ein Trugschluss. Das haben wir in den vorangegangenen Kapiteln bereits klargestellt.

4.1.2 Die „harten Gegenstände" sind Elemente des Gehirns

Da die Fundamentale Wirklichkeit verborgen bleibt, haben wir Ersatzwelten zu konstruieren, die im $(\mathbf{p}, E)$-Raum eingebettet sind (Abb. 14), und die Bilder in Raum und Zeit kommen durch Projektion vom $(\mathbf{p}, E)$-Raum auf den $(\mathbf{r}, t)$-Raum zustande (Kapitel 3). Diese Modelle für die Bilder sind, falls sie die Verhältnisse realistisch wiedergeben, mehr oder weniger identisch mit den Bildern, die spontan als Produkt des Gehirns vor uns erscheinen, sozusagen als Daumenabdruck der nicht zugänglichen Fundamentalen Wirklichkeit.

Aus der Sicht der Projektionstheorie besteht keine andere Möglichkeit zum Modellieren der harten Gegenstände, die zwar im Gehirn lokalisiert sind, die aber außerhalb von uns zu sein scheinen.

Im Zusammenhang mit der Analyse, die in diesem Kapitel vorgenommen wird, ist es wichtig zu wiederholen, dass auch Raum und Zeit keine Elemente der Fundamentalen Wirklichkeit sein können (siehe insbesondere Kapitel 2). Raum und Zeit müssen vielmehr als Hilfsgrößen aufgefasst werden, die dazu dienen, die geometrischen Verhältnisse im Bild darzustellen. (Schon der Philosoph Immanuel Kant erkannte das.) Dann ist sofort klar, dass die Strukturen in der Fundamentalen Wirklichkeit mit unseren beobachteten Strukturen in Raum und Zeit keine Ähnlichkeit haben können. All das haben wir aber schon in Kapitel 2 ausführlich besprochen.

4.2 Die physikalischen Gesetze

Die Bilder im $(\mathbf{r},t)$-Raum werden ausschließlich auf der Grundlage von $\mathbf{p}$, E-Fluktuationen im $(\mathbf{p}, E)$-Raum modelliert. Da diese Bilder mehr oder weniger gut mit denen übereinstimmen (siehe hierzu auch Abb. 24), die von der nicht fassbaren Fundamentalen Wirklichkeit erzeugt werden, können die $\mathbf{p}$, E-Fluktuationen als reale Prozesse aufgefasst werden, obwohl der $(\mathbf{p}, E)$-Raum lediglich eine Ersatzrealität darstellt, die eine intellektuelle Konstruktion des Menschen ist.

In diesem Zusammenhang darf aber nicht außer Acht gelassen werden, dass auch die harten Gegenstände, die unmittelbar vor unseren Augen erscheinen (also Bäume, Häuser usw.), auch nur Zustände des Gehirns sind (Kapitel 2 und Abschnitt 4.1); eine Außenwelt wird lediglich vorgetäuscht, was offensichtlich für die Handhabungen des Menschen im Alltag günstiger ist (Abschnitt 4.1).

4.2.1 Die harten Gegenstände vor uns sowie die physikalischen Gesetze sind gleichermaßen Zustände des Gehirns

Die spezifischen theoretischen Konstruktionen, also die Modelle für die $\mathbf{p}$, E-Fluktuationen im $(\mathbf{p}, E)$-Raum, können nicht ohne ein allgemeines physikalisches Gesetz gefunden werden. Andererseits enthält das allgemeine physikalische Gesetz (in dem Fall Gleichung (37))

$$i\hbar \frac{\partial}{\partial t} \Psi(\mathbf{r},t) = -\frac{\hbar^2}{2m_0} \Delta \Psi(\mathbf{r},t) + V(x,y,z,t)\Psi(\mathbf{r},t) \qquad (49)$$

die Merkmale für alle Systeme bzw. für alle möglichen Bilder $\Psi^*(\mathbf{r},t)\Psi(\mathbf{r},t)$ im $(\mathbf{r},t)$-Raum und damit auch für alle möglichen $\mathbf{p},E$-Fluktuationen im $(\mathbf{p},E)$-Raum. Denn die Merkmale aller spezifischen Modelle für **p**,*E*-Fluktuationen (Bilder $\Psi^*(\mathbf{r},t)\Psi(\mathbf{r},t)$) sind durch das allgemeine physikalische Gesetz festgelegt. So wie die harten Objekte haben wir auch die physikalischen Gesetze (wie zum Beispiel das allgemeine Gesetz (49)) als reale Objekte der Wirklichkeit aufzufassen, obwohl natürlich auch sie als Zustände des Gehirns aufzufassen sind. Die physikalischen Gesetze sind hier Objekte in verallgemeinerter Form, die also allgemeiner sind als die spezifischen harten Objekte (Bäume, Autos usw.).

Zusammenfassend kann somit gesagt werden, dass im Rahmen der Projektionstheorie die harten Objekte und die allgemeinen physikalischen Gesetze gleichermaßen „Zustände des menschlichen Gehirns" sind. In Abschnitt 3.8.3 haben wir das Gesetz (49) bereits eingeordnet und insbesondere festgestellt, dass (49) kein Element der Fundamentalen Wirklichkeit sein kann (Abb. 19).

All diese Punkte bedürfen der weiteren Analyse, was in diesem Kapitel Schritt für Schritt erfolgen soll. Insbesondere werden wir die folgenden Punkte hervorheben: Welcher Unterschied besteht zwischen dem allgemeinen physikalischen Gesetz und den spezifischen Modellen? Sind die Gehirnfunktionen mit den physikalischen (materiellen) Gehirnaktivitäten beschreibbar?

Zunächst soll auf den Unterschied zwischen einem konkreten Bild im $(\mathbf{r},t)$-Raum, das durch die Struktur $\Psi^*(\mathbf{r},t)\Psi(\mathbf{r},t)$ (Modell) gekennzeichnet ist, und dem physikalischen Gesetz, auf das die Funktion $\Psi(\mathbf{r},t)$ basiert, eingegangen werden. Das haben wir oben schon angesprochen, soll aber hier noch vertieft werden.

4.2.2 Spezifische Modelle

Das Bild $\Psi^*(\mathbf{r},t)\Psi(\mathbf{r},t)$ ist immer eine Lösung für ein spezifisches Modell, also für irgendein konkret vorliegendes natürliches oder künstliches System, das durch eine spezifische Funktion

$$V(x, y, z, t) = V(x, y, z, t)^{spezifisch} \qquad (50)$$

charakterisiert ist. Gleichung (50) führt dann konsequenterweise zu

$$\Psi^*(\mathbf{r},t)\Psi(\mathbf{r},t) = (\Psi^*(\mathbf{r},t)\Psi(\mathbf{r},t))^{spezifisch} \qquad (51)$$

Ohne ein spezifisches Modell können wir kein Bild bzw. Muster im $(\mathbf{r},t)$-Raum haben. Das allgemeine physikalische Gesetz (49) beschreibt allgemeine Merkmale, die allen spezifischen Modellen gleichermaßen zu Eigen sind, jedoch kann das allgemeine physikalische Gesetz (49) selbst nicht im $(\mathbf{r},t)$-Raum dargestellt werden.

Gleichung (49) ist allgemeiner als irgendein denkbares spezifisches Modell; es enthält eben die Merkmale für alle spezifischen Modelle, d.h., das Gesetz (49) ist für alle möglichen spezifischen Funktionen $V(x, y, z, t)$ gültig, was sich im Schema von Abb. 26 widerspiegelt.

4.2.3 Kann ein allgemeines physikalisches Gesetz von einem seiner Spezialfälle hergeleitet werden?

Wir können die spezifischen Bilder (Abb. 26) auf der Basis des allgemeinen physikalischen Gesetzes bestimmen, aber es ist umgekehrt nicht möglich, aus einem der spezifischen Modelle das allgemeine Gesetz herzuleiten. Wie gesagt, Gleichung (49)

$$V(x,y,z,t)_1^{spezifisch} \to [\Psi^*(\mathbf{r},t)\Psi(\mathbf{r},t)]_1^{spezifisch}$$
$$V(x,y,z,t)_2^{spezifisch} \to [\Psi^*(\mathbf{r},t)\Psi(\mathbf{r},t)]_2^{spezifisch}$$
$$\vdots$$
$$V(x,y,z,t)_n^{spezifisch} \to [\Psi^*(\mathbf{r},t)\Psi(\mathbf{r},t)]_n^{spezifisch}$$
$$\vdots$$

Abb. 26
Das allgemeine physikalische Gesetz, das hier durch Gleichung (49) charakterisiert ist, lässt sich nicht im $(\mathbf{r},t)$-Raum darstellen, sondern nur die spezifischen Modelle $1, 2, \cdots, n, \cdots$, die auf Gleichung (49) basieren. Gleichung (49) legt die Merkmale für alle möglichen spezifischen Modelle fest.

ist allgemeiner als eine ihrer spezifischen Lösungen (Modelle); sie enthält potenziell die Merkmale aller möglichen physikalischen Systeme.

Um von $V(x,y,z,t)_n^{spezifisch}$ zur Lösung $(\Psi^*(\mathbf{r},t)\Psi(\mathbf{r},t))_n^{spezifisch}$ zu kommen (siehe Abb. 26), benötigt man in jedem Fall Gleichung (49). Es ist jedoch nicht möglich, umgekehrt aus $\Psi(\mathbf{r},t)_n^{spezifisch}$ bzw. $(\Psi^*(\mathbf{r},t)\Psi(\mathbf{r},t))_n^{spezifisch}$ allein auf Gleichung (49) zu schließen; die Struktur von Gleichung (49) kann nicht allein aus der spezifischen Lösung $\Psi(\mathbf{r},t)_n^{spezifisch}$ hergeleitet werden.

Das bedeutet aber auch, dass wir auf der Grundlage der Merkmale eines spezifischen Modells nicht auf die Merkmale eines anderen Modells schließen können. Hier ist eine gewisse

Analogie zu dem folgenden Sachverhalt: Die Merkmale eines Flugzeuges können nicht aus den Eigenarten eines Autos bestimmt werden.

Zusammenfassend kann also gesagt werden, dass ein allgemeines physikalisches Gesetz (wie zum Beispiel Gleichung (49)) nicht auf der Basis eines spezifischen Ansatzes hergeleitet werden kann, wobei der spezifische Ansatz in der Form einer spezifischen Gleichung für $\Psi(\mathbf{r},t)^{spezifisch}$ oder $\Psi(\mathbf{p},E)^{spezifisch}$ gegeben sein kann, aber auch durch einen Satz von Zahlen. Alle möglichen spezifischen Modelle $\Psi(\mathbf{r},t)^{spezifisch}_n$, $n = 1, 2, \cdots$ ($\Psi(\mathbf{p},E)^{spezifisch}_n$, $n = 1, 2, \cdots$) müssen dem physikalischen Gesetz (49) gehorchen, jedoch kann das allgemeine Gesetz (49) nicht auf der Grundlage nur ihrer spezifischen Lösungen erkannt werden.

Wichtig ist insbesondere, dass das allgemeine physikalische Gesetz nicht im $(\mathbf{r},t)$-Raum darstellbar ist und natürlich auch nicht im $(\mathbf{p},E)$-Raum; nur die spezifischen Lösungen können im $(\mathbf{r},t)$-Raum (($\mathbf{p},E)$-Raum) repräsentiert werden. Eine andere Art von Darstellung sollte für das abstrakte physikalische Gesetz, wie zum Beispiel Gleichung (49), gefunden werden. Im Falle von Gleichung (49) sollte eine Darstellung für Ψ gefunden werden, in der die Charakteristika von allen spezifischen Lösungen Eingang finden. Da aber in Gleichung (49) nur die Funktion $V(x, y, z, t)$ eingeht, die gerade für jedes spezifische Modell eine charakteristische Form hat, kann die Darstellung für das allgemeine physikalische Gesetz, also für Gleichung (49), nur die Form $\Psi = \Psi(V)$ sein.

Weiterhin wissen wir, dass es zwischen dem $(\mathbf{r}, t)$-Raum und dem $(\mathbf{p}, E)$-Raum eine feste Verknüpfung gibt [17]. Da das Objekt „physikalisches Gesetz" nicht im $(\mathbf{r}, t)$-Raum darstellbar ist, kommt auch der $(\mathbf{p}, E)$-Raum dafür nicht infrage. Dann kann aber das Objekt „physikalisches Gesetz" nicht durch $\mathbf{p}, E$-Fluktuationen zustande kommen. Im Gegensatz dazu sind es im Falle der harten Objekte (Bäume, Autos usw.) ausschließlich $\mathbf{p}, E$-Fluktuationen, die das Bild vor uns im $(\mathbf{r}, t)$-Raum erscheinen lassen.

Wie aber aus unseren bisherigen Ausführungen hervorging (siehe auch Referenz 17), gilt innerhalb der Projektionstheorie das folgende strikte Gesetz: Falls es keine $\mathbf{p}, E$-Fluktuationen im $(\mathbf{p}, E)$-Raum gibt, kann es kein physikalisches Bild im $(\mathbf{r}, t)$-Raum geben. Mit anderen Worten, ein Bild von einem physikalisch realen Vorgang kann es nicht ohne $\mathbf{p}, E$-Fluktuationen geben. Oder umgekehrt: Die $\mathbf{p}, E$-Fluktuationen eines physikalisch realen Vorgangs können ohne ein Bild nicht existieren. Dann gilt das Folgende: Systeme, die nicht im $(\mathbf{r}, t)$-Raum darstellbar sind, stellen keine physikalischen Systeme dar; es sind keine materiellen Objekte.

4.2.4 Zustände der Materie, Zustände des Geistes

Alle Objekte, die auf spezifische $\mathbf{p}, E$-Prozesse im $(\mathbf{p}, E)$-Raum basieren, erzeugen durch Projektion immer spezifische Bilder im $(\mathbf{r}, t)$-Raum (Abschnitt 4.2.3). Solche Objekte sind materiell im Charakter und definieren das, was unmittelbar vor unseren Augen im täglichen Leben in Erscheinung tritt. Zum Beispiel ist ein Baum ein solches materielles Objekt, aber auch Atome, Moleküle und andere Einheiten.

Mit anderen Worten, Bilder im $(\mathbf{r}, t)$-Raum repräsentieren immer „materielle Zustände", und diese basieren auf spezifischen Prozessen im $(\mathbf{p}, E)$-Raum.

Ein allgemeines physikalisches Gesetz (wie zum Beispiel das durch Gleichung (49) dargestellte) ist nicht im $(\mathbf{r}, t)$-Raum darstellbar. Es erscheint nicht spontan vor unseren Augen, so wie das bei den anderen Gegenständen des Alltags der Fall ist. Daher kann ein solches Gesetz nicht durch $\mathbf{p}, E$-Prozesse im $(\mathbf{p}, E)$-Raum zustande gekommen sein. Solche Gesetze definieren „Zustände des Geistes".

4.2.4.1 Was kann ein spezifisches System „sehen"?

Vom Standpunkt eines spezifischen Systems mit einer spezifischen Funktion für $V(x, y, z, t)$, wie z.B. $V(x, y, z, t)_1^{spezifisch}$ mit dem Übergang

$$V(x, y, z, t)_1^{spezifisch} \to (\Psi^*(\mathbf{r},t)\,\Psi(\mathbf{r},t))_1^{spezifisch}, \qquad (52)$$

existiert nur eine $(\mathbf{r}, t)$-Struktur und natürlich auch nur eine Art von $\mathbf{p}, E$-Fluktuation im $(\mathbf{p}, E)$-Raum, und zwar die, die es selbst definiert. Dieses System ist *vollständig* durch $(\Psi^*(\mathbf{r},t)\,\Psi(\mathbf{r},t))_1^{spezifisch}$ beschrieben; im $(\mathbf{p}, E)$-Raum ist die äquivalente Information durch $(\Psi^*(\mathbf{p},E)\,\Psi(\mathbf{p},E))_1^{spezifisch}$ ausgedrückt. Das heißt, für dieses spezifische System existiert sonst nichts; nichts bleibt aus seiner Sicht verborgen. Im Gegensatz dazu haben wir Menschen oft das Gefühl, dass Materie nicht alles sein kann und einiges verborgen bleibt.

Ein Beispiel soll uns das näher bringen. Unser spezifisches System mit $(\Psi^*(\mathbf{r},t)\,\Psi(\mathbf{r},t))_1^{spezifisch}$ könnte ein Wasserstoffatom sein, d.h., wir haben

$$(\Psi^*(\mathbf{r},t)\,\Psi(\mathbf{r},t))_1^{spezifisch} = (\Psi^*(\mathbf{r},t)\,\Psi(\mathbf{r},t))^{Wasserstoff} \qquad (53)$$

Wir wollen annehmen, dass das Wasserstoffatom durch das Bild von $(\Psi^*(\mathbf{r},t)\,\Psi(\mathbf{r},t))^{Wasserstoff}$ vollständig beschrieben ist (und natürlich ebenso durch die spezifischen $(\mathbf{p}, E$-Fluktuationen$)^{Wasserstoff}$, die im $(\mathbf{p}, E)$-Raum durch $\Psi^*(\mathbf{p},E)\,\Psi(\mathbf{p},E)^{Wasserstoff}$ beschrieben sind). Dann sind *alle* Merkmale des Wasserstoffatoms im $(\mathbf{r}, t)$-Raum gegeben (Abschnitt 4.2.3); das Wasserstoffatom ist im $(\mathbf{r}, t)$-Raum gefangen und definiert aus obiger Sicht ausschließlich einen „materiellen Zustand".

Zum Beispiel kann das Wasserstoffatom dann keine Gehirnfunktionen besitzen, die „geistige Zustände" erzeugen, da es ja ausschließlich durch $(\Psi^*(\mathbf{r},t)\,\Psi(\mathbf{r},t))^{Wasserstoff}$ charakterisiert ist.

Also muss die Fähigkeit zum Denken ausgeschlossen werden, und es besteht für das Wasserstoffatom keine Möglichkeit, den $(\mathbf{r}, t)$-Raum zu überwinden. Mit anderen Worten, das Wasserstoffatom kann nicht Objekte „beobachten", die außerhalb vom $(\mathbf{r}, t)$-Raum positioniert sind. Daher ist es dem Wasserstoffatom (oder irgendeinem ähnlichen System) nicht möglich, Aussagen über ein allgemeines physikalisches Gesetz (wie zum Beispiel das durch Gleichung (49) charakterisierte, auf das $\Psi(\mathbf{r},t)^{Wasserstoff}$ ja basiert) zu machen bzw. von seiner Existenz etwas zu wissen. Der Grund ist nach den Prinzipien der Projektionstheorie klar: Das physikalische Gesetz ist nicht im $(\mathbf{r}, t)$-Raum darstellbar, während das Wasserstoffatom aber gerade im $(\mathbf{r}, t)$-Raum gefangen ist und darüber hinaus nichts „sehen" kann.

4.2.4.2 Weitere Bemerkungen

Natürlich können die Eigenschaften bzw. Merkmale für ein System mit $(\Psi^*(\mathbf{r},t)\Psi(\mathbf{r},t))_1^{spezifisch}$, wie zum Beispiel solche für ein Wasserstoffatom, in der Natur verschieden sein von der vorgenommenen Beschreibung für $(\Psi^*(\mathbf{r},t)\Psi(\mathbf{r},t))_1^{Wasserstoff}$. Das ist im Prinzip möglich, jedoch hier ist immer nur die Beschreibung im $(\mathbf{r},t)$-Raum gemeint.

Das heißt im Klartext, dass auch eine verbesserte Beschreibung für $(\Psi^*(\mathbf{r},t)\Psi(\mathbf{r},t))^{Wasserstoff}$ hier nichts ändert, denn es bleibt eine Beschreibung im $(\mathbf{r},t)$-Raum, $((\mathbf{p}, E)$-Raum). Mit anderen Worten, es bleibt ein Zustand der Materie. Es schleichen sich keine anderen Elemente ein.

Außerdem wissen wir bereits, dass ein allgemeines physikalisches Gesetz, wie zum Beispiel das durch Gleichung (49) dargestellte, nicht im $(\mathbf{r},t)$-Raum $((\mathbf{p}, E)$-Raum) darstellbar ist. Mit anderen Worten, auch ein physikalisches Gesetz, das verschieden ist von Gleichung (49), ist nicht im $(\mathbf{r}, t)$-Raum bzw. $(\mathbf{p}, E)$-Raum darstellbar. Es liegen also für den Fall der physikalischen Gesetze immer „Zustände des Geistes" vor.

Wir können also festhalten, dass eine klare Linie zwischen den „Zuständen der Materie" und den „Zuständen des Geistes" existiert, jedenfalls dann, wenn wir mit der Elle der Projektionstheorie messen.

4.2.4.3 Atome mit Geist?

Selbst wenn das Wasserstoffatom (oder irgendein anderes System) mehr sein sollte als das, was sich in $(\Psi^*(\mathbf{r},t)\Psi(\mathbf{r},t))^{Wasserstoff}$ widerspiegelt, wenn also neben dem Zustand der Materie noch ein Zustand des Geistes (vielleicht sogar in Analogie zu dem des Menschen) vorliegen sollte, wäre es dem Wasserstoffatom unmöglich, aus der spezifischen Lösung $(\Psi^*(\mathbf{r},t)\Psi(\mathbf{r},t))^{Wasserstoff}$ Aussagen über das physikalische Gesetz (49) zu machen, aus dem die spezifische Lösung ja gerade gewonnen wurde.

Aufgrund seines „Geisteszustandes" hat das Wasserstoffatom möglicherweise die Fähigkeit über Raum und Zeit (($\mathbf{r},t$)-Raum) hinaus zu schauen, weil es eben mehr Struktur enthält als der Zustand der Materie hergibt, der ausschließlich durch $\Psi(\mathbf{r},t)^{hydrogen}$ im ($\mathbf{r},t$)-Raum charakterisiert ist und der ausschließlich durch $\mathbf{p}, E$-Fluktuationen im ($\mathbf{p}, E$)-Raum zustande kommt. So haben wir das oben erkannt.

Dieses Mehr an Struktur, was sich in der vorausgesetzten Existenz der Zustände des Geistes widerspiegelt, eröffnet möglicherweise dem Atom die Fähigkeit, auch das allgemeine physikalische Gesetz (49) zu erkennen, auf dem $\Psi(\mathbf{r},t)^{hydrogen}$ basiert, und das einen Zustand des Geistes repräsentiert. Allerdings könnte das Wasserstoffatom keine Aussage über Gleichung (49) auf der Basis von $\Psi(\mathbf{r},t)^{hydrogen}$ allein machen.

Mit anderen Worten, im Rahmen der Projektionstheorie ist es nicht möglich, Aussagen über „Zustände des Geistes" auf der Basis von „Zuständen der Materie" zu machen. Es ist natürlich für den Menschen schwierig sich vorzustellen, wie der Geist eines Wasserstoffatoms (oder irgendeines anderen Systems) realisiert sein könnte. Daher sollte die reale Existenz eines „Wasserstoffatoms mit Geist" eher als Nonsens aufgefasst werden.

4.2.4.4 Niveau der allgemeinen Argumente

Alle Typen spezifischer Systeme müssen so charakterisiert werden. Einem menschlichen Beobachter ist es möglich, ein allgemeines physikalisches Gesetz zu erkennen, jedoch kann er ein solches Gesetz nicht auf der Grundlage von spezifischen analytischen bzw. numerischen Lösungen herleiten. Das gilt auch für experimentelle Ergebnisse, denn wir wissen aus Kapitel 3, dass die Funktionen $(\Psi^*(\mathbf{r},t)\Psi(\mathbf{r},t))^{spezifisch}$ und $(\Psi^*(\mathbf{p},E)\Psi(\mathbf{p},E))^{spezifisch}$ im Prinzip der Messung zugänglich sind. Das Gesetz (49) (oder auch jedes andere allgemeine physikalische Gesetz) ist hingegen schon deshalb nicht der Messung zugänglich, weil es sich der Darstellung im $(\mathbf{r},t)$-Raum entzieht. Diesen Sachverhalt haben wir oben ausführlich besprochen.

Für die Herleitung eines physikalischen Gesetzes benötigen wir stattdessen allgemeine Argumente, die allgemeiner sind als das physikalische Gesetz selbst. Mit anderen Worten, während die „Ebene der spezifischen Modelle" unterhalb von der „Ebene der physikalischen Gesetze" positioniert ist, muss die „Ebene der allgemeinen Argumente" oberhalb der „Ebene der physikalischen Gesetze" liegen. Das ist eine wichtige Einordnung und bedarf der weiteren Debatte.

4.2.4.5 Wirklichkeitsebenen

Wir wollen die verschiedenen Ebenen nach dem Grad der Allgemeinheit zueinander ordnen. Weil das physikalische Gesetz allgemeiner ist als die spezifischen $\mathbf{p}, E$-Prozesse (die Merkmale aller $\mathbf{p}, E$-Prozesse sind gleichermaßen durch das physikalische Gesetz festgelegt), dürfen wir das physikalische Gesetz auf einem höheren Niveau einordnen als die spezifischen Modelle.

Während die spezifischen **p**, *E*-Prozesse im (**p**, *E*)-Raum Bilder im (**r**, *t*)-Raum produzieren mit exakt dem gleichen Informationsinhalt, ist das physikalische Gesetz nicht im (**r**, *t*)-Raum darstellbar; ein solches allgemeine physikalische Gesetz (wie zum Beispiel Gleichung (49)) kann nicht durch **p**, *E*-Prozesse erzeugt werden. Das physikalische Gesetz ist mehr als das, denn es bestimmt die Merkmale der **p**, *E*-Prozesse und ist somit die Grundlage für diese Prozesse. Daher muss das physikalische Gesetz auf einem Niveau angesiedelt sein, das über dem Niveau der spezifischen Modelle für die **p**, *E*-Prozesse liegt (siehe Abb. 27).

Beide Gegenstandsarten, also die Gesetze für die spezifischen **p**, *E*-Prozesse sowie die allgemeinen physikalischen Gesetze, sind Beschreibungen derselben physikalischen Realität. Im Rahmen der Projektionstheorie sind die „Objekte" beider Ebenen so real wie die harten Objekte (Bäume, Autos, Häuser usw.) vor uns. Daher haben wir die Ebenen in Abb. 27 als Wirklichkeitsebenen aufzufassen. In diesem Zusammenhang haben wir oben festgestellt, dass die harten Gegenstände als auch die physikalischen Gesetze gleichermaßen „Zustände des Gehirns" sind (Abschnitt 4.2.1). Das soll noch vertieft werden.

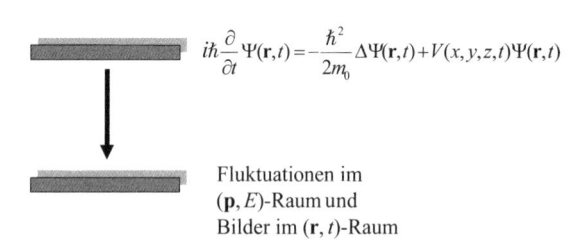

$$i\hbar\frac{\partial}{\partial t}\Psi(\mathbf{r},t) = -\frac{\hbar^2}{2m_0}\Delta\Psi(\mathbf{r},t) + V(x,y,z,t)\Psi(\mathbf{r},t)$$

Fluktuationen im (**p**, *E*)-Raum und Bilder im (**r**, *t*)-Raum

Abb. 27
Wenn wir die verschiedenen Ebenen nach dem Grad der Allgemeinheit vertikal anordnen, dann liegt die Wirklichkeitsebene für das allgemeine physikalische Gesetz (Gleichung (49)) über der Ebene, die für die spezifischen **p**, *E*-Prozesse zuständig ist, die also die Struktur der harten Gegenstände (Bäume usw.) im (**r**, *t*)-Raum beschreiben. Das allgemeine physikalische Gesetz (hier durch Gleichung (49) vertreten) ist allgemeiner als die spezifischen Gesetze, die für die **p**, *E*-Prozesse zuständig sind und ist nicht im (**r**, *t*)-Raum darstellbar.

Die Gegenstände beider Wirklichkeitsebenen haben ihren Ursprung in der Fundamentalen Wirklichkeit, die aber, wie wir wissen, dem menschlichen Beobachter prinzipiell nicht zugänglich ist. Mit anderen Worten, nur die Objekte auf den unterschiedlichen Niveaus sind für den Menschen erkennbar. Die Situation ist in Abb. 28 noch einmal für den Fall von zwei Wirklichkeitsebenen zusammengefasst.

4.3 ZUSTÄNDE DES GEISTES

Unsere Diskussion in den Abschnitten 4.1 und 4.2 führte direkt zu der Einsicht, dass die Zustände des Gehirns nicht auf physikalische Prozesse, also auf $\mathbf{p}, E$-Fluktuationen im $(\mathbf{p}, E)$-Raum, reduzierbar sind, d. h., solche materiellen Prozesse sind nicht dazu qualifiziert, Zustände des Gehirns zu verstehen bzw. zu beschreiben. Diesen Punkt wollen wir etwas näher erörtern.

4.3.1 Gehirnfunktionen

Es wurde und wird oft behauptet, dass die Zustände des Geistes auf physikalisch-reale Zustände reduzierbar sind. Danach ist alles durch Materie bestimmt. Eine solche Konzeption ist vom Standpunkt der Projektionstheorie nicht korrekt.

Die Herleitung eines allgemeinen physikalischen Gesetzes (wie zum Beispiel Gleichung (49)) ist offensichtlich eine Sache des Geistes und kann, wie wir oben festgestellt haben, nicht das Resultat von spezifischen $\mathbf{p}, E$-Prozessen sein. Andererseits ist es so, dass es bei nicht definierten $\mathbf{p}, E$-Fluktuationen im $(\mathbf{p}, E)$-Raum auch keine physikalischen Bilder im $(\mathbf{r}, t)$-Raum geben kann. Das ist eine strikte Konsequenz, die aus der Projektionstheorie folgt. In Abschnitt 4.2.3 haben wir die Situation wie folgt zusammengefasst: Keine $\mathbf{p}, E$-Prozesse im $(\mathbf{p}, E)$-Raum bedeutet, dass wir keine physikalischen Bilder im $(\mathbf{r}, t)$-Raum

$$i\hbar\frac{\partial}{\partial t}\Psi(\mathbf{r},t)=-\frac{\hbar^2}{2m_0}\Delta\Psi(\mathbf{r},t)+V(x,y,z,t)\Psi(\mathbf{r},t)$$

Ebene b

Fundamentale Wirklichkeit

Ebene a Fluktuationen im $(\mathbf{p},E)$-Raum und Bilder im $(\mathbf{r},t)$-Raum

Abb. 28
Nur die Objekte, die auf den unterschiedlichen Wirklichkeitsebenen definiert sind, haben für den Beobachter konkrete Realität. Sie haben ihren Ursprung in der Fundamentalen Wirklichkeit, die dem Beobachter aber nicht zugänglich ist. So wie die harten Gegenstände (*Ebene a*) sind im Rahmen der Projektionstheorie auch die allgemeinen physikalischen Gesetze (wie zum Beispiel Gleichung (49), *Ebene b*) als real existierende Objekte aufzufassen (Abschnitt 4.1). Im Prinzip kann es natürlich mehr als zwei Wirklichkeitsebenen geben. Dieser Punkt wird noch unten besprochen.

haben, ein physikalisches Bild ist ohne $\mathbf{p}, E$-Prozesse nicht definiert. Tatschlich ist es so, dass wir über das allgemeine physikalische Gesetz (49) nachdenken, aber es nicht im $(\mathbf{r},t)$-Raum darstellen können.

Daher kann das physikalische Gesetz (also eine allgemeine physikalische Gleichung) nicht mit spezifischen Modellen bzw. physikalischen Prozessen verstanden oder beschrieben werden. Der Versuch, ein Produkt des Geistes mithilfe von physikalischen Gehirnfunktionen – zum Beispiel über neuronale Aktivitäten – zu verstehen, hat innerhalb der Projektionstheorie keinerlei Basis.

Der Grund hierfür ist einfach und wurde oben herausgearbeitet: Irgendein physikalischer Prozess, auch solche im Zusammenhang mit Gehirnfunktionen, kommt durch $\mathbf{p}, E$-Prozesse im $(\mathbf{p}, E)$-Raum zustande, und diese Prozesse erzeugen ein konkretes Bild im $(\mathbf{r}, t)$-Raum.

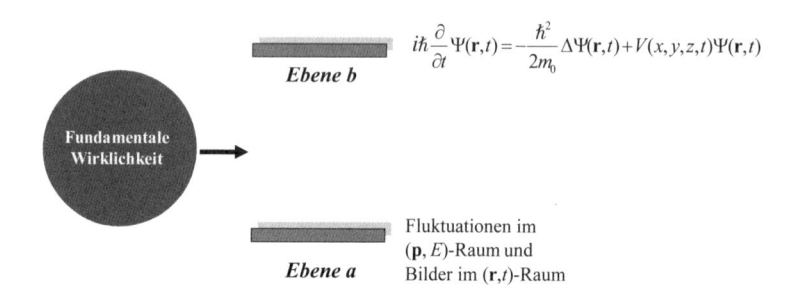

Im umgekehrten Fall kann wie folgt argumentiert werden: Da das allgemeine physikalische Gesetz (49) (oder auch andere Zustände des Geistes) kein Bild im ($\mathbf{r}$, t)-Raum erzeugt, kann dieses physikalische Gesetz auch nicht das Ergebnis von physikalischen Gehirnfunktionen sein, deren Grundlage ja **p**, E-Prozesse sind.

Da der Ursprung von Gefühlen und der des Denkens – oder ganz allgemein die Produkte des Geistes – nicht unmittelbar als Bilder im ($\mathbf{r}$, t)-Raum beschrieben werden können, lassen sich ihre ursprünglichen Merkmale nicht auf physikalisch-reale Vorgänge reduzieren. Das physikalische Gesetz beschreibt ausschließlich die harten Gegenstände (also die Objekte unmittelbar vor uns, aber ebenso Atome, Moleküle und andere Einheiten) im ($\mathbf{r}$, t)-Raum und kommt ausschließlich durch Wechselwirkungen (**p**, E-Prozesse) im (**p**, E)-Raum zustande. Jedoch ist das physikalische Gesetz selbst nicht im ($\mathbf{r}$, t)-Raum darstellbar.

Bemerkung

Natürlich können wir auch Bilder im ($\mathbf{r}$, t)-Raum ohne spezifische **p**, E-Prozesse haben. Aber solche Bilder sind dann keine physikalischen Darstellungen mehr, d.h., ihre Strukturen kommen nicht durch physikalisch-reale Vorgänge zustande, sondern stellen lediglich Zeichnungen dar, die als Produkte der Fantasie eingestuft werden müssen. Solche Zeichnungen, wie zum Beispiel ein Kunstwerk, können weitgehend willkürlich im Aufbau sein und müssen keineswegs physikalische Gesetze erfüllen.

4.3.2 Fazit: Die Zustände des Geistes können nicht mithilfe von materiellen Zuständen verstanden werden

Im Rahmen der Projektionstheorie können die Zustände des Geistes nicht das Ergebnis von physikalisch-neuronalen Aktivitäten sein, sondern sie sind definitiv mehr als das. Der Grund ist klar: Ein Produkt des Geistes ist auf einer Wirklichkeitsebene gelagert, die über der Ebene der harten Gegenstände liegt (Abb. 27).

Wie im Fall der harten Gegenstände haben wir auch die Produkte des Geistes als „Gegenstände" aufzufassen, die gewisse Merkmale in der Fundamentalen Wirklichkeit widerspiegeln. Allerdings wissen wir nichts über die tatsächliche Struktur der unterschiedlichen Gegenstände in der Fundamentalen Wirklichkeit, da es einen bildunabhängigen Standpunkt für den menschlichen Beobachter nicht gibt (Kapitel 2). Die Fundamentale Wirklichkeit sollten wir als Einheit auffassen, sodass es hier keine Wirklichkeitsebenen geben sollte. Da sich der Begriff der Wirklichkeitsebene auf die Beobachtung durch den Menschen bezieht, sollte es denn auch tatsächlich in der Fundamentalen Wirklichkeit keine Wirklichkeitsebenen geben, denn sie ist beobachterunabhängig definiert.

Das Einzige was wir sagen können ist, dass das physikalische Gesetz eine allgemeinere Darstellung von der Fundamentalen Wirklichkeit ist als die, die den harten Gegenständen entspricht. Wie gesagt, das physikalische Gesetz (49) ist ein Produkt des Geistes. Mit anderen Worten, wir können über ein physikalisches Gesetz nachdenken, aber es ist uns nicht möglich, ihm ein „Gesicht" in der Raum-Zeit zu geben; eine Darstellung im $(\mathbf{r}, t)$-Raum ist nicht möglich.

Zusammenfassend können wir daher sagen, dass ein Effekt, der nicht im $(\mathbf{r}, t)$-Raum darstellbar ist, nicht zu der Klasse der Phänomene gehört, die wir oben als physikalische Vorgänge (Zustände der Materie) eingeordnet haben. Diese Zustände der Materie kommen im Rahmen der Projektionstheorie ausschließlich durch $\mathbf{p}, E$-Prozesse im $(\mathbf{p}, E)$-Raum zustande. Bäume, Autos, Atome, Sterne usw. gehören in diese Klasse der Phänomene. Allerdings, so haben wir oben argumentiert, nicht alle Phänomene sind im $(\mathbf{r}, t)$-Raum darstellbar. Das bedeutet dann konsequenterweise, dass solche Phänomene nicht durch physikalische Prozesse beschreibbar sind, d. h., durch **p**, E-Prozesse im (**p**, E)-Raum.

Wenn wir also versuchen, die Gehirnfunktionen ausschließlich mit physikalischen Mitteln (**p**, E-Prozesse) zu erklären, können nicht die Phänomene ins Spiel kommen, die zu den Zuständen des Geistes gehören. Mit anderen Worten, allgemeine physikalische Gesetze, Produkte der Fantasie oder auch Gefühle können dann nicht erkannt werden, wenn man sich bei der Beschreibung der Gehirnfunktionen auf die Zustände der Materie beschränkt. Solche Erscheinungen können eben nicht auf physikalische Phänomene, also auf Zustände der Materie reduziert werden. Das Projektionsprinzip erlaubt eine solche Einordnung.

Es soll noch einmal betont werden, dass die Phänomene, die nicht in Raum und Zeit, also im (**r**, t)-Raum darstellbar sind, ebenso real sind wie die Phänomene, die Bilder (von Bäumen usw.) im (**r**, t)-Raum erzeugen. Das wurde in den vorherigen Abschnitten ausführlich besprochen und begründet. Daher dürfen wir festhalten, dass nicht alles Materie ist oder von Materie eingeschlossen ist.

4.4 Aussenwelt und Fundamentale Wirklichkeit

4.4.1 Beschreibungen und Beobachtungen

Die Fundamentale Wirklichkeit existiert unabhängig vom Beobachter. Wie schon oft erwähnt wurde, lassen sich über die Fundamentale Wirklichkeit keine direkten Aussagen machen. Jedoch ist sie mithilfe von Bildern auf unterschiedlichen Wirklichkeitsebenen beobachtbar bzw. beschreibbar; einen bildunabhängigen Standpunkt können menschliche Beobachter ganz offensichtlich nicht einnehmen (Kapitel 2).

Raum und Zeit gehören nicht zur Fundamentalen Wirklichkeit, sondern wir haben diese Elemente als Hilfsgrößen zur Darstellung der Bilder aufzufassen. Im Rahmen der Projektionstheorie haben Raum und Zeit ihren Sitz im Gehirn (Kapitel 2).

Diese Bilder auf unterschiedlichen Ebenen sind im Allgemeinen nicht im $(\mathbf{r}, t)$-Raum darstellbar. Man erhält lediglich für die harten Gegenstände, die unmittelbar vor uns spontan in Erscheinung treten, Bilder im $(\mathbf{r}, t)$-Raum, also nur für die Zustände der Materie, aber nicht für die Zustände des Geistes.

In Abschnitt 4.3 haben wir gewisse Wirklichkeitsebenen eingeführt. Dabei wurde das physikalische Gesetz über der Ebene der spezifischen Modelle positioniert (Abb. 27), wobei diese spezifischen Modelle, die uns die harten Gegenstände beschreiben, durch $\mathbf{p}$, E-Prozesse im $(\mathbf{p}, E)$-Raum zustande kommen, die dann wiederum unsere Bilder vor uns im $(\mathbf{r}, t)$-Raum erzeugen. Natürlich müssen die spezifischen Modelle so konstruiert sein, dass sie hinreichend gut das beschreiben, was spontan im Alltagsleben vor unseren Augen erscheint.

Aber wie können die harten Gegenstände eingeordnet werden, die spontan vor uns im Zusammenhang mit unseren direkten Beobachtungen erscheinen? Welchen Platz nehmen sie im Schema der Wirklichkeitsebenen ein? Auch die harten Gegenstände sind, wie wir wissen, Zustände im Kopf des Beobachters (Kapitel 4.2), also ganz in Analogie zu den spezifischen Modellen, mit denen wir diese beobachteten Gegenstände beschreiben.

Sowohl die beobachteten harten Gegenstände als auch die spezifischen Modelle zu ihrer Beschreibung (die $\mathbf{p}$, E-Prozesse im $(\mathbf{p}, E)$-Raum) sind also Zustände im Kopf des Beobachters. Bei den Modellen ist das selbstverständlich, bei den beobachteten harten Gegenständen haben wir hingegen vordergründig einen anderen Eindruck. Denn es liegt das Empfinden vor, dass all diese harten (materiellen) Objekte außerhalb von uns in Raum und Zeit eingebettet sind, und die meisten Menschen glauben denn auch, dass die so empfundene Außenwelt mit der Fundamentalen Wirklichkeit identisch ist. Dass dies ein Trugschluss ist, haben wir in Kapitel 2 erkannt. Mit anderen Worten, das, was oft als Außenwelt bezeichnet wird, existiert in dieser Form überhaupt nicht.

4.4.2 Erfahrungen im Alltag

All das, was wir im Alltagsleben sehen, ist primär in unserem Gehirn positioniert; es ist nicht außerhalb von uns gelagert. Personen, Autos, Bäume, Flugzeuge, Sonne, Mond und Sterne usw. sind allesamt Bilder in unserem Gehirn. Es sind ausnahmslos Projektionen von der Fundamentalen Wirklichkeit, die in unserem Gehirn lokalisiert sind. Allerdings empfinden wir das anders. Denn, wie schon gesagt, wir haben bei unseren täglichen Beobachtungen im Alltag den Eindruck, dass all das außerhalb von uns positioniert ist. Es wird aber durchweg angenommen, dass die Strukturen in den Bildern von der Wirklichkeit, die vom Gehirn produziert werden, mit den Strukturen in der objektiven Realität identisch sind, also der Realität, die unabhängig vom Beobachter draußen existiert. Dies ist jedoch nicht der Fall. Das haben wir insbesondere in Kapitel 2 erkannt.

Also, all das, was wir im Alltag beobachten, was spontan vor unseren Augen in Erscheinung tritt, ist primär ein Bild in unserem Kopf. Allerdings erzeugt das Gehirn den Eindruck, dass wir all den Gegenständen gegenüberstehen. Aber das ist ein Trugschluss, eine falsche Interpretation.

Daher kommen wir zu dem folgenden Schluss: Nicht nur die theoretischen Beschreibungen für die Bilder sind Zustände des menschlichen Gehirns, sondern auch die direkt beobachteten Objekte im Alltag sind Gehirnzustände (Abb. 29).

Zwischen beiden Gegenstandstypen besteht kein prinzipieller Unterschied. Wie im Fall der theoretisch „beschriebenen Bilder" können daher auch die „beobachteten Bilder" (Gegenstände) einer bestimmten Wirklichkeitsebene zugeordnet werden. Aber wo ist diese Ebene relativ zu den anderen (Abb. 28) positioniert? Es ist die makroskopische Wirklichkeitsebene und sollte daher unterhalb von *Ebene a* in Abb. 28 liegen. Aber bevor wir diesen Punkt besprechen, soll zunächst die Meinung einiger bekannter Wissenschaftler gebracht werden, die sich über die Strukturen der Innen- und Außenwelt geäußert haben. Wir können dann besser abschätzen, was es bedeutet, wenn die Struktur des inneren Bildes mit der Struktur der Außenwelt unreflektiert gleichgesetzt wird.

Es ist üblich anzunehmen, dass die Strukturen des inneren Bildes, das von unserem Gehirn produziert wird, mit denen in der eigentlichen Realität, also die Fundamentale Wirklichkeit, identisch sind. Das heißt, es wird bei dieser Auffassung angenommen, dass die Phänomene in der Natur in doppelter Form existieren. Zum Beispiel war der Psychologe C. G. Jung dieser Ansicht, dass ein Ereignis zweimal stattfindet, eines im Kopf des Beobachters und ein identisches außerhalb des Menschen, also in der Außenwelt (siehe auch Kapitel 1).

Mit anderen Worten, Jung glaubte an das Doppelereignis. Das ist sozusagen der naive Standpunkt. Diese Annahme ist lediglich eine Hypothese und ist durch die Prinzipien der Evolution als widerlegt aufzufassen. Die Evolution spricht eine andere Sprache (Kapitel 2), und wir kommen so zur Projektionstheorie mit den fiktiven Wirklichkeiten, die im $(\mathbf{p}, E)$-Raum beschrieben werden. Die Bilder von der Realität (in dem Fall die fiktive Wirklichkeit) erhält man durch Übertragung der Information vom $(\mathbf{p}, E)$-Raum zum $(\mathbf{r}, t)$-Raum, wobei die Bilder von den Alltagsgegenständen (Bäume usw.) direkt entstehen und im Falle einer realistischen Beschreibung mit den Eindrücken übereinstimmen sollten, die spontan vor uns in Erscheinung treten.

Betont werden muss in diesem Zusammenhang noch einmal, dass die Strukturen im (p, E)-Raum ganz verschieden von denen im (r, t)-Raum sind, auch wenn die Informationsinhalte in beiden Räumen identisch sind. Insbesondere können wir gar nichts über die *absolute* Struktur all dieser vor uns in Erscheinung tretender Dinge sagen, weil eben die eigentliche Realität, also die Fundamentale Wirklichkeit, prinzipiell verborgen bleibt (Abb. 28). All das haben wir bereits oben wiederholt angesprochen. In diesem Zusammenhang sind insbesondere die Aussagen von Heinz von Foerster interessant, die im nächsten Abschnitt kurz angesprochen werden sollen.

4.4.3 Heinz von Foerster

Dass die Außenwelt nicht von der Komposition sein kann wie das, was wir bei unseren voraussetzungslosen Beobachtungen im Alltag als Erscheinungen unmittelbar vor Augen haben, wird offensichtlich, wenn wir erkennen, dass es in der Außenwelt zum Beispiel kein Licht, keine Farbe, kein Geräusch und ebenso keine Musik gibt. Da das Bild vor uns wesentlich aus Licht und Farbe komponiert ist, müssen wir schließen, dass die Außenwelt nicht mit dem unmittelbaren Eindruck vor uns identisch sein kann. Was wir Außenwelt nennen, existiert lediglich in unserem Gehirn. Hierzu ein Kommentar von Michael Talbot [24]:

„Der bekannte Kybernetiker Heinz von Foerster weist darauf hin, dass der menschliche Geist nicht das wahrnimmt, was ‚da' ist, sondern das, wovon er glaubt, dass es da ist. Wir können sehen, weil die Retina unseres Auges Licht von der Außenwelt absorbiert und die Signale ans Gehirn übermittelt. Dasselbe gilt für alle unsere Sinnesrezeptoren. Unsere Retina sieht jedoch keine Farbe. Sie ist ‚blind', wie von Foerster es ausdrückt, und zwar gegenüber der Qualität ihrer Stimulation, und sie reagiert nur auf deren Quantität. Er sagt: ‚Dies sollte nicht erstaunen, da es in der Tat dort draußen kein Licht und keine Farbe gibt, dort

gibt es nur elektromagnetische Wellen; dort draußen gibt es keinen Klang und keine Musik, es gibt dort nur periodische Variationen des Luftdrucks; dort draußen gibt es keine Hitze und keine Kälte, es gibt nur sich bewegende Moleküle mit mehr oder weniger durchschnittlicher kinetischer Energie usw., und schließlich gibt es dort draußen mit Sicherheit keinen Schmerz. Da die physische Natur des Stimulus – seine Qualität – nicht in nervöser Aktivität verschlüsselt ist, stellt sich die fundamentale Frage, wie unser Gehirn diese enorme Vielfalt der farbigen Welt heraufbeschwört, wie wir sie in jedem Augenblick wo wir wach sind, und manchmal auch in unseren Träumen, während wir schlafen, erfahren."

Als Fazit können wir festhalten, dass es Licht und viele andere Phänomene in der Außenwelt gar nicht gibt. Die Welt, die wir im Rahmen von voraussetzungslosen Beobachtungen unmittelbar vor Augen haben, ist weitgehend eine Erfindung des Gehirns. Der Kommentar von Heinz von Foerster unterstützt stark die Tendenzen, die im Rahmen der Projektionstheorie erkannt wurden, die sich wesentlich auf das Phänomen der

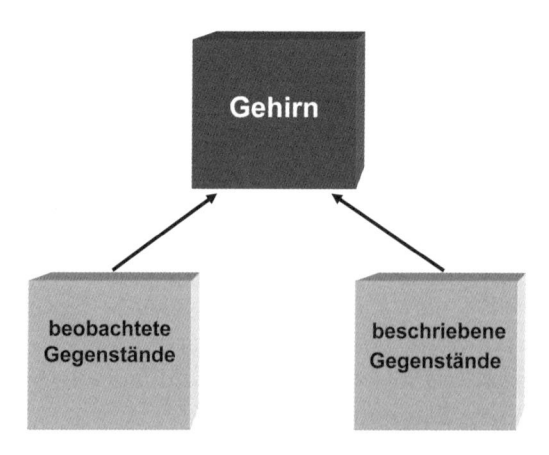

Abb. 29
Im Rahmen der Projektionstheorie sind sowohl die beobachteten Gegenstände als auch die theoretisch beschriebenen Objekte gleichermaßen im Gehirn des Beobachters lokalisiert.

Evolution stützt. Im Gegensatz zu Heinz von Foerster können aber in der Projektionstheorie keinerlei Aussagen über die eigentliche Realität, also der Fundamentalen Wirklichkeit, gemacht werden.

4.4.4 Weitere Wirklichkeitsebenen

Bisher wurden zwei Wirklichkeitsebenen besprochen (siehe Abschnitt 4.2.4.4): Die Ebene der allgemeinen physikalischen Gesetze sowie die Ebene der spezifischen Modelle. Beide Ebenen wurden auf der Grundlage der Theoretischen Physik konstruiert. Nur solche Objekte (Merkmale), die auf gewissen Wirklichkeitsebenen definiert sind, sind dem Beobachter zugänglich; sie haben ihren Ursprung in der Fundamentalen Wirklichkeit und spiegeln gewisse Eigenheiten von ihr wider, und zwar in symbolischer Form, da ja der direkte Zugang zur Fundamentalen Wirklichkeit dem menschlichen Beobachter nicht möglich ist. Daher sind diese Objekte (Merkmale) keine Erfindungen des Beobachters, sondern wir haben sie eher als Entdeckungen aufzufassen, also sozusagen als beobachtete Objekte.

4.4.4.1 Wirklichkeitsebene der makroskopischen Gegenstände

Es wurde betont, dass alles, was wir beobachten, also Autos, Häuser usw., primär ein Bild von der Wirklichkeit ist, das im Kopf des Beobachters lokalisiert ist. Das bedeutet, dass nicht nur die theoretischen Beschreibungen der harten Gegenstände Zustände des Gehirns sind, sondern auch die Dinge, die wir im täglichen Leben auf der Grundlage unserer fünf Sinne beobachten.

Sowohl das theoretisch beschriebene Bild als auch die beobachteten makroskopischen Objekte (Häuser, Bäume usw.) sind gleichermaßen im Gehirn lokalisiert (siehe auch Abb. 29). Beide Bildertypen sind also Zustände des Gehirns, zu denen es in der Außenwelt, also in der Fundamentalen Wirklichkeit, keine strukturelle Entsprechung gibt. Dennoch müssen selbstverständlich diesen Strukturen im Bild gewisse Fakten in der Außenwelt entsprechen. Die theoretisch beschriebenen Bilder und die allgemeinen physikalischen Gesetze stellen „bewusste Gehirnzustände" dar. Im Gegensatz dazu stellen die im täglichen Leben spontan beobachteten makroskopischen Objekte „unbewusste Gehirnzustände" dar.

Zwischen den theoretisch beschriebenen und den beobachteten Bildern gibt es keinen prinzipiellen Unterschied. Daher können auch die im täglichen Leben spontan vor uns in Erscheinung tretenden makroskopischen Gegenstände einer gewissen Wirklichkeitsebene zugeordnet werden, so wie im Fall der beiden anderen Ebenen (Abb. 27 und Abb. 28). Aber wo ist diese neue Wirklichkeitsebene für die beobachteten makroskopischen Gegenständen positioniert? Wo liegt diese Ebene relativ zu den beiden anderen?

Im Rahmen der voraussetzungslosen Beobachtungen sind die Gegenstände und Phänomene entsprechend dem direkten, visuellen Eindruck geordnet, d.h., so wie sie spontan vor uns in Erscheinung treten. Das definiert die makroskopische Wirklichkeitsebene. Andere Informationen haben auf dieser Wirklichkeitsebene keinen Platz, wozu insbesondere Interpretationen oder auch theoretische Beschreibungen gehören. Auch die Informationen aus Messungen sind hier nicht positioniert. Daher sollte die makroskopische Wirklichkeitsebene (*Ebene 1*) unterhalb der *Ebene b*, aber auch unterhalb der *Ebene a* liegen (siehe Abb. 30).

4.4.4.2 Wirklichkeitsebene der fundamentalen Regeln

Das spezifische Bild $(\Psi^*(\mathbf{r},t)\Psi(\mathbf{r},t))^{spezifisch}$ (Abschnitt 4.2.2) wird auf der Basis des allgemeinen physikalischen Gesetzes (49) bestimmt. Jedoch können wir nicht die wissenschaftlichen Merkmale und Regeln, auf denen das Gesetz (49) be-

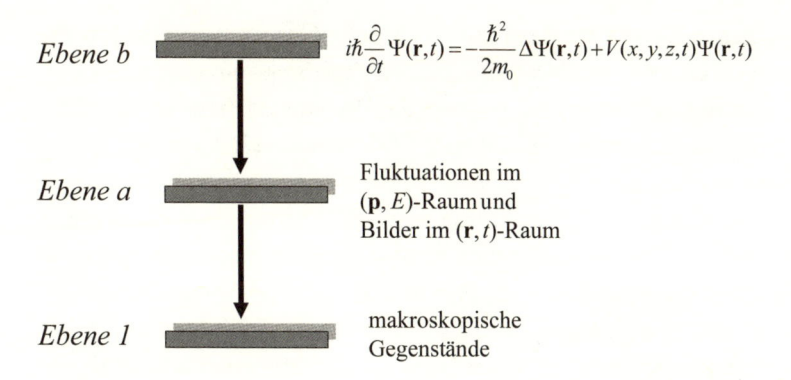

Ebene b ▬▬▬▬ $i\hbar \dfrac{\partial}{\partial t} \Psi(\mathbf{r},t) = -\dfrac{\hbar^2}{2m_0} \Delta\Psi(\mathbf{r},t) + V(x,y,z,t)\Psi(\mathbf{r},t)$

Ebene a ▬▬▬▬ Fluktuationen im $(\mathbf{p}, E)$-Raum und Bilder im $(\mathbf{r}, t)$-Raum

Ebene 1 ▬▬▬▬ makroskopische Gegenstände

Abb. 30
Die Wirklichkeitsebene der makroskopischen Gegenstände (*Ebene 1*) ist unterhalb von *Ebene b*, aber auch unterhalb von *Ebene a* positioniert. Die unterschiedlichen Wirklichkeitsebenen sind nach dem Grad der Allgemeinheit vertikal geordnet.

ruht, auf der Grundlage eines spezifischen Modells für $(\Psi^*(\mathbf{r},t)\Psi(\mathbf{r},t))^{spezifisch}$ herleiten. Wie schon gesagt, das allgemeine physikalische Gesetz (49) ist mehr als eine seiner spezifischen Lösungen; die Merkmale aller möglichen physikalischen Systeme sind gleichermaßen durch das allgemeine physikalische Gesetz (49) bestimmt.

Tatsächlich ist es so, dass Gleichung (49) auf der Grundlage des Projektionsprinzips und gewissen Operatorregeln formuliert wurde. In Referenz 17 ist eine ausführliche Darstellung gegeben. Diese fundamentalen Regeln, also das Projektionsprinzip und die mit ihm verknüpften Operatorregeln, sind daher auf einer Wirklichkeitsebene (*Ebene c* in Abb. 31) positioniert, die oberhalb von *Ebene b* liegt, also der Ebene, wo das allgemeine physikalische Gesetz gelagert ist.

Da Gleichung (49) mithilfe der fundamentalen Regeln formuliert bzw. hergeleitet wurde, müssen diese fundamentalen Regeln allgemeiner sein als das allgemeine physikalische Gesetz selbst. Im Prinzip könnten wir mit diesen fundamentalen Regeln andere allgemeine physikalische Gesetze formulieren, die von dem Gesetz (49) verschieden sind. So kommen wir zu einer weiteren Ebene, und zwar ist das die vierte Ebene in der Hierarchie der oben eingeführten Wirklichkeitsebenen.

Als Fazit kann festgehalten werden, dass das Projektionsprinzip zur Ebene der fundamentalen Regeln gehört, aber ebenso die Operatoren, die im Rahmen des Projektionsprinzips auftreten. Vielfältige Kombinationen für die Variablen und Operatoren können zu einer Vielfalt von allgemeinen physikalischen Gesetzen führen, und Gleichung (49) ist ein Beispiel hierfür. Alle diese Gesetze wären dann unterhalb von *Ebene c* gelagert, auf der die fundamentalen Regeln eingeordnet sind. Abbildung 31 zeigt die entsprechende Hierarchie.

Alle Ebenen, die in Abb. 31 vorkommen, sind mit der Fundamentalen Wirklichkeit korreliert in dem Sinne, wie es oben schon mehrere Male angesprochen wurde; in Abb. 32 ist das symbolisch angedeutet.

Ebene c — fundamentale Regeln

Ebene b — $i\hbar\dfrac{\partial}{\partial t}\Psi(\mathbf{r},t) = -\dfrac{\hbar^2}{2m_0}\Delta\Psi(\mathbf{r},t) + V(x,y,z,t)\Psi(\mathbf{r},t)$

Ebene a — Fluktuationen im $(\mathbf{p},E)$-Raum und Bilder im $(\mathbf{r},t)$-Raum

Ebene 1 — makroskopische Gegenstände

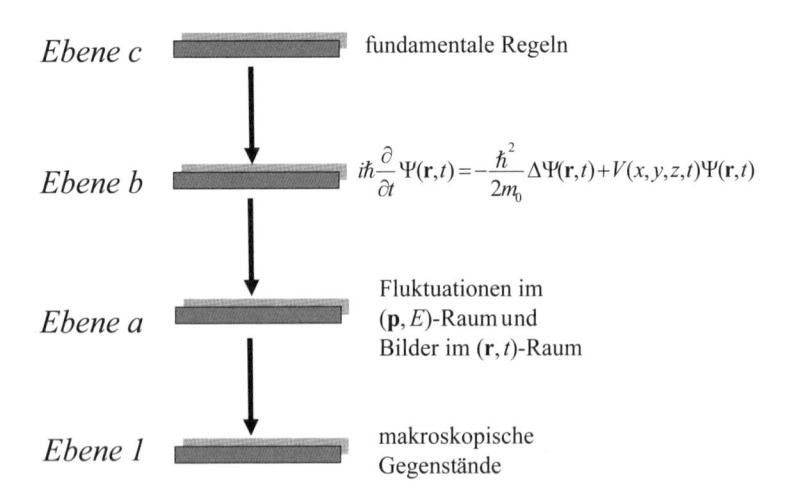

Abb. 31
Hierarchische Struktur der Wirklichkeitsebenen, die vertikal nach dem Grad der Allgemeinheit angeordnet sind.

Ebene c

fundamental Regeln

Ebene b

$$i\hbar\frac{\partial}{\partial t}\Psi(\mathbf{r},t)=-\frac{\hbar^2}{2m_0}\Delta\Psi(\mathbf{r},t)+V(x,y,z,t)\Psi(\mathbf{r},t)$$

Fundamentale Wirklichkeit

Ebene a

Fluktuationen im $(\mathbf{p},E)$-Raum und Bilder im $(\mathbf{r},t)$-Raum

makroskopische Gegenstände

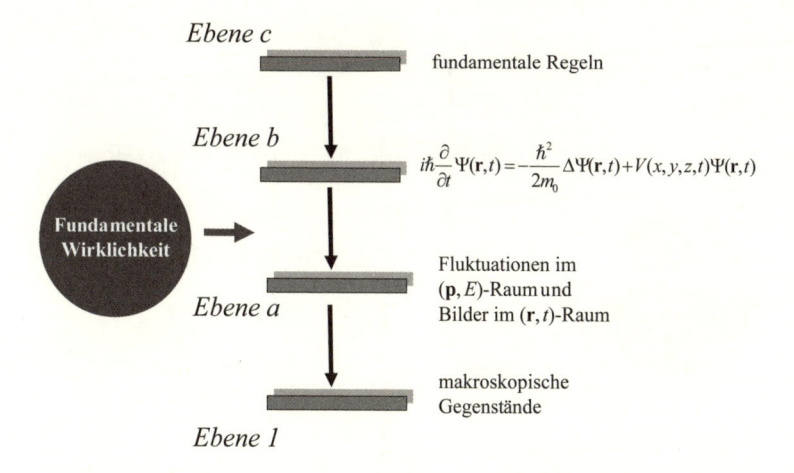

Ebene 1

Abb. 32
Alle Ebenen, beginnend mit den makroskopischen Gegenständen bis hin zu den fundamentalen Regeln, sind mit der Fundamentalen Wirklichkeit verknüpft. Die Struktur einer herausgegriffenen Ebene beschreibt eine gewisse Facette der Fundamentalen Wirklichkeit, wobei ja dem menschlichen Beobachter die absolute Struktur der Fundamentalen Wirklichkeit nicht zugänglich ist.

4.4.4.3 *Ebene der technischen Entwicklungen*

Wir können eine *Ebene 1'* definieren, auf der ausschließlich natürliche makroskopische Gegenstände, wie Steine, Bäume usw., angeordnet sind. Mit anderen Worten, *Ebene 1'* ist Teil von *Ebene 1*, auf der alle möglichen makroskopischen Gegenstände untergebracht sind. Dann können wir eine Ebene der technologischen Entwicklungen formulieren. Mithilfe der spezifischen und allgemeinen physikalischen Gesetze, die auf *Ebene a* und *Ebene b* zu finden sind, sowie den natürlichen Gegenständen (*Ebene 1'*) lassen sich technische Systeme (Häuser, Autos, Flugzeuge usw.) konstruieren, die ebenso spontan als makroskopische Körper vor unseren Augen in Erscheinung treten. Daher muss die Wirklichkeitsebene für solche Konstruktionen zwischen *Ebene a* und *Ebene 1'* liegen, und wir wollen sie mit *Ebene a1'* bezeichnen (Abb. 33). Die Aufspaltung

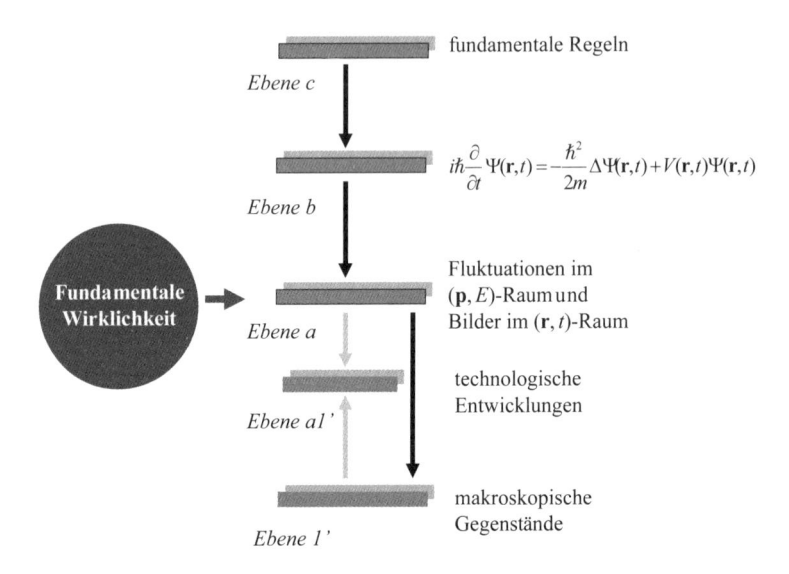

Abb. 33
Hierarchische Struktur der Wirklichkeitsebenen, die vertikal nach dem Grad der Allgemeinheit angeordnet sind. Die Wirklichkeitsebene für technische Entwicklungen (*Ebene a1'*) muss zwischen *Ebene a* und *Ebene 1'* (Ebene der natürlichen makroskopischen Objekte) liegen.

von *Ebene 1* führt zu *Ebene 1'* und *Ebene a1'*, d.h., wir haben *Ebene 1* → *Ebene 1'* + *Ebene a1'*.

Falls der relevante Teil eines technischen Systems in Verbindung mit mikroskopischen Elementen realisiert ist und den Effekten, die typisch sind für *Ebene a*, also zum Beispiel im Falle von Atomen, die nicht im Rahmen von voraussetzungslosen Beobachtungen erkannt werden können, so ist selbstverständlich das technische System auf demselben Niveau positioniert, d.h. auf *Ebene a*, und wir haben *Ebene a1'* = *Ebene a*.

4.4.4.4 Alles Erkennbare ist Kopfsache

Sämtliche vorkommenden Wirklichkeitsebenen sind mit der Fundamentalen Wirklichkeit korreliert, und wir kommen von Abb. 31 zu Abb. 32 und Abb. 33. Wie wir schon oben festgestellt haben, sind die theoretisch beschriebenen Bilder und die beobachteten Gegenstände gleichermaßen im Gehirn des menschlichen Beobachters lokalisiert (Abb. 29), und das ist natürlich für alle Informationen auf den verschiedenen Ebenen der Fall: Alles Erkennbare ist als Zustand des Gehirns gegeben und wird vom Beobachter bewusst oder unbewusst in Erfahrung gebracht, was ganz von der Wirklichkeitsebene abhängt, auf der beobachtet wird.

Mit anderen Worten, im Rahmen der Projektionstheorie ist der Geist das direkteste Element bei der Sammlung von Erfahrungen. Das stimmt mit dem überein, was Arthur Eddington vor mehr als 80 Jahren feststellte: „*In comparing the certainty of things, spiritual and things temporal, let us not forget this – Mind is the first and most direct thing in our experience; all else is remote inference ...*" (Swarthmore Lectures [1929], Science and the Unseen World.) In Abschnitt 2.3.6 wurde dieser Punkt bereits angesprochen.

Aber wir wissen, warum das so ist. Es liegt ein Projektionsprinzip vor, und draußen gibt es die Elemente Raum und Zeit nicht. Insbesondere ist das wirklich Reale, also die Fundamentale Wirklichkeit, nicht direkt fassbar, denn es gibt für den menschlichen Beobachter keinen bildunabhängigen Standpunkt.

4.5 Vorgänge der Objektivierung

Unser Fazit war, dass alle „Dinge" auf den unterschiedlichen Ebenen gewisse Zustände des Gehirns darstellen und bestimmte Merkmale der Fundamentalen Wirklichkeit widerspiegeln. Sind diese Dinge Erfindungen oder Entdeckungen? In Abschnitt 4.4.4 haben wir diese als Endeckungen eingestuft. Natürlich wissen wir nichts oder nur wenig über die Details der im Gehirn des Beobachters stattfindenden Vorgänge. Dennoch kann allgemein Folgendes gesagt werden:

Der Beobachter pickt sich aus der Fundamentalen Wirklichkeit irgendwie gewisse Informationen (Objekte) heraus, was dann bedeutet, dass er diese Objekte entdeckt und nicht erfindet. Diese entdeckten Fakten werden vom Gehirn transformiert, und es entsteht ein Bild von der Wirklichkeit. Es ist ein Bild in Raum und Zeit (($\mathbf{r}$, t)-Raum), wobei Raum und Zeit selbst keine Elemente der Fundamentalen Wirklichkeit sind (Kapitel 1).

Dabei liegt die folgende Einteilung vor: Solche Information, die *nicht* im ($\mathbf{r}$, t)-Raum darstellbar ist, ist symbolisch in der Form einer Gleichung gegeben. Die Basisinformation ist als Entdeckung einzustufen, nicht aber die Bilder und Gleichungen, denn hierbei handelt es sich um Erfindungen des menschlichen Gehirns.

Die Entdeckungen selbst werden auf der Grundlage von sogenannten „Objektivierungen" gemacht. Hier haben wir zwischen bewussten und unbewussten Objektivierungen zu unterscheiden. Der Unterschied soll kurz besprochen werden.

4.5.1 Objektivierung durch Denken (Bewusste Objektivierung)

Objektivierung durch Denken bedeutet hier, dass eine physikalische Tatsache über einen Dialog mit der Natur getestet wird, und zwar auf einer gewissen Wirklichkeitsebene. Auf diesem Wege kann ein Weltbild verbessert und, falls erforderlich, auch verworfen werden. Die Theorie sollte sich in vielen, ja möglichst allen Situationen widerspiegeln. Das muss verifiziert werden und stellt das dar, was wir den „Vorgang der Objektivierung" nennen wollen. Ein solcher Vorgang ist gemeint, wenn wir von „Objektivierung durch Denken" sprechen. Das heißt, im Rahmen der Projektionstheorie wird ein physikalisches Weltbild objektiviert bzw. entdeckt. Eine brauchbare bzw. nützliche Weltsicht sollte sich in möglichst vielen Denksituationen und ebenso in unterschiedlichen experimentellen Konfigurationen konstant widerspiegeln.

Ähnliche Kriterien, möglicherweise nicht so streng, sollten auch für Produkte der Fantasie gelten. Ein literarisches Bild fasst die Realität mit einer einzigen Vorstellung (Metapher) zusammen, was jedoch in vielen anderen Lebenssituationen Anwendung finden kann. Diese eine Vorstellung, die einem solchen literarischen Bild zugrunde liegt, spiegelt sich in der Erfahrungswelt vieler Menschen wider. Man kann daher sagen, dass auch der Autor einer Erzählung diese eine Vorstellung durch einen Prozess der Objektivierung gefunden hat, ganz in Analogie zu dem, was wir für eine physikalische Theorie festgestellt haben. Mehr Details zu diesem Thema sind in Referenz 25 gegeben.

4.5.2 Konstanzmechanismen (Unbewusstes Objektivieren)

Auch in Verbindung mit den harten (materiellen) Objekten gibt es Vorgänge der Objektivierung [25]. Ein materieller Gegenstand, den ein Mensch beobachtet, muss unzweideutig erkennbar sein, auch bei großen Variationen in der Umgebung. Das wird durch die sogenannten Konstanzmechanismen garantiert, deren objektivierende Leistung durch einen komplexen physiologischen Apparat zustande kommt. Konstanzmechanismen erlauben daher eine unbewusste Objektivierung, also mit nichtintellektuellen Mitteln wird der physiologische Apparat des Menschen bewerkstelligt.

Auch die Ereignisse, die von einem Messinstrument registriert werden, werden unbewusst beobachtet, wobei das Messgerät selbst zur *Ebene a1'* gehört (Abb. 33, technische Entwicklungen). Auf dieser Ebene der Messinstrumente legt der Beobachter der Natur gewisse restriktive Bedingungen auf. Das wird durch die Konstruktion spezifischer Messinstrumente bewerkstelligt, was zu Konstruktionsbedingungen führt, die der Beobachter dem Konstrukt auferlegt, um auf eine spezifische Frage an die Natur eine spezifische Antwort zu bekommen. Aufgrund der Konstruktion des Messgerätes registrieren wir nur wenige spezifische Signale aus einer Fülle von möglichen Ereignissen, die in der umgebenen Natur vorkommen.

Die Selektion bzw. Konstruktion eines Messinstruments hat im gewissen Sinne die Bedeutung eines Konstanzmechanismus, was wir oben im Zusammenhang mit der unbewussten Objektivierung besprochen haben, wobei hier allerdings die objektivierende Leistung durch einen komplexen physiologischen Apparat zustande kommt. Die Registrierung (Beobachtung) von Signalen mit Messinstrumenten findet auch automatisch statt, d.h., sie werden ohne eine bewusste Aktion aufgezeichnet, obwohl die Selektion des Messinstruments selbst eine bewusste Aktivität darstellt.

4.5.3 Fazit

In Abschnitt 4.2 wurde herausgestellt, dass die Objekte der verschiedenen Wirklichkeitsebenen gleichermaßen real sind, und wir beobachten diese Objekte auf den unterschiedlichen Ebenen auf der Grundlage eines gemeinsamen Prinzips: Es ist das „Prinzip der Objektivierung". Dieses Prinzip ist offensichtlich auf jeder der Wirklichkeitsebenen gültig, d.h., es findet Anwendung unabhängig davon, auf welcher Eben sich ein Objekt befindet.

Wir unterscheiden zwischen „Objektivierung durch Denken", was der bewussten Objektivierung entspricht, und der „Objektivierung in unbewusster, nichtintellektueller Weise" (siehe insbesondere Referenz 25). Diese Eigenart, also die der Objektivierung, unterstützt die Sicht, dass es keinen prinzipiellen Unterschied zwischen dem „Zustand der Materie" und dem „Zustand des Geistes" gibt; wir haben hier nur einen graduellen Unterschied.

4.6 Beobachtungen

4.6.1 Objekte auf verschiedenen Wirklichkeitsebenen

Für biologische Systeme, die sich von menschlichen Beobachtern unterscheiden, sollten dieselben oder ganz ähnliche Kriterien Gültigkeit haben. Aufgrund der unterschiedlichen evolutionären Entwicklungen sollten jedoch die Effekte, die auf den verschiedenen Wirklichkeitsebenen in Erscheinung treten, bei anderen biologischen Systemen anders sein als beim Menschen.

Da der Mensch in seinem eigenen System gefangen ist, ist es auch für einen Menschen schwer, um nicht zu sagen unmöglich, etwas über andere biologische Systeme auszusagen. Jedoch gibt es zu diesem Thema interessante, wichtige und aufregende Experimente, die im Rahmen der Verhaltensforschung durchgeführt wurden (siehe insbesondere Abschnitt 2.3.9 und Referenz 25).

Die verschiedenen Wirklichkeitsebenen bringen Merkmale hervor, die qualitativ verschieden voneinander sind, obwohl diese verschiedenartigen Wirklichkeitsebenen allesamt Eigenarten ein und derselben Realität (Fundamentale Wirklichkeit) widerspiegeln. Wir können auch sagen, dass jede Wirklichkeitsebene eine bestimmte Facette der Fundamentalen Wirklichkeit in Erscheinung treten lässt.

Die Unterschiede zwischen den Objekten, die auf unterschiedlichen Ebenen positioniert sind, spiegeln sich keineswegs nur in den theoretischen Beschreibungen wider, sondern auch in dem Effekt, den sie auf uns haben. In diesem Zusammenhang ist die Art der Objektivierung wesentlich. Die Vorgänge der Objektivierung bezüglich der verschiedenen Wirklichkeitsebenen sind im Prinzip unterschiedlich voneinander. Da die Basisinformation auf den verschiedenen Ebenen als Entdeckungen aufzufassen sind, dürfen wir sagen, dass jede Wirklichkeitsebene mit einer Beobachtungsebene verknüpft ist. Da die Merkmale der Objekte auf den Ebenen unterschiedlich definiert sind, müssen auch die Beobachtungsmethoden von Ebene zu Ebene variieren.

Der Vorgang der Objektivierung lässt die „Gegenstände" auf den unterschiedlichen Wirklichkeitsebenen in Erscheinung treten, und diese produzieren gewisse ebenenspezifische Eindrücke (Gefühle) innerhalb des menschlichen Beobachters. Wir spüren den Effekt der Gegenstände, die unbewusst objektiviert wurden (Autos, Steine usw.) anders als solche, die bewusst objektiviert wurden, also physikalische Gesetze, Produkte der Fantasie usw. In Abschnitt 4.5 haben wir zwischen der „Objektivierung durch Denken" und der „Objektivierung in unbewusster, nichtintellektueller Weise" unterschieden. Im Prinzip sollten viele Methoden der Objektivierung möglich sein, was ganz von der Zahl der Wirklichkeitsebenen und deren Eigenarten abhängt.

4.6.2 Ebenen der Beobachtung

Die makroskopischen Gegenstände, die ihren Sitz auf der *Ebene 1'* haben, werden – entsprechend der Definition – ausschließlich mit unseren fünf Sinnen beobachtet. Das sind voraussetzungslose Beobachtungen (*Ebene I'*, Abb. 34). Wie schon gesagt, im Rahmen der voraussetzungslosen Beobachtungen werden die Objekte und Phänomene entsprechend der direkten visuellen Eindrücke geordnet, also so, wie sie spontan vor uns erscheinen.

In Verbindung mit technologischen Entwicklungen (*Ebene a1'*, Ebene der künstlichen makroskopischen Objekte) benötigen wir als Beobachtungsmethoden (*Ebene AI'*) nicht nur die fünf Sinne, sondern ebenso gewisse Instrumente, die zum Bau dieser makroskopischen Objekte, wie zum Beispiel ein Haus, notwendig sind.

Bei Beobachtungen in Verbindung mit *Ebene a* werden ebenso technische Geräte benötigt, und die relevanten Teile müssen mit den typischen physikalischen Effekten, die auf *Ebene A* angesiedelt sind, maßgeschneidert sein (Abb. 34). Die Beobachtungsmethoden auf *Ebene A* sind gegenüber solchen auf *Ebene AI'* verfeinert bzw. höher entwickelt, jedenfalls sollte das allgemein der Fall sein. Der Grund hierfür ist einfach:

Mit dem Übergang von *Ebene A* zu *Ebene AI'* betreten wir den Bereich der mikroskopischen Objekte bzw. Gegenstände, wie zum Beispiel Nanosysteme. Natürlich kommt auf *Ebene a* die Objektivierung durch Denken ins Spiel, weil die Modelle für die $\mathbf{p}, E$-Prozesse im $(\mathbf{p}, E)$-Raum und die Bilder im $(\mathbf{r}, t)$-Raum, die auf diesem Niveau positioniert sind, durch Denken gefunden bzw. formuliert werden müssen.

Die Beobachtung von den „Gegenständen", die typisch sind für *Ebene b*, wie zum Beispiel Gleichung (49), also die allge-

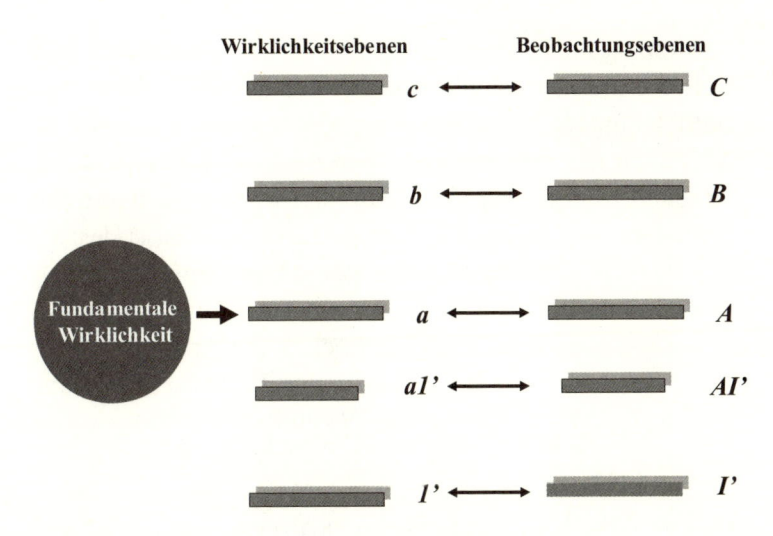

Abb. 34
Die Wirklichkeitsebenen (*1'- c*) stehen in Relation zu gewissen Beobachtungsebenen (*I' – C*). Die Korrespondenz zwischen den beiden Ebenentypen ist wesentlich.

meine Struktur $i\hbar\partial/\partial t \Psi(\mathbf{r},t) = -\hbar^2/2m_0 \Delta\Psi(\mathbf{r},t) + V(x,y,z,t)\Psi(\mathbf{r},t)$, und solche, die auf *Ebene c* lokalisiert sind (die fundamentalen Regeln), werden durch Denken „beobachtet" (Objektivierung durch Denken, Abschnitt 4.5), d.h., sie werden ohne materielle Beobachtungsgeräte erfasst.

Die Objektivierung der fundamentalen Gesetze (*Ebene c*) erfordert andere Denkweisen als solche, die bei der Objektivierung von allgemeinen physikalischen Gesetzen (*Ebene b*) relevant sind. Es ist offensichtlich, dass solche Situationen nicht durch **p**, *E*-Prozesse im (**p**, *E*)-Raum und Bilder im (**r**, *t*)-Raum analysiert werden können. Die Gesetze, die auf Ebene *b* und auf Ebene *c* positioniert sind, lassen sich nicht im (**r**, *t*)-Raum darstellen und stellen „Zustände des Geistes" dar, d.h., solche Gesetze können in keiner Weise durch „Zustände der Materie" beschrieben werden, was wir detailliert in Abschnitt 4.2 besprochen haben.

4.6.3 Andere biologische Systeme

Für biologische Systeme, die vom Menschen verschieden sind, sollte das gleiche Schema gültig sein. Allerdings sollten aufgrund der unterschiedlichen evolutionären Entwicklungen die Effekte auf den verschiedenen Wirklichkeitsebenen verschieden sein von denjenigen, die für uns Menschen typisch sind. Wir sind in unserem eigenen System gefangen, und es ist deshalb für einen menschlichen Beobachter schwer bzw. unmöglich, etwas über andere biologische Wesen (Tiere) auszusagen. Wie oben schon angedeutet, gibt es jedoch zu diesem Thema wichtige Untersuchungen im Rahmen der Verhaltensforschung (siehe insbesondere Abschnitt 2.3.9 und Referenz 25).

4.6.4 Abschließende Bemerkungen

In Abschnitt 4.5 kamen wir zu dem Ergebnis, dass unbewusste und bewusste Objektivierungen analoge Prozesse sind. Beide

Methoden selektieren gewisse Informationen aus einer Vielfalt von „Objekten" und Prozessen, die allesamt gewisse Merkmale der Welt draußen widerspiegeln. Beide Methoden der Objektivierung sollten als Beobachtungsprozeduren eingestuft werden.

Auch wurde oben herausgestellt, dass unbewusstes Objektivieren auf dem Niveau der fünf Sinne stattfindet, aber auch teilweise auf der Ebene der Messinstrumente, selbst wenn hier das menschliche Bewusstsein wesentlich involviert ist.

Bewusstes Objektivieren ist Objektivieren durch Denken und findet auf spezifischen Ebenen statt. Auch hier werden gewisse „Objekte" aus der Fundmentalen Wirklichkeit selektiert. Jedoch ist dieser Prozess vom Prinzip her mit den Vorgängen wesensverwandt, die auf der Ebene der fünf Sinne und der Ebene der Messinstrumente stattfinden. Schon Konrad Lorenz stellte fest, dass es eine strikte Analogie zwischen der unbewussten Objektivierung durch den physiologischen Apparat und der bewussten Objektivierung durch Denken gibt. Denken stellt daher eine gewisse Art von Beobachtung dar, und zwar eine besonders vielseitige. Es ist nicht neu zu behaupten, dass man auf unterschiedlichen Niveaus denken kann.

In diesem Zusammenhang kann man auch das Lesen eines Fachbuchs als eine Beobachtungsmethode auffassen. Die verschiedenen Kapitel des Buches können auf unterschiedlichen Niveaus geschrieben sein, d.h., gewisse Kapitel können Faktoren behandeln, die weniger allgemein sind als solche, die in anderen Kapiteln zur Sprache kommen. Das Beobachten (hier durch Denken) der verschiedenen Kapiteln setzt unterschiedliche Wege des Denkens voraus. Daher kommen wir zur Denkweise 1, Denkweise 2 usw. All das kann nach dem Grad der Allgemeinheit geordnet werden, und zwar in Übereinstimmung mit dem, was oben im Zusammenhang mit den Wirklichkeitsebenen gesagt wurde.

4.7 Keine Wechselwirkung in Raum und Zeit

In diesem Abschnitt wollen wir noch einmal unterstreichen bzw. wiederholen, dass in der konventionellen Physik nach anderen Prinzipien operiert wird als in der Projektionstheorie, in der – wie wir gesehen haben – die Welt auf der Grundlage von Niveaus der Beschreibung (Wirklichkeitsebenen) erschlossen wird, und jede Ebene spiegelt eine gewisse Facette der Fundamentalen Wirklichkeit wider. Im Gegensatz zur Projektionstheorie ist im Rahmen der konventionellen Physik die materielle Welt in Raum und Zeit eingebettet; hier haben wir eine (absolute) Situation und keine Facetten wie in der Projektionstheorie. In diesem Abschnitt soll noch einmal die Bedeutung dieser konventionellen Konstruktion vom Standpunkt der Projektionstheorie aus beurteilt werden.

4.7.1 Klassische Mechanik und konventionelle Quantentheorie werden zu bloßen Berechnungsschemata

Klassische Mechanik und konventionelle Quantentheorie basieren auf der Annahme bzw. Idee, dass die wechselwirkenden Objekte in Raum und Zeit eingebettet sind, wobei Raum und Zeit durch die Variablen $\mathbf{r} = (x, y, z)$ und τ charakterisiert sind. Vom Standpunkt der Projektionstheorie ist eine Umdeutung der konventionellen Ansätze erforderlich, weil im Rahmen des Projektionsprinzips die materiellen Gegenstände nicht in Raum und Zeit eingebettet sind. Nach den Prinzipien der Projektionstheorie kann die klassische Mechanik (und natürlich auch die konventionelle Quantentheorie) nur noch ein Rechenschema sein, das es erlaubt, die geometrischen Positionen der Objekte in den Bildern so zu berechnen, „als ob" diese Objekte in Raum und Zeit wechselwirken würden. Mit anderen Worten, es ist nicht so, aber es wird vorgetäuscht als ob es so wäre. So gesehen stellt die Newton'sche Mechanik (und ebenso die konventionelle Quantentheorie) denn auch tatsächlich nur ein bloßes Rechenschema dar, das auf der Grundlage der direkten Alltagseindrücke hergeleitet wurde. Ein kurzes Beispiel soll das illustrieren.

4.7.2 Ein Beispiel

Wenn ein Ball geworfen wird, scheint es so zu sein, dass sich die geometrische Position des Balls aufgrund der Kraftanstrengung des Werfers verändert. Wegen dieses konkreten Eindrucks, den der Werfer hat, wird die geometrische Position des Balles mit dem materiellen Gegenstand „Ball" identifiziert. Die geometrische Position scheint einen Druck auf die Handfläche des Werfers auszuüben, der durch Muskelkraft, aber auch durch Gravitation, zustande kommen kann.

Das gesamte Geschehen ist konsistent, weil wir auch nur ein Bild des Werfers vor uns haben. Das heißt, auch die Handfläche repräsentiert lediglich eine geometrische Figur im Raum (($\mathbf{r}, t$)-Raum).

Tatsächlich ist es so, dass das materielle Gegenstück des Werfers und das des Balls in der Fundamentalen Wirklichkeit eingebettet ist, und beide Gegenstände wechselwirken konkret in der Fundamentalen Wirklichkeit, aber keineswegs im ($\mathbf{r}, t$)-Raum. Wir modellieren diese Wechselwirkungen mithilfe von $\mathbf{p}, E$-Prozessen im ($\mathbf{p}, E$)-Raum (siehe Kapitel 3, Ersatzwelten), und die gesamte Szenerie ist auf den ($\mathbf{r}, t$)-Raum projiziert.

Zusammenfassend kann festgestellt werden, dass der Prozess des Werfens in der Fundamentalen Wirklichkeit stattfindet. Der Werfer und das materielle Objekt, also der Ball, wechselwirken innerhalb der Fundamentalen Wirklichkeit, jedoch haben wir nur ein Bild von alledem vor unseren Augen; es ist ein Bild im ($\mathbf{r}, t$)-Raum.

Es existiert eine starke Korrelation zwischen den „relativen Positionen der Handfläche und dem Ball" und dem „realen physikalischen Effekt", der den Eindruck hervorbringt, dass die materiellen Gegenstände (Ball und Handfläche) im $(\mathbf{r}, t)$-Raum eingebettet sind. Aber dieser Eindruck ist vom Standpunkt der Projektionstheorie ein Trugschluss. Im $(\mathbf{r}, t)$-Raum sind lediglich immaterielle geometrische Positionen.

Die Formulierungen „als ob" und „vortäuschen", die oben im Zusammenhang mit dem Wurfvorgang benutzt wurden, entsprechen genau der Situation, wie wir die Welt mit unseren fünf Sinnen auch tatsächlich wahrnehmen und mit ihr umgehen. Die Gegenstände um uns herum erscheinen als materielle Objekte im $(\mathbf{r}, t)$-Raum, obwohl diese Gegenstände ausschließlich als Bilder in unserem Gehirn positioniert sind. In Kapitel 2 und in Abschnitt 4.1.1 haben wir festgestellt, dass es charakteristisch für den Sehakt ist, dass unser Bewusstsein nicht das Bild innerhalb des Auges auf der Retina registriert, sondern dass wir den Eindruck haben, externen Gegenständen gegenüberzustehen (oder vielmehr „als ob" wir externen Gegenständen gegenüberstehen würden). Mit anderen Worten, wir haben den Eindruck, dass sich all diese Dinge, zusammen mit den anderen menschlichen Beobachtern, außerhalb in einer gemeinsamen Raum-Zeit (($\mathbf{r}, t$)-Raum) befinden. Genau so erscheint dem Bebachter die Welt auf der Wirklichkeitsebene der voraussetzungslosen Beobachtungen (Abschnitt 4.6). Es ist der physiologische Apparat, der diesen Effekt erzeugt. So gesehen ist dieses „als ob" keineswegs künstlich, denn es ist tatsächlich so in der Natur realisiert.

4.7.3 Anwendung der Ergebnisse

Im Rahmen der Projektionstheorie würde man sagen, dass es eine strikte Korrelation zwischen der geometrischen Position und der Wahrnehmung der agierenden Person gibt. Aber der Ball, das materielle Etwas, ist nicht im $(\mathbf{r}, t)$-Raum eingebettet.

Wenn die geometrische Position des Balls identisch ist mit der Position der Hand des Werfers, findet ein gewisser Effekt innerhalb des Beobachters statt. Es besteht eine definitive Beziehung zwischen dem tatsächlichen Ereignis in der Fundamentalen Wirklichkeit und den geometrischen Positionen im Bild.

Diese Konzeption ist nichts anderes als das, was wir in Kapitel 3 im Zusammenhang mit der Wellenfunktion $\Psi(\mathbf{r},t)$ besprochen haben. Zusammengefasst ergeben die relevanten Fakten das folgende Konzept:

$\Psi(\mathbf{r},t)$ ist an der Position $\mathbf{r}, t$ durch alle möglichen Werte $\mathbf{p}$ und E ($-\infty < \mathbf{p}, E < \infty$) bestimmt, wobei die Werte $\mathbf{p}$ und E selbst mit einer gewissen Wahrscheinlichkeit gegeben sind, für die die Wahrscheinlichkeitsdichte $\Psi^*(\mathbf{p},E)\Psi(\mathbf{p},E)$ maßgebend ist. Daher kann $\Psi^*(\mathbf{r},t)\Psi(\mathbf{r},t)$ nur mithilfe der Werte $\mathbf{p}$ und E interpretiert werden. In der Projektionstheorie gibt es keinen anderen Weg: Zur Zeit τ ist einer der möglichen Werte von $\mathbf{p}$ bzw. E in den Intervallen $\mathbf{r}, \mathbf{r} + d\mathbf{r}$ und $t, t + dt$ mit einer gewissen Wahrscheinlichkeit gegeben, für die $\Psi^*(\mathbf{r},t)\Psi(\mathbf{r},t)$ ein Maß ist. Da nur die Variablen $\mathbf{p}$ und E der Messung zugänglich sind, kann auch das Folgende gesagt werden: Die Messung einer der möglichen Werte $\mathbf{p}$ und E erfolgt in den Raum-Zeit-Intervallen $\mathbf{r}, \mathbf{r} + d\mathbf{r}$ und $t, t + dt$ mit der Wahrscheinlichkeitsdichte $\Psi^*(\mathbf{r},t)\Psi(\mathbf{r},t)$. Eine detaillierte Analyse ist im Anhang B gegeben.

Zu beachten ist insbesondere, dass die Variablen $\mathbf{p}$ und E nicht zum $(\mathbf{r},t)$-Raum gehören, sondern sie sind in der fiktiven Wirklichkeit, also im $(\mathbf{p}, E)$-Raum eingebettet, wobei diese fiktive Wirklichkeit eine gewisse Approximation für die Fundamentale Wirklichkeit darstellt.

Das entspricht aber gerade der Situation, wie wir sie in tatsächlichen Experimenten vorfinden. Ereignisse werden mit Detektoren registriert, nicht mehr und nicht weniger. Das hat primär nichts mit einem materiellen Teilchen zu tun, das im Raum lokalisiert ist, so wie das in der konventionellen Quantentheorie angenommen wird.

Die Situation, so wie sie gerade für $\Psi(\mathbf{r},t)$ in Verbindung mit **p** und E beschrieben wurde, entspricht genau dem, was wir im Zusammenhang mit der Handfläche und dem Ball gesagt haben, also zum Vorgang des Werfens. Es folgt eine Wechselwirkung zwischen der Handfläche und dem Ball: Ist die geometrische Position des Balles identisch mit der Position der Handfläche, so empfindet der Beobachter einen gewissen Effekt, und zwar aufgrund der **p**, E-Prozesse, mit der die Wechselwirkung zwischen Hand und Ball modelliert wird.

4.7.4 Fazit

Klassische Mechanik und konventionelle Quantentheorie waren sehr erfolgreich und sind es bis zum heutigen Tage. Jedoch ist die Vorstellung, dass diese Theorien Fakten beschreiben, die auch tatsächlich in der Welt draußen so ablaufen, sicherlich nicht korrekt. Jedenfalls ist das dann der Fall, wenn wir die Situation vom Standpunkt der Projektionstheorie aus beurteilen.

4.8 DAS ALLGEMEINE UND DAS BESONDERE

4.8.1 Das Konzept der Induktion

Nach dem Prinzip der Induktion kann das Allgemeine aus dem Spezifischen geschlossen werden. Wenn wir hingegen unsere Betrachtungen auf die Merkmale der Projektionstheorie beziehen, kann das Prinzip der Induktion nicht korrekt sein. Denn im Rahmen der Projektionstheorie ist es nicht möglich, ein allgemeines physikalisches Gesetz, das auf einer bestimmten Wirklichkeitsebene positioniert ist (*Ebene a*, Abb. 32), mithilfe von Gesetzen herzuleiten, deren Wirklichkeitsebene unterhalb von *Ebene a* liegt, wie das zum Beispiel für *Ebene b* zutrifft. (In Abschnitt 4.4 haben wir die Wirklichkeitsebenen vertikal nach dem Grad der Allgemeinheit geordnet.) Die Strukturen (Gesetze) von *Ebene b* sind definitionsgemäß allgemeiner als solche von *Ebene a*, was bedeutet, dass *Ebene a* nicht die Zusätze enthalten kann, die erforderlich sind, um von *Ebene a* nach *Ebene b* zu kommen. Falls das doch möglich wäre, müssten die Informationen, die auf *Ebene b* positioniert sind, bereits auf *Ebene a* enthalten sein, was aber bedeuten würde, dass in der Hierarchie der Wirklichkeitsebenen *Ebene b* nicht oberhalb von *Ebene a* positioniert sein könnte. Die Situation in Verbindung mit *Ebene a* und *Ebene b* kann wie folgt zusammengefasst werden:

Irgendein spezifisches Modell ist im $(\mathbf{r}, t)$-Raum $((\mathbf{p}, E)$-Raum) „gefangen", d.h., im Rahmen eines spezifischen Modells kann der $(\mathbf{r}, t)$-Raum $((\mathbf{p}, E)$-Raum) nicht verlassen werden um ein allgemeines physikalisches Gesetz beschreiben zu können, das nicht im $(\mathbf{r}, t)$-Raum $((\mathbf{p}, E)$-Raum) darstellbar ist. Daher können beide Ebenen, also *Ebene a* und *Ebene b*, nicht vereinigt werden. Jedoch ist es möglich, vom allgemeinen physikalischen Gesetz gewisse spezifische Modelle zu erschließen, jedoch nicht umgekehrt. Das Prinzip der Induktion ist daher nicht gültig; die Projektionstheorie führt hingegen zum Prinzip der Deduktion.

4.8.2 Neue Ideen sind erforderlich

Nach der Projektionstheorie können die Gesetze nicht durch Induktion, sondern ausschließlich durch Deduktion gewonnen werden. Mit anderen Worten, die Projektionstheorie erlaubt es nur, die Strukturen auf einer gewissen Ebene von einer anderen Ebene aus zu erschließen, die über dieser Ebene liegt.

In Abschnitt 4.4 wurde bereits herausgearbeitet, dass die Gesetze auf *Ebene b* (wie zum Beispiel Gleichung (49)) nicht von spezifischen Modellen her bestimmt werden können, wobei die spezifischen Modelle auf *Ebene a* positioniert sind (Abb. 32). Das bedeutet aber, dass die Kreation eines neuen, allgemeinen physikalischen Gesetzes nur durch eine prinzipiell neue Idee zustande kommen kann. Ausgehend von dieser neuen Idee erfolgt die Deduktion und der Vergleich mit bekannten Strukturen, die unterhalb von der Ebene liegen, auf der das wissenschaftliche Gesetz, das sich aus der neuen Idee ergibt, positioniert ist.

Die neue Idee ist wichtig. Eine Fülle von Beispielen demonstriert das. Die Newton'sche Theorie enthält gegenüber den Kepler'schen Gesetzen eine vollständig neue Idee, die durch das Konzept der Kraft gegeben ist. Es ist nicht möglich, diese neue Idee aus den Kepler'schen Gesetzen zu schließen. Daher kann das Konzept der Kraft als ein „Zusatz" betrachtet werden; es ist ein Zusatz zu den Kepler'schen Gesetzen. Die Ebene der Newton'schen Theorie liegt daher in der Hierarchie über der Ebene der Kepler'schen Gesetze, die aus der Newton'schen Theorie deduzierbar sind. Newton selbst glaubte fälschlicherweise, dass er die Kepler'schen Gesetze durch Induktion erweitert habe. Hingegen ist es umgekehrt möglich, die Kepler'schen Gesetze durch Deduktion aus der Newton'schen Mechanik herzuleiten. Die Newton'sche Theorie ergänzte die Kepler'sche Theorie nicht, sondern ersetzt sie vollständig. Als Fazit kann festgehalten werden, dass die Newton'sche Mechanik allgemeiner ist als die Kepler'sche Theorie.

4.8.3 Woher kommen die Ideen?

Wichtige Fragen in dem Zusammenhang sind: Was ist eine Idee? Woher kommen die Ideen? Wegen der starken Analogie zwischen den „harten Gegenständen" und den „Produkten des Geistes" (wie zum Beispiel wissenschaftliche Gesetze, siehe insbesondere Abschnitt 4.2.1), können wir Ideen auf gewissen Wirklichkeitsebenen etablieren; sie sind keineswegs Komponenten des individuellen Erkenntnissystems, wie bereits in Referenz 25 festgestellt wurde. Es ist vielmehr so, dass das individuelle Erkenntnissystem eine Idee durch Objektivierung der Wirklichkeit entnimmt. Daher sind Ideen Bilder von der Wirklichkeit auf einer gewissen Wirklichkeitsebene.

4.8.4 Bemerkungen zum Positivismus

Der Positivismus ist ein Zweig der Philosophie, der vom Positiven ausgeht, wobei mit dem Positiven das Zweifelsfreie gemeint ist, also das, was nicht infrage gestellt werden kann. Der Positivist beschränkt seine Forschungen auf Fragestellungen, die genau das gewährleisten; metaphysische Betrachtungen hält er für theoretisch nicht möglich und in praktischer Hinsicht für nutzlos.

Die Basis für alles Wissen ist daher für einen Positivisten das Gewisse und Zweifelsfreie, wobei er annimmt, dass er genau das nur über seine fünf Sinne erfahren kann. Für ihn gibt es nur etwas über die Welt zu lernen, wenn er Augen und Ohren öffnet. Aus der Sicht des Positivisten ist er ohne Wissen geboren und alles Wissen, was er in sich hat, kommt einzig und allein über seine fünf Sinne ins Spiel. Mit anderen Worten, der Positivist glaubt nicht, dass es mehr gibt als seine sensorischen Eindrücke.

Grundsätzlich ist der Positivist ein Solipsist, also eine Person, die tatsächlich nur das als existent anerkennt, was seinem eigenen Bewusstseinsinhalt entspricht. Karl Popper stellt in Referenz 26 fest, dass Personen, die nicht Solipsisten sind, aber dennoch Positivisten, bereits einen Kompromiss geschlossen haben, indem sie einräumen, dass es neben ihnen auch andere Personen gibt.

Bertrand Russel geht noch einen Schritt weiter, indem er nur den „Solipsismus des Augenblicks" zulässt, womit gemeint ist, dass vergangene und zukünftige Ereignisse als unsicher bzw. unzuverlässig einzustufen sind. Russel traut also selbst dem Gedächtnis bezüglich vergangener Ereignisse nicht, aber ebenso wenig den Projektionen in die Zukunft. All das ist für Russel nicht genügend sicher bzw. zuverlässig.

Diese Denkwege, die die Basis für den Positivismus formen, sind sicherlich konsistent bezüglich ihrer Logik, was selbst für „Solipsismus des Augenblicks" gilt, soweit man anerkennt, dass das Gewisse und Zweifelsfreie auch tatsächlich existiert.

Karl Popper stellt richtig fest, dass der Positivismus eine weitreichende Verallgemeinerung des Prinzips der Induktion darstellt, das – wie wir in Abschnitt 4.8.1 gesehen haben – es erlaubt, das Allgemeine aus dem Besonderen zu erschließen. Hierzu Poppers Kommentar [26]:

„Eigentlich ist der Positivismus die Ansicht, dass man die Idee, dass wir vom Besonderen zum Allgemeinen gehen, so konsequent anwenden muss, dass wir von unseren Beobachtungserlebnissen ausgehen, ja, von unseren elementaren Sinnesempfindungen. Und aus diesen Erlebnissen entwickeln wir dann allmählich unser Wissen von der Welt und unsere Theorien. Das ist Positivismus. Bei Mach war das sehr stark entwickelt, und zwar besonders in seinem berühmten Buch ‚Die Analyse der Empfindungen'. Empfindungen sind für ihn die elementaren Beobachtungserlebnisse, und in seiner frühen Phase hat auch Einstein das mitgemacht – dagegen hat er dann später sehr stark reagiert, und er ist dann zu ganz anderen Ansichten gekommen."

Der Positivismus basiert also wesentlich auf dem Prinzip der Induktion, das – wie gesagt – es dem Besonderen erlaubt, auf das Allgemeine zu schließen. Jedoch tendiert die Erfahrung eher gegen das Konzept der Induktion, und zwar in massiver Weise, so dass sich eine solche Sicht kaum beibehalten lässt. Zu viele Durchbrüche in der Forschung wurden durch Deduktion erreicht, also indem vom Allgemeinen auf das Besondere geschlossen wurde. Wir haben bereits in Abschnitt 4.8.2 erwähnt, dass die Kepler'schen Gesetze durch Deduktion aus der Newton'schen Mechanik gewonnen werden können. Mehr Beispiele zu diesem Thema sind in den Referenzen 3 und 10 gegeben.

Zusammenfassend kann gesagt werden, dass die Erfahrung eher gegen das Konzept der Induktion spricht, sodass sich eine solche Sicht kaum aufrechterhalten lässt, auch wenn viele Wissenschaftler das Konzept der Induktion überzeugend finden.

4.8.5 Tasten in alle Richtungen

In seiner Diskussion mit Franz Kreuzer unterstreicht Karl Popper deutlich, dass wir das Konzept der Induktion als falsch aufzufassen haben. Er sagt:

„Tasten nach allen Richtungen. Nicht also jenes Bild der Wissenschaft, dass man Beobachtungen sammelt und sammelt und daraus, wie Bacon gesagt hat, wie aus Trauben den Wein keltert. Die Trauben, die Beeren sind nach dieser Vorstellung die Beobachtungen, und diese Beeren werden ausgepresst, und daraus kommt der Wein, das heißt also: die Verallgemeinerung, die Theorie. Dieses Bild ist grundfalsch. Es mechanisiert den schöpferischen Akt des menschlichen Denkens und Erfindens. Das ist, was mir das Wichtigste war. Die Wissenschaft geht anders vor, nämlich so, dass sie Ideen, Weltbilder überprüft. Die Wissenschaft stammt vom Mythos. Man sieht es sehr deutlich bei den frühen Wissenschaftlern, nämlich den frühen griechischen, den vorsokratischen Philosophen, die noch sehr stark von der Mythenbildung beeinflusst sind."[26]

Mit anderen Worten, nicht das Konzept der Induktion sollte korrekt sein, sondern gerade das Gegenteil, also das Konzept der Deduktion: Das Besondere folgt aus dem Allgemeinen.

Ein zuverlässiges bzw. brauchbares physikalisches Weltbild, also das Allgemeine, sollte sich in vielen, eigentlich sogar in allen Varianten bzw. spezifischen experimentellen Konstellationen, also in dem Besonderen, widerspiegeln.

Das sollte auch für andere Felder gültig sein. In Abschnitt 4.5.1 wurde das Folgende bemerkt: „Ähnliche Kriterien, möglicherweise nicht so streng, sollten auch für Produkte der Fantasie gelten. Ein literarisches Bild fasst die Realität mit einer einzigen Vorstellung (Metapher) zusammen, was jedoch in vielen anderen Lebenssituationen Anwendung finden kann. Diese eine Vorstellung, die einem solchen literarischen Bild zugrunde liegt, spiegelt sich in der Erfahrungswelt vieler Menschen wider. Man kann daher sagen, dass auch der Autor einer Erzählung diese eine Vorstellung durch einen Prozess der Objektivierung gefunden hat, ganz in Analogie zu dem, was wir für eine physikalische Theorie festgestellt haben."

4.8.6 Der Standpunkt der konventionellen Physik

Im Rahmen der konventionellen Physik bleibt die Frage offen, was eine Idee ist. Hierzu gibt es eine große Vielfalt von Meinungen und eine erdrückende Auswahl von Interpretationen; selbst in der konventionellen Quantentheorie liegt bis zum heutigen Tage keine befriedigende Interpretation vor, obwohl der mathematische Apparat dieser Theorie vor mehr als 80 Jahren konstruiert wurde.

Worin besteht die Verknüpfung zwischen der Welt der Ideen (Zustände des Geistes) und dem, was wir physikalische Realität nennen (Zustände der Materie)? Im Rahmen der konventionellen Physik gibt es hierzu kein klares Konzept und ebenso keine verbindliche Definition, um diese oder ähnliche Fragen beantworten zu können. Das könnte auch der Grund dafür sein, dass das Konzept der Induktion immer noch Verwendung findet.

4.8.7 Der Standpunkt der Projektionstheorie

Wenn angenommen wird, dass die Zustände des Geistes (wie zum Beispiel das allgemeine physikalisches Gesetz (49)) auf der Grundlage der physikalischen Aktivitäten des Gehirns produziert werden, dann ist es keineswegs absurd anzunehmen, dass ein allgemeines physikalisches Gesetz aus beobachteten Daten erschlossen werden kann, und das Konzept der Induktion wäre gültig, dass also das Allgemeine aus dem Besonderen hergeleitet werden kann. Jedoch haben wir oben gesehen, dass es eine Fülle von Argumenten bzw. überzeugende Gegenbeispiele gibt, die dem Konzept der Induktion widersprechen.

Daher sollte das physikalische Gesetz (49) oder auch irgendeine andere allgemeine physikalische Gesetzmäßigkeit, die ja allesamt Zustände des Geistes darstellen, auch nicht auf der Grundlage der physikalischen Aktivitäten des Gehirns erzeugt werden, also nicht durch Zustände der Materie verstanden werden können. Da muss „mehr" sein als das. Solch eine weitgehende Aussage, dass da mehr sein muss als nur Materie, ist für viele Wissenschaftler nicht akzeptabel; nach ihrer Meinung gibt es zu dieser Annahme keine bzw. nicht genug Beweise. Die Standardkonzeptionen, die eine solche Annahme stützen könnten, sind einfach zu vage.

Hier kann die Projektionstheorie weiterhelfen. Denn mit den Ausführungen in diesem Kapitel wurde ein sicherer Grund für die Aussage gelegt, dass die „Zustände des Geistes" nicht auf der Grundlage der „Zustände der Materie" erklärt werden können, sodass auch die physikalischen Aktivitäten des Gehirns, die ja nach dem in diesem Kapitel Gesagtem ausschließlich Zustände der Materie sind, keine Zustände des Geistes erzeugen können.

Die Projektionstheorie ermöglicht gegenüber der konventionellen Sicht eine weitergehende Analyse. Hier beschreiben die Zustände der Materie und die Zustände des Geistes gleichermaßen gewisse Facetten der Fundamentalen Wirklichkeit, und zwar symbolisch auf unterschiedlichen Wirklichkeitsebenen, sodass wir deutlich zwischen diesen Zuständen unterscheiden können. Mit anderen Worten, die Projektionstheorie bietet eine Möglichkeit, die relevanten Fragen in Verbindung mit den Zuständen der Materie und den Zuständen des Geistes in allgemeiner Form lösen zu können.

Insbesondere stellte sich heraus, dass das Konzept der Induktion innerhalb der Projektionstheorie keine Gültigkeit haben kann, ja, sogar als falsch aufgefasst werden muss. Zum Beispiel

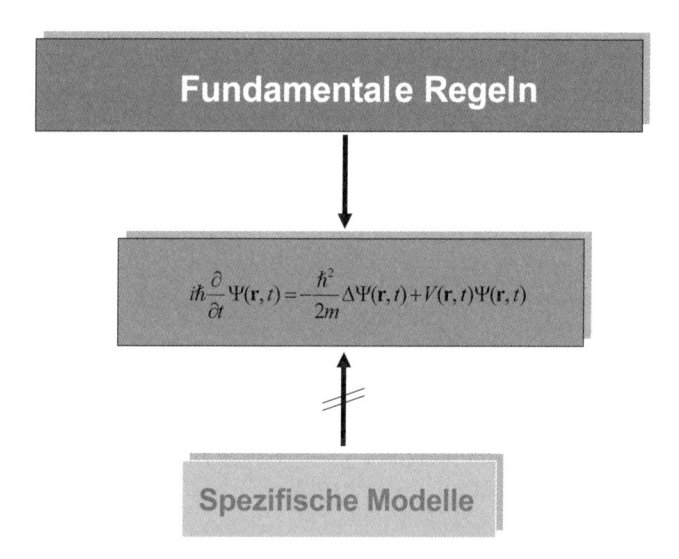

Fundamentale Regeln

$$i\hbar\frac{\partial}{\partial t}\Psi(\mathbf{r},t) = -\frac{\hbar^2}{2m}\Delta\Psi(\mathbf{r},t) + V(\mathbf{r},t)\Psi(\mathbf{r},t)$$

Spezifische Modelle

Abb. 35
Ein allgemeines physikalisches Gesetz (wie zum Beispiel das durch Gleichung (49) dargestellte) kann nicht mithilfe von spezifischen Lösungen (Modelle) hergeleitet werden, sondern nur aus der Information, die auf einer Wirklichkeitsebene gelagert ist, die über der Wirklichkeitsebene des allgemeinen physikalischen Gesetzes liegt. Das ist die Ebene der fundamentalen Regeln (Projektionsprinzip usw.). Daraus ergibt sich Folgendes: Nicht das Konzept der Induktion ist gültig, sondern das Konzept der Deduktion. Das ist keineswegs neu. Zum Beispiel fordert auch der Philosoph Karl Popper, das Konzept der Induktion zu eliminieren; nach Popper sollte ausschließlich das Konzept der Deduktion Anwendung finden.

kann das allgemeine physikalische Gesetz (49) nicht auf der Grundlage von spezifischen Modellen erschlossen bzw. hergeleitet werden, sondern dazu benötigen wir Regeln (fundamentale Regeln), die noch allgemeiner sind als Gleichung (49) selbst. Die Situation ist in Abb. 35 dargestellt.

Aus diesem Grund sollten hier positivistische Philosophien keinen Platz haben. Weiterhin kann ganz allgemein festgehalten werden, dass vom Standpunkt der Projektionstheorie rein materialistische Philosophien (Theorien) überschätzt werden. Über die Projektionstheorie kommen wir offensichtlich zu einem höher entwickelten Standpunkt, wobei deutlich über die konventionellen Ansätze hinaus gegangen wird, ohne dabei in Konflikt mit der unmittelbaren Erfahrung zu geraten.

4.9 Das anthropische Prinzip

4.9.1 Alles scheint sich um den Menschen zu drehen

Das Prinzip der Nützlichkeit ist äquivalent mit einem anderen Prinzip: So wenig Außenwelt wie möglich. In Kapitel 1 haben wir die folgende Frage gestellt: Hat die Evolution die menschlichen Sinnesorgane so entwickeln lassen, dass möglichst viel Information von der Außenwelt in das Innere des Menschen gelangen kann? Die Antwort war negativ. Denn genau das Gegenteil ist richtig.

Die Strategie der Natur (Evolution) ist, mit den Sinnesorganen so wenig Informationen wie möglich von der Außenwelt zu übernehmen. Die Welt draußen (Fundamentale Wirklichkeit) wird vom Individuum nicht nach „wahr" und „unwahr" eingeschätzt, sondern es geht primär darum, lebensfreundliche von lebensfeindlichen Situationen unterscheiden zu können. Nur solche Informationen über die Außenwelt werden hereingelassen, die für das Überleben der Spezies (in diesem Fall der Mensch) unbedingt erforderlich sind.

Mit anderen Worten, „so wenig Außenwelt wie möglich" ist die Regel. Daher ist auch das, was wir über die Welt draußen wissen können, menschenspezifisch: Der Mensch erscheint als der Mittelpunkt der Welt. Alles in der Welt scheint sich um den Menschen zu drehen. Aber es geht hier nur um die vom Menschen beobachtete Welt, nicht aber um das, was tatsächlich draußen ist.

Im Falle anderer biologischer Systeme sollten, so gesehen, andere beobachtete Welten vorliegen, die im allgemeinen verschieden sind von der des Menschen. Der Grund ist offensichtlich: Für andere biologische Systeme liegen andere Bedingungen zum Überleben vor als beim Menschen.

Aber all die spezifischen Realitäten haben nur wenig mit dem zu tun, was wir in den vorangegangenen Kapiteln als Fundamentale Wirklichkeit eingestuft haben, die jedoch dem menschlichen Beobachter und offensichtlich auch anderen biologischen Systemen nicht zugänglich ist. Auf das alles wurde oben immer wieder hingewiesen.

Diese gesamte Situation ist von der Evolution diktiert. Es ist ein Prinzip, das nicht nur für die Urzelle gilt, sondern für alles, was danach kam und noch kommen wird. Natürlich hat der Mensch sein Wissen über die Eigenschaften seiner Umgebung mehr und mehr erweitert, aber im Prinzip sind nur solche Eigenarten von der Außenwelt durch den Wahrnehmungsapparat erkennbar, die von dem Individuum in dem gerade vorliegenden Entwicklungsstadium benötigt werden.

Auch unser Gehirn hat sich auf der Grundlage der Evolutionsprinzipien entwickelt, also nicht die objektive Welt zu verstehen, sondern um zu überleben. Hoimar von Ditfurth hat diesen Punkt überzeugend diskutiert [27].

In diesem Zusammenhang haben wir immer zu berücksichtigen, dass es zwischen den evolutionären Prozessen eine Verknüpfung gibt, d.h., jeder weitere Schritt in der Evolution basiert auf den Schritten zuvor. So gesehen bleibt das Prinzip „so wenig Information von der Außenwelt wie möglich", das zu Beginn der Evolution wirkte, erhalten, selbst nachdem das biologische System mehrere evolutionäre Schritte vollzogen hat. Alle weiteren Schritte in der Evolution bauen eben auf die vorherigen Entwicklungen auf.

4.9.2 Messungen

Was kann zu den Messungen mit physikalischen Messinstrumenten gesagt werden? Sind Messinstrumente in der Lage, absolute Aussagen im Zusammenhang mit der Außenwelt, also der Fundamentalen Wirklichkeit, zu machen? Das ist im Rahmen der Projektionstheorie definitiv nicht möglich. Denn wir haben kein „allgemeines" Messgerät, das Zugang zur Fundamentalen Wirklichkeit hat. Der Grund hierfür ist einfach. Auch die physikalischen Geräte sind Konstruktionen des Beobachters im $(\mathbf{r}, t)$-Raum auf der Basis einer physikalischen Theorie mit den Variablen $\mathbf{p}$ und E als Grundelemente. Die Situation ist in Abb. 36 dargestellt: Wir wissen nichts über das Gerät in der Fundamentalen Wirklichkeit, sondern seine geometrische Struktur erscheint vor uns als Projektion vom $(\mathbf{p}, E)$-Raum (Ersatzwelt) auf den $(\mathbf{r}, t)$-Raum. In Kapitel 3 wurde herausgestellt, dass jedes geometrische Bild eines materiellen Gegenstandes immer mit spezifischen $\mathbf{p}, E$-Prozessen im $(\mathbf{p}, E)$-Raum verknüpft ist. Im Falle einer Messung wechselwirkt das Gerät mit dem zu untersuchenden System (wie zum Beispiel ein Elektron), und es findet ein Austausch von Impuls und Energie statt, d.h., es ist $\Delta \mathbf{p}_{Messung} \neq 0$, $\Delta E_{Messung} \neq 0$. All das findet auf *Ebene a1'* statt (Abb. 33).

Zusammenfassend kann festgehalten werden, dass, wie im Falle von physikalischen Systemen (Kapitel 3), auch die Messinstrumente im $(\mathbf{r},t)$-Raum gefangen sind, und zwar immer in Verbindung mit $\mathbf{p},E$-Prozessen im $(\mathbf{p},E)$-Raum. Auch das Messgerät stellt ein physikalisches System dar und spiegelt in keiner Weise eine Ausnahmesituation wider.

Mit anderen Worten, physikalische Messgeräte sind nicht geeignet, absolute Aussagen über die Welt zu machen, denn auch sie haben keinen Zugang zur Fundamentalen Wirklichkeit. Es gibt keine „allgemeinen" Messinstrumente, denen ein Zugang zur Fundamentalen Wirklichkeit offen stehen würde. Daher kann mit Detektoren (physikalische Geräte) auch nur das beobachtet werden, was einen Abdruck im $(\mathbf{r},t)$-Raum hinterlässt und, wie wir oben schon bemerkt haben, im $(\mathbf{r},t)$-Raum sind ausschließlich menschenspezifische Informationen dargestellt. Die Situation soll im nächsten Abschnitt noch vertieft werden.

4.9.3 Menschenspezifische Informationen und Messung

Ausschließlich $\boldsymbol{p}, E$-Prozesse

Messung im Rahmen der Projektionstheorie bedeutet das Folgende (Kapitel 3): die Registrierung eines Gegenstandes ist immer mit einer gewissen Struktur $\Psi(\mathbf{r},t)$ ($\Psi^*(\mathbf{r},t)\Psi(\mathbf{r},t)$) in Raum und Zeit verknüpft. Aufgrund der Prinzipien der Evolution haben wir ausschließlich menschenspezifische Strukturen im $(\mathbf{r},t)$-Raum, die wir mit

$$\Psi(\mathbf{r},t)_{Mensch}\{(\Psi^*(\mathbf{r},t)\Psi(\mathbf{r},t))_{Mensch}\} \tag{54}$$

bezeichnen wollen (anstelle von $\Psi(\mathbf{r},t)$ ($\Psi^*(\mathbf{r},t)\Psi(\mathbf{r},t)$)).

Liegen N Systeme vor, wird

$$(\Psi(\mathbf{r},t))_{Mensch\,i}\{(\Psi^*(\mathbf{r},t)\Psi(\mathbf{r},t))_{Mensch\,i}\}; i=1,\cdots,N \tag{55}$$

Fundamentale Wirklichkeit

Ersatzwelt
(**p**, *E*)-Raum
Ebene a1'

Physikalisches Gerät
(**r**, *t*)-Raum
Ebene a1'

Abb. 36
Zur Einordnung der physikalischen Messinstrumente: Wie im Falle von physikalischen Systemen, die in Kapitel 3 behandelt wurden, stellen auch die physikalischen Messgeräte Bilder im (**r**, *t*)-Raum dar; wir wissen nichts über ihre Struktur in der Fundamentalen Wirklichkeit, sondern ihre geometrische Struktur muss als Projektion vom (**p**, *E*)-Raum auf den (**r**, *t*)-Raum verstanden werden. Im Falle einer Messung wechselwirkt das Gerät mit einem gewissen System (wie zum Beispiel mit einem Elektron), und es findet ein Austausch von Impuls und Energie statt. Mit dem Messgerät besteht keine Möglichkeit, absolute Aussagen zu machen, d.h., die Fundamentale Wirklichkeit kann nicht mit Messgeräten erschlossen werden.

Es liegt dann die folgende Vorschrift vor (siehe insbesondere Kapitel 3): Die Messung einer der möglichen Werte von **p** und E erfolgt zur Zeit τ in dem Raum-Zeit-Intervall **r**, **r** + d**r** und $t, t + dt$ mit einer gewissen Wahrscheinlichkeitsdichte, die für die i-te Struktur durch Gleichung (55) ausgedrückt ist. Die Werte **p** und E ($-\infty < $ **p**$, E < \infty$) sind durch die Wahrscheinlichkeitsdichte

$$(\Psi^*(\mathbf{p}, E)\, \Psi(\mathbf{p}, E))_{Mensch\, i} \tag{56}$$

festgelegt, wobei die Funktionen $(\Psi(\mathbf{r},t))_{Mensch\,i}$ und $(\Psi[\mathbf{p},E])_{Mensch\,i}$ über eine Fourier-Transformation miteinander verknüpft sind [17].

Wie oben schon bemerkt wurde, setzt die Registrierung des Systems, das durch $(\psi(\mathbf{r},t)_i)_{Mensch}$ charakterisiert ist, mit einem Messgerät eine Wechselwirkung voraus, was zu $\Delta\mathbf{p}_{Messung} \neq 0$, $\Delta E_{Messung} \neq 0$ führt. Signale werden mit den physikalischen Geräten in Raum und Zeit registriert.

Es wird immer nur eine menschenspezifische Realität beobachtet

Auch das, was wir mit unseren Messinstrumenten messen, kann nur eine menschenspezifische Realität widerspiegeln und keineswegs die absoluten Fakten, die in der Fundamentalen Wirklichkeit vorliegen. Der menschliche Beobachter ist in „seiner" Realität gefangen und kann die Messgeräte nur im Rahmen dieser menschenspezifischen Welt konstruieren. Daher können die gemessenen Parameter auch nur die Eigenschaften dieser Realität widerspiegeln. Wir können unser Wissen über die menschenspezifische Realität erweitern, aber wir können uns so niemals den Strukturen nähern, so wie sie in der Fundamentalen Wirklichkeit vorliegen.

Natürlich ist diese menschenspezifische Realität ein Teil der Fundamentalen Wirklichkeit, aber es ist eben nur ein Teil von ihr. Weiterhin ist es so, dass dieser winzige Teil der absoluten Realität eine transformierte Wirklichkeit sein muss, weil es offensichtlich keinen Raum und auch keine Zeit in der objektiven Realität geben kann (Kapitel 2). Wie schon einige Male angesprochen wurde, erkannte bereits Immanuel Kant diese Eigenart von Raum und Zeit; im Rahmen der Projektionstheorie wurden diese Eigenarten von Raum und Zeit zum ersten Mal angewendet und führte zu einer geschlossenen physikalischen Theorie.

4.9.4 Evolutionäre Prozesse und Ebenenanalyse

Funktionen des Gehirns

Da sich auch unser Gehirn nach dem Prinzip „so wenig Außenwelt wie möglich" entwickelt hat, können auch unsere Theorien bzw. Weltbilder nur diese eingeschränkte menschenspezifische Sicht widerspiegeln, ganz in Analogie zu dem, was wir messen. Mit anderen Worten, all unsere Theorien und Weltbilder sind nicht in der Lage, die Merkmale der objektiven Realität draußen zu beschreiben, die, aus diesem Blickwinkel betrachtet, verborgen bleiben. All das folgt aus dem, was in den Abschnitten 4.1–4.8 ausgeführt wurde.

Zusammenfassend kann somit festgestellt werden, dass die Fakten, die wir im täglichen Leben und auf der Grundlage von physikalischen Messungen beobachten, aber auch durch theoretische Weltbilder denkend erfassen, sich notwendigerweise um den Menschen „drehen" müssen. Das ist das Ergebnis der Projektionstheorie im Zusammenhang mit den Prinzipien der Evolution.

Der Mensch scheint im Mittelpunkt der Welt zu stehen. Aber das stimmt nicht, weil wir eben nie die Fundamentale Wirklichkeit beobachten. Jedoch macht das Prinzip „so wenig Außenwelt wie möglich" deutlich, dass die Fundamentale Wirklichkeit umfassender bzw. komplexer sein muss als die Fakten, die unsere menschenspezifische Realität offenbart (Abb. 37).

In Abschnitt 4.2 wurde festgestellt, dass die beobachtbare Welt auf der Basis von Wirklichkeitsebenen analysiert werden kann. Da die Fundamentale Wirklichkeit dem Menschen prinzipiell verborgen bleibt, können im Rahmen der Projektionstheorie nur gewisse Facetten von ihr aufgezeigt werden, die auf spezifischen Niveaus, den Wirklichkeitsebenen, beobachtbar bzw. positioniert sind. Die Wirklichkeitsebenen selbst sind nach dem Grad der Allgemeinheit vertikal geordnet. Die „Ob-

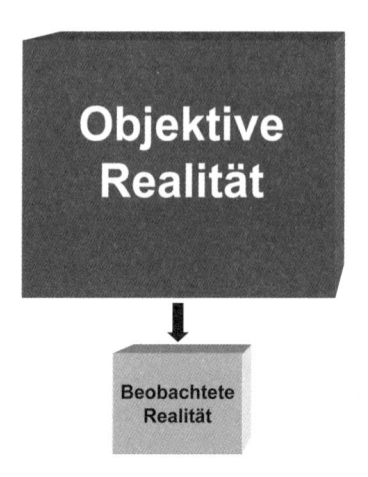

Abb. 37
Wir beobachten niemals die objektive Realität (Fundamentale Wirklichkeit). Die Strategie der Natur ist, so wenig Information wie möglich von der Außenwelt aufzunehmen. Die Realität draußen wird nicht „wahr" und „unwahr" eingeschätzt, sondern im Vordergrund steht, „lebensfreundliche" von „lebensfeindlichen" Situationen sicher unterscheiden zu können. Das bedeutet notwendigerweise, dass die objektive Realität umfassender bzw. komplexer sein muss als das, was wir „beobachtete Realität" genannt haben. Diese beobachtete und theoretisch beschriebene Realität kann nur einen winzigen und transformierten Teil der Fundamentalen Wirklichkeit darstellen. Diese projektionstheoretische Sicht stuft die Behauptung als falsch ein, dass die absoluten Gesetze der Natur sich auf die Existenz des Menschen konzentrieren.

jekte", die zu den verschiedenen Ebenen gehören, sind gleichermaßen real und sind ausschließlich „Zustände des Gehirns", auch die harten Gegenstände, die wir im täglichen Leben unmittelbar vor Augen haben, sind als Zustände des Gehirns einzuordnen.

Die Elemente (Objekte) auf den unterschiedlichen Ebenen werden durch Objektivieren beobachtet (Abschnitt 4.5). Auch wenn wir die absolute Wahrheit nicht kennen, so kann doch festgestellt werden, dass keine Ebene die vollständige Information über die Welt draußen repräsentieren bzw. enthalten kann, d. h., der Informationsinhalt der Fundamentalen Wirklichkeit ist immer größer als das, was auf einer der spezifischen Ebenen gelagert ist, und dieses Merkmal ist durch die Prinzipien der Evolution diktiert: Unser Gehirn hat sich nach dem Prinzip „so wenig Außenwelt wie möglich" entwickelt und nicht danach, die absolute Wahrheit erkennen zu können. Wie wir schon mehrere Male betont haben, stellen die Elemente der verschiedenen Wirklichkeitsebenen Zustände des Gehirns dar.

In diesem Zusammenhang ist die folgende Bemerkung für unser Weltverständnis von Bedeutung: Ein allgemeines physikalisches Gesetz (wie zum Beispiel das durch Gleichung (49) formulierte) ist – wie wir in Abschnitt 4.2 festgestellt haben – ein Produkt des Geistes und kommt durch die Funktionen des Gehirns zustande. Daher kann ein solches physikalisches Gesetz auch nur eine eingeschränkte Sicht von dem sein, was die Fundamentale Wirklichkeit tatsächlich ausmacht, und zwar deswegen, weil sich auch die Gehirnfunktionen im Laufe der Zeit nach dem Prinzip „so wenig Außenwelt wie möglich" entwickelt haben. Daher kann ein physikalisches Gesetz niemals die Strukturen der absoluten Wahrheit oder auch nur ein Teil von ihr widerspiegeln.

Verkettung der Evolutionsprozesse

Das physikalische Gesetz (49) (und natürlich auch andere abstrakte Relationen) ist allgemeiner als jede der spezifischen Lösungen ($\Psi(\mathbf{r},t) = \Psi(\mathbf{r},t)$)^{spezifisch}. Die Begründung hierfür haben wir in Abschnitt 4.2.3 gegeben: Gleichung (49) enthält das Verhalten aller möglichen spezifischen Modelle. Das allgemeine physikalische Gesetz (49) ist daher auf einer Wirklichkeitsebene (*Ebene b*, Abb. 30) positioniert, die oberhalb der Ebene der spezifischen Gesetze (*Ebene a*) angesiedelt ist. Andererseits liegt die makroskopische Wirklichkeitsebene, auf der die Alltagsbeobachtungen untergebracht sind (*Ebene 1*, Abb. 32), unterhalb von *Ebene a*.

In den ersten Schritten der Evolution erschienen die tiefer gelegenen Wirklichkeitsebenen in der Hierarchie, also die makroskopische Ebene (*Ebene 1* in Abb. 32), auf der die materiellen Objekte positioniert sind. Diese sind im $(\mathbf{r}, t)$-Raum darstellbar und treten im Alltagsleben unmittelbar – also unbewusst – vor uns in Erscheinung. Danach entwickelte die Evolution das Gehirn weiter. Bewusstsein kam ins Spiel, und im Laufe der Zeit entstanden höher entwickelte Wirklichkeitsebenen (*Ebene a* und *Ebene b* in Abb. 32). Mit anderen Worten, nachdem die Evolution die Fähigkeit zum unbewussten Erkennen von materiellen Gegenständen entwickelt hatte, die in Raum und Zeit ($(\mathbf{r}, t)$-Raum) darstellbar sind, entwickelte die Evolution solche Gehirnfunktionen, die für das bewusste Erkennen von abstrakten physikalischen Gesetzen verantwortlich sind.

Das allgemeine physikalische Gesetz (49) ist nicht im $(\mathbf{r}, t)$-Raum ($(\mathbf{p}, E)$-Raum) darstellbar; nur von spezifischen Lösungen $\Psi(\mathbf{r}, t)^{spezifisch}$ können im $(\mathbf{r}, t)$-Raum Bilder erzeugt werden und natürlich von allen makroskopischen Objekten.

Obwohl ein allgemeines physikalisches Gesetz nicht im $(\mathbf{r}, t)$-Raum darstellbar ist, basiert es auf den Elementen $\mathbf{r}$ und t, was deutlich macht, dass die evolutionären Prozesse bzw. Stufen verkettet sind, d. h., der nächste Schritt in der Evolution basiert auf dem Schritt davor.

Insbesondere zeigt die Analyse im Rahmen von Wirklichkeitsebenen, dass die objektive Realität, also die eigentliche Welt draußen, mehr sein muss als das, was unmittelbar, also unbewusst als materielle Gegenstände vor uns in Erscheinung tritt. Wie oben schon oft angesprochen, werden diese materiellen Objekte im Zusammenhang mit unseren Erfahrungen im Alltag, aber auch im Rahmen von Messungen, erfasst.

4.9.5 Fazit

Aufgrund der Prinzipien der Evolution ist der Mensch niemals in der Lage, Fakten in der Fundamentalen Wirklichkeit (objektive Realität) zu beobachten. Wir können unser Wissen über das, was wir „Welt" nennen, durch Messungen und durch Denken erweitern, jedoch nicht in Hinsicht auf die konkrete Struktur der objektiven Realität; diese Türe bleibt prinzipiell verschlossen.

Wie gesagt, der menschliche Beobachter ist in „seiner" beobachteten Realität gefangen. Die Welt scheint für ihn gemacht zu sein. Aber das ist ein Trugschluss, denn dieser Effekt kommt nur dadurch zustande, dass die vom Menschen beobachteten Daten aus der objektiven Realität herausgefiltert sind, und die beobachtbaren Daten sind spezies-spezifisch. Ein menschlicher Beobachter erobert *seine* Welt und nicht die objektive Realität draußen. Das ist der Grund dafür, dass das beobachtete Universum gerade so gemacht zu sein scheint, dass in ihm menschliches Leben aufkommen kann.

Die Probleme mit dem anthropischen Prinzip treten genau dann in Erscheinung, wenn angenommen wird, dass die Welt vor uns, die wir insbesondere theoretisch untersuchen, direkte Fakten der objektiven Realität darstellen. Das ist jedoch nicht der Fall. Falls wir es fälschlicherweise dennoch tun, müssen wir zu dem Schluss kommen, dass die Welt zu dem Zweck gemacht ist, die menschliche Existenz zu garantieren. Jedoch müssen wir vorsichtig sein, denn alle Informationen, die wir erkennen können, sind gefilterte Daten aus der objektiven Realität, und wir haben nur ein winziges, transformiertes Stück von dieser objektiven Realität vor uns.

Alle physikalischen Theorien basieren notwendigerweise auf diesem selektierten Satz von Daten, die aber nur wichtig für die menschliche Existenz sind und für sonst nichts. Im Prinzip müssen andere biologische Systeme auch andere Welten erfahren, die für ihre Zwecke maßgeschneidert sind. Wenn wir annehmen, dass unsere beobachtete Welt die objektive Realität widerspiegelt, müssen wir natürlich zu dem Schluss kommen, dass der Mensch im Mittelpunkt der Welt steht, aber – so haben wir gesehen – dieser Standpunkt lässt sich nicht aufrechterhalten, denn die objektive Realität ist für uns nicht greifbar und ebenso nicht für andere biologische Systeme, weil eben die Prinzipien der Evolution für alle biologischen Systeme gültig sind.

Es ist trivial zu behaupten, dass sich in der Welt alles um den Menschen „dreht", wenn nur solche Fakten von der Realität draußen zu uns hereinkommen, die auch nur für den Menschen relevant sind. Dann muss sich definitionsgemäß auch tatsächlich alles um den Menschen „drehen". Dass es für dieses erkennbare Universum eine Feinabstimmung für das menschliche Leben gibt, wird dann zur Selbstverständlichkeit.

Dann bedeutet eine Feinabstimmung der physikalischen Gesetze bzw. der physikalischen Konstanten lediglich, dass zur Beschreibung des Lebens gerade solche fein abgestimmten physikalischen Gesetze und Konstanten benötigt werden. Da die Prinzipien der Evolution fordern, nur so wenig Außenwelt wie möglich zuzulassen, muss geschlossen werden, dass die objektive Realität viel mehr enthält als wir tatsächlich erkennen können (Abb. 37). Der Kosmos enthält die Möglichkeit für Leben, aber möglicherweise viel mehr als das; er ist nicht ausschließlich zu dem Zweck gemacht, um menschliches Leben zu ermöglichen.

4.9.6 Das anthropische Prinzip: Lösungsansätze im Rahmen der konventionellen Physik

Das anthropische Prinzip wurde in der Vergangenheit ausführlich im Rahmen der konventionellen Physik diskutiert. Brandon Carter definierte das (starke) anthropische Prinzip wie folgt [28]: *„The universe (and hence the fundamental constants* *on which it depends) must be such as to admit the creation of observers within it at some stage.*" Mit anderen Worten, die physikalischen Gesetze und fundamentalen Konstanten müssen Leben und Intelligenz hervorbringen.

Im Rahmen der konventionellen Physik ist das anthropische Prinzip hauptsächlich in Verbindung mit Vielfachuniversen diskutiert und, alternativ, auf der Grundlage eines intelligenten Designers, also eines Schöpfers. Beide Ansätze wurden insbesondere deshalb kritisiert, weil sie außerhalb der akzeptierten Wissenschaft liegen.

Das Vielfachuniversum definiert eine Gesamtheit von Universen, die alle möglichen Formen der physikalischen Gesetze und fundamentalen Konstanten enthalten. Danach hat jedes Universum einen spezifischen Satz von physikalischen Gesetzen und Naturkonstanten, und der Mensch lebt gerade in dem Universum, das menschliches Leben erlaubt.

Im Falle eines intelligenten Designers (Schöpfers) liegt nur eine Welt vor, und dieser bewusst handelnde Schöpfer schuf die Welt gerade so, dass Leben in der vorliegenden Form möglich ist. Ansonsten wären die fein abgestimmten physikalischen Gesetze und Naturkonstanten äußerst unwahrscheinlich.

Natürlich ist im Rahmen der Projektionstheorie für solche Ansätze (Vielfachuniversum, übermenschlicher Designer) kein Platz, um die Tatsache zu erklären, dass die Welt mit den vorliegenden physikalischen Gesetzen und Naturkonstanten gerade so ist, dass Leben möglich ist.

4.10 Zusammenfassung und ergänzende Bemerkungen

Fundamentale Wirklichkeit, Ersatzwelten, Bilder von der Wirklichkeit

Die Welt vor uns stellt ein Bild im $(\mathbf{r}, t)$-Raum dar. Die so genannten „harten Gegenstände" (Autos, Bäume, Häuser usw.) sind im Rahmen der Projektionstheorie als $\mathbf{p}, E$-Fluktuationen im $(\mathbf{p}, E)$-Raum aufzufassen, wobei diese Fluktuationen gewisse Wechselwirkungen zwischen den Systemen darstellen. Die Bilder der harten Gegenstände bekommen wir durch Übertragung der Information vom $(\mathbf{p}, E)$-Raum zum $(\mathbf{r}, t)$-Raum.

Wir wissen nichts über die Fundamentale Wirklichkeit, und wir wissen auch nichts über den Prozess, wie die Information von der Fundamentalen Wirklichkeit auf das menschliche Gehirn übertragen wird, wo sie als Bild von der Wirklichkeit in Erscheinung tritt. Diese Bilder von den harten Gegenständen sind ausschließlich im Gehirn des Beobachters positioniert, obwohl wir den Eindruck haben, dass diese Objekte vor uns positioniert sind, also außerhalb von uns gelagert sind. Anstelle der Fundamentalen Wirklichkeit lassen sich jedoch Ersatzwelten im $(\mathbf{p}, E)$-Raum konstruieren, die die Information für die Bilder im $(\mathbf{r}, t)$-Raum produzieren.

Raum und Zeit ($(\mathbf{r}, t)$-Raum) gehören nicht zur Fundamentalen Wirklichkeit, sondern wir haben sie als Hilfsgrößen aufzufassen, die zur Darstellung des Bildes dienen. Daher sind Raum und Zeit ausschließlich als Elemente des Gehirns aufzufassen.

In diesem Zusammenhang ist das Folgende wichtig: Ein allgemeines physikalisches Gesetz (wie zum Beispiel das durch Gleichung (49) dargestellte) ist nicht in Raum und Zeit ($(\mathbf{r}, t)$-Raum) darstellbar. Nur spezifische Lösungen (Modelle) von Gleichung (49), also $\Psi(\mathbf{r}, t)^{spezifisch}$, können im $(\mathbf{r}, t)$-Raum dargestellt werden.

Zustände der Materie, Zustände des Geistes

Die folgende Aussage ist relevant: Der $(\mathbf{r}, t)$-Raum ist eng mit dem $(\mathbf{p}, E)$-Raum verknüpft und umgekehrt. Das bedeutet aber, dass der „Gegenstand" physikalisches Gesetz nicht das Ergebnis von $\mathbf{p}, E$-Fluktuationen im $(\mathbf{p}, E)$-Raum sein kann, so wie das für die harten Gegenstände der Fall ist, die im Alltagsleben unmittelbar vor uns in Erscheinung treten.

Im Rahmen der Projektionstheorie gilt das folgende strikte Gesetz: Falls keine $\mathbf{p}, E$-Prozesse vorliegen, kann es auch keine Bilder im $(\mathbf{r}, t)$-Raum geben; ein Bild für einen physikalisch-realen Prozess ist ohne $\mathbf{p}, E$-Fluktuationen nicht definiert, und das gilt auch umgekehrt. Mit anderen Worten, Systeme bzw. materielle Objekte, die nicht im $(\mathbf{r}, t)$-Raum darstellbar sind, stellen keine physikalischen Einheiten dar. Diese Definition bedeutet insbesondere, dass ein allgemeines physikalisches Gesetz kein physikalisches System ist, weil es eben nicht im $(\mathbf{r}, t)$-Raum, $((\mathbf{p}, E)$-Raum), darstellbar ist; es ist zwar kein physikalisches System, aber es beschreibt dieses.

Alle Objekte, die auf spezifische $\mathbf{p}, E$-Prozesse im $(\mathbf{p}, E)$-Raum basieren, produzieren Bilder im $(\mathbf{r}, t)$-Raum und definieren materielle Gegenstände (harte Gegenstände wie Bäume, Häuser, Atome, Moleküle usw.); sie stellen „Zustände der Materie" dar. Andererseits haben wir die allgemeinen physikalischen Gesetze als „Zustände des Geistes" aufzufassen.

Es wird oft angenommen, dass die Zustände des Geistes auf Zustände der Materie reduziert werden können, dass sie also mithilfe der vorkommenden Materiezustände beschreibbar sind. Die Projektionstheorie verbietet eine solche Möglichkeit. Denn die Herleitung eines physikalischen Gesetzes ist offensichtlich eine Sache des Geistes und kann nicht das Resultat von physikalischen Prozessen sein ($\mathbf{p}, E$-Prozesse im $(\mathbf{p}, E)$-Raum). Im Rahmen der Projektionstheorie kann es keine physikalischen Bilder im $(\mathbf{r}, t)$-Raum geben, wenn es keine

$\mathbf{p}, E$-Prozesse im $(\mathbf{p}, E)$-Raum gibt. Da aber ein physikalisches Gesetz nicht das Ergebnis von $\mathbf{p}, E$-Prozessen sein kann, muss seine Darstellung im $(\mathbf{r}, t)$-Raum ausgeschlossen werden, also ganz im Gegensatz zu den Zuständen der Materie. Das bedeutet dann, dass ein physikalisches Gesetz auch nicht auf materielle Zustände zurückgeführt werden kann.

Irgendein Effekt, der nicht im $(\mathbf{r}, t)$-Raum darstellbar ist, kann dann nicht zu der Klasse der Phänomene gehören, die physikalischer Natur sind und „Zustände der Materie" darstellen, die also als Bilder im $(\mathbf{r}, t)$-Raum darstellbar sind und durch Projektionen der $\mathbf{p}, E$-Prozesse auf den $(\mathbf{r}, t)$-Raum zustande kommen. Bäume, Autos, Atome, Sterne usw. sind solche Zustände der Materie. Wenn wir jedoch versuchen, die Gehirnfunktionen ausschließlich über physikalische Prozesse ($\mathbf{p}, E$-Prozesse) zu erklären, können wir die „Zustände des Geistes" nicht erfassen, d. h., es ist auf diesem Wege, also über die Zustände der Materie, nicht möglich, allgemeine physikalische Gesetze zu erkennen, aber ebenso nicht die Produkte der Fantasie oder auch gewisse Gefühlszustände. Mit anderen Worten, in der Projektionstheorie können solche Erscheinungen ihren Ursprung nicht im physikalischen Bereich haben. Die Projektionstheorie erlaubt diese Art von Analyse und ermöglicht selbst detaillierte Aussagen im Zusammenhang mit Gehirnfunktionen.

Wirklichkeitsebenen

Die Fundamentale Wirklichkeit ist dem menschlichen Beobachter auf direktem Wege nicht zugänglich. Aber wir beobachten die Welt auf verschiedenen Wirklichkeitsebenen, die nach dem Grad der Allgemeinheit vertikal geordnet sind.

Die Objekte, die den verschiedenen Wirklichkeitsebenen zugeordnet werden können, sind gleichermaßen real. Wir beobachten all diese Objekte auf den unterschiedlichen Ebenen nach einem einheitlichen Prinzip: Es ist das „Prinzip der Objektivierung". Diese Methode ist auf jedem Niveau gültig, d. h., sie kann auf jeder Wirklichkeitsebene angewendet werden, also unabhängig davon, auf welchem Niveau ein Objekt positioniert ist.

Wir unterscheiden zwischen „Objektivierung durch Denken" und „Objektivierung in unbewusster, nichtintellektueller Weise". Diese Parallelität unterstützt die Sicht, dass es zwischen den „Zuständen des Geistes" und den „Zuständen der Materie" keinen prinzipiellen Unterschied gibt; es gibt hier nur graduelle Abweichungen.

Die verschiedenen Wirklichkeitsebenen bringen Eigenschaften hervor, die qualitativ verschieden voneinander sind, obwohl jede der Ebenen Merkmale ein und derselben Realität widerspiegelt; es sind Facetten der Fundamentalen Wirklichkeit.

Die Unterschiede zwischen den Objekten der verschiedenen Ebenen spiegelt sich nicht nur in den theoretischen Beschreibungen wider, sondern auch in der Wirkung, die sie auf uns haben. In diesem Zusammenhang ist die Art der Objektivierung von besonderer Bedeutung. Im Prinzip sind die Prozesse der Objektivierung auf den verschiedenen Niveaus unterschiedlich voneinander. Da man die Basisinformation auf den Niveaus als Endeckungen und nicht als Erfindungen aufzufassen hat, dürfen wir sagen, dass mit jeder Wirklichkeitsebene eine Ebene der Beobachtung einhergeht. Weil aber die Merkmale der Objekte auf den verschiedenen Ebenen unterschiedlich definiert sind, müssen auch die Methoden der Beobachtung von Niveau zu Niveau verschieden sein.

Der Prozess der Objektivierung bringt die Objekte auf den Wirklichkeitsebenen hervor, und diese erzeugen gewisse ebenenspezifische Effekte und Gefühle innerhalb des Beobachters. Wir fühlen den Effekt der Objekte, die unbewusst objektiviert wurden (Bäume, Autos usw.) anders als solche, die über bewusste Objektivierung real werden, wie zum Beispiel physikalische Gesetze oder auch Produkte der Fantasie.

Wie gesagt, wir haben zwischen „Objektivierung durch Denken" und „Objektivierung in unbewusster, nichtintellektueller Weise" unterschieden. Jedoch sollten auch andere Methoden der Objektivierung möglich sein, was von den Effekten und Eigenarten der Objekte auf den jeweiligen Wirklichkeitsebenen abhängt.

Unbewusstes Objektivieren findet auf der Ebene der fünf Sinne statt, also im Zusammenhang mit der makroskopischen Wirklichkeitsebene. Aber auch zum Teil auf der Messinstrumentenebene, auch wenn hier das menschliche Bewusstsein schon wesentlich involviert ist. Die bewusste Objektivierung bedeutet Objektivieren durch Denken und findet ebenfalls auf spezifischen Wirklichkeitsebenen statt. Auch hier ist die Grundsubstanz für die Objekte aus der Fundamentalen Wirklichkeit selektiert worden, wobei wir für die Objekte selbst eine symbolische Form erfinden. Die Selektionsprozesse selbst sollten streng analog zu denen sein, die auf den Ebenen der fünf Sinne und der Messinstrumente stattfinden. Schon Konrad Lorenz deutete auf die Analogie zwischen der unbewussten Objektivierung durch den physiologischen Apparat und der bewussten, intellektuellen Objektivierung hin. Denken ist daher eine gewisse Beobachtungsmethode, und zwar eine sehr vielseitige. Es ist nicht neu, dass auf verschiedenen Niveaus gedacht werden kann.

Das Prinzip der Deduktion

Es stellte sich heraus, dass das „Konzept der Induktion" im Rahmen der Projektionstheorie nicht gültig sein kann, sondern ausschließlich die „Methode der Deduktion". Zum Beispiel kann ein allgemeines physikalisches Gesetz (wie das durch Gleichung (49) gegebene) nicht mithilfe spezifischer Modelle hergeleitet werden, sondern wir benötigen hier allgemeinere Aussagen über die Welt, und wir kommen so zum Begriff der „fundamentalen Regeln".

Daher haben auch positivistische Strömungen in der Projektionstheorie keinen Platz. Weiterhin kann ganz allgemein gesagt werden, dass materialistisch orientierte Philosophien bzw. Theorien offensichtlich überbewertet sind, wenn die Projektionstheorie zum Maßstab gemacht wird. Die Projektionstheorie kommt zu einer höher entwickelten Sicht der Dinge und lässt die konventionellen Konzepte hinter sich, ohne dabei mit der Erfahrung im Widerspruch zu stehen.

Anthropisches Prinzip

Der menschliche Beobachter ist in seiner spezifischen Realität gefangen. Die Welt scheint für ihn geschaffen worden zu sein, aber dieser Eindruck ist vollständig darauf zurückzuführen, dass die beobachteten Fakten aus der Fundamentalen Wirklichkeit herausgefiltert und daher streng menschenspezifisch sind. Ein menschliches Wesen entdeckt „seine" Welt und keineswegs die objektive Realität draußen. Das ist der Grund dafür, dass das beobachtete Universum gerade so beschaffen zu sein scheint, um menschliches Leben zu ermöglichen.

Probleme mit dem anthropischen Prinzip kommen dann auf, wenn angenommen wird, dass die Welt vor unseren Augen bzw. das Konstrukt, das wir mithilfe unserer Theorien untersuchen, die objektive Realität ist. Falls wir das tatsächlich annehmen, können wir fälschlicherweise zu dem Schluss kommen, dass die Welt zu dem Zweck geschaffen wurde, um die menschliche Existenz zu garantieren. Wir müssen jedoch vorsichtig sein, weil eben die beobachteten Fakten lediglich selektiertes Material aus der Fundamentalen Wirklichkeit sind, und wir können nur einen winzigen und transformierten Teil von der eigentlichen Welt draußen vor uns haben.

Alfred Schmid und Gnosis

In Abb. 34 sind die Aussagen auf den unterschiedlichen Wirklichkeitsebenen mit spezifischen Beobachtungsmethoden korreliert. Auf jeder Wirklichkeitsebene spiegeln sich spezifische Inhalte aus dem intellektuell-materialistischen Bereich wider, und solche Inhalte können nur mit Beobachtungsmethoden erkannt werden, die auch auf diese Inhalte zugeschnitten sind. Die Beobachtungsmethoden sind daher so spezifisch wie die Wirklichkeitsebenen selbst.

Wie gesagt, es handelt sich hier ausschließlich um den intellektuell-materialistischen Bereich. Kann eine solche Darstellung vollständig sein? Alfred Schmid beantwortet diese Frage negativ, denn andere Aspekte, die beispielsweise durch gnostisches Beobachten bzw. Denken in Erscheinung treten, sind seiner Ansicht nach im Rahmen der intellektuell-materialistischen Analyse unter den Teppich gekehrt. Diese zusätzlichen Erscheinungsformen stellen nach Alfred Schmid gnostische Aspekte dar, die dem geistigen Bereich angehören. Diese Argumentation ist wichtig und bedarf der näheren Erklärung und Einordnung.

In Abschnitt 2.4 haben wir bereits im Zusammenhang mit Alfred Schmids Thesen festgestellt, dass der physikalisch-materialistische Bereich lediglich Aussagen darüber macht, *wie* sich die Dinge in der Welt verhalten, aber keineswegs darüber, *was* sie sind. Nach Alfred Schmid ermöglichen die gnostischen Aspekte Aussagen darüber, *was* die Dinge sind; danach wird dem Transzendenten, wozu auch die seelisch-geistigen Zustände gehören, reale Existenz verliehen.

Die gnostischen Aspekte können weder direkt noch indirekt mit den Beobachtungsmethoden aus dem intellektuell-materialistischen Bereich erfasst werden. Denn sie spiegeln gewisse Inhalte wider, die, wie im intellektuell-materialistischen Bereich, nur mit Beobachtungsmethoden erkannt werden können, die diese spezifischen geistigen Inhalte auch widerspiegeln. Daher können die gnostischen Aspekte nicht mit den Beobachtungsmethoden aus dem intellektuell-materialistischen Bereich erkannt werden. Welche Methoden sind es dann? Die

Antwort ist einfach. Denn so wie in Abb. 34 die Aussagen auf den unterschiedlichen Wirklichkeitsebenen mit spezifischen Beobachtungsmethoden korreliert sind, muss jedem spezifisch gnostischen Aspekt ein gnostisches Beobachtungselement zugeordnet werden. Mit anderen Worten, die gnostischen Aspekte werden durch gnostisches Beobachten bzw. Denken in Erscheinung gebracht.

Nach Alfred Schmid ergänzen sich die beiden Inhalte, also die, die aus dem gnostischen Beobachten bzw. Denken resultieren und solche, die dem intellektuell-materialistischen Bereich zugehörig sind. Kein Inhalt stellt allein genommen eine vollständige Darstellung dar, sondern nur beide zusammen; sie sind komplementär zueinander. Denn wir wollen nicht nur wissen, wie sich die Dinge verhalten *oder* was sie sind, sondern was sie sind *und* wie sie sich verhalten. So gesehen stellt gnostisches Beobachten (oder, wie Alfred Schmid es ausdrückt, die gnostische Schau) neben dem physikalisch-materialistischen Messen bzw. dem intellektuell-materialistischen Beobachten (siehe insbesondere Abschnitt 4.6.2) ein wesentliches Element zur Erschaffung von Welterkenntnis dar.

Wenn die gnostischen Aspekte von der Welt nicht durch physikalische Gerätschaften greifbar sind, wie dann? Also, wie geht gnostisches Beobachten bzw. Denken vor sich? Nach Alfred Schmid setzt gnostisches Beobachten einen Glauben voraus. Aber es ist nicht einfach ein Glaube an etwas, sondern ein „wissender Glaube" um etwas [4]. Daher erscheint es auch ganz natürlich, dass nicht jeder Mensch die Fähigkeit zum gnostischen Denken besitzt. Zur näheren Erläuterung der gnostischen Schau wollen wir eine kurze Passage aus Alfred Schmids Buch „Traktat über das Licht" anführen:

„Um das Wesen der Schau begreiflich zu machen, wählen wir einen Vergleich. Stellen wir uns einen unbeleuchteten Raum vor, so ist es möglich, durch Messung der Seitenlängen und Winkel Schlussfolgerungen über seinen Innenbau zu ziehen. Nehmen wir

aber nun an, es befände sich in diesem Raum ein Licht, für dessen Strahlung die Augen gewisser Menschen empfänglich sind, dann würden eben diese Menschen das Innere des Raumes sehen und darüber Aussagen machen und Zeugnisse ablegen können, ohne sich mit den Messungen befassen zu müssen. Sie sind imstande, das Wesentliche über diesen Raum auszusagen, auch wenn sie die Einzelheiten und Maßstäbe nicht genau erfasst haben." [4]

Wie oben schon angedeutet, stellen die intellektuell-materialistischen Methoden und das gnostische Beobachten bzw. Denken *komplementäre* Sichtweisen dar. Denn wie in der konventionellen Quantentheorie kann die eine Methode die andere nicht ersetzen. Ein Elektron kann ein Teilchen oder eine Welle sein. Jeder Aspekt (Welle oder Teilchen) kann nur mit aspektspezifischen Methoden erkannt werden: Der Teilchenaspekt verlangt eine spezifische physikalische Apparatur, die den Wellenaspekt nicht aufzeigen kann; der Wellenaspekt verlangt hingegen ein grundsätzlich anderes spezifisches Messgerät, das allerdings den Teilchenaspekt nicht aufzeigen kann. Es liegt ein komplementäres Verhalten vor.

Mit anderen Worten, ein Elektron ohne Beobachtungsmethode definieren zu wollen, ist im Rahmen der konventionellen Quantentheorie nicht möglich. So muss es sich auch mit den Inhalten verhalten, die aus der intellektuell-materialistischen Methode und denen, die aus dem gnostischen Beobachten bzw. Denken resultieren: Sie sind *komplementär* zueinander. Der gnostische Aspekt verlangt gnostisches Beobachten bzw. Denken, das aber den intellektuell-materialistischen Aspekt nicht erfassen kann; andererseits verlangen die physikalischen Inhalte den intellektuell-materialistischen Aspekt der Beobachtung, der allerdings nicht den gnostischen erfassen kann. Dieses komplementäre Verhalten verlangt Alfred Schmid ausdrücklich.

SCHLUSSBETRACHTUNG

Die Merkmale von Raum und Zeit

All das, was wir mit unseren fünf Sinnen und auch mit unseren Messgeräten erfassen, können wir als real existierend auffassen. Und all das, was in diesem Sinne existiert, ist im Raum und in der Zeit eingebettet. Die Raum-Zeit stellt somit eine Art Container dar. Jedenfalls ist das die herkömmliche Ansicht. Aber hier ist Vorsicht geboten.

Aber, so stellt sich die Frage, können wir auch Raum und Zeit mit unseren fünf Sinnen erfassen? Oder gibt es sogar Messgeräte, mit denen Raum und Zeit direkt beobachtbar sind? Nein, all das ist nicht möglich. Raum und Zeit lassen sich weder mit unseren fünf Sinnen noch mit spezifischen Messinstrumenten direkt erfassen. Wir messen bzw. beobachten immer nur Abstände von materiellen Gegenständen und Zeitintervalle im Zusammenhang mit real existierenden Prozessen.

Die Elemente von Raum und Zeit gibt es nicht in isolierter Form; sie existieren also nicht real, sondern „nur" in unseren Köpfen. Denn, wie gesagt, all das, was wir als real existierend definieren, sollte mit unseren fünf Sinnen bzw. mit unseren Messgeräten erfassbar sein.

Die Situation bezüglich Raum und Zeit ist sehr klar: Wir sind nicht in der Lage, ein „Stück Raum" bzw. ein „Stück Zeit" auf den Tisch zu legen. Solche Stücke gibt es nicht. Die Elemente vom Raum, also die Koordinaten x, y, z, sind nicht beobachtbar, und das gilt ebenso für die Zeit, der wir den Buchstaben τ gegeben haben. Wir haben keine Sinne zur Beobachtung von x, y, z, τ. Es nicht einmal denkbar, Messgeräte zur Bestimmung der Elemente x, y, z, τ zu entwickeln.

Daraus folgt unmittelbar, dass Raum und Zeit als physikalisch-reale Größen nicht existieren können. Es muss dann insbesondere der Schluss gezogen werden, dass Raum und Zeit als Quelle für physikalisch-reale Effekte nicht infrage kommen können. Wir kommen so zum Mach'schen Prinzip.

Aufgrund dieser Fakten haben wir die Raum-Zeit im physikalisch-realen Sinne als ein „Nichts" aufzufassen, auch wenn wir Raum und Zeit als reale Phänomene erfahren. Raum und Zeit müssen bei diesem Sachverhalt als metaphysische Objekte aufgefasst werden. Es ist klar, dass ein Nichts im physikalisch-realen Sinne, also ein metaphysisches Element, mit physikalisch-realer Materie nicht besetzt werden kann, d.h., in ein Nichts kann schlecht real existierende Materie eingebettet werden. Diese Konstruktion ist zumindest problematisch. Aber, wie wir wissen, alle modernen physikalischen Theorien arbeiten auf dieser Basis.

Wir haben schon bei der Besprechung des Poincaré'schen Skalengesetzes festgestellt, dass der Raum bzw. die Raum-Zeit als Container nicht infrage kommen sollte. Es muss sich hier, so haben wir argumentiert, um ein Vorurteil handeln. Das erkannte schon Immanuel Kant sehr deutlich und gab den Phänomenen Raum und Zeit eine andere Bedeutung.

Aus alledem haben wir den Schluss gezogen, dass die materiellen Objekte der Außenwelt im Zusammenhang mit der Raum-Zeit nur noch als geometrische Objekte vorkommen können. Nur diese geometrischen Strukturen besetzen Raum und Zeit und nicht die materiellen Objekte selbst; die geometrischen Strukturen sind in der Raum-Zeit eingebettet. Diese Situation entspricht dann genau dem, was wir zum Beispiel aus dem Schulunterricht kennen: Es liegt ein Blatt Papier vor uns, auf dem wir Bilder malen.

Genau diese „Bilder von der Wirklichkeit" haben wir bei unseren Alltagsbeobachtungen vor Augen; es ist nicht die wahre Realität draußen, sondern es ist ein Bild von ihr, das im Gehirn des Beobachters positioniert ist.

In der Außenwelt kann es also keinen Raum und auch keine Zeit geben, denn sonst wäre ja die Raum-Zeit doch mit real existierender Materie besetzt, was wir aber aus guten Gründen verwerfen mussten. Es kann dann in der Welt draußen keinen Container in Form einer Raum-Zeit geben, in dem die reale Materie eingebettet ist. Mit anderen Worten, es kann keine Eins-zu-Eins-Korrespondenz zwischen den Erscheinungen in der Innenwelt und denen in der Welt draußen geben.

Die Gesetze der Physik müssen so formuliert sein, dass sie den gerade angesprochenen Merkmalen von Raum und Zeit entsprechen. Die Projektionstheorie basiert auf einer Konzeption, die den besprochenen Eigenheiten von Raum und Zeit genügt. Jedoch muss man sich vor Beginn der Formulierung der physikalischen Gesetze darüber im Klaren sein, nach welchen Prinzipien sich für den beobachtenden Menschen die Welt vor seinen Augen entwickelt hat. Hier ist die Evolution mit dem Nützlichkeitsprinzip von besonderer Bedeutung. Hierzu die folgenden Bemerkungen:

Bei der evolutionären Entwicklung des Menschen und anderer biologischer Systeme ging es primär nicht darum, absolute Wahrheiten erkennen zu können, sondern um Fähigkeiten zu entwickeln, die das Überleben gewährleisten.

Der Mensch und auch andere biologischen Systeme haben sich ganz offensichtlich nach einem Zweckmäßigkeitsprinzip entwickelt. Die Nützlichkeit stand bei der evolutionären Entwicklung vorne an. Nach diesem Prinzip ging es für ein Individuum keineswegs darum, die wahre, also Fundamentale Wirklichkeit vollständig zu erkennen, sondern ausschließlich lebensfreundliche von lebensfeindlichen Situationen unterscheiden zu können. Jedenfalls sollte diese Situation insbesondere in der frühen Phase der Evolution zutreffen. Das bedeutet aber, dass Individuen nur so wenig Außenwelt in sich aufnehmen, wie unbedingt nötig ist. Alles andere wäre belastend und lebensbedrohlich.

Die Prinzipien der Evolution verlangen unmissverständlich, dass die Welt draußen komplexer sein muss als die Strukturen, die in den unmittelbaren Bildern vor uns beobachtet werden. Die Welt draußen, also die Fundamentale Wirklichkeit, ist dann mehr als das, was in den Bildern im Innern erscheint. Aber nicht nur das, denn die Strukturen in der Welt draußen sind mit denen im Bild nicht vergleichbar, und zwar deswegen, weil es in der Außenwelt keine Raum-Zeit gibt.

In den Kapiteln 2 – 4 wurde eine physikalische Konzeption entwickelt, die Raum und Zeit in realistischer Weise berücksichtigt, aber ebenso die Prinzipien der Evolution im Auge behält. Daraus entwickelte sich das Projektionsprinzip, deren wesentliches Merkmal in den folgenden Punkten 1–14 zusammengefasst sind.

DAS PROJEKTIONSPRINZIP

Das Projektionsprinzip geht wesentlich über die konventionellen Konzepte der Physik hinaus, ohne mit der Erfahrung in Konflikt zu geraten. Die wesentlichen Merkmale der Projektionstheorie lassen sich wie folgt zusammenfassen:

1. Die Fundamentale Wirklichkeit existiert unabhängig vom Beobachter; jedoch ist sie dem Menschen nicht auf direktem Wege zugänglich.

2. Die Fundamentale Wirklichkeit bzw. die Welt draußen ist ausschließlich mithilfe von Bildern auf unterschiedlichen Niveaus, den Wirklichkeitsebenen, beobachtbar oder beschreibbar. Einen bildunabhängigen Standpunkt kann der menschliche Beobachter nicht einnehmen.

3. Raum und Zeit gehören nicht zur Fundamentalen Wirklichkeit, sondern sind als Hilfsgrößen zur Darstellung des

Bildes aufzufassen. Im Rahmen der Projektionstheorie sind Raum und Zeit Elemente des Gehirns; hier treten systemspezifische Zeiten auf, denen wir den Buchstaben t gegeben haben. In der konventionellen Physik gibt es den Begriff der systemspezifischen Zeit nicht; hier gibt es nur die Zeit τ, die extern im Charakter ist und nicht über das zu untersuchenden System definiert ist.

4. Die harten Gegenstände (Bäume, Steine, Häuser usw.), die wir unmittelbar vor Augen haben, sind Zustände des Geistes; wir haben nur den Eindruck, dass all diese Dinge vor uns positioniert sind, also außerhalb von uns. Die harten Gegenstände, die scheinbar vor uns in Erscheinung treten sowie die physikalischen Gesetze sind gleichermaßen Zustände des Gehirns. Dennoch sind sie verschieden voneinander und daher auf unterschiedlichen Wirklichkeitsebenen angeordnet.

5. Alle harten Gegenstände (materielle Objekte wie Bäume, Atome usw.) sind durch $\mathbf{p}, E$-Prozesse im $(\mathbf{p}, E)$-Raum beschrieben und produzieren immer Bilder (geometrische Strukturen) im $(\mathbf{r}, t)$-Raum. Beide Räume, also der $(\mathbf{p}, E)$-Raum und der $(\mathbf{r}, t)$-Raum, bedingen einander. Solche Systeme haben wir als „Zustände der Materie" aufzufassen. Daher gilt das Folgende: Da ein allgemeines physikalisches Gesetz (Gleichung (49)) nicht in Raum und Zeit (($\mathbf{r}, t$)-Raum) darstellbar ist, kann ein solches Gesetz auch nicht aus $\mathbf{p}, E$-Prozessen im $(\mathbf{p}, E)$-Raum hervorgehen. Daher haben wir diese allgemeinen physikalischen Gesetze als „Zustände des Geistes" definiert.

6. So wie die materiellen Gegenstände stellen auch die physikalischen Gesetze real existierende Objekte dar. Physikalische Gesetze sind hier Gegenstände in verallgemeinerter Form, jedenfalls sind sie allgemeiner als die materiellen Objekte vor uns. Beide Gegenstandstypen, also die harten, materiellen Gegenstände sowie die physikalischen Geset-

ze, stellen im Rahmen der Projektionstheorie „Zustände des menschlichen Gehirns" dar.

7. Das allgemeine physikalische Gesetz selbst ist nicht im $(\mathbf{r},t)$-Raum $((\mathbf{p},E)$-Raum) darstellbar; nur spezifische Modelle mit $\Psi(\mathbf{r},t)^{spezifische}$ ($\Psi(\mathbf{p},E)^{spezifische}$) sind in diesen Räumen darstellbar. Eine andere Art von Darstellung sollte für ein abstraktes physikalisches Gesetz in Betracht kommen. Gleichung (49) enthält potenziell das Verhalten von allen möglichen Systemen, die sich durch die Funktionen $V(\mathbf{r},t)$ unterscheiden. Diese Eigenschaft kann durch $\Psi=\Psi(V)$ ausgedrückt werden.

8. Jedes spezifische Modell ist im $(\mathbf{r},t)$-Raum $((\mathbf{p},E)$-Raum) gefangen. Mit anderen Worten, man kann im Rahmen eines spezifischen Modells den $(\mathbf{r},t)$-Raum $((\mathbf{p},E)$-Raum) nicht verlassen, um zum Beispiel so das physikalisches Gesetz (49) beschreiben zu können, das ja selbst nicht im $(\mathbf{r},t)$-Raum darstellbar ist. Daher können die beiden Wirklichkeitsebenen prinzipiell nicht vereinigt werden. Es ist möglich, das Verhalten eines spezifischen Modells aus dem physikalischen Gesetz zu erschließen, jedoch nicht umkehrt, also die Struktur des allgemeinen physikalischen Gesetzes aus einem spezifischen Modell. Das Konzept der Induktion ist nicht gültig; die Projektionstheorie führt zum „Prinzip der Deduktion".

9. Die Raum-Zeit $((\mathbf{r}, t)$-Raum) ist eng mit dem $(\mathbf{p}, E)$-Raum verknüpft, und das gilt selbstverständlich auch umgekehrt. Die Fourier-Transformation bewerkstelligt diese Verknüpfung. Im Falle der materiellen Gegenstände erzeugen spezifische $\mathbf{p},E$-Prozesse im $(\mathbf{p},E)$-Raum spezifische Bilder im $(\mathbf{r},t)$-Raum mit exakt der gleichen Information. Da aber, wie gesagt, das physikalische Gesetz nicht im $(\mathbf{r},t)$-Raum darstellbar ist, kann das physikalische Gesetz nicht durch $\mathbf{p},E$-Prozesse zustande kommen, also nicht über physikalische (materielle) Gehirnfunktionen erfasst bzw. objektiviert werden.

10. In der Projektionstheorie gilt das folgende strikte Gesetz: Falls es keine $\mathbf{p}, E$-Prozesse im $(\mathbf{p}, E)$-Raum gibt, kann es kein physikalisches Bild im $(\mathbf{r}, t)$-Raum geben; ein Bild für einen physikalischen Prozess ist ohne $\mathbf{p}, E$-Prozesse nicht definiert, was auch umgekehrt zutrifft. Dann liegt die folgende Definition vor: Systeme, die nicht im $(\mathbf{r}, t)$-Raum darstellbar sind, stellen keine physikalischen Systeme dar und sind somit keine materiellen Gegenstände.

11. Natürlich gibt es Bilder im $(\mathbf{r}, t)$-Raum auch ohne solche $\mathbf{p}, E$-Prozesse. Aber diese Art von Bildern sind keine physikalischen Darstellungen, sondern stellen „lediglich" frei erfundene Zeichnungen dar und gehören zu den „Produkten der Fantasie". Solche Zeichnungen, wie zum Beispiel ein Kunstwerk, dürfen willkürlich sein und müssen nicht irgendwelchen physikalischen Gesetzen gehorchen.

12. Weil ein physikalisches Gesetz allgemeiner ist als die spezifischen $\mathbf{p}, E$-Prozesse (das Verhalten aller möglichen $\mathbf{p}, E$-Prozesse ist gleichermaßen von dem physikalischen Gesetz diktiert), dürfen wir schließen, dass das physikalische Gesetz auf einem höheren Niveau angesiedelt ist als die Modelle für die spezifischen $\mathbf{p}, E$-Prozesse.

13. Daher kann ein physikalisches Gesetz (eine Gleichung) nicht durch spezifische Modelle (physikalische Prozesse) beschrieben bzw. erfasst werden. Der Versuch, die Produkte des Geistes mithilfe gewisser physikalischer Gehirnfunktionen (neuronale Aktivitäten) zu erschließen, haben in der Projektionstheorie keine Basis. Der Grund hierfür ist einfach. Wiederholen wir das Argument noch einmal: Alle physikalischen Vorgänge, also auch solche in Verbindung mit Gehirnfunktionen, sind durch $\mathbf{p}, E$-Prozesse im $(\mathbf{p}, E)$-Raum beschrieben und erzeugen konkrete Bilder im $(\mathbf{r}, t)$-Raum. Im umgekehrten Fall muss wie folgt geschlossen werden: Da ein physikalisches Gesetz (wie zum Beispiel das durch Gleichung (49) dargestellte) kein Bild im $(\mathbf{r}, t)$-Raum

erzeugt, kann ein physikalisches Gesetz auch nicht das Resultat von physikalischen Gehirnfunktionen (beschrieben durch **p**, E-Prozesse) sein.

14. Da der Ursprung der Gefühle und der von Denkvorgängen oder ganz allgemein der von Produkten des Geistes nicht direkt als Bild im (**r**, t)-Raum beschrieben werden kann, lässt sich ihr Ursprung auch nicht auf physikalisch-materielle Prozesse zurückführen; diese Prozesse erfassen ausschließlich die harten, materiellen Gegenstände im (**r**,t)-Raum, also die Objekte unmittelbar vor uns, aber ebenso Atome, Moleküle usw. Alle diese (**r**,t)-Strukturen kommen ausschließlich durch Wechselwirkungen im (**p**, E)-Raum, also durch **p**, E-Prozesse zustande. Jedoch kann, so haben wir schon mehrere Male im Detail ausgeführt, das allgemeine physikalische Gesetz selbst nicht im (**r**, t)-Raum dargestellt werden.

BEMERKUNGEN ZUM BEGRIFF DER WELTFORMEL

Viele Wissenschaftler glauben, dass es dem Menschen möglich ist, eine „Weltformel" zu entwickeln, und sie sind fest davon überzeugt, dass wir diese Weltformel bald in den Händen haben werden. Eine Weltformel zu kennen, bedeutet hier, einen mathematischen Code für die Welt als Ganzes vorliegen zu haben, also für das, was wir Fundamentale Wirklichkeit nannten. Hier soll kurz auf diese Fragestellung eingegangen werden, und zwar in Verbindung mit der Projektionstheorie, der konventionellen Physik und der Wissenschaftstheorie.

Situation in der Projektionstheorie

In Abschnitt 4.4 wurden die Merkmale von Wirklichkeitsebenen angesprochen; die Ebenen wurden vertikal, entsprechend dem Allgemeinheitsgrad, angeordnet. In Abb. 33 ist die Information auf *Ebene b* allgemeiner als die auf *Ebene a*. Den unterschiedlichen Objekten, die auf den verschiedenen Niveaus positioniert sind, kommt gleichermaßen konkrete Realität zu und sind primär beobachtet, also nicht erfunden.

Sind diese ebenenspezifischen „Beobachtungen" dazu geeignet, Aussagen über die „Welt als Ganzes" zu machen? Sind so wissenschaftliche Aussagen in der Form einer Weltformel möglich? Das ist definitiv im Rahmen der Projektionstheorie nicht möglich. Wiederholen wir noch einmal: Das Projektionsprinzip, so wie wir es formuliert haben, lässt keinerlei direkte Aussagen über die Strukturen in der Fundamentalen Wirklichkeit zu. Aufgrund der Prinzipien der Evolution haben wir zu schließen, dass dem Beobachter ausschließlich speziesrelevante Informationen zugänglich sind. Mit anderen Worten, nur ein kleiner Teil von der Welt als Ganzes wird von dem Beobachter selektiert; diese eingeschränkte Information wird auf die Raum-Zeit projiziert und führt zum speziesrelevanten Bild von der Wirklichkeit. Jedoch kann dieser speziesrelevante Teil der Welt nicht dazu qualifiziert sein, Aussagen über die Welt als Ganzes in der Form einer Weltformel zu machen. Hier wird der Begriff „Weltformel" unsinnig.

Weltformel im Rahmen der konventionellen Physik

Wie schon oft betont, wird in der konventionellen Physik durchweg angenommen, dass die materielle Welt und überhaupt alles in Raum und Zeit eingebettet ist. Innerhalb des üblichen Rahmens stellt eine Beobachtung immer eine Aussage über die absolute, objektive Wirklichkeit dar. Mit jeder Verbesserung der experimentellen Methoden glaubt man, der „absoluten Wahrheit", also der „endgültigen Lösung" einen Schritt näher gekommen zu sein. Mit anderen Worten, nicht wenige Wissenschaftler sind fest davon überzeugt, irgendwann den endgültigen Code von der absoluten, objektiven Wirklichkeit in den Händen zu haben. Tatsächlich steht bei solchen Betrachtungen der Begriff „Weltformel" im Mittelpunkt der Diskussion, wobei immer wieder betont wird, diese Weltformel bald gefunden zu haben. Anstelle von Weltformel werden auch oft die Bezeichnungen „Theorie für Alles", „Endgültige Erklärung" oder auch „Endgültige Theorie" verwendet.

Jedoch sollte der Glaube vieler Wissenschaftler, dass es die prinzipielle Möglichkeit zur Konstruktion einer Weltformel gibt, als wenig realistisch betrachtet werden. Dieser Glaube spiegelt eher eine Art von Selbstüberschätzung dar, die noch durch die Überzeugung übertroffen wird, diesen mathematischen Code schon bald, also in naher Zukunft, in den Händen zu haben.

All diese Tendenzen sollten abgelehnt werden, und zwar insbesondere deshalb, weil die Fakten, die durch die Wissenschaftstheorie überzeugend herausgearbeitet wurden, dem entschieden widersprechen. Im Übrigen ist es so, dass diese wissenschaftstheoretischen Erkenntnisse hervorragend mit den Tendenzen übereinstimmen, die wir im Rahmen der Projektionstheorie erkennen konnten.

Jedoch ist es wahrscheinlich nicht nur Selbstüberschätzung und Eitelkeit, dass vielerorts geglaubt wird, eine Weltformel sei grundsätzlich definierbar und dass diese auch schon bald gefunden sein wird. Denn diese Sicht wird sicherlich auch durch das fundamentale Konzept, auf das die konventionelle Physik basiert, suggeriert. Danach ist die materielle Welt in der Raum-Zeit eingebettet. Dieses fundamentale Konzept lässt den menschlichen Beobachter glauben, die Fundamentale Wirklichkeit direkt vor Augen zu haben. Mit anderen Worten, der menschliche Beobachter ist davon überzeugt, dass ihm die Fundamentale Wirklichkeit auf direktem Wege zugänglich ist. Es gibt viele Gründe, diese Sicht zu verwerfen. Die Projektionstheorie bietet hier eine realistischere Konzeption an.

Die Sicht der Wissenschaftstheorie

In der Wissenschaftstheorie (siehe auch Anhang A) wird oft die folgende Frage gestellt: Sind Elektronen, Quarks oder andere physikalische Objekte tatsächlich existierende Einheiten? Mit anderen Worten, sind diese Objekte tatsächliche Einheiten der absoluten, objektiven Realität, also der Fundamentalen Wirklichkeit? Betonen wir noch einmal in diesem Zusammenhang, dass die Fundamentale Wirklichkeit ein einziger Komplex ist, der unabhängig vom Beobachter, dem Intellekt, der Sprache und auch von den Theorien ist. In der Literatur wird anstelle von „Fundamentale Wirklichkeit" auch der Begriff „Realität an sich" verwendet.

Das „Gesicht" einer gewissen Einheit kann auf verschiedenen Wirklichkeitsebenen verschieden sein, und alle Niveaus sind in der Projektionstheorie gleichermaßen real; jedes „Gesicht" (Bild von der Wirklichkeit) spiegelt ein gewisses Merkmal der Fundamentalen Wirklichkeit wider, und zwar auf dem gerade untersuchten Niveau. Jedoch existiert keines dieser Bilder in dieser Form in der Fundamentalen Wirklichkeit. Die oben gestellte Frage „Sind Elektronen, Quarks oder andere physikalischen Objekte tatsächlich existierende Einheiten?", muss daher mit einem Nein beantwortet werden.

Innerhalb der konventionellen Physik existiert das Projektionsprinzip nicht. Dennoch führen ganz allgemeine Betrachtungen im Rahmen der Wissenschaftstheorie zu dem gleichen Ergebnis, natürlich ohne Benutzung des Projektionsprinzips: Nur auf der Basis einer Theorie können wir entscheiden und definieren, welche Einheiten (physikalische Objekte) existieren oder auch nicht existieren, und die Theorie diktiert natürlich auch, wie sich diese Einheiten verhalten sollten. Jedoch dürfen wir in der modernen Wissenschaftstheorie nicht den Schluss ziehen, dass diese theoretisch definierten Einheiten auch tatsächlich in dieser Form in der Fundamentalen Wirklichkeit vorkommen. Danach haben die wissenschaftlichen

Bilder nur eine begrenzte Ähnlichkeit mit dem, was tatsächlich in der Welt draußen (Fundamentale Wirklichkeit) passiert. Der bekannte Philosoph Nicholas Rescher bemerkt hierzu Folgendes:

„Wissenschaftlicher Realismus ist die Lehre, dass die Wissenschaft die wirkliche Welt beschreibt, dass die Welt tatsächlich das ist, als was die Wissenschaft sie ansieht, und dass ihre Ausstattung von der Art ist, die die Wissenschaft im Auge hat. Wenn wir etwas über die Existenz und das Wesen von schwerem Wasser oder Quarks, von menschenfressenden Mollusken oder lichtleitendem Äther wissen wollen, dann werden wir für eine Antwort auf die Naturwissenschaft verweisen. Gemäß dieser realistischen Konzeption wissenschaftlicher Theoriebildung beziehen sich die theoretischen Terme der Naturwissenschaft auf reale physikalische Entitäten und beschreiben deren Eigenschaften und Verhalten. Beispielsweise bezieht sich der ‚Elektronenspin' der Atomphysik auf eine Eigenart im Verhalten eines wirklichen, wenn auch nicht beobachtbaren Objekts – eines Elektrons. Entsprechend dieser momentan gerade sehr beliebten Theorie sind – oder werden im Endeffekt – die Behauptungen der Wissenschaft faktisch wahre Verallgemeinerungen über das tatsächliche Verhalten von Objekten, die in der Welt existieren. Ist dieser ‚konvergente Realismus' eine vertretbare Position? Dass dem nicht so ist, ist ganz klar. Es gibt offenkundig keine genügende Grundlage und wenig Plausibilität für die Behauptung, dass die Welt in der Tat so ist, wie unsere Wissenschaft verkündet – dass wir völlig richtig liegen, sodass unsere Wissenschaft korrekte Wissenschaft ist und das endgültige ‚letzte Wort' über die Angelegenheiten liefert. Wir können nicht vernünftigerweise annehmen, dass die Wissenschaft, wie sie heute vorliegt, die wirkliche Wahrheit hinsichtlich der Geschöpfe ihrer Theorie anbietet." [5]

Diese Bemerkung durch Nicholas Rescher fasst wesentliche Resultate der Wissenschaftstheorie zusammen und ist in Übereinstimmung mit dem, was aus der Projektionstheorie folgt: Wir können nichts über die absolute Wahrheit aussagen.

Die Aussagen der Wissenschaftstheorie basieren wesentlich auf dem folgenden „allgemeinen Gesetz": Unsere Begriffe bezüglich der Fundamentalen Wirklichkeit werden im Laufe der Zeit nicht ergänzt, sondern sie werden von Grund auf neu formuliert, wobei immer wieder neue „erste Prinzipien" (first principles) verwendet werden. Da wir aber nur über eine wissenschaftliche Theorie darüber entscheiden können, welche Arten von Einheiten existieren können, muss geschlossen werden, dass solche Objekte kommen und gehen können. Welche Art von Einheit gerade vorliegt, hängt ganz von der Struktur der gerade vorliegenden Theorie ab. Wie gesagt, die Theorien selbst verändern sich im Laufe der Zeit bezüglich der ersten Prinzipien.

Mit anderen Worten, der Fortschritt im Zusammenhang mit physikalischen Gesetzen ist nicht durch eine etablierte absolute theoretische Struktur diktiert, die im Laufe der Zeit ergänzt wird. Wie im Falle der Projektionstheorie, so lehrt auch die Wissenschaftstheorie sehr deutlich, dass Aussagen über die absolute Wahrheit nicht möglich sind, sondern lediglich „Schätzungen von der Wahrheit" ohne endgültige Statements. Daher hat auch in der Wissenschaftstheorie der Begriff „Weltformel" keine Basis, was genau dem entspricht, was die Projektionstheorie lehrt. Das stützt natürlich die Projektionstheorie.

ANHANG A

A. WISSENSCHAFTSTHEORETISCHE BETRACHTUNGEN

Sind die Bausteine der Materie, also Elektronen, Quarks oder andere Entitäten, wirklich existierende Einheiten? Die Wissenschaftstheorie (im Sinne von Thomas Kuhn und Nicholas Rescher) vertritt die Auffassung, dass solche Einheiten nicht tatsächlich in der Realität draußen existieren. Warum?

Erst auf der Grundlage einer wissenschaftlichen Theorie kann gesagt werden, was existiert oder nicht. Es ist zunächst nicht das Experiment, das primär darüber entscheidet, was sein kann und was nicht sein kann. Denn jedes geplante Experiment basiert auf einer vorher entwickelten theoretischen Vorstellung.

Das Folgende ist wichtig: Theorien bilden die Wirklichkeit nicht naturgetreu ab und sind daher auch nicht wirklich wahr im Sinne von absolut. Diese wissenschaftstheoretische Sicht beruht im Wesentlichen auf der empirischen Tatsache, dass unsere Vorstellungen von der Welt im Laufe der Zeit nicht nur ergänzt, sondern bis hin zu den ersten Prinzipien korrigiert bzw. erneuert werden.

A.1 Die „letzte Sicht" von der Welt

Danach schreitet Wissenschaft nicht durch „sukzessives Verfeinern" von absolut gegebenen Basisvorstellungen voran. Wenn dem so ist, gibt es streng genommen keine endgültige Sicht der Dinge. Wie oben schon angedeutet, sind offensichtlich viele Wissenschaftler spontan anderer Ansicht, und zwar nicht nur solche, die gegenwärtig leben, sondern auch führende Wissenschaftler vergangener Zeiten pflegten die Ansicht, dass wir uns der endgültigen Sicht der Dinge nähern.

Beispielsweise glaubte Lord Kelvin (1824–1907), dass das Fundament der Physik, so wie es gegen Ende des neunzehnten Jahrhunderts vorlag, fertig erstellt sei; er war der Meinung, dass es nur noch unbedeutende Fragen zu beantworten gäbe. Berthelot (1827–1907) war ebenfalls dieser Ansicht und behauptete 1885, dass die Welt jetzt keine Geheimnisse mehr habe. Haeckel (1834–1919) schloss aus seinen Studien (auch gegen Ende des neunzehnten Jahrhunderts), dass alle naturwissenschaftlich legitimen Fragen im Wesentlichen gelöst seien. Selbst Max Planck (1858–1947) und Richard Feynman (1918–1988) glaubten dezidiert, dass sich die Wissenschaft „jetzt" ihrem endgültigen, vollendeten Zustand nähere, dass also keine wesentlich neuen Erkenntnisse hinzukommen. Aber – so wie wir gesehen haben – hat man sich bezüglich dieser Sache zu allen Zeiten geirrt, aber offensichtlich wenig daraus gelernt.

Hier ist die Eitelkeit kaum zu übersehen, aber diese verschließt oft die Augen und macht blind für wesentliche Fakten, die das Ganze ins Gegenteil umkehren können, so wie das denn tatsächlich der Fall ist. Wissenschaftstheoretiker wie Kuhn und Rescher deuteten darauf hin und analysieren die Situation überzeugend. Dennoch muss es nicht Eitelkeit allein sein, um zu der (falschen) Überzeugung zu gelangen, dass sich die Wissenschaft im Laufe der Zeit ihrem endgültigen, vollendeten Zustand nähert.

Welche sachliche Vorstellung liegt dieser Tendenz in der Regel zugrunde? Vereinfacht lässt sich das wie folgt ausdrücken: Wissenschaft schreitet fort, indem sie die Anzahl von unbeantworteten Fragen eliminiert. Das ist eine sehr schlichte Begründung und degradiert eigentlich den Gegenstand der Wissenschaft zu einem Topf mit unbeantworteten Fragen. Nach diesem Prinzip werden eines Tages alle Fragen beantwortet sein. Alle wissenschaftlichen Probleme wären dann gelöst. Hier wird allerdings außer Acht gelassen, dass sich bei der Beantwortung einer spezifischen Frage ganze Sätze von neuen Fragenkomplexen auftun können.

Dieses detaillierte Auffüllen (Kumulieren) bestimmter grundsätzlich feststehender Theoriestrukturen gleicht sehr dem Ausrechnen weiterer Dezimalstellen, um einem bereits grob abgeschätzten Ergebnis zusätzliche Verfeinerung zu verleihen, wie zum Beispiel beim Ausrechnen der Zahl π: 3,1; 3,14; 3,141; ... Aber wir hatten schon beim Übergang von der Newton'schen Mechanik zur Quantentheorie gesehen, dass die Quantentheorie keineswegs als eine Verfeinerung der Newton'schen Mechanik aufgefasst werden kann, auch wenn man sich bei diesem Übergang zunächst stark an das klassische Bild anlehnte.

Dennoch war und ist die Ansicht bis zum heutigen Tage zutiefst verankert, dass die Wissenschaft kumulativ sei, und viele Vertreter der wissenschaftlichen Methode versuchten und versuchen immer noch wissenschaftlichen Fortschritt mithilfe dieser kumulativen Vorstellung zu verstehen. Danach muss die oben gestellte Frage, ob Elektronen, Quarks und andere Basisbausteine, wozu natürlich auch Strings gehören, auch wirklich in der Realität draußen existieren, mit einem Ja beantwortet werden. Aber das ist offensichtlich ein Irrtum, denn die Wissenschaft schreitet nicht sukzessive voran; die Wissenschaft kann nicht als kumulativ aufgefasst werden. Diesem sogenannten „Kumulativen Konvergentismus" fehlt die Basis. Das werden wir im nächsten Abschnitt näher begründen.

A.2 Theorien werden ersetzt

Gegen den Asymptotischen Konvergentismus lassen sich zwei schwerwiegende Einwände vorbringen, die kurz besprochen werden sollen, wobei wir letztlich einen Zusammenhang mit dem herstellen können, was wir in Abschnitt 1.11 im Zusammenhang mit „absoluter Wahrheit" gesagt haben.

A.2.1 Es gibt keine Metrik für Erkenntnisabstände

Der Asymptotische Konvergentismus ist von vornherein mit einer prinzipiellen Schwierigkeit belastet, denn es gibt keine Messlatte, womit man Theorien erkenntnistheoretisch einstufen könnte. Liegt zur Zeit τ der Erkenntnisstand R_τ vor und der zur Zeit τ' sei $R_{\tau'}$, dann kann kein metrisches System angegeben werden, mit dem der Erkenntnisabstand $R_\tau - R_{\tau'}$ definiert werden könnte. Somit sind wir auch nicht in der Lage zu entscheiden, ob wir uns der „wirklichen Wahrheit" genähert haben oder nicht.

Wie lassen sich Kriterien finden bzw. formulieren, nach denen eine solche Annäherung bemessen werden könnte? Überhaupt nicht, denn es gibt keinen theorieneutralen Standpunkt, der bei einem direkten Vergleich zwischen theoretischen Konfigurationen R_τ und $R_{\tau'}$ verbindlich zugrunde gelegt werden könnte. Eine solche höhere, wissenschaftsexterne Sicht der Dinge gibt es nicht, wird es für uns Menschen wohl auch niemals geben.

Wissenschaftlicher Fortschritt kann in gewisser Weise auf der sogenannten pragmatischen, experimentellen Ebene gemessen werden, obwohl man hier sehr vorsichtig sein muss, denn auch regelrecht falsche Theorien können sehr gute experimentelle Ergebnisse hervorbringen. In den Abschnitten 1.14 und 1.15 wurde dieser Punkt bereits angesprochen.

A.2.2 Es findet ein grundsätzlicher Perspektivenwandel statt

Die Annahme einer sukzessiven Annäherung von theoretischen Vorstellungen ist wissenschaftstheoretisch nicht haltbar. Denn die Analyse von zeitlich aufeinanderfolgenden Theorien zeigt, dass die spätere Theorie nicht nur ergänzt bzw. verfeinert, sondern bis hin zu den ersten Prinzipien *korrigiert* wird.

Es findet ein grundsätzlicher Perspektivenwandel statt, und es geht gewöhnlich nicht darum, einige weitere Tatsachen hinzuzufügen, sondern einen grundsätzlichen neuen Denkrahmen zu erstellen. Das ist eine wichtige Erkenntnis und kann nicht hoch genug eingestuft werden.

Die Situation ist instruktiv von Thomas Kuhn [7] bei der Gegenüberstellung von Newton'scher Theorie und Relativitätstheorie analysiert worden. Hierbei vertritt Kuhn mit Recht die Ansicht, dass diese beiden Theorien so grundlegend unvereinbar sind, wie die Kopernikanische mit der Ptolemäus'schen Astronomie. Nach Kuhn kann die Einstein'sche Theorie nur in der Erkenntnis akzeptiert werden, dass die Newton'sche falsch war.

Aber auch die umgekehrte Schlussfolgerung ist im Prinzip möglich, denn es kommt nur auf den Standpunkt an, den man einnimmt. Nur würde man diesen umgekehrten Standpunkt natürlich nicht einnehmen, denn die Relativitätstheorie beschreibt einen größeren experimentellen Datensatz als die Newton'sche Theorie.

Die Einstein'sche Theorie bringt also einen grundsätzlich anderen Denkrahmen hervor, anders im Vergleich zu dem der Newton'schen Theorie. Es hat ein Perspektivenwandel stattgefunden, wobei eine begriffliche Abkopplung stattgefunden hat. Beide Theorien können nicht miteinander verglichen werden, auch wenn es gewisse Bereiche gibt, in denen die numerischen Ergebnisse beider Theorien übereinstimmen. Das bedeutet aber nicht, dass beide Theorien übereinstimmen, sondern dass die experimentellen Daten sich mit grundverschiedenen Begriffssystemen beschreiben lassen. Das ist ein Unterschied.

A.2.3 Schätzungen von der Wahrheit

Allgemein müssen wir aus diesen Ausführungen schließen, dass eine „spätere" Theorie deshalb notwendig wurde, weil eine „frühere" in ihrem Geltungsbereich beschränkt war, was – wie im Falle der Relativitätstheorie – zu einer grundsätzlich neuen Konzeption für die Naturauffassung führte. Es wird also im Allgemeinen nicht nur verbessert bzw. verfeinert, sondern die frühere Theorie wird von der späteren regelrecht ersetzt, d. h. auf der ganzen Linie verworfen. Hierfür gibt es in der Wissenschaftsgeschichte viele Beispiele.

So müssen wir folgerichtig annehmen, dass auch die neuere bzw. letzte Theorie irgendwann einmal fallen gelassen werden muss, sodass jeder Denkrahmen, gleichgültig zu welcher Zeit er erdacht worden ist, niemals ein Konzept für die absolute Wahrheit darstellen kann. Wir können in diesem Zusammenhang nicht einmal nachweisen, dass wir der absoluten Wahrheit näher gekommen sind, da kein metrisches System zur „Messung" von Erkenntnisabständen definierbar ist (Abschnitt A.2.1), und zwar prinzipiell nicht. Das bedeutet dann auch, dass kein Denkrahmen, so raffiniert er auch erdacht worden sein mag, prinzipiell keine Aussagen über die absolute Wahrheit machen kann.

Ein Denkrahmen bzw. eine Theorie spiegelt nicht die absolute Wahrheit wider, sondern – wie Nicholas Rescher sagt – eine „Schätzung von der Wahrheit" [5], womit eine versuchsweise, provisorische Wahrheit gemeint ist.

A.2.4 Inkommensurable Denkstrukturen

Wenn man von einem Denkrahmen zum anderen wechselt, so findet im Allgemeinen eine begriffliche Neuorientierung statt, was bedeuten kann, dass solche aufeinanderfolgenden Theorien inkommensurabel sein können. Die Vertreter inkommensurabler Denkstrukturen sind grundsätzlich nicht in der Lage, sich zu verständigen, wie zum Beispiel über die Fortschrittlichkeit. Es ist nicht sinnvoll, inkommensurable Theorien miteinander zu vergleichen. Rescher bringt das mit folgender Analogie auf den Punkt: *„Man kann sich in Sachen Auto steigern, indem man anstelle seines alten ein besseres Modell kauft, aber nicht, indem man einen Computer oder eine Waschmaschine kauft."* [5]

Ein gewisser wissenschaftlicher Fortschritt lässt sich im Falle von inkommensurablen Theorien nur dann definieren, wenn es möglich ist, spezifische Tendenzen solcher Denkstrukturen auf eine geeignete Ebene zu projizieren. Diese Ebene stellt dann eine Art „Bezugssystem" dar. Diese Bezugsebene wird allgemein gröber und globaler strukturiert sein als die zwei inkommensurablen Theorien, die es zu vergleichen gilt, und zwar deswegen, weil eine Projektion im Allgemeinen nicht differenziell, also Punkt für Punkt, sondern nur integral durch Mittelwertbildungen möglich sein wird. Solche integralen Größen der beiden inkommensurablen Theorien werden dann Gemeinsamkeiten haben, wenn sie einen gemeinsamen Bereich der Bezugsebene überdecken.

Bezogen auf die Situation des Menschen kann diese Bezugsebene durch die Wirklichkeitsebene des Alltags bzw. die der technischen Anwendungen und experimentellen Auslotungen repräsentiert sein. Somit wird der technische Fortschritt und die physikalisch-experimentelle Durchleuchtung zum Prüfstein abweichender theoretischer Positionen, wenn auch nur eingeschränkt. Nach diesem Maßstab muss die spätere Theorie die praktischen Erfolge ihrer Vorgänger verbessern, wenn sie den früheren Denkstrukturen überlegen sein will. Aber ein solcher Vergleich stellt in Bezug auf die Beurteilung von Theorien nur eine eingeschränkte Sicht dar oder kann sogar trügerisch sein (siehe auch Abschnitt 1.14).

A.2.5 Die eigentliche Wirklichkeit bleibt verborgen

Es gibt nur Schätzungen der Wahrheit. Mehr können wir offensichtlich nicht wissen. Dabei ist jede solche Schätzung von der anderen begrifflich abgekoppelt, und es hat eine fundamentale Verschiebung in den Begriffsauffassungen stattgefunden. Die Welt ist, so gesehen, nicht endgültig fassbar.

Welche Überlegungen wir auch anstellen, die eigentliche Welt bleibt prinzipiell verborgen und entzieht sich uns. Zusammen mit den fundamentalen Verschiebungen in den Begriffsauffassungen bedeutet dieses Merkmal, dass im Allgemeinen sogar gewisse Einheiten wie Elektronen, Quarks, Strings oder auch andere Dinge, von deren Existenz wir schon aus Gewohnheit fest überzeugt sind, wieder verschwinden können, während es durchaus möglich ist, dass andere in Erscheinung treten.

In diese Folge von Schätzungen der Wahrheit sind falsche Theorien nicht mit eingeschlossen, wenn also mit Dingen operiert wird, für die es keine überzeugenden Hinweise gibt, deren Existenz aufgrund von experimentellen Untersuchungen ausgeschlossen werden können. Die Wissenschaftsgeschichte zeigt, dass es eine Fülle falscher Vorstellungen gibt. Zum Beispiel hat sich die Lehre vom Lichtäther als falsch erwiesen; sie wurde eliminiert.

Wie oben schon gesagt, wegen des Ständig-wieder-von-vorne-Anfangens in kognitiver Hinsicht können wir nicht annehmen, dass wir gerade jetzt an einem kognitiven Endpunkt angelangt sind. Wir müssen vielmehr davon ausgehen, dass in Zukunft wieder schwerwiegende theoretische Schritte getan werden, die die Dinge bzw. die Realität wieder in einem ganz anderen Licht offenbart, obwohl sich die eigentliche Realität selbst nicht geändert hat. Der Denkrahmen ändert sich, nicht aber die Realität draußen.

A.2.6 Keine „Theorie der Theorie" zur Analyse der Fakten

Diesen Aussagen der Wissenschaftstheorie muss ein großes Gewicht beigemessen werden. Es sind empirische Fakten, die zusammengetragen und analysiert wurden; ihnen muss der Rang und die Bedeutung einer wichtigen „Beobachtung" zukommen, so wie das bei relevanten Laborexperimenten auch der Fall ist.

Bemerkenswert ist insbesondere, dass diese äußerst wichtigen wissenschaftstheoretischen Aussagen gemacht werden konnten, ohne selbst eine Theorie ins Spiel gebracht zu haben. Eine „Theorie der Theorie" wurde also bei den Betrachtungen nicht zugrunde gelegt. „Nur" aus dem Vergleich und der Analyse von aufeinanderfolgenden Theorien konnten diese empirischen Schlüsse gezogen werden. Die Wissenschaftstheorie widerspricht damit elegant und souverän dem Anspruch gewisser Physiker, die letzte, also absolute Wahrheit bald in den Händen zu haben.

A.3 EINORDNUNG DER WISSENSCHAFTSTHEORETISCHEN RESULTATE

Aus der wissenschaftstheoretischen Analyse ergeben sich die folgenden Fragen: Warum können theoretische Konzeptionen die absolute Wahrheit nicht beinhalten? Warum können wir nicht den Urgrund der Welt erkennen? Hier wollen wir drei mögliche Gründe anführen:

1. Die Art der Wissenschaft, so wie sie vom Menschen aufgefasst und praktiziert wird, ist nur ein unzulängliches Instrument und stellt nicht das optimal mögliche Mittel dar, um die absoluten physikalischen Strukturen der Welt zu verstehen.

2. Es gibt keine absolute Wahrheit; sie ist nicht definiert.

3. Eine absolute Wahrheit existiert, aber es ist dem menschlichen Beobachter nicht möglich, diese zu erkennen bzw. zu erfassen, auch dann nicht, wenn grundsätzlich andere Sichtweisen und neue Denkstrukturen ins Spiel gebracht werden.

Zu Punkt 1: Die wissenschaftliche Methode mit ihrer rationalen Vorgehensweise kann und muss sicherlich als einseitiges und begrenztes Instrumentarium zum Erkennen der Welt aufgefasst werden. Dennoch fällt es schwer, dieses „Werkzeug" als ein im Kern unzulängliches Mittel aufzufassen. Auch wenn die wissenschaftliche Methode selbst nur einen begrenzten Aspekt von der Welt vermitteln kann, so stellt sie doch selbst ein in sich abgeschlossenes objektives Instrumentarium dar, das der absoluten Realität zugeordnet werden kann, auch wenn eine solche Aussage sicherlich gewagt ist und letztlich nicht beweisbar ist. Jedenfalls wollen wir die unter Punkt 1 aufgezeigte Möglichkeit ausschließen. Eine andere Frage ist, in welchem Ausmaß der Mensch die wissenschaftliche Methode überhaupt einsetzen kann. Dieses Argument fällt aber dann unter Punkt 3.

Zu Punkt 2: Anzunehmen, dass es keine absolute Wahrheit gibt, ist nur dann angebracht, wenn sich für Punkt 3 keine Argumente und Beweise anführen lassen. Diese lassen sich jedoch in überzeugender Weise aufzeigen, sodass auch das unter Punkt 2 aufgeführte Argument eliminiert ist.

Zu Punkt 3: Die wissenschaftstheoretische Analyse ergibt, dass es keine Metrik für Erkenntnisabstände gibt. Gibt es diese prinzipiell nicht oder ist das ein menschenspezifisches Problem? Wir müssen fest davon ausgehen, dass es sich um ein menschenspezifisches Problem handelt. Das wollen wir näher erläutern. Wichtig ist der Begriff „Metrik für Erkenntnisabstände". Was bedeutet dann „keine Metrik für Erkenntnisabstände"? Erläutern wir den Sachverhalt mithilfe einer vertrauten Situation, und zwar am Beispiel des uns geläufigen Raumes, also den Behälter bzw. Container, den wir glauben vor uns zu haben, der insbesondere Häuser, Bäume, Menschen und überhaupt alles sonst noch enthält.

Beim Raum definieren wir die Metrik in Form von Längeneinheiten, also zum Beispiel durch das Meter. Anstelle der „Metrik für Erkenntnisabstände" tritt hier die „Metrik für Raumabstände". Eine solche Definition bekommt nur dann einen Sinn, wenn der Beobachter auch tatsächlich ein gewisses *Raumempfinden* hat, wenn er insbesondere in der Lage ist, Positionierungen vorzunehmen, was – wie wir wissen – der Fall ist.

Ohne ein solches Raumempfinden lässt sich keine Metrik für den Raum angeben. Es wird dann nicht möglich sein, gewisse Positionen X und Y zu finden bzw. zu definieren, um beispielsweise von X aus Y zu erreichen, wobei X der Gipfel irgendeines Berges sein kann und Position Y der Gipfel des höchsten Berges überhaupt.

Der Übergang von der „Metrik für Raumabstände" zur „Metrik für Erkenntnisabstände" lässt sich dann relativ leicht und verständlich vollziehen: Die Analyse bzw. „Beobachtung" auf der Grundlage von gewissen wissenschaftlichen Strukturen ergab, dass es für den menschlichen Beobachter ganz offensichtlich keine „Metrik für Erkenntnisabstände" gibt. Dabei bleibt es im Rahmen der Wissenschaftstheorie offen, ob das prinzipiell nicht möglich ist, weil eben solche Erkenntnisabstände gar nicht definiert sind, oder ob sich dieser Mangel nur auf den menschlichen Beobachter bezieht. Gibt es hingegen eine absolute Wahrheit, so sollte der Mangel, keine „Metrik für Erkenntnisabstände" definieren zu können, als eine spezifische Beobachtereigenschaft eingestuft werden. In Kapitel 2 haben wir genau das herausgearbeitet.

Wir wollen hier annehmen, dass es eine absolute Wahrheit, also eine absolute Wirklichkeit gibt, dass diese aber vom Menschen nicht erfasst werden kann. Weil aber diese absolute Realität verborgen bleibt, können wir auch keine absoluten Erkenntniszustände definieren und dann natürlich auch keine „Metrik für Erkenntnisabstände" angeben. In Anlehnung an unsere Metapher für die Raum-Metrik ist das deswegen der Fall, weil wir kein Empfinden für das haben, was absolut ist, d. h., wir haben keinen Zugang zu ihm, so wie ein Beobachter ohne Raumempfinden keinen Zugang zum Raum hat, also somit auch nicht bewusst von Position X aus Position Y erreichen kann.

Es wird ohne eine solche Maßordnung, also ohne dieses Empfinden für das Absolute, nicht möglich sein, gewisse absolute kognitive Positionen P und Q zu definieren, um in erkenntnistheoretischer Hinsicht von P aus Q zu erreichen, wobei P die Position eines gewissen theoretischen Rahmens im absoluten System sein soll und Q die Position der maximal erreichbaren Erkenntnis im absoluten kognitiven System, also die absolute Wahrheit selbst.

Die Analogie zum Raum ist klar: Wir können von der Raumposition X aus eine andere Raumposition Y erreichen, die mit dem höchst möglichen Berg identisch sein kann. In erkenntnistheoretischer Hinsicht können wir nicht so argumentieren, denn wir können nach Voraussetzung weder Teilbereiche in der absoluten Wirklichkeit definieren noch das vollständige System selbst.

A.4 Die eingeschränkte Sicht des Menschen

Zusammenfassend können wir sagen, dass aus dem Fehlen einer „Metrik für Erkenntnisabstände" geschlossen werden kann, dass der Zugang zur absoluten Wirklichkeit verschlossen bleibt, und zwar offensichtlich prinzipiell.

Wissenschaftstheoretisch bleibt es jedoch grundsätzlich eine offene Frage, ob die Angabe einer solchen Metrik allgemein deshalb nicht möglich ist, weil es eben keine absolute Wahrheit gibt und somit solche Erkenntnisabstände gar nicht definierbar sind. Möglich ist wissenschaftstheoretisch jedoch auch, dass Erkenntnisabstände deshalb nicht definierbar sind, weil es dem menschlichen Beobachter nicht möglich ist, diese absolute Wirklichkeit zu erkennen.

Die Wissenschaftstheorie kann nicht entscheiden, ob sich dieser Mangel nur auf den menschlichen Beobachter bezieht oder ob es eine absolute Wirklichkeit gar nicht gibt. Die Ausführungen in Kapitel 2 und in Referenz 3 lassen eindeutig darauf schließen, dass es zwar eine absolute Realität geben sollte, diese dem Menschen jedoch verborgen bleibt.

Aus den in Kapitel 2 und in Referenz 3 herausgearbeiteten Prinzipien folgt im Rahmen der Projektionstheorie, *warum* ein solch absolutes kognitives System nicht definierbar ist und auch *warum* wir uns der letzten Wahrheit nicht sukzessive nähern können. Der Grund ist klar: Der Mensch tangiert durch das spezifische Überlebenskriterium der Evolution diese Fragestellung nicht. Es ging eben bei der Evolution nicht darum, die absolute Wahrheit erkennen zu können, sondern Überlebensstrategien für biologische Systeme zu entwickeln. Für den Menschen ist daher die letzte Wahrheit nicht erkennbar. Die Wissenschaftstheorie kommt zu demselben Ergebnis, ohne es explizit zu begründen.

Der menschliche Beobachter konstruiert mit seinen spezifischen Mitteln gewisse Weltbilder, die keineswegs *beobachterneutrale* Beschreibungen sind, auch wenn das oft ignoriert oder nicht bedacht wird. Es gibt andere biologische Einheiten mit anderen Welterkennungssystemen, denn die Verhaltensforschung hat uns gelehrt, dass andere biologische Systeme im Allgemeinen auch andere Welten vor Augen haben [3], die offensichtlich mit der menschlichen kaum eine Ähnlichkeit haben.

A.5 Resümee

Die wissenschaftstheoretische Analyse kommt zu einem sehr allgemeinen Statement, das im Klartext bedeutet, dass wir die absolute Realität, also die absolute Wahrheit, prinzipiell nicht erkennen können oder dass es diese gar nicht gibt.

Die Ergebnisse der Projektionstheorie (Kapitel 2, Referenz [3]) decken sich mit denen der Wissenschaftstheorie, sind aber eindeutiger: Es gibt eine absolute Wirklichkeit, die aber dem Menschen verborgen bleibt.

Es fehlt *uns* der theorieneutrale Standpunkt. Hier liegt die Betonung auf „uns". Das deutet darauf hin, dass sich das prinzipielle Nichterkennen der absoluten Wahrheit auf den Menschen bezieht, denn Theorien werden von Menschen gemacht bzw. erdacht.

Mit Theorien nähert sich der Mensch den Strukturen und den Zusammenhängen in der Welt. Selbst die Planung eines Experiments setzt stets eine theoretische Vorstellung voraus. Es ist außer der wissenschaftlichen Methode nichts wirklich Tragfähiges bekannt, was uns den realen Strukturen in der Wirklichkeit konkret näher bringen könnte. Aber diese Vorgehensweise bezieht sich auf den Menschen oder andere intelligente Wesen, die sich bemühen, im Rahmen *ihrer* Möglichkeiten die Welt zu verstehen. Einen menschenunabhängigen, also theorieneutralen Standpunkt, gibt es für uns nicht.

Mit anderen Worten, die wissenschaftstheoretische Analyse deckt sich weitgehend mit dem, was wir in Kapitel 2 herausgearbeitet haben: Der Mensch ist prinzipiell nicht in der Lage, Aussagen über die tatsächliche Realität draußen zu machen. Die Evolution hat den Menschen nach lebenserhaltenden Prinzipien entstehen lassen; es ging dabei nicht darum, dem Menschen die Fähigkeit zu geben, absolute Wahrheiten zu erkennen. Die wissenschaftstheoretische Analyse stützt sich demgegenüber auf die Aussage, dass es keinen theorieneutralen (menschenunabhängigen) Standpunkt gibt, kommt aber letztlich auf das Ergebnis, was wir in Kapitel 2 herausgearbeitet haben.

ANHANG B

B. Zur Registrierung von Ereignissen im Rahmen der Projektionstheorie

Wir wollen annehmen, dass zwischen dem zu untersuchenden System und dem Messinstrument (Detektor) eine Wechselwirkung definiert ist. Wie hat man sich dann diesen Messprozess im Rahmen der Projektionstheorie vorzustellen? Es sollen hier die prinzipiellen Merkmale angesprochen werden.

B.1 Äquivalenzen

Zur Analyse der Ereignisregistrierung mit einem Detektor im Zusammenhang mit dem zu untersuchenden System, sind zwei Merkmale relevant.

Merkmal 1

Beide Räume, also der $(\mathbf{r}, t)$-Raum und der $(\mathbf{p}, E)$-Raum, sind bezüglich ihres Informationsinhalts äquivalent. Eine gewisse Struktur im $(\mathbf{r}, t)$-Raum hat ihre Entsprechung im $(\mathbf{p}, E)$-Raum und umgekehrt.

Merkmal 2

In Verbindung mit der Fourier-Transformation [17], die es ermöglicht, die Information vom $(\mathbf{r}, t)$-Raum in den $(\mathbf{p}, E)$-Raum zu transferieren und umgekehrt, ist die folgende Eigenart wichtig: Um die Information über das zu untersuchende System an einem bestimmten Raum-Zeit-Punkt $\mathbf{r}, t$ zu bekommen, benötigen wir alle Informationen, die über das System im $(\mathbf{p}, E)$-Raum vorliegt. Das haben wir in Abschnitt 3.4 symbolisch mit

$$\mathbf{r}, t \leftarrow (\mathbf{p}, E) \tag{B.1}$$

ausgedrückt. Es besteht eine Äquivalenz zwischen dem Punkt $\mathbf{r},t$ und der Verteilung $(\mathbf{p},E)$, was wir durch

$$\mathbf{r},t \Leftrightarrow (\mathbf{p},E) \tag{B.2}$$

kennzeichnen wollen.

Merkmal 1 und Merkmal 2 werden zur Analyse des Messvorganges benötigt. Wir wollen wieder annehmen, dass das zu untersuchende System durch $\Psi(\mathbf{r},t)$ im $(\mathbf{r},t)$-Raum bzw. durch $\Psi(\mathbf{p},E)$ im $(\mathbf{p},E)$-Raum charakterisiert ist. Dann können wir wie folgt argumentieren:

Die Position des Detektors am Punkt $\mathbf{r},t$ des $(\mathbf{r},t)$-Raumes spiegelt eine gewisse Beziehung zwischen dem Detektor und dem zu untersuchenden System wider, das an der Raum-Zeit-Position $\mathbf{r},t$ durch $\Psi(\mathbf{r},t)$ ($\Psi^*(\mathbf{r},t)\Psi(\mathbf{r},t)$) charakterisiert ist. Der Detektor muss auf die jeweilige $\mathbf{r},t$-Konfiguration von $\Psi(\mathbf{r},t)$ eingestellt sein. Aufgrund von Merkmal 1 entspricht nun diesem Bild eine äquivalente Situation im $(\mathbf{p},E)$-Raum. Es gibt daher eine gewisse Beziehung zwischen dem Detektor (seiner $\mathbf{p},E$-Struktur) und einer spezifischen Verteilung $(\mathbf{p},E)$ im $(\mathbf{p},E)$-Raum, was genau der Situation im $(\mathbf{r},t)$-Raum entspricht, also der Position $\mathbf{r},t$ des Detektors im $(\mathbf{r},t)$-Raum (siehe Merkmal 2 und Abb. B.1). Dabei ist die Breite der Verteilung $(\mathbf{p},E)$ durch die Breite der Funktion $\Psi^*(\mathbf{p},E)\Psi(\mathbf{p},E)$ mit $-\infty \leq \mathbf{p},E \leq \infty$ definiert, die das System charakterisiert.

„Beziehung" im $(\mathbf{p},E)$-Raum bedeutet, dass eine gewisse Wechselwirkung zwischen dem Detektor und dem zu untersuchenden System vorliegt, wobei das System im $(\mathbf{p},E)$-Raum durch die Funktion $\Psi(\mathbf{p},E)$ beschrieben ist. In der Projektionstheorie ist die Wechselwirkung durch $\mathbf{p},E$-Fluktuationen ausgedrückt, d.h., wir haben einen Austausch von Impuls und Energie zwischen dem Detektor und dem System, was mit $\Delta\mathbf{p}_{Det}, \Delta E_{Det}$ symbolisiert werden kann. Aufgrund dieser Wechselwirkung ändert sich der Zustand des Detektors.

(r, t) - Raum   **(p, E) - Raum**

• r, t   (p, E)

⇔

Detektor im   Detektor im
(r, t) - Raum   (p, E) - Raum

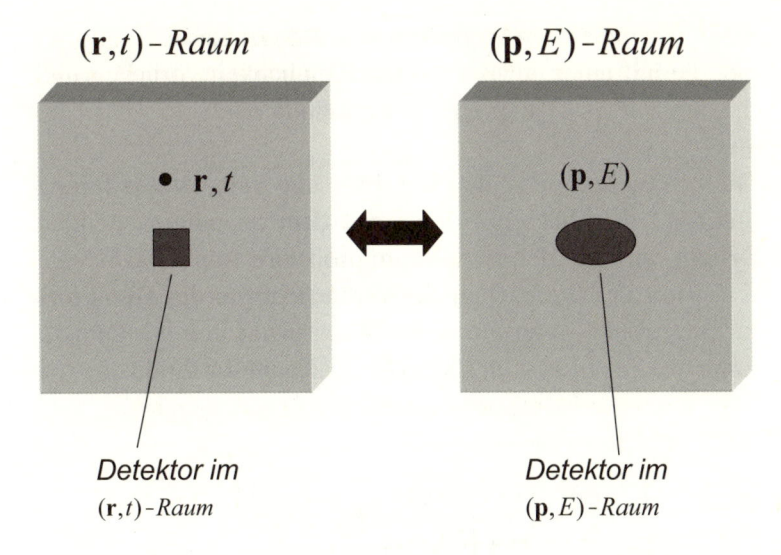

Abb. B. 1
Beide Räume, der (r, t)-Raum und der (p, E)-Raum, sind bezüglich ihres Informationsinhalts äquivalent. Die Situation im (r, t)-Raum ist äquivalent zu der im (p, E)-Raum. Daher ist die Beziehung, die zwischen dem System und dem Detektor, der an der Stelle r, t im (r, t)-Raum positioniert ist, äquivalent zu einer Wechselwirkung des Detektors (dargestellt als (p, E)-Struktur) mit einer Verteilung (p, E) im (p, E)-Raum (siehe insbesondere Gleichung (B.1) und Gleichung (B.2)).

Als Fazit können wir festhalten, dass der Detektor zur Referenzzeit τ am Punkt r, t des (r, t)-Raumes positioniert ist, und es liegt eine Beziehung zwischen dem Detektor und dem System vor, das an dieser Stelle r, t durch $\Psi(\mathbf{r},t)$, $(\Psi^*(\mathbf{r},t)\Psi(\mathbf{r},t))$, charakterisiert ist, wobei der Detektor auf die jeweilige r, t-Konfiguration von $\Psi(\mathbf{r},t)$ eingestellt sein muss. Eine äquivalente Situation zu dieser Konfiguration im (r, t)-Raum liegt im (p, E)-Raum vor, hier mit den folgenden Eigenarten (Abb. B.1): Derselbe Detektor, jetzt als p, E-Struktur gegeben, hat eine gewisse Beziehung zu einer Verteilung (p, E), was einer Wechselwirkung (identisch mit spezifischen p, E-Prozessen) zwischen dem Detektor und dem System entspricht; das System, beschrieben durch $\Psi(\mathbf{p},E)$, nimmt zum Zeitpunkt τ gerade einen der möglichen Werte von **p** und E der Verteilung (**p**, E) ein, die mit einer gewissen Wahrscheinlichkeit vorliegen und die durch $\Psi^*(\mathbf{p},E)\Psi(\mathbf{p},E)$ bestimmt sind.

Diese Situation, also der Detektor und seine Veränderung aufgrund der Wechselwirkung mit dem zu untersuchenden System, wird auf den (**r**, t)-Raum projiziert. Auf diesem Wege registriert der Beobachter die Veränderungen des Detektors im (**r**, t)-Raum aufgrund seiner Wechselwirkung mit dem zu untersuchenden System, die im (**p**, E)-Raum stattfindet.

B.2 KEINE MATERIELLEN OBJEKTE IM RAUM (RAUM-ZEIT)

Es muss betont werden, dass in der Projektionstheorie zur Interpretation der Wellenfunktion $\Psi(\mathbf{r},t)$ ein materielles Objekt (punktförmiges Teilchen), das im (**r**, t)-Raum eingebettet ist, nicht benötigt wird. Solch ein Teilchen darf es in der Projektionstheorie nicht einmal geben, weil alle realen Prozesse ausschließlich im (**p**, E)-Raum stattfinden. Born's Interpretation der konventionellen Quantentheorie basiert hingegen auf solch einem Teilchen, also einem materiellen Etwas, das im Raum eingebettet ist. Jedoch ist Born's Konstruktion nicht frei von Problemen; in Referenz 29 sind einige kritische Bemerkungen gegeben. Insbesondere wurde die Born'sche Interpretation, bezüglich ihrer Schwachpunkte, bereits in Kapitel 1 diskutiert.

Im Gegensatz zur Born'schen Interpretation mit dem im Raum eingebetteten materiellen Teilchen, liegt in der Projektionstheorie ein anderes Prinzip zugrunde. Wie wir oben gesehen haben, bedeutet hier Messung, dass die Eigenschaften des (**r**, t)-Raumes mit denen des (**p**, E)-Raumes miteinander verknüpft sind. Es gilt: „Die Messung einer der möglichen Werte für **p** und E erfolgt zur Zeit τ in den Raum-Zeit-Intervallen **r**, **r** + $d\mathbf{r}$ und

t, $t + dt$ mit der Wahrscheinlichkeitsdichte $\Psi^*(\mathbf{r},t)\Psi(\mathbf{r},t)$" (Abschnitt 3.3.3). Diese Aussage macht deutlich, dass hier in beiden Räumen gleichzeitig gearbeitet wird, also sowohl im $(\mathbf{r},t)$-Raum als auch im $(\mathbf{p}, E)$-Raum.

LITERATURHINWEISE

1. Max Jammer, Das Problem des Raumes, Wissenschaftliche Buchgesellschaft, Darmstadt, 1980.
2. C. G. Jung, Synchronizität, Akausalität und Okkultismus, Deutscher Taschenbuch Verlag, München, 1990.
3. Wolfram Schommers, Das Sichtbare und das Unsichtbare, Die Graue Edition, Zug/Schweiz, 1995.
4. Alfred Schmid, Principium motus, Die Graue Edition, Zug/Schweiz, 2007. Traktat über das Licht, Athenäum-Verlag, Bonn, 1957. (Später: Die Graue Edition, Zug/Schweiz).
5. Nicholas Rescher, The Limits of Science, University of California Press, Berkeley, Los Angeles, London, 1984.
6. Charles Seife, The Search for the Beginning and the End of the Universe, Viking, New York, 2003.
7. Thomas Kuhn, Die Struktur wissenschaftlicher Revolutionen, Suhrkamp Taschenbuch Verlag, Frankfurt am Main, 1981.
8. Heinz R. Pagels, Cosmic Code, Verlag Ullstein GmbH, Berlin, Frankfurt, Wien, 1982.
9 Wolfram Schommers, Zeit und Realität, Die Graue Edition, Zug/Schweiz, 1997.
10. Wolfram Schommers, Space and Time, Matter and Mind, World Scientific, New Jersey, London, Singapore, 1994.
11. Wolfram Schommers, Symbols, Pictures and Quantum Reality, World Scientific, New Jersey, London, Singapore, 1995.
12. Mario Bunge, Canadian Journal of Physics 48, 1410, 1970.
13. Richard Feynman, Vom Wesen physikalischer Gesetze, Piper, München, 1990.
14. E. Schmutzler, Relativitätstheorie aktuell, Teubner Studienbücher, B. G. Teubner, Stuttgart, 1996.
15. G. Falk und W. Ruppel, Mechanik, Relativität, Gravitation, Springer-Verlag, Berlin, Heidelberg, 1983.
16. Wolfram Schommers, Advanced Science Letters 1, 59, 2008.
17. Wolfram Schommers, Quantum Processes, World Scientific, New Jersey, London, Singapore, 2011.
18. Kurt Gödel, Rev. Mod. Phys., 447, 1947.

19. R. Brückner, Das schielende Kind, Schwabe Verlag, Basel, Stuttgart, 1977.
20. Konrad Lorenz, Die Rückseite des Spiegels, Piper, München, 1973.
21. Jim Al-Khalili, Black Holes, Worm Holes and Time machines, Institute of Physics, Bristol, 1999.
22. Julius T. Fräser, Die Zeit. Auf den Spuren eines vertrauten und doch fremden Phänomens, Deutscher Taschenbuch Verlag, München, 1991.
23. Wolfram Schommers, Cosmic Secrets, World Scientific, New Jersey, London, Singapore, 2011.
24. Michael Talbot, Mystik und neue Physik, Heyne Verlag, München, 1989.
25. Wolfram Schommers, Das Sichtbare und das Unsichtbare, Die Graue Edition, Zug/Schweiz, 1995.
26. Karl Popper/Franz Kreuzer, Offene Gesellschaft – Offenes Universum, Piper, München, 1986.
27. Hoimar von Ditfurth, Der Geist fiel nicht vom Himmel, Deutscher Taschenbuch Verlag, München, 1980.
28. Brandon Carter, in Physical Cosmology and Philosophy, Editor: John Leslies, Macmillan, New York, page 129, 1990.
29. W. Schommers (editor), in „Quantum Theory and Pictures of Reality", Springer-Verlag, Berlin, Heidelberg, 1989.

Register

absolute Raum-Zeit-Formen 161, 162
absolutes Bezugssystem 169–171, 173, 177
absolute Wahrheit 32, 35, 54, 56, 57, 59, 61, 89, 91, 149, 150, 202, 209, 213, 350, 351, 369, 375, 378, 379, 385, 388, 391–396
Alltagsbeobachtungen 35, 70, 148, 156, 196, 200, 212, 234, 266, 274, 351, 368
Alltagsbilder 218, 291
Alltagserfahrung 18, 43
Analogiebetrachtung 274–276
anthropisches Prinzip 343, 353–355, 361
Anziehungskraft 52
Äquivalenzen 401, 402
Art von Realität 15
aspekt-spezifische Methoden 364
asymptotischer Konvergentismus 385, 386
Äther 169–171, 378
atomare Effekte 24, 66, 131
Atommodelle 66–69, 76, 88

Bahnform 42
Bahnkurve 52, 78, 84, 86, 222
Basisbausteine 385
Basisprinzip 34, 47, 146
Basiswissenschaft 41
Begriffssystem 82, 387
Beobachter in transformierter Form 187
beobachterneutrale Beschreibungen 395
Beobachtungsebenen 326, 327
Berthelot, Marcelin 384

Bewegungsgleichung 42, 46, 48, 52, 54–56, 58–62, 67, 71, 73, 74, 84, 85, 94, 123, 149, 150, 239, 247
bewusste Objektivierung 322, 324, 328, 329, 359, 360
Bewusstsein 35, 38, 197, 201, 292, 329, 332, 352, 360
Bewusstseinszustände 144
bildunabhängiger Standpunkt 199, 308, 309, 321, 370
Bild vom Kino 188, 203
Bild vom Kosmos 231
biologische Systeme 135, 180, 181, 202, 207, 209, 210, 213, 325, 328, 344, 345, 353, 354, 369, 395
Blockuniversum 276, 278, 281
Bohr, Niels 67, 68, 81, 100
Bohr'sches Atommodell 67, 68
Born, Max 72, 75, 79, 80, 82, 83, 91, 97–99, 101, 102, 105, 107, 151, 223, 225, 227, 254, 404
Bunge, Mario 118–120, 407

Container-Universum 36–38, 83, 98, 125, 128, 146, 147, 153, 166, 168, 170–173, 176, 178–180, 184–186
Container-Vorstellung 60, 145

Dämone 16
de Broglie, Louis 72, 99, 100
Deduktion 335, 336, 338, 339, 342, 360, 372
Denken 138, 214, 218, 301, 307, 322, 324, 326–329, 339, 349, 353, 359, 360, 362–364
Denkrahmen 90, 387, 388, 390
Denkstrukturen 388, 389, 392

Designer 355
deterministisch 74, 79, 83, 86, 96, 222, 223
deterministische Gesetze 83, 96, 222, 223
Differenzialoperatoren 105
Dirac, Paul 99

Ebenenanalyse 349
Ebenen der Beobachtung 326
Eddington, Arthur 201, 321
Eigenfunktionen 117
Eigenwerte 117
Einfluss der Evolution 202
Einstein, Albert 121, 162–164, 168–170, 190, 256, 279, 288, 338, 387
Einstein'sche Theorie 387
Eins-zu-Eins-Korrespondenz 197, 198, 213, 369
Einzelereignisse 96
Einzelvorgänge 44
elektromagnetische Strahlung 67
Elektronen 66–69, 72, 76, 77, 79–82, 91, 92, 100, 101, 103, 123, 124, 223, 345, 347, 364, 377, 378, 383, 385, 390
elektronische Eigenschaften 129, 130
elementar 15, 20, 47, 48, 52, 93, 125, 142, 153, 161, 162, 164, 184, 188, 189, 211, 219, 248–250, 338
elementares Niveau 249
Elementarteilchen 47, 75, 125, 153
Elemente der Fundamentalen Wirklichkeit 293, 295, 322
Elemente der Realität 240
Elemente des Bildes 152, 240, 286
Elemente des Gehirns 146, 200, 218, 275, 282, 293, 356, 371
Entdeckungen 176, 315, 321, 322, 325
Entitäten 378, 383
Entwicklung des Menschen 35, 180, 182, 202, 213, 218, 369
Ereignisregistrierung 401

Erfahrungen im Alltag 311, 352
Erfindungen 314, 315, 321, 322, 359
Erhaltung der Energie 119, 120
Erhaltungssätze 103, 119, 239–241, 285
Erkenntnisabstände 386, 388, 392–395
Erkenntnissystem 337
erkenntnistheoretischer Fortschritt 44
Ersatzwelten 181, 182, 215, 217, 219–222, 224, 235, 237–240, 259, 267, 271, 282–285, 293, 331, 345, 356
Erscheinungsformen 20, 186, 362
Erscheinungsformen der Welt 186
euklidische Geometrie 174
evolutionäre Prozesse 345, 349, 352

Facetten der Realität 21
Falk, Gottfried 179, 180
Feen 15, 16, 41
Feinabstimmung der physikalischen Gesetze 354
Felder 16, 61, 125, 126, 153, 154, 177, 179, 183, 340
Fernwirkung 45
Feynman, Richard 121, 122, 384
fiktive Wirklichkeit 312, 333
Fourier-Transformation 221, 230–233, 242, 261, 269, 273, 274, 283, 348, 372, 401
freie Systeme 248
fünf Sinne 189, 190, 192–194, 196, 210, 211, 269, 315, 326, 329, 332, 337, 360, 367
Funktionen des Gehirns 349, 351

Galilei, Galileo 16, 41
Galilei Transformationen 173, 174
Gegenstände des Alltags 15, 18
Gegenwart 228, 229, 232, 234, 256, 258, 270, 275–282, 284, 287

Gehirnfunktionen 22, 35, 144, 198, 200, 218, 272, 282, 295, 300, 305–307, 309, 351, 352, 358, 372–374
Gehirnstruktur 17, 40
Gehirn- und Bewusstseinszustände 144
geistige Zustände 17, 300, 362
geistig-seelische Zustände 21, 22, 23
Geist-Materie-Problem 20, 27
geometrische Orte 39, 40, 54, 58–60, 107, 109, 197, 203, 247
geometrische Strukturen 195, 200, 212, 217, 219, 221, 224, 225, 235, 237, 246, 259, 271, 282, 345, 347, 368, 371
Gesamtinformation 230, 231, 234, 264, 268, 269, 275, 276, 286
Gnosis 214, 361
gnostische Aspekte 362–364
gnostische Schau 363
Gödel, Kurt 162, 193
Gott 50, 64, 254–256
Götter 15, 16, 41
Grad der Allgemeinheit 303, 304, 317, 318, 320, 329, 335, 349, 358
Gravitationsgesetz 44–46, 248
Großmutterparadoxon 287

Haeckel, Ernst 19, 384
Halbgötter 15, 16
harte Gegenstände 177, 291–294, 304, 306–308, 310, 315, 336, 350, 356, 357, 371
heliozentrische System 64, 65
Hierarchische Struktur der Wirklichkeitsebenen 318, 320
Himmelskörper 16, 17, 34, 41–44, 46, 47, 55, 56, 58, 59, 68, 132, 149, 150, 156
Hubble, Edwin 164
hypothetische Beobachter 32, 163
Hypothetische Wesen 31, 33, 36–39, 147, 164

Indeterministisch 86
individuelles Erkenntnissystem 337
individuelles Verhalten 48
Induktion 334–336, 338–342, 360, 372
Informationsinhalte 229, 230, 242, 268, 271, 273, 304, 313, 351, 401, 403
Informationsübertragung 221, 284
inkommensurable Denkstrukturen 388
Innenwelt 37–40, 53, 61, 62, 148, 152, 161, 162, 182, 185, 188, 190, 195, 198, 200, 201, 203, 213, 369
Instanz der Schöpfung 50
Intellekt 377
intellektuell-materialistisch 362–364
intelligenter Designer 355
Intuition 17

Jammer, Max 32, 165, 407
Jung, Carl-Gustav 38, 53, 148, 201, 312, 407

Kabelbahn 287, 288
Kant, Immanuel 27, 34–36, 146, 147, 161, 178, 183, 190, 191, 195, 211, 235, 293, 348, 368
Kant'sche Vorstellungen 34, 35
Kausalität 51, 52, 68, 92
Kepler, Johannes 65
kinetische Energie 103, 104, 121, 314
Kinokarte 188, 203
klassische Beschreibung 84
klassische Körper 78
klassische Mechanik 66, 70, 83, 84, 93, 95, 96, 108, 111, 151, 173, 223, 246, 251–254, 330, 334
klassische Wellengleichung 100–102
klassische Zeit 111

411

Klein-Gordon-Gleichung 102
komplementär 363, 364
komplementäre Sichtweisen 364
Konstanzmechanismen 272, 323, 324
kontinuierliche Bewegung 52, 69
kontrollierbare Situationen 131
konventionelle Physik 21, 46, 47, 51, 127, 142, 219, 237, 238, 259, 278, 285, 287, 288, 330, 340, 354, 355, 371, 374–377
Konzept der Deduktion 339, 342
Konzept der Induktion 334, 338–342, 360, 372
Kopenhagener Interpretation 79–83
kopernikanisches Prinzip 49
Kopernikus, Nikolaus 63–65, 68
Kosmologie 49, 51, 63, 64, 127
kosmologische Betrachtungen 231
kosmologische Konstante 128, 142, 163, 164
kosmologisches Prinzip 49–51
kosmologische Strukturen 143
Kraftgesetz 52, 54
Krebsbekämpfung 23, 130
Kuhn, Thomas 89, 248, 383, 384, 387
kumulativer Konvergentismus 90, 385
kumulieren 90, 385

Laplace, Pierre-Simon 31, 32, 165, 166, 168
lebensfeindlich 181, 202, 213, 343, 350, 369
lebensfreundlich 181, 202, 209, 213, 343, 350, 369
Leibniz, Gottfried Wilhelm 178, 179
Leinwand 184, 275
letzte Sicht 383
letzte Wahrheit 33–36, 55, 58, 90, 145, 150, 395

Lichtgeschwindigkeit 70, 81, 100, 169, 171, 173, 175
Lord Kelvin, William Thomson 384
Lorentz, Hendrik 170, 171, 174
Lorenz, Konrad 272, 329, 360

Mach, Ernst 338
Mach'sches Prinzip 126, 153, 154, 172, 192, 193, 368
makroskopische Beobachtungen 263
makroskopische Physik 92
Maschinen 23, 25, 133, 140, 287, 288
Masse-Energie-Äquivalenz 113
Materie-Geist Problem 21, 23
materielle Prozesse 17, 18, 23, 207, 305, 374
Materiezustände 18, 357
mathematisch-physikalisch 17, 34, 43, 146
mathematisch-physikalische Beschreibung 17
mathematisch-physikalische Formulierung 34, 146
mathematisch-physikalische Lösung 43
Mayer, Robert von 119
Mechanismen der Evolution 182
Mechanismus 44, 45, 48, 55, 248
Mechanismus der Wechselwirkung 55
Mensch als Blocksystem 277
menschenspezifische Realität 348, 349
menschenspezifische Sicht 349
Merkur 63
Messapparatur 80, 82, 225
Messvorgang 402
Metaphysisch 15–18, 46, 47, 167, 168, 194, 212, 337, 368
Metrik für Erkenntnisabstände 386, 392–394
Michelson-Morley-Experiment 170, 172
mikroskopische Teilchenbahnen 94

Minkowski, Herbert 176, 177
Minkowski-Raum 177
Modelle für die Bilder 293
Modellierung 229, 263, 273

Nanoethik 131
Nanoingenieur 134
Nanoroboter 24, 137
Nanosystem 23–25, 129–131, 139, 140, 155, 327
Nanotechnologie 22, 24, 25, 37, 129–135, 137–140, 144, 145, 155–157
Naturgesetze 34, 41, 113, 115, 132, 146, 156
naturgetreues Abbild 182
Neumann, John von 92
Newton, Isaac 16, 34, 35, 39, 41–46, 52, 53, 89, 124, 146, 149, 168, 173, 178, 179, 336
Newton'sche Gleichungen 16, 47
Newton'sche Gravitationstheorie 45, 46
Newton'sche Lehre 42
Newton'sche Theorie 16, 31, 34, 35, 43, 44, 48, 50, 54, 56, 62, 63, 66, 68, 75, 162, 175, 191, 193, 248, 336, 387
Newton'sche Weltbild 43, 44, 55, 61
Nichtmateriell 15, 17
Nichtstationär 243–245
Niveaus der Beschreibung 291, 330
Niveaus der Erkenntnis 291

Objektarten 194, 195
objektive Kategorie der Natur 92, 96, 254
objektive Wirklichkeit 199, 292, 293, 375
Objektivierung durch Denken 322, 324, 326–329, 359, 360
Operator 104, 106, 110, 116, 118, 318
Operatorregeln 243, 317

Pagels, Heinz 92
Parameter 25, 56, 94, 96, 108, 116, 118, 122, 133, 157, 217, 220, 223, 229, 260, 262, 263, 283, 286, 287, 348
passive Materie 50
Periheldrehung des Merkur 63
Perspektivenwandel 90, 386, 387
Phasen der Evolution 180, 181, 183, 202, 213, 218, 369
philosophische Kriterien 23
physikalische Messinstrumente 345, 347
physikalische Realität 17, 36, 125, 126, 132, 147, 154, 156, 304, 340
physikalisches Weltbild 322, 340
physikalische Weltauffassung 143
physikalisch-materiell 17, 214, 374
physikalisch-materielle Beobachtung 214
physikalisch-materielle Prozesse 17, 374
physikalisch-real 32, 192–194, 201, 212, 305, 307, 357, 367, 368
physikalisch-reale Effekte 192, 193, 212, 368
physikalisch-reale Vorgänge 192, 201, 307
physikalisch-theoretische Strukturen 36, 147
physiologischer Apparat 272, 323, 324, 329, 332, 360
Planck, Max 99, 100, 384
Planck'sche Konstante 104, 223
Planeten 16, 34, 43, 64, 65, 69, 132, 156
Planetenbewegungen 42, 63, 65
Poincaré, Henri 32, 39, 40, 53, 61, 145, 148, 152, 164–167, 172, 173, 176–178, 180, 183–185, 187, 189, 191, 196, 198, 210, 211, 213, 218, 368
Popper, Karl 337–339, 342
Positivismus 337, 338

Potenzial 62, 68, 71, 73, 108, 110, 111, 140, 243, 246, 248
potenzielle Energie 52, 69, 103, 121, 123, 246–248
Principium motus 46, 47, 214
Prinzip der Deduktion 335, 360, 372
Prinzip der Kausalität 51
Prinzipien der Evolution 161, 181, 182, 188, 202, 203, 205, 213, 214, 219, 230, 256, 260, 312, 346, 349, 351, 353, 354, 370, 375
Produkte der Fantasie 307, 309, 323, 326, 340, 358, 359, 373
Produkte des Geistes 207, 306–308, 336, 351, 373, 374
Ptolemäus, Claudius 49, 63–65, 68, 88, 387

Quantenaspekt 25, 111
Quantenfeldtheorie 112, 115, 142
Quantenmechanismus 113
Quantenphänomene 88, 111, 179
Quantenpotenzial 243, 245
Quantenteilchen 70, 71, 76–78, 85–87, 226, 227
Quantentheoretische Beschreibung 85
quantentheoretische Zeit 26
Quarks 91, 377, 378, 383, 385, 390
Raumempfinden 393, 394
räumliche Vorstellungen 31
Raumstrukturen 258, 259, 264
Raum-Zeit-Bild 188, 205–207
Raum-Zeit-Container 32, 92, 127, 128, 145
Raum-Zeit-Information 204, 205
Raum-Zeit-Phänomen 194
Raum-Zeit-Strukturen 37, 147, 264
Raum-Zeit-Stücke 190, 240–242, 286
reale Massen 39, 40, 54, 58–60, 150, 197, 203
reale Welt 32, 58, 60, 83, 97, 237

Referenzzeit 108, 224, 228, 229, 243–245, 256–265, 267, 268, 270, 274–277, 284, 286, 403
relativistische Feldgleichungen 164
Rescher, Nicholas 20, 59, 60, 89, 91, 150, 378, 383, 384, 388, 389
Retardierung 45
Russel, Bertrand 337, 338
Rutherford, Ernest 66–68

Schätzungen der Wahrheit 91, 379, 388, 390
Schleidt, Wolfgang 182, 208–210
Schmid, Alfred 23, 27, 45–48, 50–52, 214, 361–364
Schmid'schen Thesen 47
Schöpfer 50, 355
Schöpfung 18, 47, 50
Schöpfungsprinzip 51
Schrödinger, Erwin 25, 72, 99–101, 104, 118
Schrödinger-Gleichung 71–73, 81, 85, 87, 91, 92, 97–100, 102, 104, 105, 110, 111, 123, 124, 151, 223, 243, 262
Seele 22
Sehakt 38, 197, 292, 332
Selbstorganisationsprozesse 25, 133, 134, 157
Selbstüberschätzung 35, 376
Selektion 40, 206, 219, 229, 230, 258, 261, 262, 267–269, 276, 286, 324
Selektion von Zeitkonfigurationen 258
Silk, Joseph 51
Skalengesetz 31, 32, 39, 40, 53, 61, 145, 148, 152, 176–178, 183–185, 189, 191, 196, 198, 210, 211, 213, 218, 368
Skalierung 32, 33, 40, 184
Solipsismus des Augenblicks 337, 338

Solipsist 337
Sonne 16, 48, 49, 55, 58–60, 65, 71, 84, 85, 103, 114, 149, 163, 189, 210, 219, 234, 311
spontane Bilder 221, 235, 237, 259, 283, 292, 293
stationär 73, 242–244, 257–259
statistische Mechanik 93–96
statistisches Verhalten 72, 74, 76, 79, 93, 96, 97, 102, 111, 223, 228, 254, 284
Strings 91, 125, 153, 385, 390
Struktur des Atoms 66
Struktur und Dynamik der Welt 54, 57, 149
Stück Raum-Zeit 190
Stück Zeit 190, 198, 211, 367
sukzessives Verfeinern 89, 90, 383
symbolische Struktur 187
Symmetrie zwischen Raum und Zeit 97, 115
systemspezifische Größe 97, 217, 220, 283
systemspezifische Zeit 108, 122, 134, 157, 220, 223, 224, 226–229, 243, 251, 254–258, 261, 262, 275, 276, 278, 282–284, 371

Täuschung 38, 148, 180
Teilchen-Antiteilchen-Paare 112, 114, 115, 117
Teilchenaspekt 364
Theorie der Theorie 91, 391
träge Masse 74, 79, 81, 110
Trajektorie 42, 70, 71, 74, 76, 77, 79, 81, 84, 85, 223
Transformationsgesetze 53, 217, 221, 284
Truthenne 208, 209

Überleben 35, 182, 187, 202, 207, 209, 213, 344, 369
übermenschlicher Designer 355
Unbestimmtheitsbeziehung 113–118, 122

unbewusstes Objektivieren 322–324, 329, 360
Universum als Ganzes 31, 163
Urknalltheorie 49
Urphänomen 47, 48

Vakuum 112–115, 117, 142, 143
Vergangenheit 228, 229, 232, 234, 256, 258, 262, 263, 265, 270, 275–282, 284, 354
Verhaltensforschung 181, 208, 325, 328, 395
Vielfachuniversen 355
vierdimensionale Raum-Zeit 63, 172, 175, 176, 177, 279, 280
vierdimensionaler Raum 175
virtuelle Teilchenpaare 114
vollständige Information 206, 232, 273, 274, 350
Von Foerster, Heinz 313–315
voraussetzungslose Beobachtungen 313, 314, 316, 320, 326, 332
Vorgänge der Objektivierung 321–323, 325, 326

Wahrnehmung 198, 268, 272, 292, 332
Wahrnehmungsprozesse 196
Wahrscheinlichkeit 72, 75, 76, 82, 92, 98, 107, 151, 223, 227, 263, 265, 281, 284, 333, 404
Wahrscheinlichkeitsbegriff 82
Wahrscheinlichkeitsdichte 72, 76, 77, 82, 84, 86, 92, 96, 98, 101, 107, 124, 151, 225, 231, 235, 246, 250, 253, 261, 333, 347, 405
Wahrscheinlichkeitsinterpretation 74–76, 79, 91, 97, 99, 101, 102, 105, 106, 109, 110
Wahrscheinlichkeitsverteilung 95, 96, 225, 227, 250, 284
Wasserstoff 67, 300–302
Wasserstoffatom 72, 76, 101, 103, 123, 124, 300–303
Wechselwirkungsgesetze 42

Wellenaspekt 364
Wellengleichung 100–102
Welt als Ganzes 31–33, 36, 40, 43, 89, 143, 145, 164, 186, 271, 374, 375
Weltformel 374–376, 379
Weltsystem 63
Wiesel 208
Wirklichkeit draußen 32, 39, 53, 109, 110, 120, 152, 183
Wirklichkeitsauffassung 18, 20–22, 26
Wirklichkeitsvorstellung 22, 48
wissenschaftlicher Realismus 54, 56, 60, 149, 150, 378
wissenschaftstheoretische Analyse 391, 392, 396, 397
wissenschaftstheoretische Betrachtungen 383
wissenschaftstheoretische Position 89, 90
wissenschaftstheoretische Sicht 87–90, 383
Wissenschaftstheorie 89–91, 374, 376–379, 383, 391, 393, 395, 396
Wunder 23, 95, 96, 130, 278

Zeitempfinden 257, 260, 262, 265, 277
Zeitgefühl 258
Zeit in der Projektionstheorie 224, 226, 250
Zeitsequenzen 227
Zeitstruktur 224, 272
Zufall 52, 91–93, 122
Zug- und Schubkräfte 47, 51
Zukunft 23, 129, 130, 132, 155, 156, 228, 229, 232, 234, 256, 258, 262, 263, 265, 270, 275–282, 284, 338, 376, 390
Zustände der Materie 299, 301, 302, 308–310, 324, 328, 340–342, 357–359, 371
Zustände des Gehirns 17, 259, 294, 295, 304, 305, 315, 321, 350, 351, 371
Zustände des Geistes 299, 301, 302, 305, 307, 309, 310, 324, 328, 340–342, 357–359, 371
Zweckmäßigkeitsprinzip 180, 181, 202, 213, 369

Die Graue Edition

Herausgegeben von Prof. Dr. Walter Sauer,
Dr. Dietmar Lauermann und Dr. Florian Lauermann
in Zusammenarbeit mit der
Prof. Dr. Alfred Schmid-Stiftung, Zug/Schweiz

Weitere Bücher von Wolfram Schommers in der Grauen Edition

Wolfram Schommers: Das Sichtbare und das Unsichtbare
Materie und Geist in der Physik
359 Seiten, ISBN 978-3-906336-16-9

Wolfram Schommers: Zeit und Realität
Physikalische Ansätze – Philosophische Aspekte
585 Seiten, ISBN 978-3-906336-20-6

Wolfram Schommers: Formen des Kosmos
Physikalische und philosophische Facetten der Wirklichkeit
396 Seiten, ISBN 978-3-906336-34-3

H.-P. Dürr / F.-A. Popp / W. Schommers (Hrsg.):
Elemente des Lebens
395 Seiten, ISBN 978-3-906336-28-2

Eine Auswahl aus den Büchern der Grauen Edition

Alfred Schmid: Traktat über das Licht
Eine gnostische Schau
283 Seiten, ISBN 978-3-906336-00-8

Alfred Schmid: Principium motus
Vom Wesen der Schöpfung
173 Seiten, ISBN 978-3-906336-49-7

Hans-Dieter Mutschler: Von der Form zur Formel
Metaphysik und Naturwissenschaft
227 Seiten, ISBN 978-3-906336-58-9

Die Graue Edition

W. Alt / U. Eibach / V. Herzog / S. Schleim / G. Schütz:
Lebensentstehung und künstliches Leben
Naturwissenschaftliche, philosophische und theologische
Aspekte der Zellevolution
410 Seiten, ISBN 978-3-906336-56-5

Thomas Fuchs: Leib- und Lebenswelt
Neue Philosophisch-psychiatrische Essays
378 Seiten, ISBN 978-3-906336-51-0

Gernot Böhme: Invasive Technisierung
Technikphilosophie und Technikkritik
350 Seiten, ISBN 978-3-906336-50-3

Gernot Böhme: Leibsein als Aufgabe
Leibphilosophie in pragmatischer Hinsicht
402 Seiten, ISBN 978-3-906336-38-1

Michael Hauskeller: Biotechnologie
und die Integrität des Lebens
261 Seiten, ISBN 978-3-906336-53-4

Michael Hauskeller (Hrsg.): Die Kunst der Wahrnehmung
Beiträge zu einer Philosophie der sinnlichen Erkenntnis
385 Seiten, ISBN 978-3-906336-36-7

Ottmar Leiß: Streifzüge durch ärztliche Welten
Essays zur biopsychosozialen Medizin
195 Seiten, ISBN 978-3-906336-54-1

Günter Altner / Gernot Böhme / Heinrich Ott (Hrsg.):
Natur erkennen und anerkennen
Über ethikrelevante Wissenszugänge zur Natur
304 Seiten, ISBN 978-3-906336-29-9

Walter Sauer (Hrsg.): Verlassene Wege zur Natur
Impulse für eine Neubesinnung. Ein Lesebuch
394 Seiten, ISBN 978-3-906336-09-1